UTB

Eine Arbeitsgemeinschaft der Verlage

Böhlau Verlag · Wien · Köln · Weimar
Verlag Barbara Budrich · Opladen · Toronto
facultas.wuv · Wien
Wilhelm Fink · München
A. Francke Verlag · Tübingen und Basel
Haupt Verlag · Bern · Stuttgart · Wien
Julius Klinkhardt Verlagsbuchhandlung · Bad Heilbrunn
Mohr Siebeck · Tübingen
Nomos Verlagsgesellschaft · Baden-Baden
Ernst Reinhardt Verlag · München · Basel
Ferdinand Schöningh · Paderborn · München · Wien · Zürich
Eugen Ulmer Verlag · Stuttgart
UVK Verlagsgesellschaft · Konstanz, mit UVK / Lucius · München
Vandenhoeck & Ruprecht · Göttingen · Bristol
vdf Hochschulverlag AG an der ETH Zürich

Reihenherausgeber:
Christian Jaschinski

Walter Theiler

Grundlagen der VWL: Makroökonomie

... leicht verständlich

mit zahlreichen Abbildungen und Übersichten

UVK Verlagsgesellschaft mbH · Konstanz
mit UVK/Lucius · München

Zum Autor:
Walter Theiler ist Dozent am Hanse Berufskolleg Lemgo.

Online-Angebote oder elektronische Ausgaben sind erhältlich unter www.utb.shop.de.

Web-Service zum Buch unter http://www.uvk-lucius.de/theiler.

Bibliographische Information der Deutschen Nationalbibliothek

Die Deutsche Nationalbibliothek verzeichnet diese Publikation in der Deutschen Nationalbibliographie; detaillierte bibliographische Daten sind im Internet über http://dnb.ddb.de abrufbar.

Einbandgestaltung: Atelier Reichert, Stuttgart
Satz und Layout: le-tex publishing services, Leipzig
Druck und Bindung: fgb · freiburger graphische betriebe, Freiburg

UVK Verlagsgesellschaft mbH
Schützenstr. 24 · 78462 Konstanz
Tel. 07531-9053-0 · Fax 07531-9053-98
www.uvk.de

UTB-Band Nr. 8490
ISBN 978-3-8252-8490-9

Vorwort des Herausgebers

Liebe Leserin, lieber Leser,

ob Sie die erste Haus- oder Semesterarbeit schreiben, Ihre Bachelor-Thesis planen oder vor der Masterarbeit stehen – jede wissenschaftliche Ausarbeitung stellt eine Herausforderung dar. Neben der wissenschaftlichen Auseinandersetzung mit einer Fragestellung sind da eben auch immer eine Menge formale Hürden, die gemeistert werden wollen. Mit dem vorliegenden Band halten Sie ein Tool in den Händen, das Sie dabei unterstützen will.

Die Bücher der Reihe „... leicht verständlich" haben wir für Sie modern und attraktiv so aufbereitet, dass Ihnen das Lesen, Lernen und Merken möglichst leicht fällt: viele Übersichten und Grafiken, zahlreiche prägnante Beispiele und reichlich Aufgaben und Fallstudien mit nachvollziehbaren Lösungen. Mit Hilfe des Glossars und dem ausführlichen Stichwortverzeichnis am Ende des Buches haben Sie schnellen Zugriff auf alle themenrelevanten Fachbegriffe.

Über Feedback – Anregungen, Verbesserungshinweise, Lob oder Tadel – freue ich mich unter jaschinski@uvk-lucius.de.

Christian Jaschinski

Herausgeber

Vorwort des Autors

Nachdem die Arbeiten am Text beendet sind, blicke ich nun im Vorwort auf die Entstehung des Buches und sein Konzept zurück.

Am Beginn der Überlegungen stand das Vorhaben, einen leicht verständlichen Überblick über die Grundlagen der Volkwirtschaftslehre - Teilbereich Makroökonomie - zu geben.

Herausgekommen ist dieses Buch, das Sie nun in Händen halten.

Gerade der Aspekt Makroökonomie schreckt Studenten oft ab, da er vielen sehr theoretisch erscheint. Diese Vorstellung bzw. Befürchtung soll der vorliegende Band zerstreuen. Möglichst anschaulich sollte er die wichtigsten Aspekte der Makroökonomie darlegen, an das tägliche Handeln in der Wirtschaft anbinden und einen Blick über den engen Bereich der Makroökonomie hinaus aufzeigen.

So sind kreislaufanalytische Betrachtungen mit vielen Beispielen aus dem täglichen Leben versehen, die wirtschaftspolitischen Ziele werden jeweils nach einer normativen, qualitativen und quantitativen Fragestellung untersucht. Diese Aufteilung erleichtert es dem Leser, Vergleiche anzustellen.

Die beiden Fragestellung zur inhärenten Stabilität der Marktwirtschaft sollen eine Orientierung im weitverzweigten System unterschiedlicher theoretischer Ansätze bieten.

Die beiden Grundorientierungen der Klassik-Neoklassik und der keynesianischen Neuorientierung werden umfassend dargestellt und die von ihnen gegeben Antworten auf die Fragestellungen erläutert. In den entsprechenden Kapiteln werden einige wenige Gleichungen verwendet. Diese sind aber umfassend erklärt und mit zahlreichen Abbildungen leicht verständlich gemacht.

Die Kapitel zu Markt und Staat und zur Geld- und Fiskalpolitik schließen sich an.

Am Ende eines jeden Kapitels finden sich umfangreiche Literaturhinweise. Besonders die in den vertiefenden Literaturhinweisen angegebenen Bücher und Artikel sollen es ermöglichen, tiefer in die Materie einzusteigen und Verbindungen zu anderen Fachdisziplinen herzustellen sowie aktuelle Entwicklungen aufzuzeigen und damit zum Nachdenken anregen.

Bedanken möchte ich mich auf diesem Wege auch bei meinen Kolleginnen und Kollegen Sabine Andrée-Reimers (besonders für das Kapitel zur Geldpolitik), Pia Plewka sowie Dr. Dr Klaus Zittlau. Ihre Fragen, Anregungen, Kritik, Verbesserungsvorschläge und ihre Manuskriptdurchsicht waren stets hilfreich und trugen zur besseren Verständlichkeit bei.

Meiner Frau und meiner Tochter möchte ich auf diesem Wege ebenfalls Dank sagen. Sie haben während der letzten Zeit bei einigen Freizeitaktivitäten auf mich verzichten müssen.

Bad Salzuflen, im Februar 2012

Inhaltsverzeichnis

1 Makroökonomische Grundlagen

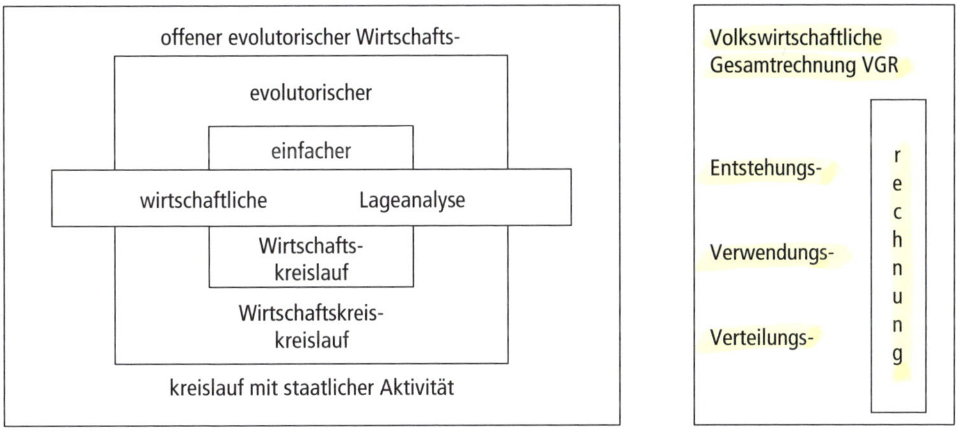

Leitfragen:

- Wie kann die wirtschaftliche Realität gedanklich durchdrungen und somit besser verstanden werden? Ist es sinnvoll erst viele Daten zu sammlen und dann ein Modell zu erstellen oder umgekehrt?
- Wie kann das umfangreiche Datenmaterial systematisiert und strukturiert werden? Ist es notwendig eigene Statistiken zu erstellen oder gibt es bereits genügend?

1.1 Lageanalyse

Die Makroökonomie beschäftigt sich mit gesamtwirtschaftlichen Themen und Modellen: dabei spielen häufig auch mikroökonomische Modelle als Grundlage eine wichtige Rolle.

In der Mikroökonomie liegt der Schwerpunkt auf der Nachfrage eines **einzelnen** Haushalts.[1] In der Makroökonomie wird die **gesamtwirtschaftliche Nachfrage aller** privaten **Haushalte** betrachtet. D. h.: ändert sich die Nachfrage eines einzelnen Haushalts, so ändert sich die gesamtwirtschaftliche Nachfrage ebenfalls.

Innerhalb dieser Lageanalyse wird die wirtschaftliche Realität[2] mit ihrer Vielzahl ganz unterschiedlicher Tätigkeiten/Aktionen dargestellt und analysiert. Da in der Makroökonomie gesamtwirtschaftliche Größen betrachtet werden, haben im Rahmen der Modellbildung die Aggregation und die Begriffsbildung einen besonderen Stellenwert. Sie stellen die Grundlage der Analyse dar.

Wird die Gesamtwirtschaft betrachtet, so finden tagtäglich eine Vielzahl ganz unterschiedlicher Tätigkeiten (Aktionen) statt, die zu analysieren sind. Im Folgenden sind einige kleine Beispiele aufgeführt:

- Hans Müller arbeitet als Bankkaufmann bei der Volksbank Münster eG.
- Karin Heinzel kauft sich einen neuen Elektroherd.
- Die Oppellmann AG renoviert ihre alte Lagerhalle.

Diese und andere Beispiele dienen als Grundlage zur Analyse des wirtschaftlichen Geschehens. Für eine exakte Analyse ist eine bestimmte Vorgehensweise sinnvoll und notwendig. Diese Vorgehensweise wird ausführlich im Kapitel 1.2 dargestellt.

Die „Hilfsmittel", die hierfür zur Verfügung stehen, sind einerseits die **Kreislaufanalyse** mit den verschiedenen Kreislaufmodellen und andererseits die **Volkswirtschaftliche Gesamtrechnung**. Dabei wird im Folgenden von konkreten empirischen Zahlen abgesehen und versucht, die Wechselwirkungen in einer allgemeinen Darstellung zu erklären.

1.2 Der Wirtschaftskreislauf

1.2.1 Der einfache stationäre Wirtschaftskreislauf ohne staatliche Aktivität

Die Lageanalyse soll anhand der folgenden Beispiele weitergeführt werden.

---

1 vgl. Theiler S. 84 ff

2 vgl. Theiler S. 14

Beispiele:

- Frau Huber kauft für ihre Familie einen neuen Kühlschrank bei der Thoener OHG.
- Die Thoener OHG liefert den bereits bezahlten Kühlschrank an Familie Huber.
- Herr Schmidtpott arbeitet beim Ingenieurbüro Haslinger GmbH als Elektriker.
- Herr Argenbaum kauft auf dem Wochenmarkt frisches Gemüse ein.
- Das Gemüse, das Herr Argenbaum eingekauft hat, bezahlt er direkt (28,15 EUR).
- Herr Schmidtpott erhält am 31. des Monats sein Gehalt bar ausgezahlt.

Diese einzelnen Sachverhalte sind in einem ersten Schritt mit **Begriffen** zu belegen. Die in den Beispielen aufgeführten Sachverhalte werden in der Volkswirtschaftslehre **Transaktionen** genannt. Gleichartige Transaktionen werden zu **Stromgrößen** aggregiert. Analytisch lassen sich **Güterströme** und **Geldströme** feststellen.

Definition Transaktion:

➔ **Der Übergang eines Wirtschaftsobjekts (z. B. ein Gut) von einem Wirtschaftssubjekt (privater Haushalt, Unternehmen) auf ein anderes.**

Definition Stromgrößen:

➔ **In monetären Einheiten (Geldeinheiten, Geldstrom) oder in physischen Einheiten (Stück, Kilogramm, Arbeitsstunden etc., Güterstrom) gemessene Größen.**

Definition Stationäre Wirtschaft:

➔ **Wirtschaft, in der es kein Sparen und keine Nettoinvestition gibt.**

Aggregieren: **hier zusammenfassen.**

Mit Hilfe dieser Begriffe kann ein erstes kleines Modell – in Form eines Kreislaufs – dargestellt werden (Güterstrom ——, durchgezogene Linie, Geldstrom --------, gestrichelte Linie).

Stationäre Wirtschaft als Kreislauf

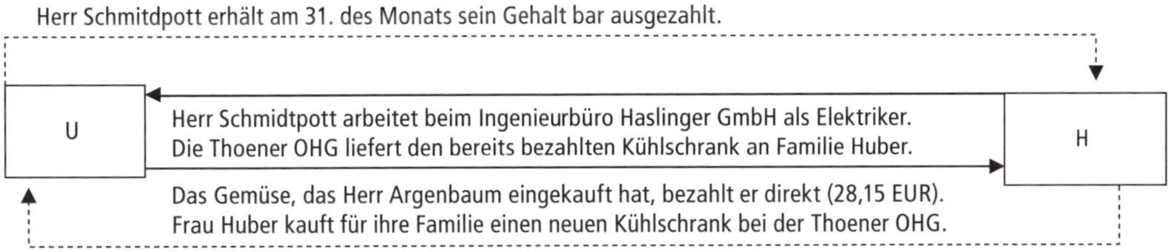

Schaubild 1.1: Stationäre Wirtschaft als Kreislauf

Für eine weitere Abstraktion müssen zusätzliche Begriffe eingeführt werden, die jedoch das Modell „übersichtlicher" machen.

Produktionsfaktoren	Faktoreinkommen	Konsumgüter/ Dienstleistungen	Konsum-ausgaben
Die Haushalte stellen den Unternehmen und dem Staat den **Produktionsfaktor Arbeit** zur Verfügung. **Beispiele** für Güterströme. Herr Schmidtpott arbeitet beim Ingenieurbüro Haslinger GmbH als Elektriker. Frau Schlanter arbeitet in der Justizvollzugsanstalt Herford. Weiterhin können die **Produktionsfaktoren Boden/Natur** und **Kapital** zur Verfügung gestellt werden (siehe dazu nebenstehende Beispiele für Boden/ Natur und Kapital).	Die Haushalte erhalten je nach Produktionsfaktor, den sie zur Verfügung stellen, Einkommen. Hierbei handelt es sich jeweils um Geldströme: **Produktionsfaktor:** **Arbeit:** Lohn bzw. Gehalt Beispiel: Herr Schmidtpott erhält am 31. des Monats sein Gehalt. **Boden/Natur:** Mieten, Pachten Beispiel: Frau Lotti Behr vermietet eine 2.000 m² große Lagerhalle an die Berenburg Baustoffgroßhandlung GmbH & Co. KG und erhält dafür monatlich 4.000,00 EUR Miete. **Kapital:** Zinsen Beispiel: Hartmut Bauer spart einen Teil seines Einkommens, die Zinsen werden ihm am Ende des Jahres gutgeschrieben.	Die Unternehmen produzieren mit Hilfe der Produktionsfaktoren Konsumgüter und Dienstleistungen, die sie an die Haushalte verkaufen. Hierbei handelt es sich um Güterströme. **Beispiele:** Frau Huber kauft für ihre Familie einen neuen Kühlschrank bei der Thoener OHG.	Das Faktoreinkommen verwenden die Haushalte für den Kauf von Konsumgütern und Dienstleistungen, sie tätigen Konsumausgaben. Hierbei handelt es sich um Geldströme. **Beispiel:** Das Gemüse, das Herr Argenbaum eingekauft hat, bezahlt er direkt (28,15 EUR).

Definition Sektor Private Haushalte:

➔ **Alle Ein- und Mehrpersonenhaushalte, die auf Märkten als Nachfrager von Gütern (Ge- und Verbrauchsgüter) und Dienstleistungen zu Konsumzwecken und/oder als Anbieter von Arbeitskraft auftreten. Weiterhin treten sie als Anleger von Ersparnissen und/oder als Aktionäre auf. Ihre Einnahmen resultieren neben dem Einkommen aus Erwerbstätigkeit und Vermögen auch aus Übertragungen (Renten, Pensionen, Unterstützungen etc.). Darüber hinaus werden in diesem Sektor z. B. zusammengefasst: Selbstständige, Landwirte, Einzelunternehmen, Händler, Gastwirte, selbstständige Versicherungsvertreter.**

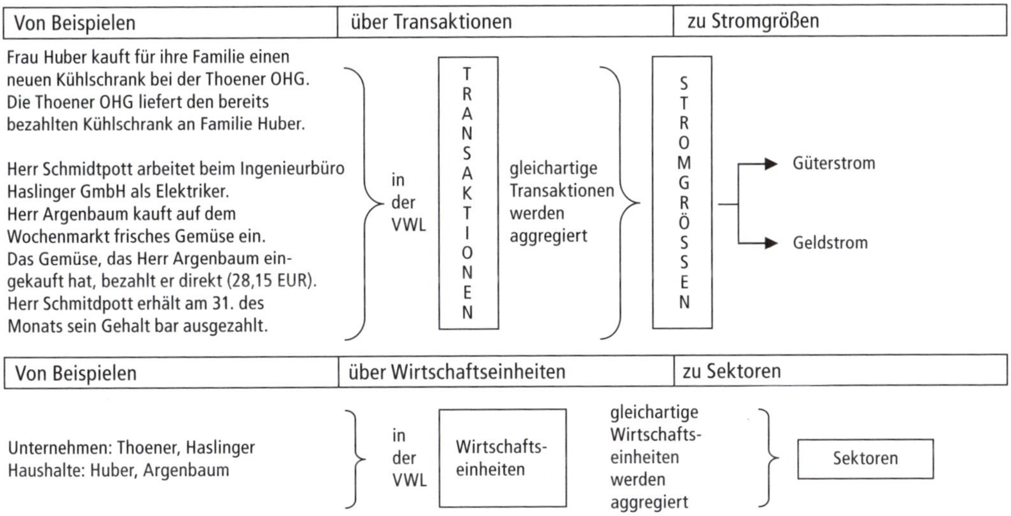

Schaubild 1.2: Transaktionen, Stromgrößen, Wirtschaftseinheiten, Sektoren

Der Sektor Unternehmen wird unterteilt in „Nicht-Finanzielle Unternehmen“ und „Finanzielle Kapitalgesellschaften“.[3]

> Definition Sektor „Nicht-Finanzielle Unternehmen“:
>
> ➔ **Alle Kapital-, Personengesellschaften (z. B. AG, KG, OHG), u. a. aus den Wirtschaftsbereichen Land-, Forstwirtschaft, Fischerei, Produzierendes Gewerbe, Handel, Verkehr, rechtlich selbstständige Eigenbetriebe des Staates, Wirtschaftsverbände.**

> Definition Sektor „Finanzielle Kapitalgesellschaften“:
>
> ➔ **Unternehmen aus den Wirtschaftsbereichen Kredit- und Versicherungsgewerbe (Banken und Versicherungen) und Grundstückswesen, sonstige Finanzinstitute (z. B. Pensionskassen, Wertpapierhändler) und dem Hilfsgewerbe der Kredit- und Versicherungswirtschaft.**

Bestimmte Begrife werden in der Volkswirtschaftslehre mit Symbolen abgekürzt. Für den Begriff Faktoreinkommen wird das Symbol Y (Y = Yield, Ertrag) verwendet, für die Konsumausgaben C (C = Comsumption, Konsum).

Das Symbol Y wird sowohl für die **Summe aller Faktoreinkommen** in einer Volkswirtschaft verwendet (= Volkseinkommen), als auch für das **Produktionsergebnis** der Volkswirtschaft (= Wertschöpfung der Unternehmen).

Die Gleichung Y = C zeigt die Zusammensetzung des Produktionsergebnisses, zu dessen Erstellung die von den Haushalten zur Verfügung gestellten Produktionsfaktoren beigetragen haben und für die diese Faktoreinkommen erhielten.

3 vgl. dazu Kapitel 1.2.2 und 1.3.1.1

Der Geldstrom (monetärer Strom) wird mit einer gestrichelten ------- Linie dargestellt. Bei diesen Einnahmen- und Ausgabenströmen ist jedoch zu beachten, dass sie nicht mit Bargeldströmen gleichgesetzt werden dürfen. In diesen Strömen drückt sich eine Änderung von Forderungen und Verbindlichkeiten aus, die zwischen den Sektoren fließt. Beim Bargeld (Banknoten und Münzen) handelt es sich also nur um eine spezielle Form einer solchen Änderung.[4]

Der Güterstrom wird mit einer durchgezogenen ——— Linie dargestellt.

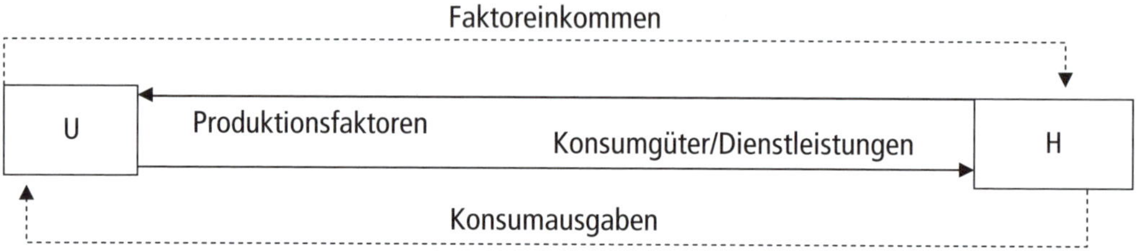

Schaubild 1.3: Kreislaufmodell einer stationären Wirtschaft

Die gegenseitigen Abhängigkeiten stellen sich wie folgt dar:

	Unternehmen		Haushalte	
	Ausgaben	Einnahmen	Ausgaben	Einnahmen
Faktoreinkommen	x			x
Konsumausgaben		x	x	

Wenn mit Modellen gearbeitet wird, ist es wichtig, dass die Prämissen, die dem Modell zugrunde liegen, bekannt sind und beachtet werden.

Definition Prämisse:

➔ **Voraussetzung(-en), Sätze eines logischen Schlusses; sie sind die Menge aller vorausgesetzten, d.h. unbewiesenen Sätze.**

Prämissen des einfachen stationären Wirtschaftskreislaufs

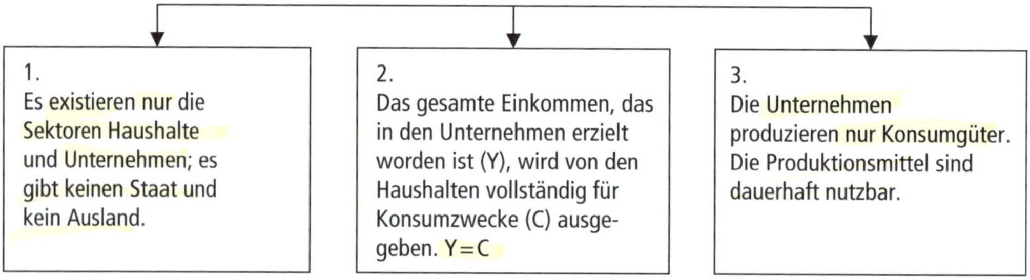

[4] vgl. zu diesem Aspekt die evolutorische Wirtschaft, Kapitel 1.2.2

Es ist leicht festzustellen, dass diese Prämissen die Erklärungskraft des Modells stark einschränken, da dieses Modell nur einen sehr kleinen Teil der Realität abdeckt. Eine Vielzahl von Transaktionen aus dem täglichen Leben kann nicht beschrieben bzw. erklärt werden, z. B.:

- Günter Kanter ärgert sich über die aufmerksame Politesse, die ihm wieder einmal ein „Knöllchen“ wegen Falschparkens verpasst hat.
- Familie Jochmann erhält für den Sohn Dirk monatlich Kindergeld.
- Die Firma Mendoza bezahlt der Bayer AG die Rohstoffe; Rechnungsbetrag 25.000,00 EUR.
- Die Bundesrepublik zahlt 20 Mio. EUR Entwicklungshilfe an das afrikanische Land Togo.

Gegenüber Modellen ist die Forderung zu stellen, dass sie einen möglichst großen Teil der Realität abbilden und erklären bzw. dass ein immer größer werdender Teil der Realität durch verbesserte Modelle abgedeckt wird.[5] In einem mehrstufigen Prozess soll ein immer komplexeres Modell erstellt werden, das dann einen immer größeren Teil der Realität abdeckt und somit neue Erkenntnisse liefern kann.

In den bisherigen Überlegungen wurden definitionsgemäß nur Konsumgüter hergestellt, wobei die dazu erforderlichen Maschinen dauerhaft nutzbar waren. Die Transaktion

- Die Theuer Kunststoff GmbH hat eine alte Spritzgussmaschine vollständig abgeschrieben. Sie kauft von der Antel AG in München eine neue Maschine gleichen Typs und gleicher Leistung.

kann in diesem Modell nicht erklärt werden.

Um eine Annäherung an die Realität vollziehen zu können, wird zunächst die Prämisse 3 geändert. Es werden Anlagen mit zeitlich begrenzter Nutzungsdauer zugelassen, d. h. Ersatzinvestitionen für Maschinen sind nunmehr möglich. Betriebswirtschaftlich bedeutet dieses, dass Abschreibungen erfolgen. Ein technischer Fortschritt soll zunächst nicht stattfinden.

Mit den Abschreibungen wird die durch den produktionsbedingten Verschleiß und das wirtschaftliche Veralten bedingte Wertminderung des Sachkapitals erfasst. Diese Investitionen werden Ersatzinvestitionen genannt. Weitere Investitionen über diese Abschreibungen hinaus sind nicht möglich.

Definition Ersatzinvestition:

➔ **Ersatz vorhandener Investitionsobjekte (z. B. Maschinen), die aus technischen und/oder wirtschaftlichen Gründen veraltet und abgeschrieben sind.**

[5] vgl. Theiler, S. 14ff

Somit entsprechen die Bruttoinvestitionen (I_{brutto}) den Abschreibungen (Ab).

D. h.: $I_{brutto} = Ab$

> Definition Anlagevermögen:
>
> ➔ **Stellt den Wert aller reproduzierbaren und dauerhaften Produktionsmittel (Bestandsgröße) dar, die sich im Eigentum der Unternehmen bzw. des Staates befinden.**

Dieses hat zur Konsequenz, dass die Unternehmen Investitionsgüter produzieren, die von anderen Unternehmen nachgefragt werden. Die Höhe des Anlagevermögens ändert sich dabei nicht. Die Ersatzinvestitionen sind Stromgrößen, die nur innerhalb des Unternehmenssektors (In-Sich-Ströme) fließen. Nach Abzug der Ersatzinvestitionen verbleiben als Produktionsergebnis Konsumgüter, die den Haushalten zufließen.

Für das Kreislaufmodell bedeutet dieses, dass sog. In-Sich-Ströme (Geld- und Güterströme) im Unternehmenssektor stattfinden.

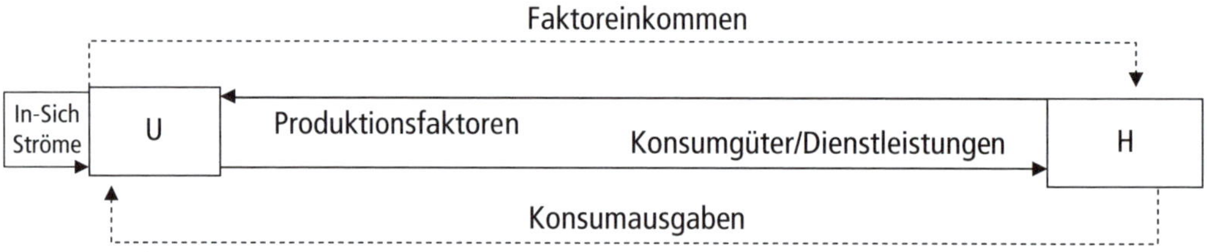

In den folgenden Darstellungen werden diese In-Sich-Ströme nicht mehr explizit erwähnt und dargestellt; sie werden jedoch stets mitgedacht.

Ein Blick in die Realität zeigt jedoch, dass der Kauf einer „neuen" Maschine gleichen Typs mit gleicher Leistung, d. h. ohne irgendwelche Verbesserungen, sehr realitätsfremd ist.

Realitätsnäher ist der Kauf einer – aufgrund des technischen Fortschritts – qualitativ besser arbeitenden Maschine, z. B.:

- Die Weiglein Maschinenbau GmbH hat eine Hochleistungsdruckmaschine erfunden, die schneller und kostengünstiger produziert; diese verkauft sie an die M. Haushordt Druckerei.

Dieser Sachverhalt kann in einer evolutorischen Wirtschaft jedoch erklärt werden.

1.2.2 Evolutorischer Wirtschaftskreislauf

Um den Sachverhalt des technischen Fortschritts berücksichtigen zu können, muss die Prämisse 2 geändert werden. Durch diese Änderung wird das obige grobe und einfache Modell der Wirklichkeit weiter angenähert.

Zur Finanzierung des technischen Fortschritts benötigen die Unternehmen Kredite bzw. Fremdkapital von Banken. Diese erhalten das Geld von den Haushalten, die sparen.

Das Einkommen Y der Haushalte kann nun für Konsumzwecke C und für Sparen S ausgegeben werden, d. h. Y = C + S. Für das Sparen wird das Symbol S (S= Savings/Sparen) verwendet. Die Haushalte geben nur einen Teil ihres Einkommens Y für Konsumzwecke C aus, das bedeutet somit auch: Y > C.

Der Teil des Einkommens, der für Konsumzwecke ausgegeben wird, berührt den Bereich „Nichtfinanzielle Unternehmen“, die den Haushalten Konsumgüter verkaufen. Der Teil des Einkommens, der gespart wird, berührt den Bereich „Finanzielle Kapitalgesellschaften“ (z. B. Banken, Sparkassen) und deren Konten, auf denen die Haushalte ihr Geld anlegen. Dadurch wird es den „Finanziellen Kapitalgesellschaften“ ermöglicht, an die „Nichtfinanziellen Unternehmen“ Kredite zu vergeben, womit diese wiederum Investitionen durchführen können. Durch das Sparen sind jetzt Nettoinvestitionen möglich (im Folgenden werden nur Geldströme dargestellt). Eine solche Wirtschaft wird evolutorische Wirtschaft genannt.

Definition Evolutorische Wirtschaft:

➔ **Wirtschaft, in der Sparen und Nettoinvestitionen durchgeführt werden, sodass sie wächst und sich entwickelt.**

Folgende Transaktionen können nun im Modell zusätzlich berücksichtigt werden:

- Hartmut Bauer spart einen Teil seines Einkommen, die Zinsen werden ihm am Ende des Jahres gutgeschrieben.
- Die Weiglein Maschinenbau GmbH hat eine Hochleistungsdruckmaschine erfunden, die schneller und kostengünstiger produziert; diese verkauft sie an die M. Haushordt Druckerei.

Durch diese neue leistungsstärkere Maschine erhöht sich der Bestand des Produktionspotenzials des Unternehmens bzw. der Volkswirtschaft, d. h. auch: Es wurde eine Nettoinvestition durchgeführt.

Definition Nettoinvestition:

➔ **Bruttoinvestitionen abzüglich der Ersatzinvestitionen.**

Finanzielle Kapitalgesellschaften können dem Bereich Unternehmen zugeordnet werden, sind hier jedoch zur Veranschaulichung explizit aufgeführt. Wird dieser Bereich funktional bestimmt, so ergibt sich die sog. Vermögensänderung.

Modell einer evolutorischen Wirtschaft[6]

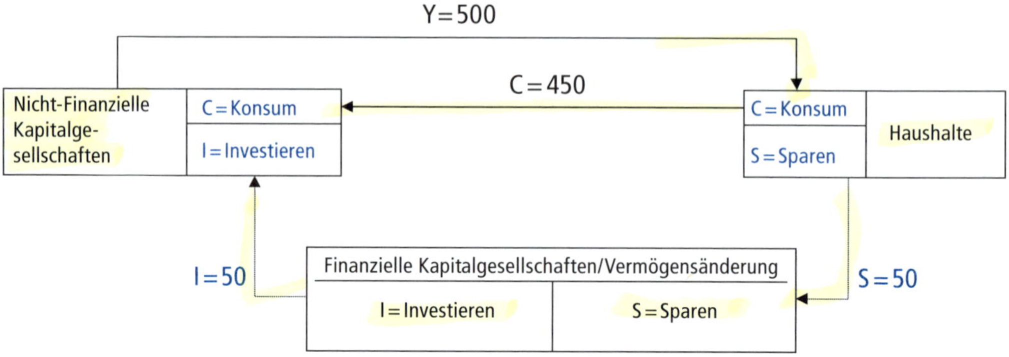

Vorheriges Modell: Investitionen wurden in Höhe der Abschreibungen vorgenommen, d.h., das Anlagevermögen (AV) blieb konstant.

Jetziges Modell: Bruttoinvestitionen (I_{brutto}) > Abschreibungen, d.h., das AV wächst um die Nettoinvestitionen (I_{netto}).

$I_{brutto} - AB = I_{netto}$

Voraussetzung für das neue Modell:
Änderung der Prämisse 2
Konsum < Faktoreinkommen

Durch die Nettoinvestitionen wird der Bestand an reproduzierbarem Sachvermögen (Kapital) erhöht. Die Volkswirtschaft verfügt über ein höheres Produktionspotenzial als vorher. Sie wächst und entwickelt sich fort, d.h., sie ist evolutorisch. Damit unterscheidet sie sich vom vorherigen Modell einer stationären Wirtschaft, in der galt: Nettoinvestitionen $I_{netto} = 0$

$Y = C + I$ Einkommensentstehungsgleichung: Das Sozialprodukt wird in diesem Fall nicht nur von den Haushalten, sondern auch von den Unternehmen nachgefragt. Es wird eingesetzt für Konsum und Investition.

$Y = C + S$ Einkommensverwendungsgleichung: Den Haushalten ist es nun nicht möglich, ihr gesamtes Geld auszugeben, weil anstelle von Konsumgütern z.T. auch Investitionsgüter hergestellt werden. Die Haushalte müssen auf Konsum verzichten, sie müssen sparen.

Schaubild 1.4: Kreislaufmodell einer evolutorischen Wirtschaft

Auch in dieser Wirtschaft fließt das Einkommen Y den Haushalten zu und die Konsumgüterausgaben C fließen dem entgegen, jedoch nicht in der gleichen Höhe.

Das den Haushalten zufließende Y, das nicht für Konsumzwecke ausgegeben wird, fließt einem „neuen Sektor“ zu. Da die Zu- und Abgänge der einzelnen Sektoren stets gleich hoch sein müssen, bedeutet dieses, dass dem Sektor Unternehmen vom „neuen Sektor“ das – z.B. Geld – zufließen muss, das diesem Sektor von den Haushalten zugeflossen ist. Aus der Darstellung ergibt sich, dass das Sparen der Haushalte S gleich den Investitionen der Unternehmen I ist. Wird der Sachverhalt in Gleichungsform dargestellt, so ergibt sich:

Nettoinvestition $I_{netto} = S$
das bedeutet auch
Nettoinvestition $I_{netto} = I_{brutto} - Ab$

[6] alle Zahlenangaben in EUR

In dieser Volkswirtschaft besteht das gütermäßige Produktionsergebnis (die Wertschöpfung) aus Konsumgütern, die den Haushalten zufließen, und aus den Sachgütern, die die Bestände der Unternehmen an Produktionsmitteln jedweder Art vergrößert haben (= Investition).

Folgende Transaktion kann nunmehr im Modell berücksichtigt werden:

- Frau Lotti Behr vermietet eine 2000 m^2 große Lagerhalle an die Berenburg Baustoffgroßhandlung GmbH & Co. KG und erhält dafür monatlich 4.000,00 EUR Miete.

Aus der Sicht der Verwendung des Produktionsergebnisses ergibt sich die folgende Definitionsgleichung.

Y = C + I
Volkseinkommen/Nettowertschöpfung = Konsum + Nettoinvestition

Diese Gleichung wird Einkommensentstehungsgleichung genannt.

Die Inhaber der Produktionsfaktoren erhalten bei der Güterproduktion Faktoreinkommen. Das Faktoreinkommen stellt die Faktorkosten dar, mit denen das gütermäßige Produktionsergebnis bewertet wird. Somit stimmen Faktoreinkommen/Volkseinkommen und Wertschöpfung der Volkswirtschaft überein. Daraus ergibt sich die folgende Definitionsgleichung.

Y = C + S
Volkseinkommen = Konsum + Sparen

Diese Gleichung wird Einkommensverwendungsgleichung genannt.

Die Gleichheit von I = S ergibt sich somit durch die Definition und wird nicht durch das Bankensystem oder andere Institutionen ermöglicht.

- Von der **Haushaltsseite** betrachtet können mit dem Volkseinkommen Y Konsumgüter C gekauft werden, der dafür nicht verwendete Teil von Y ist S = Sparen/Ersparnis.
- Von der **Unternehmensseite** betrachtet ist der Teil des gesamtwirtschaftlichen Produktionsergebnisses, der nicht von den Haushalten gekauft wird, Investition I.

Auf der anderen Seite sind alle Güter des gesamtwirtschaftlichen Produktionsergebnisses Y, die nicht von den Haushalten gekauft werden, Investitionen I. Die Güter, die nicht oder noch nicht von den Haushalten gekauft worden sind, erhöhen – geplant oder nicht geplant – das Sachvermögen der Unternehmen. Dieses geschieht in Form von Anlage- oder Lagerinvestitionen. Die Unternehmen können den Haushalten in Höhe ihrer Ersparnisse (= ihres Konsumverzichts) somit keine Konsumgüter verkaufen. Genau in dieser Höhe steigen die Investitionen. Das bedeutet: dass

- am Ende einer Wirtschaftsperiode Ersparnis und Investition stets die gleiche Höhe haben;
- in Höhe der Nettoinvestitionen gespart werden muss, nicht in Höhe der Bruttoinvestitionen;
- Ersatzinvestitionen keinen Konsumverzicht nötig machen.

Der letzte Aspekt ist auf die buchhalterische Wirkung der Abschreibungen zurückzuführen.

Die aufgrund von Verschleiß im Produktionsprozess auftretende Wertminderung des Sachvermögens wird in Form von Abschreibungen erfasst. Diese stellen Aufwand dar und bewirken, dass sich der Gewinn reduziert und damit auch die Faktoreinkommen. Der Abschreibungsbetrag entspricht in einer stationären und in einer evolutorischen Wirtschaft den Ersatzinvestitionen. Durch die gewinnmindernde Wirkung der Abschreibungen erhalten die Haushalte ein um die Höhe der Ersatzinvestitionen reduziertes Einkommen. Das bedeutet, um Ersatzinvestitionen durchführen zu können, ist kein zusätzlicher Konsumverzicht nötig, da das Einkommen bereits um die Höhe der Ersatzinvestitionen reduziert worden ist.

1.2.3 Die offene evolutorische Wirtschaft mit staatlicher Aktivität

Wird die Erklärungskraft des bisher erarbeiteten und bekannten Modells an der Realität überprüft, ist leicht festzustellen, dass eine Vielzahl von Transaktionen im Modell noch immer nicht berücksichtigt ist z. B.:

- Herr Brauner ist Lehrer an der Gesamtschule in Detmold und unterrichtet u. a. Sebastian in Mathematik und Physik.
- Die Gemeinde Kalletal leert wöchentlich die Abfallbehälter auf dem firmeneigenen Parkplatz der Baustoffgroßhandlung Utte AG.
- Das Baustoffgroßhandlung Utte AG bezahlt die anfallenden Müllgebühren in Höhe von 450,00 EUR.
- Die Tischlerei Kuntenhagen liefert an das Hanse-Berufskolleg Lemgo 25 Tische und Stühle.
- Das Hanse-Berufskolleg Lemgo bezahlt die neu angeschafften Tische und Stühle an die Firma Kuntenhagen.
- Familie Drapper erhält von der Gemeinde Dörentrup Wohngeld in Höhe von 300,00 EUR.
- Die Bayer AG (Leverkusen) liefert an die Firma Mendoza in Mexiko 25 t Rohstoffe für die Produktion von Medikamenten.
- Franz Josef Riess erbt von seinem amerikanischen Onkel 200.000,00 EUR.

- Caroline Möller geht zum Einwohnermeldeamt ihrer Heimatstadt und bestellt gegen eine Gebühr von 25,00 EUR einen neuen Personalausweis.
- Die Firma Mendoza bezahlt der Bayer AG die Rohstoffe; Rechnungsbetrag 25.000,00 EUR.
- Die Finken Möbeltischlerei bezahlt die 300 Baumstämme an ihren finnischen Lieferanten (Rechnungsbetrag 8.700,00 EUR).
- Die Stadt überweist der Jangkind KG für die gelieferten Fliesen den Rechnungsbetrag.
- Die Jangkind KG liefert für den Neubau des Rathauses Fliesen für den Sanitärbereich.

Diese Transaktionen berühren zwei große Bereiche, den Staat und das Ausland. Diese Sektoren sind im bisherigen Modell allerdings nicht enthalten.

Durch die Änderung der Prämisse 1 kann das Modell erweitert werden, sodass die obigen Transaktionen in das Modell aufgenommen werden können, d.h. das Modell wird komplexer und deckt dadurch einen größeren Teil der Realität ab.

Definition Sektor Staat:

➔ **Alle Gebietskörperschaften (Bund, Länder, Gemeinden) und die Sozialversicherungen (u.a. Rentenversicherungen, gesetzliche Krankenversicherungen, Arbeitslosenversicherung), darüber hinaus Gemeindeverbände, kommunale Zweckverbände und Sondervermögen des Staates.**

Nicht zum Sektor Staat zählen: öffentliche Unternehmen, die ihre Leistungen überwiegend entgeltlich abgeben (z.B. Bahn AG, die Folgeunternehmen der Bundespost, kommunale Versorgungs- und Verkehrsunternehmen).

Definition Sektor Ausland/Übrige Welt:

➔ **Hier wird der grenzüberschreitende Warenverkehr betrachtet. Seit Vollendung des Europäischen Binnenmarkt (1.1.1993) und dem Wegfall aller zollamtlichen Warenkontrollen an den Binnengrenzen der Mitgliedstaaten werden zwei unterschiedliche Erhebungskonzepte verwendet:**

➔ **Intrahandelsstatistik: Erfassung des Warenverkehrs mit Mitgliedstaaten der EU.**

➔ **Extrahandelsstatistik: Erfassung des grenzüberschreitenden Warenverkehrs zwischen Deutschland und den Staaten außerhalb der EU (Drittländer).**

1.2.3.1 Verbindungen des Sektors Staat mit den anderen Sektoren

In den nachfolgend aufgeführten Beispielen wird nicht zwischen Güter- und Geldströmen unterscheiden.

Steuern, Beiträge, Gebühren und Sozialversicherungsbeiträge

beteiligte Sektoren	Staat	←	Unternehmen, Haushalte
allgemeine Beschreibung	• **Steuern:** sind Geldleistungen, die keine Gegenleistung für eine besondere Leistung darstellen und von einem öffentlich-rechtlichen Gemeinwesen zur Erzielung von Einnahmen allen auferlegt werden. • **Beiträge, Gebühren:** Entgeltabgaben an den Staat, die der Bürger für ihm zugedachte Staatsleistungen zahlen muss. • **Sozialversicherungsbeiträge:** Der Staat zieht von den privaten Haushalten – mit Hilfe der Unternehmen – die Beiträge für die Sozialversicherung ein.		
Beispiele	**Beispiele für Steuern:** Die Unternehmensberatung Güllenring erstellt dem Elektronikunternehmen Byt GmbH eine Rechnung über 14.280,00 EUR; die 19 % MWST werden extra ausgewiesen. Frau Eikelbaum muss an das Finanzamt 450,00 EUR Einkommenssteuer nachzahlen. **Beispiele für Gebühren:** Das Baustoffgroßhandlung Utte AG bezahlt die anfallenden Müllgebühren in Höhe von 450,00 EUR. **Beispiele für Beiträge:** Caroline Möller geht zum Einwohnermeldeamt ihrer Heimatstadt und bestellt gegen eine Gebühr von 25,00 EUR einen neuen Personalausweis. **Beispiel für Sozialversicherungsbeiträge:** Frau Christiane Junte erhält ihre Gehaltsabrechnung und zahlt 314 EUR Sozialversicherungsbeiträge.		

Vorleistungen und staatliche Investitionen

beteiligte Sektoren	Staat	↔	Unternehmen
allgemeine Beschreibung	• **Vorleistungen:** Der Staat bezieht von den Unternehmen Rohstoffe, Energie und Dienstleistungen (inkl. Mieten). Dazu gehören auch laufende Reparaturen und geringwertige Wirtschaftsgüter. • **Staatliche Investitionen:** Hierbei handelt es sich um öffentliche Gebäude, Ausrüstungen und Verkehrswege (z. B. Straßen, Kanäle).		
Beispiele	**Beispiel für Vorleistungen:** Die Jangkind KG liefert für den Neubau des Rathauses Fliesen für den Sanitärbereich. **Beispiel für staatliche Investitionen:** Die Tischlerei Kuntenhagen liefert an das Hanse-Berufskolleg Lemgo 25 Tische und Stühle.		

Öffentliche Güter und staatliche Dienste

beteiligte Sektoren	Staat	➔	Unternehmen, Haushalte
allgemeine Beschreibung	**Öffentliche Güter, staatliche Dienste:** Diese werden den Unternehmen und Haushalten unentgeltlich zur Verfügung gestellt (z. B. öffentliche Verwaltung, Landesverteidigung). Aus diesem Grunde können sie nicht durch einen Geldstrom im Kreislauf dargestellt werden. Darüber hinaus ist eine konkrete Zuordnung des Nutzens auf Unternehmen und Haushalte nicht möglich.		
Beispiele	**Beispiel für öffentliche Güter:** Herr Brauner ist Lehrer an der Gesamtschule in Detmold und unterrichtet u. a. Sebastian in Mathematik und Physik. **Beispiel für staatliche Dienste:** Die Gemeinde Kalletal leert wöchentlich die Abfallbehälter auf dem firmeneigenen Parkplatz der Baustoffgroßhandlung Utte AG.		

Transferzahlungen

beteiligte Sektoren	Staat	➔	Haushalte
allgemeine Beschreibung	**Transferzahlungen:** Kaufkraftübertragungen des Staates an private Haushalte, z. B. für den Lebensunterhalt, zur Vermeidung sozialer Notlagen, zur Förderung bestimmter Formen der Einkommensverwendungen (Sparprämien), Pensionszahlungen.		
Beispiel	**Beispiele für Transferzahlungen:** Familie Drapper erhält von der Gemeinde Dörentrup Wohngeld in Höhe von 300,00 EUR. Familie Jochmann erhält für den Sohn Dirk monatlich Kindergeld.		

Produktionsfaktoren

beteiligte Sektoren	Staat	↔	Haushalte
allgemeine Beschreibung	**Produktionsfaktoren:** Die privaten Haushalte stellen dem Staat (öffentliche Verwaltung) z. B. Arbeit zur Verfügung. Dafür erhalten sie Einkommenszahlungen: sie fließen den privaten Haushalten der Beamten und der Angestellten im öffentlichen Dienst zu.		
Beispiele	**Beispiel für Produktionsfaktoren:** (z. B. den Produktionsfaktor Arbeit): Herr Brauner ist Lehrer an der Gesamtschule in Detmold und unterrichtet u. a. Sebastian in Mathematik und Physik. Herr Brauner erhält am Beginn des Monats sein Gehalt.		

Subventionen

beteiligte Sektoren	Staat	→	Unternehmen
allgemeine Beschreibung	**Subventionen**: Geldleistungen des Staates an Unternehmen ohne ökonomische Gegenleistung, d. h. einseitige Kaufkraftübertragungen von Seiten des Staates an die Unternehmen. Statt einer marktwirtschaftlichen Gegenleistung werden i. d. R. bestimmte Verhaltensweisen von Seiten der Unternehmen erwartet bzw. gefordert (z. B. Erhalt von Arbeitsplätzen und/oder langsamerer Abbau derselben, Einsatz energiesparender und umweltschonender Produktionsverfahren).		
Beispiel	**Beispiel für Subventionen:** Gerhard Müller macht sich selbstständig und erhält zur Existenzgründung einen auf 12 Monate befristeten Zuschuss vom Land NRW.		

Faktoreinkommen

beteiligte Sektoren	Staat	←	Unternehmen
allgemeine Beschreibung	**Faktoreinkommen:** Der Staat erzielt durch die Beteiligung an Unternehmen Faktoreinkommen.		
Beispiel	**Beispiel für Faktoreinkommen:** Die Volkswagen AG zahlt Dividende und überweist dem Land Niedersachen als Anteilseigner den entsprechenden Betrag.		

1.2.3.2 Verbindungen des Sektors Übrige Welt mit den anderen Sektoren

beteiligte Sektoren	Übrige Welt	↔	Unternehmen, Haushalte und Staat
allgemeine Beschreibung	**Export:** Waren und Dienstleistungen werden aus dem Inland in die übrige Welt gebracht. **Import**: Waren und Dienstleistungen werden aus der übrigen Welt ins Inland gebracht. **Direktimport**: Das direkte Importieren von Gütern durch einen privaten Haushalt. **Erwerbs- und Vermögenseinkommen:** Hierbei handelt es sich um Einkommen aus unselbstständiger Arbeit (Zinsen, Mieten, Pachten, Dividenden). **Laufende Übertragungen:** Hierbei handelt es sich um Beiträge an intern. Organisationen, priv. Renten- und Unterstützungszahlungen, staatliche Entwicklungshilfe, Heimatüberweisungen ausländischer Mitbürger. **Vermögensübertragungen:** Hierbei handelt es sich um einmalige Transfers, Schuldenerlasse, Erbschaften, Schenkungen.		

beteiligte Sektoren	Übrige Welt	↔	Unternehmen, Haushalte und Staat
Beispiele	**Beispiel für Export:** Die Bayer AG (Leverkusen) liefert an die Firma Mendoza in Mexiko 25 t Rohstoffe für die Produktion von Medikamenten. Die Firma Mendoza bezahlt der Bayer AG die Rohstoffe; Rechnungsbetrag 25.000,00 EUR. **Beispiel für Import:** Die Firma Finken-Möbeltischlerei erhält aus Finnland 300 Baumstämme. Die Finken-Möbeltischlerei bezahlt die 300 Baumstämme an ihren finnischen Lieferanten (Rechnungsbetrag 8.700,00 EUR). **Beispiel für Direktimport:** Herr Zittelmann bestellt beim Londoner Unternehmen Tobacco Miles LTD 1.000 g Pfeifentabak, der umgehend per Post zugeschickt wird. Herr Zittelmann überweist die 28 brit. Pfund an das Londoner Unternehmen Tobacco Miles LTD. Hierbei handelt es sich jeweils um Güterströme mit den entsprechenden gegenläufigen Geldströmen. **Beispiel für Erwerbs- und Vermögenseinkommen:** Herr Martin Rungen aus Aachen arbeitet bei einer belgischen Firma in Eupen. Er erhält sein Gehalt direkt von seinem belgischen Arbeitgeber in Eupen. **Beispiel für Laufende Übertragungen:** Das Land NRW erhält aus dem Strukturförderungsfonds der EU aus Brüssel 25 Mio. EUR. **Beispiel für Vermögensübertragungen:** Franz Josef Riess erbt von seinem amerikanischen Onkel 200.000,00 EUR.		

Durch die Beziehungen zum Ausland[7] verändert sich sowohl die **inländische Gütermenge** (Zunahme durch den Import, Abnahme durch den Export) als auch die **inländische Geldmenge** (Zunahme durch die Bezahlung der Exporte, Abnahme durch die Bezahlung der Importe). Die Differenz ist der sog. Außenbeitrag, er kann positiv oder negativ sein.

Außenbeitrag = Export – Import

Ist der Außenbeitrag positiv (Exportüberschuss) ergibt sich für die Volkswirtschaft eine Vermögenserhöhung, da sie Forderungen gegenüber dem Ausland hat. Ist der Außenbeitrag negativ (Importüberschuss) ergibt sich für die Volkswirtschaft eine Vermögensminderung, da sie Verbindlichkeiten gegenüber dem Ausland hat.

Dieser Abschnitt befasste sich mit der gedanklichen Durchdringung und Systematisierung der Transaktionen einer offenen evolutorischen Volkswirtschaft. Darüber hinaus ist es allerdings notwendig, dieses Wirtschaftsgeschehen eines Landes zahlenmäßig exakt zu erfassen. Diese Erfassung erfolgt mit der Volkswirtschaftlichen Gesamtrechnung.

7 vgl. dazu das Kapitel 2.5

1.3 Volkswirtschaftliche Gesamtrechnung

Die quantifizierbaren Ergebnisse des Wirtschaftsprozesses einer Volkswirtschaft werden in der **Volkswirtschaftlichen Gesamtrechnung** (VGR) erfasst.

> Definition Volkswirtschaftliche Gesamtrechnung:
> → **Für die Erfassung des Wirtschaftsgeschehens der Bundesrepublik verwendete Berechnungs- und Darstellungsform.**

Aus gesamtwirtschaftlicher Perspektive geht es in der VGR vor allem um die Bestimmung der gesamtwirtschaftlichen Wertschöpfung und des gesamtwirtschaftlichen Einkommens.

Von besonderem Interesse ist, Informationen darüber zu bekommen:

- wie die Investitionen finanziert werden?
- welche Ersparnisse vorhanden sind?
- wie die Güter-, Dienstleistungs- und Finanztransaktionen zwischen den Haushalten, Unternehmen, dem Staat und dem Ausland durchgeführt werden?

Bei der VGR werden stets in der Vergangenheit liegende Zeitperioden betrachtet, d. h. es handelt sich um eine **ex-post Analyse.**

> Definition ex-post Analyse:
> → **lat.: nach geschehener Tat (das Objekt wird im Nachhinein betrachtet).**

Das Ziel der VGR ist es, ein

- möglichst umfassendes,
- übersichtliches,
- hinreichend gegliedertes,
- quantitatives

Gesamtbild der wirtschaftlichen Aktivitäten einer Volkswirtschaft zu geben.

Die in diesem Rechenwerk der VGR ermittelten Zahlen **dienen den Trägern der Wirtschaftspolitik** in vielfältiger Weise.

1. dem Staat

- Inwiefern wurden die wirtschaftspolitischen Ziele erreicht bzw. nicht erreicht?
- Inwiefern wirken die ergriffenen Maßnahmen im gewünschten Umfang und in der gewünschten Richtung?

2. den Tarifvertragsparteien

- Wie können die aufgestellten Forderungen begründet werden?
- Wie können die von der Gegenseite aufgestellten Forderungen entkräftet werden?

Für die Wirtschaftswissenschaft ist die VGR **ein wichtiges Mittel, in der Theorie ermittelte Wirkungszusammenhänge empirisch zu überprüfen und ggf. zu korrigieren.** Die VGR ist insoweit auch eine **ex-ante Analyse**, da sie sich mit geplanten und erwarteten Größen befasst. Basierend auf bestimmten Verhaltenshypothesen wird versucht, Entwicklungstendenzen zu erklären und Bedingungen für eine Übereinstimmung von geplanten und tatsächlichen Größen anzugeben.

> Definition ex-ante Analyse:
>
> → **lat.: im Vorhinein (hier wird auf Plangrößen in der Zukunft abgestellt).**

Eine weitere Aufgabe der VGR ist die **Ermittlung von Inlandsprodukten.**

Die beiden wichtigsten Indikatoren für die wirtschaftliche Leistung eines Landes sind das

- (Brutto-)Inlandsprodukt (BIP)

und das

- (Brutto-)Nationaleinkommen (BNE).

Das **BIP ist ein Gebietsprodukt**, d.h.: das Abgrenzungskriterium ist Inland/Ausland: **Wo** ist die wirtschaftliche Leistung entstanden, unabhängig davon, **wer** sie erbracht hat (Inländer oder Ausländer)?

Das **BNE ist ein Inländerprodukt**, d.h. das Abgrenzungskriterium ist Inländer/Ausländer:

Wer hat die wirtschaftliche Leistung erbracht, unabhängig davon, **wo** er es getan hat?

> Definition Inländer:
>
> → **Alle Wirtschaftssubjekte – Menschen, Unternehmen – , die ihren Wohnort oder Sitz im Inland haben, unabhängig von der Staatsangehörigkeit.**

> Definition Ausländer:
>
> → **Alle Wirtschaftssubjekte, auch inländische Staatsangehörige, die ihren Wohnort oder Sitz im Ausland haben.**

> Definition Bruttoinlandsprodukt:
>
> → **Summe aller Güter und Dienstleistungen, die während eines bestimmten Zeitraums – i.d.R. ein Jahr – innerhalb eines Landes hergestellt wurden.**

Der Zusammenhang zwischen dem Bruttoinlandsprodukt und dem Bruttonationaleinkommen wird in der folgenden Übersicht verdeutlicht.

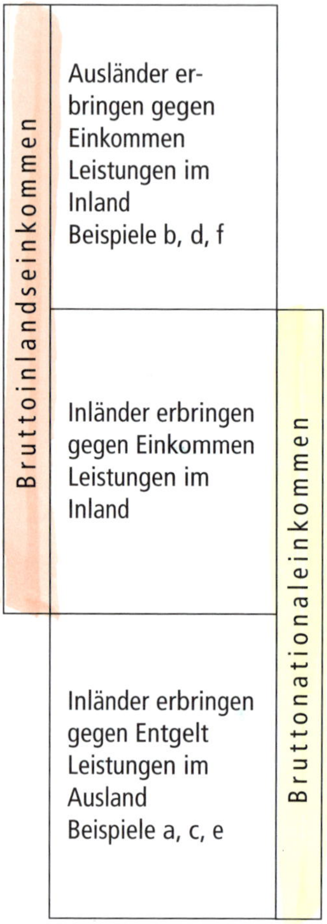

Bruttoinlandsprodukt
+ Arbeitnehmerentgelt aus der übrigen Welt (Auspendler)
Beispiel a: Ein Arbeitnehmer aus Freiburg/Breisgau pendelt täglich zur Arbeit nach Basel/Schweiz.

– Arbeitnehmerentgelte an die übrige Welt (Einpendler)
Beispiel b: Ein Arbeitnehmer aus Basel/Schweiz pendelt täglich zur Arbeit nach Freiburg/Breisgau.

+ Vermögenseinkommen aus der übrigen Welt
Beispiel c: Ein deutsches Unternehmen besitzt Aktien eines schweizerischen Unternehmens und erhält Dividendenzahlungen.

– Vermögenseinkommen an die übrige Welt
Beispiel d: Ein schweizerisches Unternehmen besitzt Aktien eines deutschen Unternehmen und erhält Dividendenzahlungen.

+ Subventionen von der übrigen Welt
Beispiel e: Die Bundesrepublik erhält von der Europäischen Union Zahlungen für besondere Maßnahmen/Fälle.

– Gütersteuern an die übrige Welt
Beispiel f: Bei den an die übrige Welt gezahlten Produktions- und Importabgaben handelt es sich um Eigenmittel der EU.

= Bruttonationaleinkommen

1.3.1 Entstehungs-, Verwendungs-, Verteilungsrechnung

Im Rahmen der VGR sind drei unterschiedliche „Ansätze" zu unterscheiden.

- **Entstehungsrechnung**: In welchen Wirtschaftsbereichen ist das BIP entstanden?
- **Verwendungsrechnung**: Welche volkswirtschaftlichen Bereiche haben in welcher Höhe Güter konsumiert bzw. investiert?
- **Verteilungsrechnung**: Wer bezieht die unterschiedlichen Einkommen?

1.3.1.1 Die Entstehungsrechnung

Zentrale Fragestellung ist hierbei: In welchen Wirtschaftsbereichen ist das BIP entstanden?

Dabei wird im Rahmen des Produktionsansatzes die wirtschaftliche Leistung aus der Sicht der Produzenten dargestellt.

Das Bruttoinlandsprodukt 2010 (Angaben in Milliarden EUR)		
So ist es entstanden	Verwendet wurde es dafür	Verteil wurde es so
681,8 Finanzierung, Vermietung und Unternehmensdienstleistungen 528,8 Öffentliche und private Dienstleistungen 531,9 Industrieproduktion 385,3 Handel, Gastgewerbe und Verkehr 92,8 Bautätigkeit 19,5 Land- und Forstwirtschaft, Fischerei + 258,9 Steuern, abzüglich Subventionen	1444,7 private Konsumausgaben 486,7 Staatliche Konsumausgaben + 437,2 Investition, darunter 170,0 Ausrüstungen, 249,8 Bauten + 130,2 Außenhandel	1 259,7 Löhne und Gehälter 641,6 Unternehmens- und Vermögenseinkommen = **Volkseinkommen** + 277,5 Abgaben abzügl. Subventionen = **Nettonationaleinkommen** + 353,2 Abschreibungen = **Bruttonationaleinkommen** – 33,1 Saldo der Einkommen aus dem Ausland
= **Bruttoinlandsprodukt 2 498,8 Milliarden EUR**		
Quelle: Statistisches Bundesamt, Stand Februar 2011		

Tabelle 1.1: Das Bruttoinlandsprodukt 2010

Entstehungsrechnung nach Wirtschaftsbereichen

Land- und Forstwirtschaft, Fischerei
Land- und Forstwirtschaft
Fischerei und Fischzucht
Produzierendes Gewerbe
Bergbau, Gewinnung von Steinen und Erden
Verarbeitendes Gewerbe
Energie- und Wasserversorgung
Baugewerbe
Dienstleistungsbereiche
Handel, Reparatur von Kfz u. Gebrauchsgütern
Gastgewerbe

Verkehr und Nachrichtenübermittlung
Kredit- und Versicherungsgewerbe
Grundstückswesen, Vermietung, Unternehmerische Dienstleistungen
Öffentliche Verwaltung, Verteidigung, Sozialversicherung
Erziehung und Unterricht
Gesundheits-, Veterinär- und Sozialwesen
Sonstige öffentliche und private Dienstleister
Häusliche Dienste

Schaubild 1.5: Entstehungsrechnung nach Wirtschaftsbereichen

Im Rahmen des Produktionsansatzes bilden die einzelnen Wirtschaftseinheiten (z. B. Unternehmen) den Anknüpfungspunkt. Jedoch werden die Ergebnisse in aggregierter Form nach Wirtschaftsbereichen dargestellt. Kriterium der Zuordnung zu den Wirtschaftsbereichen ist der Schwerpunkt der wirtschaftlichen Tätigkeit (gemessen am Beitrag der Bruttowertschöpfung). Das **BIP** wird zur Beurteilung der Binnenkonjunktur herangezogen, im Vordergrund steht die Produktionsseite. Das **BNE** wird zur Beurteilung der Entwicklung bei Entstehung, Verteilung und Verwendung von Einkommen eingesetzt.

> **Beispiel:**
>
> Die Volkswagen AG stellt PKW her, sie ist somit Teil des Produzierenden Gewerbes. Für die Produktion der PKW benötigt das Unternehmen Produkte anderer Unternehmen, z. B. Windschutzscheibe, Kabelbäume.

Die Windschutzscheibe und die Kabelbäume stellen ein „Problem“ dar. Diese Produkte sind ihrerseits (End-)Produkte der Zulieferer, sodass, würden sie bei der Volkswagen AG im Wert vollständig mit berücksichtigt, Doppelzählungen entstehen und das „Endergbenis“ stark aufblähen. Um realitätsnahe Angaben zu bekommen, müssen also Doppelzählungen vermieden werden, d. h. von der Wertschöpfung in den einzelnen Bereichen der Volkswirtschaft müssen die Vorleistungen abgezogen werden.

> Definition Vorleistung:
>
> ➔ **Produktionsmittel und Dienstleistungen, die nicht dauerhaft sind und von anderen Unternehmen bezogen und in der gleichen Periode verbraucht werden.**

> Definition Wertschöpfung:
>
> ➔ **Wert, der in einem Wirtschaftszweig durch die Verarbeitung und Veredelung der Produkte entstanden ist.**

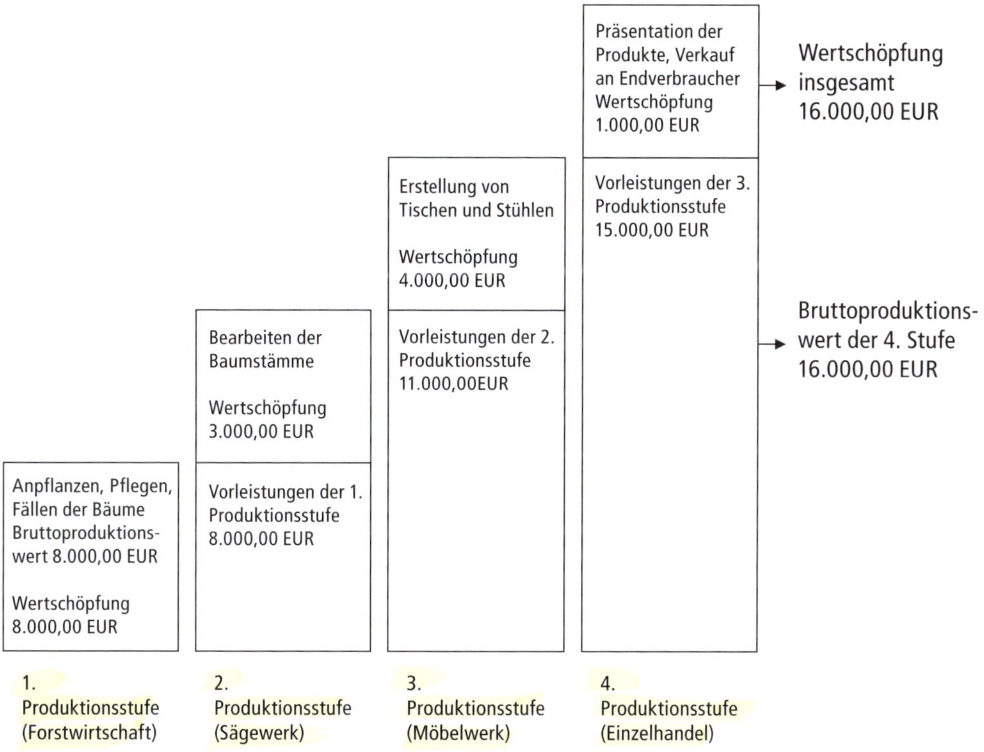

Definition Bruttoproduktionswert:

➔ **Summe aller während eines Zeitraums – i. d. R. eines Jahres – erstellten Waren und Dienstleistungen.**

Definition Bruttowertschöpfung:

➔ **Bruttoproduktionswert abzüglich Vorleistungen.**

Der Produktionswert einer Wirtschaftseinheit lässt sich i. d. R. ohne Probleme aus dem Umsatz, dem Wert der selbsterstellten Anlagen und den Vorratsänderungen an eigenen Erzeugnissen bestimmen. Bei Banken liegt jedoch ein Umsatz im herkömmlichen Sinne nicht vor.

Für den Bereich der Bankenproduktion fand in den letzten Jahren eine neue konzeptionelle Behandlung in der VGR statt.

Beispiel:

Alfred Lütke-Meier benötigt für die Finanzierung seines Eigenheims einen Kredit. Ein Mitarbeiter der Sparkasse Bielefeld arbeitet für ihn ein spezielles Angebot aus. Die Kreditzinsen und die Rückzahlungsbedingungen entsprechen den Wünschen von Herrn Lütke-Meier und er unterschreibt den Vertrag.

> Alwina Sokoll ist 79 Jahre alt. Sie will ihren beiden Enkelinnen Sabrina und Sylvia einen Teil ihres Vermögens übertragen. Bei einem Vermögensberater ihrer Sparkasse informiert sie sich. Trotz langer und ausführlicher Gespräche ist Frau Sokoll noch unentschlossen, ob sie den Vorschlag des Beraters akzeptieren soll. Auch ein zweites und drittes Gespräch überzeugen sie noch nicht.
>
> Knut Stockmann ist langjähriger Kunde der örtlichen Sparkasse. Neben einigen Aktien hat er den Rest seiner Ersparnisse auf einem „normalen" Sparbuch. Er möchte stets über sein Geld verfügen können.
>
> Die Diekjobst KG ist ein mittelständisches Unternehmen der Metallindustrie. Zur Erweiterung ihrer Kapazitäten braucht sie einen Kredit. Die Hausbank unterbreitet ihr ein attraktives Angebot. Die Geschäftsführer der KG prüfen dieses Angebot und unterschreiben den Kreditvertrag.

Als Kreditnehmer zahlen Herr Lütke-Meier und die Diekjobst KG für die Dienstleitungen der Sparkasse (Beratung und Kreditbereitstellung) Zinsen und Bankprovisionen. Herr Stockmann erhält für sein Geld auf dem Sparbuch Habenzinsen. Die Finanzdienstleistung für Frau Sokoll wird allerdings nicht extra berechnet. Aus einzelwirtschaftlicher Sicht werden die Banken für ihre Dienstleistungen auf zwei unterschiedliche Arten bezahlt. Sie berechnen Entgelte für bestimmte Dienstleistungen, z. B. für die Vermietung von Schließfächern. Darüber hinaus ergibt sich aus dem Leihen und dem Verleihen von Geld (bzw. anderer Arten von Aktiv- oder Passivgeschäften) eine Marge, die jedoch nicht ausdrücklich in Rechnung gestellt wird. Diese Marge wurde in der Vergangenheit als adäquate Größe zur Messung der Bankenproduktion verwendet (d. h. für den Wert der nicht ausdrücklich entlohnten Bankdienstleistungen). Maßgeblich zur Deckung der Kosten des Bankgeschäfts und zum Gewinn tragen Bausparverträge, Versicherungen und Wertpapierhandel bei.

Dabei taucht allerdings ein Problem auf. Die VGR weist im Unterschied zum betrieblichen Rechnungswesen jedem Kauf einen Verkauf, jedem Aufkommen von Gütern eine Verwendung von Gütern nach. Wer sind aber die Abnehmer der Bankdienstleistungen? Bisher waren die Bankdienstleistungen global den Vorleistungen hinzugefügt (unterstellte Bankgebühr) worden. Der Wert der Bankdienstleistungen wird nun auf die Bankkunden aufgeteilt. Sind diese Bankdienstleistungen dem **Konsum der privaten Haushalte oder dem Staat zuzuordnen**, ergibt sich daraus ein höheres Niveau des Inlandsproduktes bzw. des Nationaleinkommens. Wurden die Bankdienstleistungen **von produzierenden Wirtschaftseinheiten verbraucht**, handelt es sich weiterhin um Vorleistungen. D. h., die Bankdienstleistungen werden nicht mehr wie in der Vergangenheit global als Vorleistungen gebucht, sondern den einzelnen Verwendungsaggregaten zugeordnet.

> Definition Finanzserviceleistung, indirekte Messung (FISIM):
>
> ➔ **Financial Intermediation Services, Indirectly Measured: Umfasst die den Banken aus dem Kredit- und Einlagengeschäft zufließenden indirekten Entgelte. Diese werden modellhaft ermittelt.**

Eine statistische Erfassung von FISIM ist nicht möglich, es muss deshalb eine modellmäßige Erfassung erfolgen.[8]

Der Grundgedanke der Erfassung der Bankenproduktion und der FISIM Neureglung ist, dass es einen **reinen Zinssatz/eine Referenzrate** (i. d. R. der Interbankenzinssatz) gibt. Diese Referenzrate ist frei von Dienstleitungs- und Risikozuschlägen und für Einleger und Kreditnehmer gleich. Den Unterschied zwischen dieser Referenzrate und den tatsächlichen Zinsströmen bildet das (implizite) Dienstleistungsentgelt der Banken. Die Kreditnehmer zahlen somit mehr als den Referenzzins, die Einleger bekommen weniger als den Referenzzins. Ein vereinfachendes Beispiel soll dieses verdeutlichen:

Kredite		Einlagen	
vom Kreditnehmer zu zahlender Zinssatz	6 %	Referenzrate/-zins	5 %
Referenzrate/-zins(	– 5 %	den Einlegern zu vergütender Habenzinssatz	– 4 %
Dienstleistungsentgelt (Aufschlag), kann als Entgelt für die Verwaltung des Kredites interpretiert werden.	1 %	Dienstleistungsentgelt (Abschlag), kann als Entgelt für die Abwicklung des Zahlungsverkehrs angesehen werden.	1 %

Daraus ergeben sich buchungstechnisch zwei Konsequenzen:

Die Zinsen, die die Kreditnehmer zu zahlen haben, sind um das Dienstleistungsentgelt zu reduzieren (6 % – 1 % = 5 %). Die Zinsen, die die Einleger bekommen, sind um das Dienstleistungsentgelt zu erhöhen (4 % + 1 % = 5 %). Somit fließt den Einlegern im System der VGR ein höherer Zins als der tatsächliche zu.

Das – implizite – Bankleistungsentgelt (der FISIM) ergibt sich somit aus der Summe der Zuschläge und der Abschläge. Das Dienstleitungsentgelt wird auf die einzelnen Verwendungsarten aufgeteilt:

- Sind Kreditnehmer bzw. Einleger Konsumenten, ergeben sich aus dem Dienstleistungsentgelt erhöhte Konsumausgaben;
- Sind Kreditnehmer bzw. Einleger Produzenten (ähnliches gilt auch für den Staat), geht das Dienstleistungsentgelt in die Vorleistungen ein.

Die nachfolgende Darstellung verdeutlicht den „Weg" vom Produktionswert zum Bruttonationaleinkommen.

[8] vgl. dazu die umfangreichen Ausführungen des Statistischen Bundesamtes, auf Exporte/Importe wird hier nicht eingegangen.

Produktionswert	Verkäufe von Waren/Dienstleistungen aus eigener Produktion sowie von Handelswaren (inkl. Wohnungsvermietung, auch gewerblicher Anlagen und Eigenkonsum) + Wert der Bestandsveränderungen an Hilfs- und Fertigwaren aus der eigenen Produktion + Wert der selbsterstellten Waren Die „Finanzserviceleistung, indirekte Messung (FISIM)" der Banken wird häufig noch explizit ausgewiesen, soweit es sich nicht um Vorleistungen handelt. Zur Vermeidung von Doppelzählungen werden die Vorleistungen subtrahiert,
– Vorleistungen	Hierbei handelt es sich um Leistungen, die von anderen Unternehmen erstellt und von diesen bezogen wurden, die dann in die eigene Produktion eingehen (intermediärer Verbrauch). Der Teil, bei dem es sich in der „Finanzserviceleistung, indirekte Messung (FISIM)" der Banken um Vorleistungen handelt wird häufig noch explizit ausgewiesen. man erhält dann
= Bruttowertschöpfung	Diese umfasst somit die innerhalb eines abgegrenzten Wirtschaftsgebietes innerhalb eines bestimmten Zeitraums erbrachte wirtschaftliche Leistung. Diese Bruttowertschöpfung ist zu den Herstellungspreisen (basic prices) zu bewerten. Das bedeutet jedoch, dass die Bruttowertschöpfung der Wirtschaftsbereiche ohne die auf die Güter zu zahlenden Steuern (Gütersteuern), aber zuzüglich der empfangenen Gütersubventionen darzustellen ist.
+ Gütersteuern – Gütersubventionen	Unter dem Begriff **Gütersteuern** werden alle Steuern und ähnliche Abgaben gefasst, die vom Staat oder der EU bei Produzenten erhoben werden. Die Gütersteuern sind bei der Gewinnermittlung nicht als Kostensteuern abzugsfähig (z. B. Verbrauchs-, Grund-, Versicherungssteuer). Die Umsatzsteuer ist somit keine Gütersteuer. Um zum Marktpreis zu gelangen, sind sie zu addieren. **Subventionen** dienen primär der Reduzierung der Marktpreise, zur Erhöhung der Einkommen und/oder der Produktionssicherung und sind damit abzuziehen. Man erhält dann:
= Bruttoinlandsprodukt (BIP)	Das BIP bezieht sich auf wirtschaftliche Vorgänge im Wirtschaftsgebiet und misst die wirtschaftliche Leistung im Inland (Inlandskonzept); um zum BNE zu gelangen, sind die Einkommen mit der übrigen Welt zu berücksichtigen.
+ Saldo der Primäreinkommen mit der übrigen Welt	Saldierung der Erwerbs- und Vermögenseinkommen, die Inländern aus dem Ausland zufließen, mit dem Erwerbs- und Vermögenseinkommen, die ins Ausland abfließen. Man erhält das BNE
= Bruttonationseinkommen (BNE) früher: **Bruttosozialprodukt**	Dieses BNE stellt eine Größe dar, die wirtschaftliche Vorgänge der Inländer erfasst (Inländerkonzept).

1.3.1.2 Die Verwendungsrechnung

Die zentrale Fragestellung ist hier: **Welche volkswirtschaftlichen Bereiche haben in welcher Höhe Güter konsumiert bzw. investiert?**

Bei der o. g. Entstehungsrechnung wurde die Angebotsseite zur Ermittlung des BIP herangezogen. Bei der Verwendungsrechnung erfolgt die Ermittlung von der Nachfrageseite. Dieses ist damit zu begründen, dass – ex post betrachtet – Angebot und Nachfrage gleich sein müssen. Hierbei steht der Wert der Endverwendung von inländischen Waren und Dienstleistungen im Mittelpunkt. Bei dieser Form der Ermittlung werden andere Primärstatistiken herangezogen.

Privater Konsum	Hier werden alle Verkäufe von „Waren und Dienstleistungen" an die Privaten Haushalte (z. B. Kühlschränke, PKW) erfasst (sog. Lieferantenmethode). Bei den Unternehmen (und den priv. Organisationen ohne Erwerbszweck, z. B. Kirchen, Gewerkschaften) wird der Eigenverbrauch erfasst. Der Kauf von Grundstücken und Gebäuden wird in der Rubrik Bruttoanlageinvestition aufgeführt.
Staatlicher Konsum	Hier werden vom Staat selbst produzierte Güter/Dienstleistungen erfasst. Sie gehen mit ihren Erstellungskosten (z. B. Lohnkosten) bzw. sonstigen Input-Kosten ein, da für sie keine Marktpreise existieren. In dieser Rubrik werden zudem alle anderen laufenden Ausgaben des Staates als „Konsum" erfasst. Sie werden den Privaten ohne direkte Gegenleistung zur Verfügung gestellt. Die Finanzierung erfolgt durch die Netto-Steuerzahlung der im Inland steuerpflichtigen Konsumenten und Produzenten. Vom Staat erstellte und an Private verkaufte Güter und Dienstleistungen werden in der Rubik Bruttoanlageinvestitionen berücksichtigt.
Bruttoinvestition: • Sachanlagen ➔ • immaterielle Anlagen und Ausrüstungen ➔ • Vorratsveränderungen und Nettozugang an Wertsachen ➔	In dieser Rubrik findet eine Unterteilung statt: Ausrüstungsinvestitionen, investive Nebenleistungen, Bauinvestitionen, Eigenleistungen im Wohnungsbau, selbsterstellte Bauten. selbsterstellte Software, Urheberrechte (stellenweise sind hier Schätzungen erforderlich, da eine gesicherte Datenlage nicht vorhanden ist). Hier werden die **Veränderungen** der Vorräte erfasst. Da hierbei **preisbedingte Veränderungen ausgeschaltet** werden sollen, werden Jahresdurchschnitte als Bewertungsgrundlage herangezogen.
+ Außenbeitrag	Dieser ergibt sich aus dem Saldo von Export und Import.
= Bruttoinlandsprodukt	

1.3.1.3 Die Verteilungsrechnung

Die zentrale Fragestellung ist hier: **Wer bezieht die unterschiedlichen Einkommen?**

Ausgehend vom ermittelten Bruttoinlandsprodukt wird durch die Verteilungsrechnung festgestellt, wie sich die entstandenen Einkommen auf die beiden Faktoren Arbeit und Kapitel aufteilen.

Der bereits erwähnte Aspekt des Inlandskonzepts bzw. Inländerkonzepts wird dabei berücksichtigt. Dieses geschieht durch den Saldo des Primäreinkommens.

Bruttoinlandsprodukt zu Marktpreisen	Da im Inland auch Ausländer Leistungen gegen Entgelt erbracht haben und im Ausland auch Inländer gegen Entgelt Leistungen erbracht haben, sind diese Einkommen zu subtrahieren bzw. zu addieren.
+ Erwerbs- und Vermögenseinkommen **aus** der übrigen Welt – Erwerbs- und Vermögenseinkommen **an** die übrige Welt	
= Bruttonationaleinkommen zu Marktpreisen	
– Abschreibungen	Da sich ein Teil der in einem Jahr produzierten Güter auf den Ersatz von Maschinen bezieht, diese somit nur zum Erhalt des Status Quo dienen und nicht als Einkommen zur Verfügung stehen, sind die Abschreibungen zu subtrahieren. Man gelangt dann zum
= Netto-Nationaleinkommen	
– Produktions- und Importabgabe an den Staat + Subventionen vom Staat	Da bei der Entstehungsrechnung des BIP die indirekten Steuern zur Bruttowertschöpfung addiert und die Subventionen abgezogen wurden, sind diese nun in der Verteilungsrechnung wieder zu subtrahieren bzw. zu addieren.
Netto-National-Einkommen zu Faktorkosten = Volkseinkommen	Das Volkseinkommen fließt den Arbeitnehmern und den Unternehmen und Vermögensbesitzern zu.
– Arbeitnehmerentgelte	Da die Arbeitnehmerentgelte statistisch gut zu erfassen sind, werden sie vom Volkseinkommen subtrahiert. Das Ergebnis ist dann das
= Unternehmens- und Vermögenseinkommen	als Residualgröße (Restgröße).

Netto-National-Einkommen zu Faktorkosten = Volkseinkommen	
= Unternehmens- und Vermögenseinkommen	= Arbeitnehmerentgelte
– Öffentliche Abgaben auf Einkommen aus Unternehmertätigkeit und Vermögen (direkte Steuer u. ä.)	– Sozialbeiträge der Arbeitgeber
	= Bruttolöhne und –gehälter
	– Lohnsteuer und Sozialbeiträge der Arbeitnehmer
= Nettoeinkommen aus Unternehmertätigkeit und Vermögen	= Nettolohn- und -gehaltssumme (Nettoeinkommen aus unselbstständiger Arbeit)

1.3.2 Nominales BIP – Reales BIP

Soll die Entwicklung des BIP über mehrere Jahre analysiert werden, ist es notwendig, die in den jeweiligen Marktpreisen enthaltenen Preissteigerungen herauszurechnen. Deshalb ist zwischen dem nominalen BIP (mit den jeweiligen Preissteigerungen) und dem realen BIP (ohne Preissteigerungen) zu unterscheiden. Das reale BIP gibt die Entwicklung der Volkswirtschaft realitätsnäher wieder.

> Definition Nominales Bruttoinlandsprodukt:
>
> ➔ **Misst die im Inland entstandene Produktion in laufenden Preisen einer Berichtsperiode.**

Vielfach ist jedoch das Interesse höher, die Entwicklung der Realgrößen zu kennen, d. h. die Entwicklung und Veränderung der effektiven Gütervolumina. Um dieses zu erreichen, ist es erforderlich, das nominale BIP in eine Preis- und eine Mengenkomponente aufzuteilen. Dieses wurde bis 2005 in konstanten Preisen (reales BIP) eines Basisjahrs dargestellt **(Festpreisbasis).**

Das **reale BIP** ergab sich aus der Summe der festen Gütervolumina (Mengenkomponente) bewertet mit den Preisen des festen Basisjahres.

Dem Vorteil der einfachen Rechnung stand allerdings der Nachteil gegenüber, dass sich mit zunehmendem Abstand zum Basisjahr der Vergleich realer Größen immer problematischer gestaltete.

Mit der Revision der VGR im Jahre 2005 wurde das Verfahren der Festpreisbasis umgestellt auf die **Vorjahresbasis** (quasi ein jeweils aktuelles Basisjahr).

Somit erfolgt die Deflationierung (das Herausrechnen der Preissteigerungsraten) der VGR-Daten nicht mehr wie bisher in Preisen eines festen Basisjahres (zuletzt in Preisen von 1995), sondern stets in Preises des jeweiligen Vorjahres, d. h. die Ergebnisse des Jahres 2010 werden mit Preisen des Jahres 2009 bewertet.

Diese neue Methode beinhaltet rechentechnisch, dass die Wertangaben eines Jahres mit Preisindices deflationiert werden, die stets auf dem Jahresdurchschnitt des Vorjahres normiert sind.

Vorteile der Vorjahresbasis sind:

- die aktuellen Preisrelationen werden berücksichtigt;
- die internationale Vergleichbarkeit wird erhöht;
- die Berechnung der realen Veränderungsraten wird genauer.

Das Dilemma dieser neuen Berechnungsmethode ist, dass die Realwerte der einzelnen Jahre nicht mehr miteinander vergleichbar sind, da jeweils andere Preisindices zugrunde gelegt wurden.[9] Auf die Lösungsansätze für diese Probleme in Form von Volumenindices und Kettenindices soll hier nicht eingegangen werden.[10]

1.4 Zusammenfassung

Wirtschaftskreisläufe				
unterschiedliche Wirtschaftskreisläufe	Wichtige Begriffe			
einfacher stationärer Wirtschaftskreislauf	stationäre Wirtschaft	Transaktionen	Stromgrößen	Güterströme
	Geldströme	Wirtschaftseinheiten	Sektoren	Produktionsfaktoren
	Sektor Nicht-Finanzielle Unternehmen	Sektor Finanzielle Unternehmen	Sektor Private Haushalte	Faktoreinkommen
	Konsumausgaben	Konsumgüter	Dienstleistungen	
evolutorischer Wirtschaftskreislauf	evolutorische Wirtschaft	Nettoinvestitionen	Volkseinkommen	Nettowertschöpfung
	Einkommensentstehungsgleichung	Einkommensverwendungsgleichung	Vermögensänderung	Konsumverzicht
offener evolutorischer Wirtschaftskreislauf	Sektor Staat	Sektor Ausland	Steuern, Beiträge Gebühren	Vorleistungen,
	staatliche Investitionen	Öffentliche Güter	öffentliche Dienste	Transferzahlungen
	Subventionen	Export	Import	Außenbeitrag

Volkswirtschaftliche Gesamtrechnung				
Betrachtungsweisen	Wichtige Begriffe			
Entstehungsrechnung	Ausländer	Inländer	Bruttoinlandsprodukt	Bruttonationaleinkommen
	Inländerprodukt/ Gebietsprodukt	Produktionswert	Wertschöpfung	Finanzserviceleistungen

9 vgl. dazu ausführlich den Artikel von Nierhaus, in dem die beiden Methoden umfassend beschrieben und miteinander verglichen werden.

10 vgl. dazu die diversen Veröffentlichung des Statistischen Bundesamtes.

Volkswirtschaftliche Gesamtrechnung				
Verwendungs-rechnung	Privater Konsum	Staatlicher Konsum	Sachanlagen/ immaterielle Anlagen und Ausrüstungen	Vorratsänderungen/Nettozugang an Wertsachen
Verteilungsrechnung	Netto-Nationaleinkommen	Arbeitnehmerentgelt	Unternehmens- und Vermögenseinkommen	Produktions- und Importabgaben an den Staat
reales und nominales Bruttoinlandsprodukt	Festpreisbasis	Vorjahresbasis	Deflationierung	Basisjahr/ Berichtsjahr

1.5 Kontrollaufgaben

Teil A[11]

1.
Welche der nachfolgenden Transaktionen ist in einem einfachen stationären Wirtschaftskreislauf nicht enthalten?

a	Frau Marie-Louise Müller bestellt bei der POS GmbH eine Waschmaschine.
b	Herr Hans Schwedler bezahlt seine Hotelrechnung in Köln bar.
c	Herr Gottfried Lauber bezahlt per Banküberweisung die Kfz-Steuer für seinen neuen PKW.
d	Das Unternehmen Glas Korte GmbH repariert im Privathaus der Familie Hartmann eine defekte Glastür.

2.
Werden von der Bruttowertschöpfung die Gütersubventionen subtrahiert und die Gütersteuern addiert, so ergibt sich

a	das Bruttonationalprodukt BNE
b	das Bruttoinlandsprodukt BIP
c	der Produktionswert
d	das Netto-Nationaleinkommen

[11] Es ist jeweils nur eine Lösung richtig.

3.
Marc Hoogens wohnt in Kerkrade/NL und arbeitet bei der Brouwens GmbH in Aachen als Elektriker. Seine Leistungen und sein Einkommen werden

a	im Bruttoinlandsprodukt BIP,
b	im Bruttonationalprodukt BNE,
c	sowohl im BIP als auch im BNE,
d	weder im BNE noch im BIP

berücksichtigt.

Teil B

1.
Formulieren Sie drei Beispiele für Geldströme, die in einer offenen evolutorischen Wirtschaft mit staatlicher Aktivität zwischen den Sektoren Private Haushalte und Staat stattfinden können.

2.
a. Bei welcher der nachfolgend aufgeführten Transaktionen handelt es sich um

a) eine Transferzahlung;

b) Leistungseinkommen;

c) weder eine Transferzahlung noch ein Leistungseinkommen?

tragen Sie hier den richtigen Buchstaben ein ↓

Frau Huber kauft und bezahlt für ihre Familie die Badezimmerfließen bei der Berenburg GmbH & Co KG.	
Herr Waldhausen arbeitet bei der Berenburg GmbH & Co KG. und erhält am 31. des Monats sein Gehalt überwiesen.	
Familie Drapper erhält von der Gemeinde Wohngeld in Höhe von 300,00 EUR.	
Das Land NRW erhält aus dem Strukturförderungsfonds der EU aus Brüssel 25 Mio. EUR überwiesen.	
Herr Brauner arbeitet als Lehrer an einer Gesamtschule und erhält am Beginn des Monats sein Gehalt überwiesen.	
Das Unternehmen Kuntenhagen liefert an das Hanse-Berufskolleg Lemgo 25 Tische und Stühle.	

b. Welche der nachfolgend aufgeführten Transaktionen finden zwischen

a) dem Staat und den Unternehmen;

b) dem Staat und den Privaten Haushalten;

c) zwischen anderen Sektoren des Wirtschaftskreislaufs

statt?

tragen Sie hier den richtigen Buchstaben ein ⬇

Die Baustoffgroßhandlung Berenburg GmbH & Co KG. liefert die bereits bezahlten Badezimmerfliesen an Frau Huber.	
Das Hanse-Berufskolleg Lemgo bezahlt die neu angeschafften Tische und Stühle an die Firma Kuntenhagen.	
Herr Marcel Ritter kauft auf dem Wochenmarkt frisches Gemüse ein.	
Herr Lars Grote ärgert sich über die aufmerksame Politesse, die ihm wieder einmal ein „Knöllchen" wegen Falschparkens verpasst hat.	
Das Ehepaar Moser hat zwei Kinder: Sebastian (10 Jahre) und Cathrin (18 Jahre), Sebastian besucht die Gesamtschule, Klasse 5, Cathrin das Gymnasium, Klasse 13.	
Die Volkswagen AG zahlt Dividende und überweist dem Land Niedersachsen als Anteilseigner den entsprechenden Betrag.	
Die Bundesrepublik zahlt 20 Mio. EUR Entwicklungshilfe an das afrikanische Land Togo.	

3.
Beschreiben Sie exakt die Unterschiede zwischen den Bruttonationaleinkommen und dem Bruttoinlandsprodukt.

4.
Entscheiden Sie ob das folgende Beispiel dem Bruttonationaleinkommen oder dem Bruttoinlandsprodukt zugeordnet werden muss: Ein deutscher Arbeitnehmer wohnt in Eupen/Belgien und pendelt täglich zu seinem Arbeitsplatz nach Aachen.

5.
Ergänzen Sie die nachfolgenden Gleichungen richtig.

Verwenden Sie zur Lösung der Aufgaben die folgenden Begriffe/Abkürzungen: Jeder Begriff/ Jede Abkürzung darf nur ein Mal verwendet werden, alle Begriffe und Abkürzungen müssen verwendet werden. Für eine Aufgabe ist kein Vorschlag gemacht worden, für diese Aufgabe dürfen Sie die Lösung frei wählen.

Ab	C	Y
Y-S	0	C+S
Y-C	S	

Modell einer stationären Wirtschaft	Modell einer evolutorischen Wirtschaft
I_{br} =	I_n =
C =	C =
Y =	I =
S =	S =
	Y =

1.6 Literatur

1.6.1 Zitierte und grundlegende Literatur zum Kapitel 1

Bofinger, Peter Grundzüge der Volkswirtschaftslehre, München 2011	Interessante Darstellung der Volkswirtschaft mit einer ungewöhnlichen Gliederung, die das Lesen aber erleichtert. Schwerpunkt ist allerdings die Lehre von John Maynard Keynes. Vergleiche zu diesem Kapitel Teil I, Kapitel 17.
Frenkel, Michael; John, Klaus Dieter Volkswirtschaftliche Gesamtrechnung, München 2011	Gut lesbare, umfassende Darstellung der Volkswirtschaftlichen Gesamtrechnung, inkl. der Vorstellung alternativer Meßgrößen.
Nierhaus, Wolfgang Wirtschaftswachstum in der VGR: Zur Einführung der Vorjahrespreisbasis in der deutschen Statistik, ifo Schnelldienst, 5/2004 S. 28 ff	Umfassende Darstellung des bisherigen Verfahrens der Festpreisbasis und des neuen Verfahrens der Vorjahrespreisbasis mit zahlreichen Tabellen und Gleichungen.
o.V. Sitzung des Fachausschusses Volkswirtschaftliche Gesamtrechnung, Berechnung und Aufteilung von FISIM, Hrsg. Statistisches Bundesamt 2003	Sehr ins Detail gehende Darstellung der Berechnungen und Aufteilung der Finanz-Serviceleistung (indirekte Messung).
o.V. Volkswirtschaftliche Gesamtrechnungen, Inlandsprodukt und Nationaleinkommen, Hrsg. Statistisches Bundesamt 2002	Grundlegender Überblick über die Berechnungsgrundlage in der Bundesrepublik Deutschland.
o.V. Revision der Deutschen VGR 2005, Informationsmaterialien zur Pressekonferenz am 24. Mai 2005, Hrsg. Statistisches Bundesamt 2005	Gut verständlicher Überblick über die durchgeführten Veränderungen.
Theiler, Walter Grundlagen der VWL: Mikroökonomie, Konstanz 2011	Lehrbuch, zu diesem Kapitel siehe besonders das Kapitel 1.

1.6.2 Vertiefende Literatur zum Kapitel 1[12]

o.V. Sitzung des Fachausschusses Volkswirtschaftliche Gesamtrechnung, Einführung der Vorjahrespreisbasis, Hrsg. Statistisches Bundesamt, 2003	Umfassender Überblick mit tiefgehenden Begründungen.
Paschke, Dennis Grundlagen der Volkswirtschaftslehre, Heidenau 2002	Überwiegened gut verständlich geschrieben, zu diesem Kapitel siehe besonders die Kapitel 5 und 6.
Räth, Norbert; Braakmann, Albert u. a. Bruttoinlandsprodukt 2009, Wirtschaft und Statistik 1/2010, Hrsg. Statistisches Bundesamt S. 13–29	Detaillierte Beschreibung des Bruttoinlandsprodukts 2009 mit zahlreichen Tabellen, Statistiken und Grafiken.
Schwarz, Norbert Einkommensentwicklung in Deutschland, Wirtschaft und Statistik 3/2008, Hrsg. Statistisches Bundesamt, S. 197 ff	Detailierte und umfassende Beschreibung der Einkommensentwickung einschließlich zahlreicher Tabellen und Schaubilder.

12 Hierbei handelt es sich um Literatur, die einen speziellen Aspekt vertiefend behandelt und/oder über das enge Gebiet der Volkswirtschaftslehre hinausweist und Verbindungen zu anderen Fachdisziplinen knüpft und/oder aktuelle Entwicklungen aufgreift und so zum Nachdenken anregt.

2 Wirtschaftspolitische Ziele: Das magische Sechseck

wirtschaftspolitische Ziele

stetiges und angemessenes Wirtschafts-wachstum	Stabilität des Preisniveaus	Hoher Beschäfti-gungsstand	Außenwirt-schaftliches Gleichgewicht	Umweltschutz	Gerechte Einkommens- und Ver-mögensver-teilung
Beschreibung, Indikatoren, Kritik und empirischer Befund					

Leitfragen

- Wie sollen die anzustrebenden wirtschaftspolitischen Ziele legitimiert werden? Ist es ausreichend sie nur festzulegen oder sollten sie umfassend begründet werden?
- Wie können die anzustebenden wirtschaftspolitischen Ziele überprüft werden? Ist dieses anhand eindeutiger Indikatoren möglich oder nicht?

Die im vorigen Kapitel durchgeführte Analyse, Systematisierung und exakte zahlenmäßige Erfassung sollte jedoch nicht Selbstzweck sein, sondern (Hilfs-)Mittel. Sie sollten (Hilfs-) Mittel zur Erreichung bestimmter Ziele bzw. eines bestimmten Erreichungsgrades der Ziele sein.

2.1 Gesamtgesellschaftliche Grundwerte und wirtschaftspolitische Ziele

Eine Analyse und Beschreibung wirtschaftspolitischer Ziele macht es erforderlich, ihre Verknüpfung zu gesellschaftspolitischen Grundwerten und Zielen zu beachten.

Freiheit, Gerechtigkeit, Sicherheit und Umweltschutz gelten in den meisten Ländern als zentrale gesellschaftliche Grundwerte:

Freiheit	Gerechtigkeit	Sicherheit	Umweltschutz
Recht des Individuums sein Leben möglichst umfassend nach seinen eigenen Vorstellungen zu gestalten, Mitwirkungsrechte zu besitzen und zu wahren	Gleichheit der Rechte einzelner Individuen und gleiche Behandlung unter gleichen Bedingungen, Herstellung einer möglichst umfassenden individuellen Chancengleichheit	Erhaltung des Friedens nach Innen und Außen; Schutz vor den Risiken des Lebens als Voraussetzung für die Gewährleistung von Gerechtigkeit und Freiheit	Erhaltung der natürlichen Lebensgrundlagen für zukünftige Generationen (Umweltschutz als Staatsziel Art. 20 a GG)

Diese vier Ziele können zum gesellschaftlichen Ziel **Mehrung des Gemeinwohls** bzw. **Maximierung der gesellschaftlichen Wohlfahrt** zusammengefasst werden. Hierbei handelt es sich allerdings um eine politische Leerformel, da mit der gesellschaftlichen Wohlfahrt fast alle Maßnahmen begründet werden können. Für den Bereich der Wirtschaft sind dann die **ökonomische Mehrung der Wohlfahrt** und deren Erhöhung von besonderer Bedeutung. Die ökonomische Wohlfahrt stellt somit eine Konkretisierung der gesellschaftlichen Wohlfahrt dar.

In Deutschland stehen die Ziele

- stetiges und angemessenes Wirtschaftswachstum,
- Preisniveaustabilität,
- hoher Beschäftigungsstand,
- außenwirtschaftliches Gleichgewicht

im Vordergrund. Diese vier Ziele sind im sog. Stabilitätsgesetz (StaG)[1] formuliert.

[1] exakt: Gesetz zur Förderung der Stabilität und des Wachstums der Wirtschaft

Darüber hinaus spielen

- eine gerechte Einkommens- und Vermögensverteilung

und der

- Umweltschutz

eine besondere Rolle.

Zur gedanklichen Strukturierung ist es hilfreich, die umfassende Thematik der wirtschaftspolitischen Ziele anhand eines einheitlichen Schemas bzw. einer einheitlichen Fragestellung zu analysieren. Bei jedem Ziel sollen in diesem Kapitel jeweils die folgenden Fragestellungen berücksichtigt werden.[2]

Qualitative Fragestellung	Quantitative Fragestellung	Normative Fragestellung
Inwiefern ist die Zielsetzung qualitativ zu rechtfertigen, d. h. gibt es hinreichende Gründe dafür, das Ziel überhaupt in den Zielkatalog aufzunehmen?	Inwiefern ist eine qualitativ begründbare Zielsetzung zu quantifizieren und somit auch zu operationalisieren, d. h. gibt es hinreichend aussagekräftige Indikatoren, um eine Zielerreichung bzw. -verfehlung festzustellen?	Inwiefern ist eine qualitativ begründbare und operationalisierte Zielsetzung konkret zu normieren, d. h. gibt es hinreichend überzeugende Kriterien, die einen bestimmten quantitativen Zielerreichungsgrad festlegen.

2.2 Stetiges und angemessenes Wirtschaftswachstum

2.2.1 Beschreibung

Die **qualitative Fragestellung** nach der Rechtfertigung des Wachstumsziels ergibt sich aus der Doppelfunktion des Wirtschaftswachstums.

Der finale Charakter besteht darin, dass eine steigende Versorgung der Bevölkerung mit Gütern und Dienstleistungen zu einer materiellen Wohlstandssteigerung und zur Zufriedenheit beiträgt: Der funktionale Charakter erleichtert die Erfüllung staatlicher Aufgaben.[3]

Die **Erfüllung der Allokationsfunktion** wird dadurch erleichtert, dass das erforderliche Kollektivgüterangebot finanziert und sichergestellt werden kann ohne die Bevölkerung über zusätzliche Steuern und Abgaben zu belasten. Darüber hinaus kann die Konsolidierung der Staatschulden erleichtert werden, wodurch sich ggf. neue politische Handlungsspielräume eröffnen.

[2] vgl. Glastetter, S. 65 ff

[3] vgl. zu den einzelnen Funktionen ausführlich Kapitel 8

Die **Erfüllung der Distributionsfunktion** des Staates wird besser ermöglicht, wenn die Verteilungskonflikte zwischen einzelnen gesellschaftlichen Gruppen entschärft werden.

Die **Erfüllung der Stabilisierungsfunktion** des Staates wird dadurch erleichtert, dass einerseits der inflationsträchtigen Übernachfrage durch die Potenzialerhöhung entgegengewirkt werden kann. Andererseits kann einer deflatorischen Unternachfrage entgegenwirkt werden, indem im Zuge des Wachstums sowohl die Investitionsgüternachfrage und/oder die Konsumgüternachfrage erhöht wird.[4]

Darüber hinaus sollte der Aspekt der Zufriedenheit der Bevölkerung nicht unterschätzt werden, da das BIP als Indikator das Lebensglück der Menschen auf vielfältige Weise beeinflusst. In der Makroökonomie ist kaum ein empirischer Zusammenhang so unzweifelhaft wie die positive Beziehung zwischen Wachstum und Beschäftigung belegt, auch wenn sich die Wachstumsraten zunehmend weniger und mit größerer zeitlicher Verzögerung auf die Höhe der Beschäftigung auswirken.[5] So ist die Arbeitslosigkeit einer der stärksten Negativfaktoren, der in vielen Analysen der Glückforschung immer wieder aufgeführt wird. Beachtenswert in diesem Zusammenhang ist, dass die Zufriedenheit der Menschen sinkt, wenn im eigenen Land die Arbeitslosigkeit steigt, obwohl sie selbst persönlich gar nicht davon betroffen sind.

Eine Politik, die das Wachstumsziel anstrebt – insbesondere unter den Bedingungen einer Massenarbeitslosigkeit –, ist somit stets eine Politik, die die Zufriedenheit der Menschen steigert.

Insgesamt kann es als plausibel angesehen werden, dass dieses Ziel in den Zielkatalog aufgenommen worden ist, wenn Wachstum seinem finalen und funktionalen Charakter gerecht wird.

2.2.2 Indikator und Kritik

Bezüglich der **quantitativen Fragestellung** wird für dieses wirtschaftspolitische Ziel das Bruttonationaleinkommen (BNE) bzw. das Bruttoinlandsprodukt (BIP) als Indikator herangezogen.[6] In westlichen Volkswirtschaften wird dieser Indikator ganz häufig als **Schlüsselindikator** angesehen, an dem sich Politiker und die Öffentlichkeit orientieren und an dem Erfolge/Misserfolge gemessen werden. Insofern erfüllt er auch die **„Funktion eines Leitindikators“**.[7]

Erste kritische Anmerkungen zur Aussagekraft wurden von seiten der Wissenschaft bereits vor zwanzig Jahren geäußert.

4 vgl. Heinemann

5 vgl. dazu aber auch Zinn, der sich zur gegenwärtigen Art und Weise des Wirtschaftswachstums sehr kritisch äußert.

6 vgl. zur unterschiedlichen Ermittlung und Interpretation der Wachstumszahlen in den USA und der Bundesrepublik, Kaiser, S. 23, vgl. zur generellen Problematik internationaler Zahlenvergleiche, Fischermann, vgl zum Umgang mit Statistiken Krämer

7 vgl. dazu auch Diefenbacher/Zieschank, S, 11ff

„Ausgangspunkt der Diskussion des Workshops (...) war die von allen Teilnehmern geteilte Auffassung, daß das heutige System der volkswirtschaftlichen Rechnungslegung in dessen Mittelpunkt die Bruttosozialproduktrechnung steht, nicht mehr auf der Höhe der Zeit ist. (...) Insgesamt erwies sich der Workshop als ein Forum für einen spannenden Gedankenaustausch zwischen Wissenschaftlern, Mitarbeitern von Verwaltungen, Politikern sowie Vertretern von Verbänden und Aktionsgruppen zu den wissenschaftlichen und politischen Implikationen des Themas (...)".[8]

Definition Indikator:

➔ **lat. indicator: Anzeiger**

Wird dieses Unbehagen konkretisiert, lassen sich Ermittlungs- und Aussageprobleme identifizieren.

Die Ermittlungsprobleme beziehen sich auf

- das BIP als absolute Größe;
- wohlstandsmindernde Aspekte, die positiv berücksichtigt werden;
- wohlstandsmehrende Aspekte, die z. T. unberücksichtigt bleiben;
- den Bereich der Schattenwirtschaft, für den allenfalls Schätzungen erfolgen.

Die Aussageprobleme beziehen sich auf

- die konkrete Güterzusammensetzung;
- die Dringlichkeit der Güter;
- die Verteilung der Güter.

Bei der quantitativen Fragestellung wird die Potenzialentwicklung als Indikator vorgeschlagen. Dieses ist mit zahlreichen Schätzproblemen verbunden. Aus diesem Grunde wird die tatsächliche gesamtwirtschaftliche Wertschöpfung verwendet. Jedoch ergeben sich bei diesem Indikator Erfassungsprobleme.

Weiterhin zu bedenken ist der Aspekt der sozialen Kosten des Wachstums (Ressourcenabbau, Umweltbelastungen).[9] Hierbei handelt es sich zum großen Teil um sog. **„kompensatorische Ausgaben"** oder **„defensive Ausgaben"**. Diese dienen nur dazu, den Stand der Wohlfahrt wieder herzustellen, der bereits einmal erreicht worden war.

Weiterhin wird durch dieses Konzept das Problem des sozialen Gleichgewichts zwischen privatwirtschaftlich erzeugten Gütern und öffentlich angebotenen Gütern zu beachten sein.

Wird das Angebot an privatwirtschaftlich angebotenen Gütern ausgebaut (z. B. gefördert durch Steuersenkungen), führt dieses zwar zu – höheren – Wachstumsraten, kann

[8] Leipert, S. 171,

[9] vgl. o. V. „Nachhaltige Entwicklung in Deutschland, Indikatorenbericht 2010", Hrsg. Stat. Bundesamt

aber gleichzeitig das Angebot an öffentlich angebotenen Gütern reduzieren (Kürzung öffentlicher Auf- und Ausgaben aufgrund fehlender finanzieller Mittel), sodass dies den Wohlfahrtseffekt mindert.

Diese Einschränkungen und Probleme sollten stets bei der Verwendung des Konzepts mitbedacht werden.

Bruttoinlandsprodukt als Wohlstandsmaßstab[10]

Ermittlungsprobleme					Aussageprobleme		
BIP als absolute Größe	Wohlstandsmindernde Aspekte gehen positiv ein,[11]	Wohlstandsmehrende Aspekte bleiben z.T unberücksichtigt,	Schattenwirtschaft		kein Aussage über		
			Schwarzarbeit[12] bleib z.T. unberücksichtigt	Eigenversorgung, Nachbarschaftshilfe bleiben unberücksichtigt	die konkrete Güterzusammensetzung	die Dringlichkeit der Güter	die Verteilung der Güter
			Schätzungen erfolgen jedoch				
Die Steigerung kann aufgrund einer erhöhten Einwohnerzahl oder einer Verlängerung der Arbeitszeit erfolgt sein	z.B. Umweltverschmutzung, Sozialkosten, Reparaturkosten, Krankenhausaufenthalt nach einem Unfall, Beseitigung von Schäden einer Naturkatastrophe	z.B. Erhöhung der Freizeit, Hausfrauenarbeit, Hausarbeit[13], Kinderbetreuung			Zwischen Gütern, die die Umwelt belasten und solchen, die die Umwelt weniger belasten wird nicht unterschieden.	Zwischen dringend benötigten Gütern und weniger dringend benötigten Gütern.	Zwischen Gütern, die sozial Schwache benötigen und nicht in ausreichendem Maße haben, und solchen, die die „obere" Gesellschaftsschicht benötigt und im „Überfluss" hat.

Schaubild 2.1: Bruttoinlandsprodukt als Wohlstandmaßstab?

[10] vgl. auch Brost/Uchatius

[11] vgl. zu Versuchen der Messung von Umweltverschmutzungen: Bartsch, S. 86f, vgl. auch o. V. Streit über die wahren Kosten des Verkehrs, vgl. Diefenbacher/Zieschenk

[12] vgl. zu Schwarzarbeit im internationalen Vergleich; Schneider

[13] Nach einer Studie des Bundesfamilienministeriums aus dem Jahre 1996 entspricht der gesamte Wert der Hausarbeit ca. 430 Mrd. Euro, Zahlen nach Herz; vgl. Diefenbacher/Zieschank, Variable 3 (Wert der Hausarbeit), S, 51

Häufig wird hinsichtlich der **normativen Fragestellung** argumentiert, dass eine Normierung gar nicht möglich ist, da die Wachstumsrate Resultat des marktwirtschaftlichen Prozesses sei und deshalb nicht vorgegeben werden könne. Auch wenn dieses plausibel ist, so steht doch fest, dass das Wachstumsziel ein Bestandteil des Zielkatalogs ist. Deshalb besteht die Normierungsproblematik fort. Obwohl „angemessenes und stetiges" Wachstum eine Maximierung des Wachstums ausschließt, bestehen zunächst drei (weitere) Alternativen hinsichtlich des Wachstums.

Natürliches Wachstum:	Gleichgewichtiges Wachstum	Optimales Wachstum:
Wachstum unter diesem Aspekt sieht die **gegebenen Rahmenbedingungen** hinsichtlich Bevölkerung, Kapitalstock, Stand des technologischen Wissens, Erwerbspersonenpotenzial, Präferenzordnung der Bevölkerung **im Vordergrund**. Dieser Aspekt ist in zweifacher Hinsicht unbefriedigend. Einerseits hinsichtlich der Frage: Soll der Spielraum überhaupt ausgenutzt werden (in Hinblick auf soziale Kosten)? Andererseits hinsichtlich der Frage: Soll der Spielraum erweitert werden (Kapitalstock, Bildung und Technologieförderung)?	Hierbei steht der Aspekt der **Stetigkeit im Vordergrund**. Dies bedeutet, **einerseits:** Sicherung eines „Mindestwachstums" zur Erlangung oder Aufrechterhaltung der Vollbeschäftigung, **andererseits:** Beachtung eines „Höchstwachstums" unter Berücksichtigung der Preisniveaustabilität und des Umweltschutzes. Somit würde die Angemessenheit des Wachstums dem Verstetigungsziel untergeordnet sein.	Diese Zielsetzung bedeutet eine **Kompromisslinie.** Hier soll eine Wachstumsrate angestrebt werden, ohne dass Allokationsprobleme, (z. B. in Form sozialer Kosten), ohne dass Verteilungsprobleme (z. B. ungleichgewichtige Entwicklung von Löhnen/Gehältern und Gewinnen) und ohne dass Stabilisierungsprobleme (z. B. Vermeidung von Unter- bzw. Überauslastung der Kapazitäten) auftauchen. Erforderlich ist hierfür aber umfassendes empirisches Wissen über die Allokations-, Verteilungs- und Stabilisierungseffekte des Wachstums. Je geringer sie sind, desto eher läuft es auf das Kriterium einer „pragmatischen Machbarkeit" hinaus. Wissenschaftlich mag dieses zwar unbefriedigend sein, letztlich muss jedoch der mangelnden empirischen Erfassbarkeit Tribut gezollt werden.

Exkurs: Muss der Begriff Wirtschaftswachstum neu interpretiert werden?

Eine grundsätzlichere Kritik setzt an der Verknüpfung von Wachstum des BIP/BNE und dem Wohlstand und Klimawandel an.[14] Berechnungen zeigen, dass es eine nicht unwesentliche Diskrepanz zwischen der Entwicklung (d. h. dem Wachstum) des BNE und dem Wohlstand gibt. Tendenziell fällt seit 1996 der nationale Wohlfahrtsindex gegenüber dem BNE. In diesen Zusammenhang passt, dass sich eine zunehmende Diskrepanz offenbart zwischen den amtlichen Informationen und der zahlenmäßigen Entwicklung einerseits und der Wahrnehmung dieser Zahlen und der Entwicklung in der Realität durch die Bevölkerung andererseits – quasi eine **permanent gefühlte Wachstumsschwäche.** Auf der politischen Ebene wird diesbezüglich ein Unbehangen zunehmend spürbar.[15]

[14] vgl. Diefenbacher/Zieschank, S. 3

[15] Der Deutsche Bundestag hat eine Enquete-Kommission „Wachstum, Wohlstand, Lebensqualität – Wege zu nachhaltigem Wachstum und gesellschaftlichem Fortschritt" eingerichtet, Deutscher Bundestag, 17. Wahlperiode, Drucksache 17/3990 vom 30.11.2010

Bei der Betrachtung des Aspekts Klimawandel wird deutlich, dass ein geringeres Wirtschaftswachstum bzw. ein Schrumpfen des BIP positive Auswirkungen auf die Umwelt hat. So wurde z. B. durch die Weltwirtschaftskrise 2008/09 der CO_2-Ausstoß wesentlich geringer.[16] Scheinbar ist ein geringeres Wirtschaftwachstum der beste Klimaschützer.

Da kaum jemand etwas gegen einen besseren Klimaschutz hat, müsste jeder auch für geringeres/gar kein Wirtschaftswachstum sein. Auf die individuelle Ebene eines einzelnen Haushalts bezogen müsste das konsequenterweise bedeuten: langsameres Wachstum der persönlichen Ausstattung mit langlebigen Konsumgütern (z. B. statt alle zwei Jahres ein neues Handy alle vier Jahre, statt alle zwei Jahre ein neuer Laptop alle vier Jahre, statt alle vier Jahre ein neues Auto, alle sechs Jahre). Das bedeutet dann aber auch eine grundlegende Änderung der Lebensweise und Lebensstile.[17] Da die materielle Ausstattung häufig einen Indikator für Glück und Zufriedenheit darstellt, sind diese beiden Begriffe ebenfalls in den Fokus zu nehmen. In zahlreichen Untersuchungen hat die Glückforschung belegen können, dass die zunehmend bessere Ausstattung der Menschen mit Gütern nicht zu einem – entsprechenden – Zuwachs an Glück und Zufriedenheit geführt hat.[18]

Damit einhergehen müsste auch eine Umdeutung dessen erfolgen, was Wohlstand bedeuten soll. Bedeutete er bisher stets **mehr, besser, schneller**, so müsste er zukünftig vielleicht bedeuten **weniger, gleich gut, langsamer**. Bekannte Nationalökonomen der Vergangenheit (z. B. John Stuart Mill und John Maynard Keynes) sahen eine Zeit voraus, in der es kein Wachstum mehr geben werde. **„Das weniger, gleich gut, langsamer“** offenbart quasi eine **„kulturelle Dimension der Wachstumsfrage“**.[19]

Bei diesen Überlegungen muss auch bedacht werden, dass weniger Nachfrage weniger Produktion bedeutet. Somit sind auch weniger Arbeitsplätze erforderlich. Diejenigen, die dann ihren Arbeitsplatz verlieren und längere Zeit arbeitslos sind, sind selbstverständlich weniger zufrieden und glücklich. Es sei denn, dass die – noch – verbleibende Arbeit anders verteilt wird.[20]

Beispiel:

In einem Unternehmen arbeiten zehn Arbeitnehmer jeweils 40 Stunden die Woche. Aufgrund der Wirtschaftskrise müssen fünf Arbeitnehmer entlassen werden. D. h. fünf Arbeitnehmer arbeiten weiterhin 40 Stunden die Woche, fünf werden entlassen, mit einer Arbeitszeit von null Stunden.

Alternative Möglichkeit: Statt der Entlassung von fünf Arbeitnehmer arbeiten alle zehn nur 20 Stunden Teilzeit – mit entsprechenden Lohneinbußen.[21]

---

16 vgl. dazu auch: Uchatius, S. 15 ff

17 vgl. vertiefend Miegel/Petersen

18 vgl. dazu im internationalen Vergleich, Tim Jackson, Prosperity without growth, S. 33, vgl. auch den „Human Development Index“ der Vereinten Nationen, der u. a. die Lebenserwartung und den Bildungsgrad mit berücksichtigt, wie auch: das Centrum für angewandte Wirtschaftsforschung (Münster) hat für die Initiative Neue Soziale Marktwirtschaft ein sog. „Glücks BIP“ entwickelt, vgl. dazu o. V. IWD Nr. 9, 3. März 2011, S. 5

19 Enquete-Kommission S. 5

20 vgl zu diesem Aspekt, Keynes, Wirtschaftliche Möglichkeiten…, siehe Grundlegende Literatur Kapitel 6

21 In diesem Beispiel soll es sich um eine dauerhafte Reduzierung der Arbeitszeit handeln, keine Kurzarbeit für begrenzte Zeit.

Die dann geringer fließenden Steuereinnahmen würden auf staatlicher Seite zu Einschränkungen der Infrastruktur, der Sozialleistungen, des Schuldenabbaus führen, sodass dann doch wieder Wachstum nötig ist – damit quasi ein „Zwang zum Wachstum" – oder eine andere Art von Wachstum, das weniger Natur verbraucht und die Umwelt schädigt. Vielleicht liegt die Antwort „nicht im Verzicht auf ein wachsendes Sozialprodukt, sondern eher in seiner Abkoppelung vom Verbrauch natürlicher Ressourcen"[22] und in einer Abkehr vom simplen „BIP-Fetischismus„(Josef Stiglitz), einer Ent-Fetischierung und einer Ent-Mytologisierung des Wirtschaftswachstums.[23]

Diese läuft dann auf eine neue Art des Wirtschaftswachstums hinaus, auf ein **„nachhaltiges Wachstum"**, quasi eine vierte Alternative des Wachstums, das die Bevölkerung sowohl materiell reicher werden lässt, gleichzeitig aber das Klima weniger beeinflusst[24] und die Menschen trotzdem glücklich und zufrieden macht. Ob dieses möglich ist, wird vielfach bezweifelt.[25] Der Begriff der Nachhaltigkeit sollte jedoch nicht nur als Leitbild und Leitidee eingesetzt werden, sondern möglichst konkret gefasst werden.[26]

2.2.3 Empirischer Befund Wirtschaftswachstum[27]

Wirtschaftsleistung der Wirtschaft											
	2000	2001	2002	2003	2004	2005	2006	2007	2008	2009	2010
Bruttoinlands-Produkt in Mrd. EUR	2 063	2 113	2 143	2 164	2 211	2 242	2 327	2 432	2 481	2 397	2 498
Veränderung in % nominal	2,5	2,5	1,4	0,9	2,2	1,4	3,8	4,6	2,0	– 3,4	4,2
Veränderung in % real	3,2	1,2	0,0	– 0,2	1,2	0,8	3,4	2,7	1,0	– 4,7	3,6

Tabelle 2.1: Wirtschaftsleistung der Bundesrepublik

22 Weizsäcker, S. 10; vgl. auch: o. V. „Nachhaltige Entwicklung", S. 6

23 vgl. Plickert, Das BIP als fragwürdige Größe

24 vgl. dazu auch Schaubild 2.26 und das Kapitel 2.7.3

25 vgl. vertiefend: Luks, Miegel/Petersen, Krohn

26 vgl. zu Definitionen und deren Schwierigkeiten, Diefenbach/Zieschank, S, 15 ff, vgl. sehr kritisch zu diesem Begriff, Luks, z. B. S. 49 ff

27 vgl. zu allen nachfolgenden Statistiken und Tabellen die kritischen Ausführungen von Grohmann, S. 669–688

2.3 Stabilität des Preisniveaus

2.3.1 Beschreibung

Hinsichtlich der **qualitativen Fragestellung** und Rechtfertigung dieses Ziels ist die Betrachtung von Preis**steigerungen** ganz besonders wichtig. Diesbezüglich sind **drei Aspekte** zu beachten:

- Preissteigerungen haben **Auswirkungen** auf die Distributionsfunktion[28], da sie Sachwertbesitzer positiv, Nominalwertbesitzer (Sparer) und die Bezieher fester Kontrakteinkommen (z. B. Rentner) negativ betreffen.
- Preissteigerungen beinhalten die **Gefahr**, dass das Geld seine Kernfunktionen einbüßt und somit von der Gesellschaft nicht mehr akzeptiert wird.[29]
- Preissteigerungen können eine **Eigendynamik** entwickeln, die dann Antizipationsprozesse auslösen. Unternehmen kalkulieren höhere Wiederbeschaffungspreise in ihre Preise ein, die zu höheren Preisen führt. Die Gewerkschaften berücksichtigen (zukünftige) Preissteigerungen in ihren Tarifforderungen bzw. -verhandlungen.

Die Konsequenz dieser Überlegungen ist, dass dieses Ziel berechtigterweise im Zielkatalog berücksichtigt wird.

2.3.2 Indikator und Kritik

Für die Beantwortung der **quantitativen Fragestellung** bietet die amtliche Statistik eine Vielzahl von Berechungs- und Differenzierungsverfahren, sodass eine Operationalisierung des Preisniveaus möglich ist. Mit der Umstellung auf das Basisjahr 2000 wurde die alte Bezeichnung **„Preisindex für die Lebenshaltung aller privaten Haushalte in Deutschland"** ersetzt durch **„Verbraucherpreisindex für Deutschland (VPI)"**. Diese Umbenennung führte jedoch zu keiner inhaltlichen Änderung der Berechnung. Gleichzeitig wurde mit dieser Umstellung auf die Preisindizes für spezielle Haushaltstypen verzichtet.[30]

> Definition Verbraucherpreisindex für Deutschland (VPI):
> ➔ **Wichtiger Indikator für die Entwicklung der Lebenshaltung der privaten Haushalte aufgrund von Preisänderungen, unabhängig von der Änderung des Konsumverhaltens.**

Da nicht alle Preise für Waren und Dienstleistungen in einer Volkswirtschaft beobachtet werden können, wird eine Auswahl getroffen, ein sog. **Warenkorb** erstellt.

---

28 vgl. Kapitel 2.2.1 und 7.2.1

29 vgl. Theiler S. 51 und Kapitel 8

30 vgl. Egner, S. 423f

Definition Warenkorb:

➔ **Instrument/Güterbündel zur Messung des VPI, in das die Gesamtheit aller Güter und Dienstleistungen nach Qualität und Quantität eingeht, die in einem (hypothetischen) Durchschnittshaushalt nachgefragt wird.**

Definition Wägungsschema:

➔ **Quantifizierungsmuster: Gewichtungsanteile, durch die die Preisentwicklung einzelner Güter/Dienstleistungen des Warenkorbes bei der Berechnung des Preisindex (speziell des VPI) berücksichtigt werden.**

Bei der Berechnung des Verbraucherpreisindex werden die folgenden Schritte durchgeführt:

- Datenerhebung Basisjahr (ca. alle fünf Jahre im Rahmen der Einkommen- und Verbrauchsstichprobe):

  Auf freiwilliger Basis führen eine Vielzahl von Haushalten ein Haushaltsbuch zur Dokumentation ihrer Konsumgewohnheiten. Dabei werden alle Güter und Dienstleistungen mit den jeweiligen Mengen bzw. der Häufigkeit aufgeführt, die der Haushalt nachfragt. Dazu ergänzend werden laufende Erhebungen durchgeführt (sog. laufende Wirtschaftsrechnung). Hierbei werden von bis zu 2.000 Haushalten monatlich Aufzeichnungen über die Haushaltsausgaben gemacht.

- Auswahl typischer Konsumgüter und Erstellung eines Warenkorbes:

  Auf der Basis der so gewonnenen Daten erfolgt eine Auswahl der Güter und Dienstleistungen, die in die Analyse einbezogen werden. Diese sind dann für einen Durchschnittshaushalt repräsentativ. Daraus ergibt sich ein Warenkorb mit z.Zt. ca. 750 Waren und Dienstleistungen mit durchschnittlichen Preisen für ein Basisjahr (z.Zt. 2005).

- Bewertung und Gewichtung:

  Der nächste Schritt erfolgt in der Weise, dass die einzelnen Güterpreise mit den durchschnittlichen Anteilen an den gesamten Konsumausgaben der untersuchten Haushalte gewichtet (Wägungsschema) und in Gruppen eingeteilt werden. Der Gesamtindex für die Verbraucherpreise ergibt sich als mit den Ausgabenanteilen des Wägungsschemas gewogenes arithmetisches Mittel der 12 Hauptgruppen. Erfolgt eine Umstellung auf ein neues Basisjahr, ergibt sich ein neues Wägungsschema.

- Datenerhebung (Berichtsjahr):

  In den Monaten und Jahren, die dem Basisjahr folgen, werden die Güter des Warenkorbes mit den jeweils aktuellen Preisen bewertet, die durchschnittlichen Mengen des Basisjahres bleiben unverändert. Dazu werden in ca. 190 Gemeinden bundesweit in ca. 40.000 Verkaufstellen ca. 350.000 Preiserhebungen durchgeführt. Zunächst werden daraus Gemeindedurchschnittspreise, dann Landesdurchschnittspreise ermittelt. So kann der Wert des Warenkorbes im Berichtsjahr/-monat ermittelt werden.

- Vergleich zwischen Basisjahr und Berichtsjahr:

  Der Wert der Güter im Basisjahr (Indexwert 100 %) wird anschließend mit dem Wert der Güter im Berichtsjahr/-monat verglichen. Die in Prozent ausgedrückte Änderung dieses Preisindexwertes stellt die prozentuale Veränderung der Lebenshaltungskosten (Inflationsrate) dar.

Der Verbraucherpreisindex ist als Lasperyes-Index in folgender Weise definiert:

$$\text{Preisindex} \qquad \frac{\sum Pi^{\text{Berichtsjahr}} * xi^{\text{Basisjahr}}}{\sum Pi^{\text{Basisjahr}} * xi^{\text{Basisjahr}}} \times 100$$

Da im Basisjahr Zähler und Nenner des Bruches gleich sind (Basisjahr gleich Berichtsjahr), ergibt sich ein Indexwert von 100. In einem konkreten Berichtsjahr (Berichtsmonat) wird dann gerechnet:[31]

$$\text{Preisindex 2010} \qquad \frac{\sum Pi^{2010} * xi^{2009}}{\sum Pi^{2009} * xi^{2009}} \times 100$$

Pi^{2009} = Preise im Basisjahr xi^{2009} = Menge im Basisjahr
Pi^{2010} = Preise im Berichtsjahr

Berechnungsbeispiel für einen Warenkorb mit 5 Gütern					
Basisjahr 2009				Berichtsjahr 2010	
Gut	Ausgaben $Pi^{2009} * xi^{2009}$	Wägungsanteil	Ausgaben gewichtet, mit Wägungsanteil Wert des Warenkorbes	Ausgaben $Pi^{2010} * xi^{2009}$	Ausgaben gewichtet, mit Wägungsanteil Wert des Warenkorbes
A	11,25	6,80 % (0,068)	0,77	17,25	1,17
B	48,75	29,3 % (0,293)	14,28	52,50	15,38
C	53,75	32,3 % (0,323)	17,36	47,50	15,34
D	37,50	22,6 %(0,226)	8,48	44,75	10,11
E	15,00	9,0 % (0,09)	1,35	33,75	3,04
Summe	166,25	100 % (1,00)	42,26	195,75	45,04
* ggf. Rundungsdifferenzen					

Tabelle: 2.2: Berechnungsbeispiel für einen Warenkorb mit 5 Gütern

[31] die Zeitangaben (Basis-/Berichtsjahr) und die Zahlenangeben des Beispiels sind willkürlich gewählt

Preisindex 2010 $$\frac{\sum Pi^{2010} * xi^{2009}}{\sum Pi^{2009} * xi^{2009}} = \frac{45,04}{42,26} \times 100$$

$= 106,578$ d.h. eine Preissteigerung um 6,578%

Statt des Vergleichs Basisjahr – Berichtsjahr wird häufig der Vergleich zum Vorjahresmonat durchgeführt. Hierbei hat der Vorjahresmonat den Indexwert 100 %.

In der folgenden Übersicht sind die 12 Hauptgruppen mit ihren jeweiligen Wägungsanteil für das Basisjahr 2000 und 2005 aufgeführt. Zur Veranschaulichung ist für die Gruppe 7 „Verkehr“ die etwas tiefer gehende Unterteilung aufgeführt.

Hauptgruppen/Basisjahre	2000[32] [33]	2005[34]
1 Nahrungsmittel, alkoholfreie Getränke	103,35	103,55
2 Alkoholische Getränke, Tabakwaren	36,73	38,99
3 Bekleidung und Schuhe	55,09	48,88
4 Wohnung, Wasser, Strom, Gas u. a.	302,66[35]	308,00
5 Einrichtungsgegenstände, Apparate, Geräte, Ausrüstungen für Haushalt	68,54	55,87
6 Gesundheitspflege	35,46	40,27
7 Verkehr	138,65	131,90
071 Kauf von Fahrzeugen	**37,26**	**37,50**
072 Waren und Dienstleistungen für den Betrieb von Privatfahrzeugen	**82,22**	**75,57**
0721 Ersatzteile und Zubehör von Privatfahrzeugen	**5,37**	**6,62**
0722 Kraft- und Schmierstoffe für Privatfahrzeuge (Normalbenzin, Superbenzin, Superbenzin-Plus, Dieselkraftstoff, Cetanzahl < 60, Dieselkraftstoff Cetanzahl > 60, Motorenöl)	**34,09**	**35,91**
0723 Wartung und Reparatur von Privatfahrzeugen	**23,70**	**20,32**
0724 Andere Dienstleistungen im Zusammenhang mit dem Betrieb von Privatfahrzeugen	**19,06**	**12,72**
073 Verkehrsdienstleistungen	**19,17**	**18,83**
8 Nachrichtenübermittlung	25,21	31,00
9 Freizeit, Unterhaltung und Kultur	110,85	115,68

32 alle Angaben in Promille

33 Egner, S. 423 ff Umstellung des Verbraucherpreisindex auf Basis 2000

34 o. v. Wägungsschema Verbraucherpreisindex für Deutschland 2005 = 100, Statistisches Bundesamt Juli 2010

35 Lesebeispiel: Die Ausgaben für den Bereich Wohnung, Wasser, Strom, Gas u. a. im Jahre 2000 machen etwa ein Drittel der Ausgaben aus.

Hauptgruppen/Basisjahre	2000	2005
10 Bildungswesen	6,66	7,40
11 Beherbergung, Gaststätten	46,57	43,99
12 andere Waren und Dienstleistungen	70,23	74,47

Tabelle 2.3: Wägungsschema Verbraucherpreisindex

Da nur ca. alle fünf Jahre ein neues Wägungsschema erarbeit wird, ist leicht ersichtlich, dass mit zunehmendem Abstand zum Basisjahr bestimmte Entwicklungen nicht mehr genau abgebildet werden. Die amtliche Preisstatistik hat sich aber zum Ziel gesetzt, die **„reine"** Preisänderung zu messen, ohne den Einfluss

- von Änderungen der Verbrauchsgewohnheiten,
- der Güterarten,
- der Güterqualität.

Letztlich soll nur **„Gleiches mit Gleichem"** verglichen werden. Gerade hinsichtlich des o. g. letzten Aspekts der Qualität kann der Preis eines Gutes aus zwei Perioden nur dann aussagekräftig miteinander verglichen werden, wenn die Qualität unverändert geblieben ist.

Dieses ist allerdings bei technischen Produkten (z. B. im Bereich Multi-Media) oft nicht gegeben. Aus diesem Grund wird eine Qualitätsbereinigung vorgenommen, die darauf abzielt, die veränderte Güterqualität beim Vergleich der Preise zu berücksichtigen. Qualitätbereinigungsverfahren sind in der amtlichen Statistik nichts Neues, sie wurden und werden in der Verbraucherpreisstatistik eingesetzt. Seit Januar 2005 wird die **hedonische Methode der Qualitätsbereinigung** bei einigen Produkten (z. B. Waschmaschine, Farbfernsehgeräte, PKW[36]) durchgeführt. Sie ist ein besonderes Verfahren, das sich speziell für innovative technische Güter eignet, bei denen der technische Fortschritt schnell in die Produkte implementiert wird und sie somit nicht über einen längeren Zeitraum mit identischer Qualität am Markt beobachtet werden können.

> Definition Hedonische Preise:
>
> ➔ **Mit Hilfe einer Regressionsanalyse wird bei der hedonischen Qualitätsbereinigung von Preisindizes festgestellt, wie groß der Einfluss von Qualitätsänderungen des Produktes auf dessen Verkaufspreis ist.**

36 vgl. dazu die Pressemitteilung des Statistischen Bundesamt von 17. Februar 2003 zur Hedonischen Preismessung bei Personenkraftwagen, vgl. auch: Linz/Eckert

Bei dieser Methode wird mit Hilfe der Regressionsanalyse ein technischer Zusammenhang zwischen Güterqualität und Verkaufspreis festgestellt, d. h. gedanklich wird das Gut quasi in unterschiedliche Qualitätseigenschaften zerlegt, sodass dann mit Hilfe der Regressionsanalyse der Einfluss dieser Qualitätsmerkmale auf den Preis des Gutes ermittelt werden kann. Es wird dadurch möglich, **diejenigen Preisänderungen, die nur auf qualitativen Veränderungen** beruhen, von den **reinen Preisänderungen** zu trennen bzw. zu eliminieren.[37]

Teilstichprobe	Vormonat (t=0)	aktueller Monat (t = 1)	Qualitätsbereinigung erforderlich?
A: unveränderte Produkte	Produkt vorhanden	Produkt vorhanden	nein
	Waschmaschine vom Hersteller A, Typ FF1 mit 1000 U/min	Waschmaschine vom Hersteller A, Typ FF1 mit 1000 U/min	
B: alte Produkte	Produkt vorhanden	Produkt nicht mehr am Markt erhältlich	ja
	Waschmaschine vom Hersteller A, Typ FF1 mit 1000 U/min	Waschmaschine vom Hersteller A, Typ FF1 mit 1000 U/min wurde ersetzt durch Typ FF2 mit 1100 U/min	
C: neue Produkte	Produkt noch nicht am Markt erhältlich	Produkt vorhanden	ja
		Waschmaschine vom Hersteller B, Typ AA3 mit 1100 U/min	

Schaubild 2.2: Preisänderungen und qualitative Veränderungen

Trotz allem sind die folgenden kritischen Anmerkungen zu machen:

- Die Änderung der Warenkorbstruktur zu Gunsten neuerer Produkte bedeutet nicht zwangsläufig eine Verletzung des Stabilitätsziels.
- Preissteigerungen betreffen unterschiedliche Bereiche: Preise für Industriegüter, Preise für Lebenshaltungskosten. Speziell bei der letzten Gruppe sind die einzelnen Haushalte von Preissteigerungen ganz unterschiedlich betroffen (Einpersonenhaushalte, Mehrpersonenhaushalte, Rentnerhaushalte).
- Es wird nur die private Bedürfnisbefriedigung bei der Messung berücksichtigt; diese erfasst lediglich einen Teil der volkswirtschaftlichen Produktion, sodass die allgemeine Preisniveauänderung nur unzureichend wiedergegeben wird.

[37] Beispiel in Anlehnung an Linz/Dexheimer, S. 250

- Durch das Auftreten neuer Vertriebswege (z.B. Internet, Fabrikverkauf, Tele-Shopping) eröffnen sich neue und häufig – aufgrund der verbesserten Markttransparenz – auch preisgünstigere Einkaufsmöglichkeiten.
- Der Warenkorb spiegelt ein bestimmtes Konsumverhalten und somit eine bestimmte Einkommensverwendung wider, sodass für einen einzelnen Haushalt mit einer anderen Einkommensverwendung der Warenkorb nur bedingt repräsentativ ist.
- Die ausgewählten Familien sind nur für einen Teil der Gesamtbevölkerung typisch.

Häufig haben die Endverbraucher beim tagtäglichen Einkauf persönlich einen ganz anderen Eindruck hinsichtlich der Preissteigerungsraten als den, der aus der amtlichen Statistik deutlich wird **(objektiv gemessene Preissteigerung – subjektiv empfundene Preissteigerung, sog. „gefühlte Inflation")**. Die veröffentlichte Preissteigerung wird mit Hilfe des oben beschriebenen Verfahrens ermittelt, es handelt sich um durchschnittliche Verbrauchsausgaben der Haushalte, d.h. eine **durchschnittliche Preisentwicklung** in der stärkere Preiserhöhungen für bestimmte Produkte mit geringeren Preiserhöhungen oder gar Preissenkungen für andere Produkte ausgeglichen werden. Die vom einzelnen Haushalt wahrgenommne – individuelle – Teuerung spürt er dagegen tagtäglich beim Einkauf. Das Statistische Bundesamt versucht dieses Auseinanderklaffen von „gefühlter" und „gemessener" Inflation durch die Berechnung eines „Index der wahrgenommenen Inflation (IWI)" zu erklären und zu verdeutlichen. Bei diesem Index findet eine andere Gewichtung der einzelnen Güter statt.

Gewichtung beim „Index der wahrgenommenen Inflation (IWI)": Hierbei werden Erkenntnisse der Wahrnehmungspsychologie berücksichtigt, die Einfluss auf die subjektive Wahrnehmung von Inflation durch die Konsumenten haben:

- Preissteigerungen werden höher bewertet als Preissenkungen,
- häufig gekaufte Produkte werden mit ihren Preissteigerungen ganz besonders wahrgenommen,[38]
- aktuelle Güterpreise werden nicht mit den Vorjahrespreisen verglichen, sondern mit weiter zurückliegenden Preisen.[39]

- So spürt ein Verbraucher z.B. die weit über dem Durchschnitt liegende Preiserhöhung beim Benzin, bei den Energiekosten, bei einzelnen Lebensmitteln.[40] Dagegen dringen weniger stark gestiegene oder gar im Preis gesunkene Produkte z.B. im Bereich der Elektronik nicht in sein Bewusstsein.[41] Das Stat. Bundesamt hat diesbezüglich zur besseren Erklärung einen interaktiven Indexrechner im Internet freigeschaltet (**http://www.destatis.de/indexrechner**). Darüber hinaus stehen die aktuellen Ergebnisse

[38] siehe Tabelle 2.3 das Beispiel 0722

[39] vgl. Brachinger, S. 1002–1003

[40] vgl. in der obigen Übersicht die Ausgaben für Produkt E mit einer Steigerung von 125 %, d. h mehr als eine Verdoppelung, jedoch ist der Anteil im Warenkorb sehr gering

[41] vgl. in der obigen Übersicht Produkt C

sowie die monatlich erscheinenden „Themenkästchen“ (wie z. B. für die Bereiche Medikamente, Wohnungsmiete, Strompreise als Hintergrundinformation zur Verfügung (http://www.destatis.de/basis/d/ preis_aktuell.php).

Werden beide Gewichtungen miteinander verglichen, so ergeben sich stellenweise nicht unerhebliche Differenzen, wie die nachfolgende Tabelle zeigt:

Bezeichnung der Güter bzw. Dienstleistungen	Jährliche Kaufhäufigkeit (Fälle)	Häufigkeitsgewicht in Promille	Ausgabengewicht in Promille
Herrenmantel	0,07	0,02	0,40
Kleiderschrank	0,08	0,02	1,30
Farbfernseher	0,08	0,02	2,02
Nettokaltmiete	12,00	3,59	212,17
Strom	6,50	1,95	18,65
Zigaretten	145,82	43,68	19,07
Brötchen	68,79	20,61	3,27
Deutsche Markenbutter	42,82	12,83	1,02
Tageszeitung/Einzelverkauf	231,71	69,41	0,73
Neuer PKW *	0,05	0,01	28,59
* Lesebeispiel: eine jährliche Kaufhäufigkeit von 0,05 bedeutet, dass jeder zwanzigste Haushalt einen neuen PKW gekauft hat.			

Tabelle: 2.4: Vergleich der Gewichtungen beim „Index der wahrgenommenen Inflation (IWI)“ mit denen des Verbraucherpreisindex, eigene Zusammenstellung[42]

Nach der umfassenden Darstellung zur quantitativen Fragestellung ist zur **normativen Fragestellung** zu sagen, dass grundsätzlich eine Preissteigerungsrate von Null „möglich“ wäre.

Jedoch scheint eine solche Normierung angesichts der hochkomplexen Volkswirtschaft mit ihren zahlreichen Verflechtungen, konjunkturellen Schwankungen und permanenten Strukturveränderungen zu rigide. Darüber hinaus könnten die Preise ihre Allokationsfunktion gar nicht mehr wahrnehmen. Institutionelle Rigiditäten (z. B. fehlender Wettbewerb), administrative Maßnahmen (Gebührenerhöhungen, Steuererhöhungen) und/oder Importverteuerungen bei bestimmten Produkten sprechen gegen eine solche Normierung.

Definition Rigidität (lat: Starrheit):

➔ **Feste bzw. starre Fixierung auf bestimmte Vorstellungen, Denk- und Handlungsweisen.**

---

42 vgl. Bechtold, Eibel, Hannappel, S. 989 ff

Somit ist es gerechtfertigt, dieses Stabilitätsziel mit einer sog. „unvermeidlichen Preissteigerung" zu normieren. Diese „Lösung" stellt jedoch keine Antwort auf die folgenden Fragen dar:

- Welche Preisseigerungsrate kann/muss hingenommen werden, um andere Zielsetzungen nicht zu gefährden (z. B. die Funktionsfähigkeit der Geldordnung)?
- Welche Preissteigerungsrate kann/muss nicht mehr hingenommen werden?

Durch die Einführung des EURO hat die Erreichung dieses Ziels eine europäische Dimension bekommen. Mit dem Vertrag von Maastricht wurde die Gewährleistung der Preisstabilität als primäres Ziel formuliert. Was jedoch genau unter Preisstabilität zu verstehen ist, wurde nicht formuliert. Im Oktober 1998 formulierte der EZB-Rat eine quantitative Definition vom Preisstabilität: „Preisstabilität wird definiert als Anstieg des Harmonisierten Verbraucherpreisindex (HPVI) für das Euro-Währungsgebiet von unter 2 % gegenüber dem Vorjahr. Die Preisstabilität muss mittelfristig gewährleistet werden". Der EZB-Rat strebt an, mittelfristig eine Preissteigerungsrate von unter, aber nahe 2 % beizubehalten.[43]

Im Rahmen der Geldpolitik der Europäischen Zentralbank wird eine Preissteigerungsrate von unter 2 % angestrebt.[44]

2.3.3 Empirischer Befund: Preisniveaustabilität

Verbraucherpreise in Deutschland											
	2000	2001	2002	2003	2004	2005	2006	2007	2008	2009	2010
Veränderungen gegenüber dem Vorjahr in Prozent	1,4	1,9	1,5	1,0	1,7	1,5	1,6	2,3	2,6	0,4	1,1

Veränderung 2010 gegenüber 2009 in Prozent*	
Verkehr	3,5
Alkoholische Getränke, Tabakwaren	1,5
Nahrungsmittel, alkoholfreie Getränke	1,4
Beherbergung, Gaststätten	1,1
Wohnung, Strom, Gas, Wasser etc.	1,1
Bekleidung, Schuhe	0,9
Andere Waren und Dienstleistungen	0,8
Gesundheitspflege	0,7

[43] vgl. dazu die umfangreichen Informationen der Europäischen Zentralbank

[44] vgl. dazu auch das Kapitel 8.1.2.2

Einrichtung, Haushaltsgeräte	0,4
Freizeit, Unterhaltung, Kultur	– 0,1
Bildung	– 0,4
Nachrichtenübermittlung	– 2,0
* Veränderungen 2010 gegenüber 2009 in Prozent Quelle: Statistisches Bundesamt	

Tabelle 2.5: Preissteigerungsraten in Deutschland

2.4 Hoher Beschäftigungsstand

2.4.1 Beschreibung

Der Ausspruch von Justus Möser aus dem Jahre 1774 „Die Quelle alles wahren Vergnügens ist Arbeit“[45] wird wohl heute in seiner Strenge kaum noch Gültigkeit haben. Trotzdem ist bei der **qualitativen Fragestellung** nach der Rechtfertigung des Beschäftigungsziels die Arbeit als wichtiger/wichtigster Ausdruck der Selbstverwirklichung des Menschen, seiner Würde und seiner Selbstachtung anzusehen. Darüber hinaus kann unfreiwillige Arbeitslosigkeit zu einer erheblichen gesamtgesellschaftlichen (Kosten-)Belastung führen. Somit ist es unstrittig, dass dieses Ziel in den gesamtwirtschaftlichen Zielkatalog aufgenommen wird.

2.4.2 Indikator und Kritik

Bei der **quantitativen Fragestellung** und Operationalisierung muss die Zahl der Arbeitslosen in Beziehung gesetzt werden zur Gesamtzahl der arbeitsuchenden Erwerbspersonen.

Die **Arbeitslosenquote** setzt die Zahl der Arbeitslosen in Beziehung zur **Summe aller zivilen Erwerbspersonen**. Zu diesem Personenkreis gehören sozialversicherungspflichtig Beschäftigte, Auszubildende, geringfügig Beschäftigte, Beamte (ohne Soldaten), Selbstständige, mithelfende Familienangehörige und gemeldete Arbeitslose bzw. Erwerbslose.

Ein weiterer – in der Öffentlichkeit weniger bekannter – Indikator ist die **Erwerbslosenquote**.

Diese errechnet sich aus der Zahl der erwerbslosen Personen als Anteil an den zivilen Erwerbspersonen. Die Gruppe der zivilen Erwerbsbevölkerung umfaßt zivile Angestellte, Selbstständige, unbezahlte Familienangehörige und Erwerbslose.

[45] Möser, Zitat aus Borscheid S. 74

Arbeitslosenquote:	**Erwerbslosenquote:**
$\frac{\text{Zahl der Arbeitslosen x 100}}{\text{Zahl der zivilen Erwerbspersonen}}$	$\frac{\text{Zahl der Erwerbslosen x 100}}{\text{Zahl der zivilen Erwerbspersonen}}$

Erwerbspersonen		Nichterwerbspersonen
Erwerbstätige	Erwerbslose	
Mindestalter 15 Jahre alt	15 bis 74 Jahre alt	
und • in einem Arbeitsverhältnis mit mind. eine Stunde geleisteter Arbeitszeit je Woche oder • selbstständig oder freiberuflich tätig oder • mithelfende Familienangehörige	und • ohne Arbeitsverhältnis bzw. nicht selbstständig und nicht freiberuflich tätig und • aktive Arbeitssuche (in den vergangenen vier Wochen) und • sofort verfügbar (innerhalb von zwei Wochen)	nicht erwerbstätig und nicht arbeitslos

Schaubild 2.3: Erwerbspersonen – Nichterwerbspersonen[46]

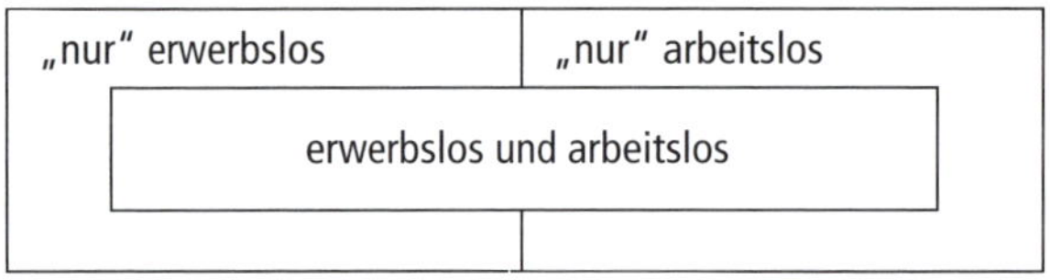

Der Begriff des Arbeitslosen ergibt sich aus den Paragrafen des Sozialgesetzbuches III und II (SGB III und SGB II).

	Merkmale der Arbeitslosigkeit	Rechtsgrundlage SGB III und SGB II
1	Beschäftigungslosigkeit	§ 16 Abs. 1 Satz 1 Nr. 1 i.V.m § 119 Abs. 2 und 3 SGB III
2	Verfügbarkeit	§ 16 Abs. 1 Satz 1 Nr. 2 i.V.m § 119 Abs. 5 und § 120 SGB III SGB III
3	Arbeitssuche und Eigenbemühungen	§ 16 Abs. 1 Satz 1 Nr. 2 i.V.m § 119 Abs. 4 SGB III
4	Meldung bei einer Agentur für Arbeit oder einem Träger der Grundsicherung	§ 16 Abs. 1 Satz 1 Nr. 3 i.V.m § 122 SGB III
5	Keine Teilnahme an einer Maßnahme der aktiven Arbeitsmarktpolitik	§ 16 Abs. 2 SGB III

[46] vgl. dazu auch die umfangreichen Veröffentlichungen des Statistischen Bundesamt zu diesem Themenkomplex unter www.destatis.de und die Veröffentlichungen der Bundesagentur für Arbeit

	Merkmale der Arbeitslosigkeit	Rechtsgrundlage SGB III und SGB II
6	Ausnahmetatbestand nicht erfüllt: Erwerbsfähige Hilfsbedürftige, die nach Vollendung des 58. Lebensjahres mindestens für die Dauer von zwölf Monaten Leistungen der Grundsicherung für Arbeitsuchende bezogen haben, gelten dann nicht als arbeitslos, wenn ihnen in diesem Zeitraum keine sozialversicherungspflichtige Beschäftigung angeboten worden ist.	§ 53a Abs. 2 SGB II

Schaubild 2.4: Merkmale der Arbeitslosigkeit und Rechtsgrundlagen[47]

Hinsichtlich einer internationalen Vergleichbarkeit von Erwerbslosen und Arbeitslosen tritt ein Problem auf, da konzeptionelle und empirische Unterschiede zwischen dem Konzept der Internationalen Arbeitsorganisation (ILO) und der Bundesagentur für Arbeit bestehen. Grundlage beider Konzepte ist, dass derjenige als erwerbslos bzw. arbeitslos gilt, der während eines bestimmten Zeitraums ohne Arbeitsplatz ist, jedoch dem Arbeitsmarkt zur Verfügung steht und arbeitsuchend ist. Aufgrund unterschiedlicher Erhebungsmethoden und Abgrenzungen sind sowohl im Niveau als auch in der zeitlichen Entwicklung Unterschiede feststellbar.[48]

Die ersten beiden oben gemäß SGB erforderlichen Tatbestände sind nach ILO-Konzept nicht erforderlich. Nach SGB kann jedoch trotz registrierter Arbeitslosigkeit eine Erwerbstätigkeit mit einem Umfang von unter 15 Stunden als Hinzuverdienstmöglichkeit ausgeübt werden. Dagegen schließen sich Erwerbsarbeit und Erwerbslosigkeit nach dem ILO-Konzept aus. Es gibt somit Personen, die nach ILO-Auslegung erwerbslos sind, jedoch für die Bundesagentur für Arbeit nicht als arbeitslos gelten. Andererseits gelten in der Statistik der Bundesagentur Personen als arbeitslos, die nach ILO-Konzept nicht erwerbslos sind. So ist eine Person, die zwei Stunden in der Woche gearbeitet hat, arbeitslos, aber nicht erwerbslos, das bedeutet auch: das ILO-Konzept betrachtet Erwerbsarbeit in einem sehr umfassenden Sinne.[49]

ILO-Erwerbslose sind Personen,	Registrierte Arbeitslose sind Personen,
die weniger als 1 Stunde pro Woche gearbeitet haben,	die weniger als 15 Stunden pro Wochen gearbeitet haben,
auf aktiver Arbeitsuche (in den vergangenen vier Wochen) sind/waren,	bei der Arbeitsagentur arbeitslos gemeldet sind (Suche nach mehr als 15 Wochenstunden),
sofort (innerhalb von zwei Wochen) verfügbar sind.	der Arbeitsvermittlung zur Verfügung stehen.

Bei der Verwendung des Messkonzepts der Bundesagentur sind folgende Aspekte zu beachten: Es bleiben unberücksichtigt:

[47] Hartmann, S, 10

[48] zu den unterschiedlichen Methoden in den USA und der Bundesrepublik vgl. Kaiser und Fischermann

[49] Hartmann, S. 6 ff,

- potenzielle Arbeitslosigkeit (Kurzarbeit, Teilnehmer an arbeitsmarktpolitischen Maßnahmen und Sonderregelungen),
- Personen, die arbeitslos sind, resigniert haben und sich nicht offiziell arbeitslos gemeldet (die sog. „stille Reserve") haben,
- Vorruheständler.

Somit ist bei der Interpretation einerseits Vorsicht geboten.[50] Gleichwohl bietet andererseits die amtliche Arbeitsmarktstatistik ein hohes Maß an Zuverlässigkeit. Das Problem der Schwarzarbeit spielt in diesen Zusammenhang wieder eine Rolle.

Hinsichtlich der **normativen Fragestellung** wäre zunächst eine Arbeitslosigkeit von Null möglich und erstrebenswert. Jedoch ist eine derartige Normierung problematisch, da damit sehr eng der Aspekt „Recht auf Arbeit", d. h. ein einklagbares Recht auf einen Arbeitsplatz verbunden ist. Dieses führt dann zu zugewiesenen Arbeitsplätzen und würde dem Freiheitsbegriff/-aspekt (hier besonders die freie Wahl des Arbeitsplatzes) zuwider laufen.

Wie beim Ziel der Preisniveaustabilität gibt es in hochkomplexen Volkswirtschaften immer eine gewisse Arbeitslosigkeit. Diese kann sich darstellen als:

- Bodensatzarbeitslosigkeit (Arbeitsunwillige);
- saisonale Arbeitslosigkeit (Entlassungen zum Ende der Saison, z. B. in der Tourismusbranche, Wiedereinstellung mit Beginn der Saison, d. h. hiermit ist eigentlich kein Arbeitsplatzverlust verbunden);
- friktionelle Arbeitslosigkeit (Aufgabe eines Arbeitsplatzes – freiwillig oder unfreiwillig – ohne sofortige Wiederaufnahme eines neuen Arbeitsplatzes);
- strukturelle Arbeitslosigkeit (sie beruht auf wirtschaftlichen Strukturwandlungen, die einhergehen mit Änderungen bezüglich der Zahl der Arbeitsplätze und/oder den Qualifikationsanforderungen für Arbeitnehmer).

Deshalb bleibt es zunächst auch hier gerechtfertigt, eine unvermeidbare Arbeitslosigkeit zu akzeptieren, deren Höhe selbstverständlich nicht exakt bestimmbar ist. Das „Stabilitätsgesetz" berücksichtigt dieses, indem dort „nur" von einem „hohen Beschäftigungsstand" die Rede ist.

Auch bei diesem Ziel ist wiederum die Frage zu stellen:

- Welche Arbeitslosenquote kann/muss noch hingenommen werden, weil sie nicht „korrigierbar" ist (z. B. ohne das Sozialstaatsgebot zu verletzen)?
- Welche Quote ist nicht mehr zu akzeptieren?

Das folgende Beispiel verdeutlich allerdings eine weitere Dimension, die im Zusammenhang mit Beschäftigung zu beachten ist.

[50] vgl. dazu auch die periodischen Veröffentlichungen der Stiftung Marktwirtschaft zur Ehrlichkeit in der Arbeitslosenstatistik

Beispiel:

Die promovierte Kunsthistorikerin (Dr. phil.) Waltraut Barler (30 Jahre, ledig) arbeitet in der Verwaltung einer mittelgroßen Stadt in Nordrhein-Westfalen. Täglich fährt sie ca. 60 Min. zu ihrem Arbeitsplatz. Sie betreut während ihrer Tätigkeit ausländische Gäste und ist verantwortlich für das örtliche Stadtmuseum. Darüber hinaus arbeitet sie fünf Stunden in der Verwaltung der örtlichen Volkshochschule und der Musikschule (inklusive Abendveranstaltungen). Diese unterschiedlichen Tätigkeiten führen dazu, dass sie unterschiedliche Arbeitszeiten und Einsatzorte hat. Die wöchentliche Arbeitszeit beträgt laut Arbeitsvertrag 75 % der Normalbeschäftigung, ihr Bruttoentgelt beträgt 1.934,14 Euro (TVÖD, E 10, Stufe 1)

Eine Aufstockung des Arbeitsvertrages auf 38,5 Stunden hat ihr Arbeitgeber bereits mehrfach abgelehnt.

Die im obigen Beispiel beschriebene Person ist zweifellos nicht arbeitslos. Sie ist allerdings hinsichtlich ihre Qualifikation und ihrer Arbeitszeit nicht angemessen beschäftigt.

Die Probleme, die mit dieser Art von Beschäftigungsverhältnissen zusammenhängen, greift das **Konzept der Unterbeschäftigung** auf.[51] Im Jahr 2008 waren 4,628 Mio. unterbeschäftigt, von diesen waren 2,178 Mio. vollzeitbeschäftigt, der Rest war freiwillig oder unfreiwillig teilzeitbeschäftigt.[52] Nach der Bundesagentur für Arbeit umfasste die Unterbeschäftigung 4,369 Mio Personen (2008).[53] Im Jahre 2009 gab es ca. 4,2 Mio. Unterbeschäftigte.

Im Rahmen von **„unangemessenen Beschäftigungsverhältnissen"** wird eine sogenannte **„zeitbezogene Unterbeschäftigung"** näher definiert und mit Indikatoren beschrieben. Personen, die die nachfolgenden drei Kriterien erfüllen, werden als Personen in zeitbezogener Unterbeschäftigung angesehen:

Die Erwerbstätigen

- haben den „Wunsch nach zusätzlichen Arbeitsstunden"
  - entweder in ihrem bisherigen aktuellen Job mit erhöhter Gesamtarbeitszeit;
  - in einem anderen/weiteren Job, zusätzlich zum aktuellen, zu arbeiten, sodass die Gesamtstundenzahl erhöht wird;
  - ihren aktuellen Job gegen einen anderen mit erhöhter Gesamtstundenzahl zu ersetzen;
- sind für „zusätzliche Arbeitsstunden verfügbar";
- haben „unterhalb eines Arbeitszeitschwellenwertes gearbeitet" (z. B. unterhalb einer Stundenzahl, auf der eine normative Regelung basiert).[54]

---

51 vgl. Rengers/2006, S. 238 ff

52 vgl. destatis, Rengers/2009, S. 891–892

53 vgl. Hartmann, S 44

54 vgl. Rengers/2006 S. 246, Rengers/2009, S. 887, diese Konzept ist nicht deckungsgleich mit den Konzepten, die von der Bundesagentur für Arbeit oder dem Institut für Arbeitsmarkt- und Berufsforschung der Bundesagentur verwendet wird, vgl. dazu Hartmann, S. 19 ff

Dieses **Konzept der Unterbeschäftigung** macht ganz besonders deutlich wie groß die Diskrepanz zwischen

- dem Stellenwert der Arbeit (gemessen in Arbeitszeit) für den Einzelnen/die Einzelne

und

- der Realität der Arbeitswelt/-möglichkeiten ist.

Mit diesem Konzept wird ermöglicht, dass

- das Defizit an regulärer Beschäftigung (d. h. Beschäftigung am ersten Arbeitsmarkt) ermittelt werden kann

und

- realwirtschaftlich (speziell konjunkturell) bedingte Einflüsse auf dem Arbeitsmarkt besser erkannt werden können.[55]

2.4.3 Empirischer Befund Hoher Beschäftigungsstrand

Arbeitslosigkeit in Deutschland*									
1994	1995	1996	1997	1998	1999	2000	2001	2002	2003
3,70	3,61	3,97	4,38	4,28	4,10	3,89	3,85	4,06	4,38
2004	2004	2005	2006	2007	2008	2009	2010	2011	
4,38	4,38	4,86	4,49	4,49	3,27	3,42	3,24	2,98	
Arbeitslosenquote 2011 nach Bundesländern**									
Berlin					13,3				
Mecklenburg-Vorpommern					12,5				
Sachsen-Anhalt					11,6				
Bremen					11,6				
Brandenburg					10,7				
Sachsen					10,6				
Thüringen					8,8				
Nordrhein-Westfalen					8,1				
Hamburg					7,8				
Schleswig-Holstein					7,2				
Niedersachsen					6,9				

55 vgl. Hartmann, S. 19

Arbeitslosenquote 2011 nach Bundesländern**					
Saarland	6,8				
Hessen	5,9				
Rheinland-Pfalz	5,3				
Baden-Württemberg	4,0				
Bayern	3,8				

* Zahl der Arbeitslosen in Millionen, Jahresdurchschnitte

** bezogen auf alle zivilen Erwerbspersonen

Quelle: Bundesagentur für Arbeit

Tabelle 2.6: Arbeitslosigkeit in Deutschland

2.5 Außenwirtschaftliches Gleichgewicht

2.5.1 Beschreibung

Die **qualitative Fragestellung** setzt eine offene Volkswirtschaft voraus. Hierbei sind zwei Möglichkeiten zu unterscheiden:

- die inländische Wertschöpfung ist höher als die Inlandnachfrage (Importe < Exporte)
- die inländische Wertschöpfung ist niedriger als die Inlandnachfrage (Exporte < Importe)

Ein **Einfuhrüberschuss** (Exporte < Importe) verdeutlicht, dass die Volkswirtschaft „über ihre Verhältnisse" lebt. Die durch den Export erlösten Devisen reichen zur Bezahlung der Importe nicht aus. Eine Finanzierung durch Kredite wäre allenfalls eine kurzfristige Lösung, da langfristig die Kreditbereitschaft des Auslands eine Grenze darstellen könnte. Dieses Problem stellt sich beim **Ausfuhrüberschuss** (Importe < Exporte) nicht. Jedoch könnten im Inland Inflationsgefahren auftreten, da ein erhöhtes Geldvolumen einem reduziertem Leistungsangebot gegenüberstehen würde. Das Ausland könnte eine solche Situation – sollte sie langfristig Bestand haben – als wachstums- und beschäftigungsgefährdende „Beggar-my-neighbour-Policy" interpretieren und Gegenmaßnahmen ergreifen.

Somit ist die Aufnahme dieses Ziels begründet. Jedoch muss einschränkend festgestellt werden, dass die Relevanz dieses Ziels zum Zeitpunkt, als es im Gesetz niedergeschrieben wurde, wesentlich höher war als heute. Zur damaligen Zeit war Deutschland eingebunden in das weltweite System – relativ – fester Wechselkurse (Bretton-Woods-System). Mit dem Hereinnehmen dieses Ziels in den Zielkatalog sollten wirtschaftliche Entwicklungen vermieden werden, die eine – weitere – Teilnahme gefährdet hätten. Die Ausgleichsmechanismen in einem System flexibler Wechselkurse sind völlig andere, auch in bezug auf die EURO-Einführung ergeben sich völlig andere Problemlagen.

Eine Neubewertung dieses Ziels in Zeiten flexibler Wechselkurse erfolgte jedoch nicht. Gelegentlich wird von manchen Wissenschaftlern und Politikern dieses Ziel aus dem Zielkatalog „gestrichen“ bzw. weniger beachtet.

2.5.2 Indikator und Kritik

Die **quantitative Fragestellung** und Operationalisierung ist relativ eindeutig festzulegen. Dabei sollte ausschließlich auf Leistungsströme – Waren-/Dienstleistungsströme – abgestellt werden. Diesbezüglich bietet die Zahlungsbilanzstatistik hinreichend genaue Informationen.

Hinsichtlich einer genauen Normierung würde sich ein „absoluter“ Ausgleich, d. h. ein Saldo von Null anbieten. Aber es gilt: In hochkomplexen, vielfach untereinander verflochtenen Volkswirtschaften mit zahlreichen – unterschiedlichen – konjunkturellen Schwankungen ist es eher unwahrscheinlich, immer einen kurzfristigen Ausgleich des Leistungsbilanzsaldos zu erreichen.

Werden diese Aspekte berücksichtigt, ist ebenfalls ein pragmatisches – positives – Abweichen vom Ausgleichsziel angezeigt, wobei die konkrete Größenordung vor dem Hintergrund internationaler Zahlungsbilanzverpflichtungen der Länder präzisiert werden muss.

2.5.3 Empirischer Befund: Außenwirtschaftliches Gleichgewicht

Einfuhr und Ausfuhr der Bundesrepublik (in Milliarden EUR)						
	2007	2008	2009	2010	2011*	2012*
Einfuhr	770	806	665	797	919	983
Ausfuhr	965	984	803	952	1 025	1 139
* Schätzung Quelle: Statistisches Bundesamt						

Tabelle 2.7: Einfuhr und Ausfuhr der Bundesrepublik

2.6 Gerechte Einkommens- und Vermögensverteilung

2.6.1 Beschreibung

Bei der **qualitativen Fragestellung** nach der Rechtfertigung ist zu beachten, dass in einem Land, in dem keine Zustände wie im Schlaraffenland herrschen, die Güter nicht im gewünschten Umfang zugeteilt werden können. Deshalb stellt sich in allen Gesellschaften die Frage nach einer – gerechten – Einkommensverteilung. Wahrscheinlich interessiert es die Menschen weniger, **wie ein Produktionsergebnis zustande kommt, als vielmehr, was ihnen im einzelnen von diesem Produktionsergebnis zukommt.**[56]

Definition Einkommen:

➔ **Hierunter werden Arbeitsentgelt, Zinsen, Gewinne, Mieteinnahmen erfasst, die den Bevölkerungsgruppen während eines Jahres zufließen.**

Charakteristisch für eine Volkswirtschaft mit hohem Produktionsniveau ist ein wachsender Bedarf nach öffentlichen Gütern und nichtmonetären Einkommen. Häufig wird daraus ein wachsender Staatsanteil abgeleitet. Dieser hat allerdings auch hohe/höhere Steuern zur Konsequenz. Aus diesem Grund verliert die am Markt – über Tarifverhandlungen geregelte – Einkommensverteilung an Eindeutigkeit. Vom Einkommen wird dann ein hoher/erhöhter Steueranteil der privaten Verfügung wieder entzogen. In diesem Zusammenhang kommen Steuerüberwälzungen, Subventionen und Transferzahlungen ins Spiel.[57]

Parallel dazu spielt eine subjektive Komponente eine – zunehmende? – Rolle. Steigendes Einkommen zieht nicht gleichzeitig eine steigende Befriedigung nach sich. Für viele Bevölkerungsgruppen ist der **relative Abstand zu Vergleichsgruppen** von gleich großer Bedeutung wie das **absolute Niveau.** In der Öffentlichkeit taucht dann die Forderung nach einer **Umverteilung** auf, die stets mit einem **Mehr an sozialer Gerechtigkeit** begründet wird, obwohl vielleicht der **„Neidfaktor“** eine Rolle spielt.

Die Forderung nach einer **bestimmten** Verteilung hat sich mit dem tiefer liegenden Problem auseinanderzusetzen, was eine gerechte Einkommensverteilung bedeutet.

Es muss somit **sichergestellt werden:**

- dass bestimmte Personen bei der Wirtschaftsentwicklung nicht permanent benachteiligt werden, sodass die individuelle Chancengleichheit gewährleistet ist;
- dass eine direkte Enteignung als Mittel der Umverteilung abzulehnen ist.

Als Norm der Verteilung ist die Verteilungsgerechtigkeit mit den Konzepten der Leistungs- und Bedarfsgerechtigkeit anerkannt. Auch wenn eine allgemein anerkannte Definition von Verteilungsgerechtigkeit fehlt, ist eine Verringerung von Ungleichheit zweifellos eine Annäherung an das gesellschaftliche Ziel der Gerechtigkeit. Konsequenz dieser Überlegungen ist, dass dieses Ziel berechtigterweise berücksichtigt wird.

---

[56] vgl. zum komplexen Sachverhalt der Gerechtigkeit vertiefend Leicht, S. 5f, Ebert

[57] vgl. zum Aspekt des Staates in der Marktwirtschaft das Kapitel 8

2.6.2 Indikator und Kritik

Bei der quantitativen Fragestellung stehen als Indikatoren die **funktionelle Einkommensverteilung** und die **personelle Einkommensverteilung** zur Verfügung.

> Definition funktionelle Einkommensverteilung:
> ➔ **Einkommensverteilung auf die Produktionsfaktoren Arbeit, Boden/Natur und Kapital.**

> Definition personelle Einkommensverteilung:
> ➔ **Einkommensverteilung auf die Eigentümer der Produktionsfaktoren.**

Bei der **funktionellen Einkommensverteilung** ist es **erforderlich zwischen** dem Produktionsleistungen eines

- Produktionsfaktors (bzw. der Funktion des Produktionsfaktors im Produktionsprozess)

und dem

- Eigentümer des Produktionsfaktors

zu unterscheiden.

Beim Produktionsfaktor Arbeit ist es relativ einfach. Hier liegt keine Trennung zwischen Faktor und Eigentümer vor. Der Arbeitnehmer ist sowohl Produktionsfaktor als auch Eigentümer des Faktors.

Bei den Produktionsfaktoren Kapital und Boden/Natur ist jedoch eine Trennung zu beachten.

Beide Produktionsfaktoren sind im technischen Sinne an der Produktion und am Produktionsergebnis beteiligt. Das Faktoreinkommen erhält der Eigentümer des Faktors. Der Kapitaleigentümer erhält Zinsen, der Eigentümer des Bodens Miete und Pacht. Dadurch wird deutlich, dass zahlreiche Wirtschaftssubjekte aus mehreren Quellen ein Einkommen beziehen.

So erhalten die Arbeitnehmer, die auch Kapitaleigentümer sind, Zinsen und Dividenden. Die Unternehmerhaushalte erzielen neben ihrem Kapitaleinkommen ein Arbeitseinkommen, da sie i. d. R. als Geschäftsführer (Manager) im Unternehmen tätig sind.

Bei dieser Einkommensverteilung spielen die Lohnquote und – quasi als Pendant – die Gewinnquote als Indikatoren eine große Rolle.

> Definition Lohnquote:
> ➔ **Anteil des Lohnes am Volkseinkommen.**

Definition Gewinnquote: → **Anteil des Gewinns am Volkseinkommen.**

Lohnquote: $\frac{\text{Löhne}}{\text{Volkseinkommen}}$	**Gewinnquote:** $\frac{\text{Gewinne}}{\text{Volkseinkommen}}$

Hinsichtlich der Verwendung dieser Indikatoren ist kritisch anzumerken:

- der **Gewinn als Einkommen des Produktionsfaktors Kapital** unterscheidet sich vom Konzept des Gewinns als Restgröße nach Abzug aller Kosten vom Umsatz.

Daher werden in der amtlichen Statistik ausgewiesen:[58]

- Arbeitnehmerentgelte
- Unternehmens- und Vermögenseinkommen

Als Löhne und Gehälter stellen die Arbeitnehmerentgelte das Entgelt des Produktionsfaktors Arbeit dar. Das Unternehmens- und Vermögenseinkommen teilt sich nochmals in die folgenden Bestandteile auf:

- Einkommen aus Vermögen (Zinsen, Dividenden, Mieten, Pachten),
- Einkommen aus Unternehmertätigkeit.

Das Einkommen aus Unternehmertätigkeit stellt eine Restgröße dar, da die Unternehmer erst nach Ablauf des Geschäftsjahres feststellen können, ob sie einen Gewinn oder einen Verlust erzielt haben. Darüber hinaus handelt es sich hierbei um keinen reinen Einkommensbegriff, da er sich aus unterschiedlichen Einkommensbestandteilen zusammensetzt:

- kalkulatorischer Unternehmerlohn: kalkulatorische Vergütung für die routinemäßige Arbeitsleistung des Unternehmers im Unternehmen;
- kalkulatorische Eigenkapitalverzinsung: kalkulatorisches Entgelt für das investierte Kapital;
- Gewinn: als verbleibende Restgröße.

Bei der **personellen Einkommensverteilung** spielt es keine Rolle aus welchen Quellen die Haushalte ihr Einkommen beziehen (z. B. Löhne/Gehälter, Zinsen), hierbei wird die Einkommensentstehung nicht betrachtet. Unter **personellen Gesichtspunkten** kann die Einkommensverteilung auf bestimmte Personengruppen (soziale Gruppen wie Rentner, Alleinerziehende, Arbeiter, Angestellte, Selbstständige) und/oder Haushaltsgrößen bzw. Haushaltstypen vorgenommen werden.

Bei der Untersuchung der **Einkommensentwicklung** wird folgendermaßen vorgegangen.

---

[58] vgl. Kapitel 1.3.1.3

Alle Haushalte werden nach der Höhe ihres Nettoeinkommens in aufsteigender Reihenfolge angeordnet. Anschließend wird die Gesamtzahl der Haushalte in 10 gleiche Gruppen eingeteilt (1. Dezil bis 10. Dezil) bzw. fünf gleiche Gruppen (1. Quintil bis 5. Quintil).

Definition Dezil/Dezile (engl. decile):

➔ **Teil einer mathematischen Einteilung der Häufigkeit; wird dann verwendet, wenn eine der Größe nach geordnete Datenmenge/-reihe in 10 gleich große Teile geordnet werden soll. So gibt das 1. Dezil (2. Dezil) an, welcher Wert die unteren 10 % (20 %) von den oberen 90 % (80 %) trennt.**

Definition Quintil:

➔ **Teil einer mathematischen Einteilung der Häufigkeit; wird dann verwendet, wenn eine der Größe nach geordnete Datenmenge/-reihe in 5 gleich große Teile geordnet werden soll. So gibt das 1. Quintil (2. Quintil) an, welcher Wert die unteren 20 % (40 %) von den oberen 80 % (60 %) trennt.**

Im nächsten Schritt wird der Anteil jeder Gruppe am Gesamtbetrag des monatlichen Nettoeinkommens ermittelt.[59]

Haushalte	Einkommen in 1000 EUR	Dezil		kumuliert
A	**1,3**	**1.**		
B	**1,6**		**2,9**	**2,9**
C	**2,2**	**2.**		
D	**2,4**		**4,6**	**7,5**
E	**2,5**	**3.**		
F	**2,6**		**5,1**	**12,6**
G	**3,5**	**4.**		
H	**3,6**		**7,1**	**19,7**
I	**4,0**	**5.**		
J	**4,2**		**8,2**	**27,9**
K	**4,5**	**6.**		
L	**5,3**		**9,8**	**37,7**

59 die Zahlen des Beispiels sind willkürlich gewählt

Haushalte	Einkommen in 1000 EUR	Dezil		kumuliert
M	5,5	7.		
N	5,9		11,4	49,1
O	6,1	8.		
P	6,8		12,9	62,0
Q	7,5	9.		
R	8,0		15,5	77,5
S	10,9	10.		
T	11,6		22,5	100,0

Tabelle: 2.8 Einkommensverteilung

Die konkreten Zahlen der Tabelle 2.4. ermöglichen eine detaillierte Verfolgung der Einkommensverteilung. Für die Abbildung 2.1 wurde eine etwas grobere Einteilung gewählt, die sich grafisch besser darstellen lässt.[60]

Lorenzkurve a) 50 % der Einkommensbezieher erhalten 30 % des Einkommens
90 % der Einkommensbezieher erhalten 80 % des Einkommens

Lorenzkurve b) 50 % der Einkommensbezieher erhalten 20 % des Einkommens
90 % der Einkommensbezieher erhalten 70 % des Einkommens

Aus der Abbildung ist zu sehen das z. B. 50 % der Einkommensbezieher insgesamt einen Anteil von 30 % des Gesamteinkommens aller Haushalte erhalten bzw. 90 % der Einkommensbezieher 80 % des Gesamteinkommens (Lorenzkurve a), d. h. allerdings auch, dass die obersten 10 % der Einkommensbezieher (das letzte Dezil) 20 % des Gesamteinkommens erhalten.

Definition Lorenz-Kurve:

→ Wiedergabe einer Häufigkeit in Form einer Kurve/Grafik, sodass ein anschauliches Bild der betrachteten Verteilung hinsichtlich der Konzentration ermöglicht wird.

Max Otto Lorenz: 1880 – 1962; Amerikanischer Statistiker und Wirtschaftswissenschaftler

[60] die Zahlen des Beispiels sind willkürlich gewählt

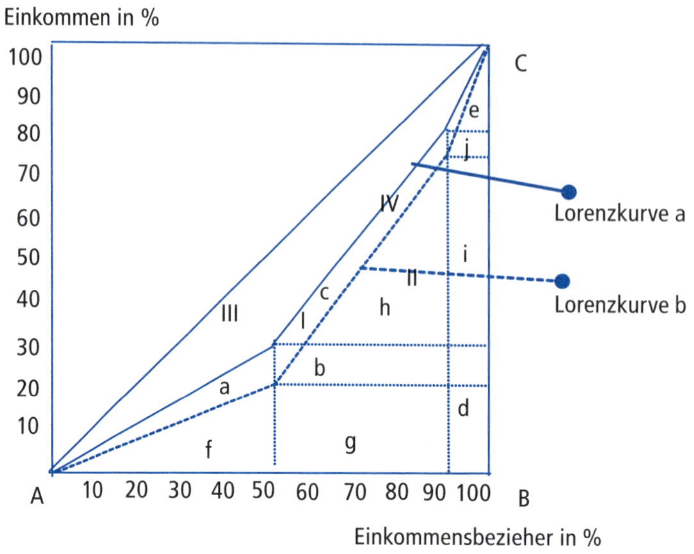

Abbildung 2.1: Lorenzkurze

Auf dem Konzept der Lorenzkurve basiert der Gini-Koeffizient.

Definition Gini-Koeffizient:

➔ **Erklärt das Verhältnis der Fläche, die von der Lorenzkurve und der Linie der vollkommenen Gleichverteilung (Diagonale) umschlossen wird zur Gesamtfläche unterhalb der Diagonalen.**

Durch diese etwas „grobere" Einteilung in der Abbildung 2.1 lässt sich relativ einfach der sog. Gini-Koeffizeit errechnen. Die Diagonale repräsentiert somit den – hypothetischen – Fall einer absoluten personalen Gleichverteilung.[61] Im Abbildung 2.1 ergibt sich somit

Lorenzkurve a			Lorenzkurve b		
Fläche a	50 * 30/ 2	750	Fläche f	50 * 20/ 2	500
Fläche b	40 * 30	1200	Fläche g	40 * 20	800
Fläche c	40 * 50/ 2	1000	Fläche h	40 * 50/ 2	1000
Fläche d	10 * 80	800	Fläche i	10 * 70	700
Fläche e	10 * 20/ 2	100	Fläche j	10 * 30/ 2	150
= Fläche I	Summe	3850	= Fläche III		3150

61 vgl. zur Einkommensverteilung auch Deckl, S. 1182

Lorenzkurve a	Lorenzkurve b
Fläche ABC – Fläche I = Fläche II 5000 – 3850= 1150 Gini-Koeffizient $\frac{1150}{5000} = 0{,}2300$	Fläche ABC – Fläche III = Fläche IV 5000 – 3150 = 1850 Gini-Koeffizient $\frac{1850}{5000} = 0{,}3700$

Der Gini-Koeffizient ist Null, wenn völlige Gleichverteilung vorliegt (Lorenzkurve = Diagonale), ein Wert von eins bedeutet eine größtmögliche Ungleichverteilung. Der Koeffizient reagiert besonders fein auf Veränderungen im mittleren Bereich der Verteilung. Da der Gini-Koeffizient in der Abbildung und der Beispielrechnung größer geworden ist, hat sich auch die Ungleichverteilung ehöht.

Gini, Corrado: 1884 – 1965; italienischer Statistiker, Demograph und Soziologe

Gini-Koeffizient			
Jahr	Gesamtdeutsche Verteilung	West-deutschland	Ost-deutschland
1984		0,27	
1985		0,25	
1986		0,26	
1987		0,25	
1988		0,25	
1989		0,25	
1990		0,24	0,18
1991	0,27	0,24	0,19
1992	0,25	0,24	0,21
1993	0,25	0,25	0,20
1994	0,25	0,26	0,21
1995	0,26	0,27	0,20
1996	0,25	0,25	0,20
1997	0,24	0,25	0,20
1998	0,25	0,25	0,21
1999	0,25	0,25	0,22

Gini-Koeffizient			
Jahr	Gesamtdeutsche Verteilung	West-deutschland	Ost-deutschland
2000	0,25	0,26	0,21
2001	0,25	0,25	0,21
2002	0,26	0,26	0,22
2003	0,27	0,27	0,23
2004	0,26	0,27	0,24
2005	0,27	0,27	0,25
Quelle: Schröder S. 13			

Tabelle 2.9: Gini-Koeffizient

Die Schaubilder 2.12 und 2.13 leiten bereits zum empirischen Befund über.

2.6.3 Empirischer Befund: Gerechte Einkommens- und Vermögensverteilung

Die nachfolgende Tabelle 2.10 verdeutlicht, dass die Lohnquote ab dem Jahr 2000 bis 2007 kontinuierlich gesunken ist, der Anteil der Unternehmens- und Vermögenseinkommen am Volkseinkommen dagegen ab diesem Zeitpunkt kontinuierlich gestiegen (bis 2007) ist.

Jahr	Volkseinkommen insgesamt	Unternehmens- und Vermögenseinkommen	Arbeitnehmer-entgelt
Veränderungen gegenüber dem Vorjahr in Prozent			
1995	4,2	5,6	3,7
1999	1,4	–1,4	2,6
2000	2,5	–0,8	3,8
2001	2,4	3,7	1,9
2002	1,0	1,7	0,7
2003	1,5	4,4	0,3
2004	4,5	14,5	0,4
2005	1,3	5,5	–0,6
2006	4,9	11,4	1,7
2007	3,5	4,8	2,8
2008	2,5	0,2	3,7
2009	–3,8	–10,6	–0,1

Jahr	Volkseinkommen insgesamt	Unternehmens- und Vermögenseinkommen	Arbeitnehmer-entgelt
Anteil am Volkseinkommen in Prozent			
		Unternehmens- und Vermögenseinkommen	Lohnquote
1991	100	29,0	71,0
1995	100	28,6	71,4
2000	100	27,8	72,2
2005	100	33,3	66,7
2006	100	35,4	64,6
2007	100	35,8	64,2
2008	100	35,0	65,0
2009	100	32,6	67,4

Tabelle: 2.10: Volkseinkommen, Unternehmens- und Vermögenseinkommen und Arbeitnehmerentgelt[62]

Eine Ungleichverteilung verdeutlichen auch Tabelle 2.11 und die Tabelle 2.8.[63]

Nettovermögen* je Einwohner in EUR	
Durchschnitt	80.722 Ost: 34.290 West: 91.486
Darunter Männer	95.928
Frauen	67.380
Ohne Migrationshintergrund	87.078
Mit Migrationshintergrund	46.633
Das „reichste Zehntel" 207.160 Das „reichste" Zwanzigstel: 312.941 Das „reichste" Hundertstel: 736.781	
24,3 % der Bevölkerung verfügen über kein Vermögen** 5,4 % der Bevölkerung sind verschuldet	
* Vermögensgegenstände abzüglich Schulden ** Werte überhöht, da Geldvermögen, Versicherungen und Konsumentenkredite unter 2.500 EUR nicht erfasst wurden. Quelle: DIW Berlin, 2007, Basis SOEP 2002	

Tabelle: 2.11: Nettovermögen je Einwohner

[62] Institut der Deutschen Wirtschaft, Deutschland in Zahlen 2010, S. 53 (Auszug)

[63] vgl. zur Ungleichverteilung auch Tönnesmann und Krohn

Die personellen Gesichtspunkte der Einkommensverteilung verdeutlicht die nachfolgende Tabelle 2.12.

	West			Ost		Deutschland			
	1985	1991	2008	1991	2008	1991		2008	
	Nettoeinkommen in EURO je Monat								
Insgesamt	1.287	1.633	2.284	899	1.732	1.487		2.179	
1 Pers.-Haushalte	788	1.032	1.501	434	1.123	934		1.427	
Paare ohne Kinder	1.389	1.823	2.728	886	2.050	1.635		2.588	
Alleinerziehende	1.104	1.454	1.722	779	1.467	1.324		1.673	
Paare mit Kindern	1.710	2.181	3.174	1.263	2.546	1.973		3.073	
Sonstige [64]	1.729	1.942	2.899	1.137	2.624	1.725		2.861	
	Anteil des am Gesamteinkommen in Prozent [65]								
Alle Haushalte						kumuliert[66]		kumuliert[66]	
1. Quintil	7,5	7,7	7,4	7,7	8,1	7,1	7,1	7,4	7,5
2. Quintil	13,0	13,0	12,4	12,9	13,0	12,4	19,5	12,4	19.8
3. Quintil	17,6	17,8	17,1	18,7	17,8	17,6	37,1	17,1	36.9
4. Quintil	23,8	24.0	23,5	24,4	23,5	24,0	61,1	23,5	60,4
5. Quintil	38,1	37,5	39.6	36,3	37,5	38,9	100	39.6	100,0

Tabelle: 2.12: Anteil unterschiedlicher Gruppen am Gesamteinkommen[67]

> 1. Quintil: das Fünftel der Haushalte mit dem niedrigsten Einkommen, 5. Quintil: das Fünftel der Haushalte mit dem höchsten Einkommen
>
> Lesebeispiel: Auf die „einkommensschwächsten" 20 Prozent der Haushalte entfielen 2008 in Deutschland 7,5 Prozent des Einkommens aller Haushalte

Die Tabelle 2.13 stellt eine Verbindung zwischen der Einkommenshöhe und der gezahlten Einkommensteuer her.

64 Mehrgenerationen-Haushalte

65 Deutschland in Zahlen 2010, Ursprungsdaten SOEP, eigene Berechnungen/Ergänzungen, Institut der Deutschen Wirtschaft, S. 61

66 eigene Berechnungen, ggf. Rundungsdifferenzen

67 Deutschland in Zahlen 2010, Ursprungsdaten SOEP, eigene Berechnungen/Ergänzungen, Institut der Deutschen Wirtschaft, S. 61

Das oberste	1 Prozent	der Steuerpflichtigen (Einkünfte ab 162.231 EUR) zahlen	19,8 Prozent	der Steuer
Die oberen	10 Prozent	der Steuerpflichtigen (Einkünfte ab 65.951 EUR) zahlen	50,7 Prozent	der Steuer
Die oberen	20 Prozent	der Steuerpflichtigen (Einkünfte ab 48.960 EUR) zahlen	67,4 Prozent	der Steuer
Die oberen	50 Prozent	der Steuerpflichtigen (Einkünfte ab 27.216 EUR) zahlen	92,5 Prozent	der Steuer
Die unteren	50 Prozent	der Steuerpflichtigen (Einkünfte bis 27.216 EUR) zahlen	7,5 Prozent	der Steuer
Die unteren	20 Prozent	der Steuerpflichtigen (Einkünfte bis 11.113 EUR) zahlen	0,1 Prozent	der Steuer

Tabelle 2.13: Einkommenshöhe und Steueranteil (2003)[68]

Der Staat verwendet die Einkommensteuer – wie andere Steuern auch – um u.a. Sozialtransfers zu finanzieren. Er unterstützt damit z.B. sozial schwache Personen/Haushalte, sodass deren (Markt-)einkommen steigen. Speziell das Nettoeinkommen (Bruttoeinkommen – Steuerzahlungen) der Steuerpflichtigen mit hohen Steuersätzen reduziert sich entsprechend.

Das Haushaltszehntel mit dem … Einkommen	verfügt gegenüber den Haushalten mit dem … Einkommen	über ein …. mal so hohes Markteinkommen		
		1993	1998	2003
zweithöchsten (9.)	zweitniedrigsten (2.)	19,47	24,47	26,80
zweithöchsten (9.)	mittleren (5.)	2,16	2,24	2,51
mittleren (5.)	zweitniedrigsten (2.)	9,00	10,94	10,66
		über ein … mal so hohes Nettoeinkommen		
zweithöchsten (9.)	zweitniedrigsten (2.)	2,69	2,79	2,63
zweithöchsten (9.)	mittleren (5.)	1,44	1,45	1,34
mittleren (5.)	zweitniedrigsten (2.)	1,86	1,92	1,96

Tabelle 2.14: Vergleich der Haushaltszehntel bezüglich Markteinkommen und Nettoeinkommen 1993–2003

Lesebeispiel: Das Zehntel der Haushalte mit dem zweithöchsten Einkommen erzielte im Jahr 2003 ein durchschnittliches Markteinkommen, das 27-mal (26,8) so hoch war wie das

68 in ähnlicher Form abgedruckt in o.V.: 10 Prozent zahlen 50 Prozent

der Haushalte mit dem zweitniedrigsten Einkommen. Beim Nettoeinkommen derselben Haushalte betrug der Abstand dagegen nur noch das 2,6-fache.[69]

In diesem Zusammenhang stellen sich Fragen:

- **Ab welcher Einkommenshöhe gilt ein Haushalt/eine Person als sozial schwach?**
- **Was ist Armut?**
- **Wie wird Armut berechnet?**[70]

In der Öffentlichkeit wird häufig angenommen, dass derjenige arm ist, der seine Grundbedürfnisse nach Nahrung, Kleidung und Wohnung nicht mehr befriedigen kann. Eine solche Person bzw. ein solcher Haushalt wird dann als sozial schwach angesehen. In der Politik allerdings wird die Problematik der Armut etwas anders betrachtet. Bei statistischen Berechnungen spielen sog. **„Verbrauchseinheiten"** und das **„Äquivalenzeinkommen"** eine wichtige Rolle.

> Definition Äquivalenzeinkommen:
>
> ➔ **Einkommenswert, der sich unter Berücksichtigung der Aspekte Gesamteinkommen des Haushalts, Anzahl und Alter der im Haushalt lebenden Personen ergibt, wobei bezüglich des Alters eine Gewichtung vorgenommen wird.**

Hierbei werden zwar konkrete Personen/Haushalte betrachtet, die in einem Haushalt leben, jedoch werden sie als Verbrauchseinheiten unterschiedlich gewichtet:

- die erste erwachsene Person in einem Haushalt erhält die Gewichtung 1,
- jede weitere Person über 15 Jahre erhält die Gewichtung 0,5,
- Kinder unter 15 Jahren erhalten die Gewichtung 0,3.

Hierdurch wird der Tatsache Rechnung getragen, dass sich die Pro-Kopf-Ausgaben für Miete, Heizung, Essenszubereitung mit steigender Zahl der Haushaltsmitglieder reduzieren und sich somit Einspareffekte ergeben.

> **Beispiel:**
>
> Günter Becker (37 Jahre alt, ledig) lebt als Single in einer Wohnung und hat ein Einkommen von 1.500,00 Euro im Monat.
>
> Familie Gruber (Hans, 43 Jahre und Ute, 41 Jahre) leben in einer Wohnung und haben eine 16-jährige Tochter (Jana). Das Haushaltseinkommen beträgt 3.100,00 Euro.
>
> Das Äquivalenzeinkommen wird wie folgt ermittelt:

[69] aus o. V. IWD Nr. 8/2009 Beilage,

[70] vgl. dazu auch Kapitel 7.2.1

Name	Haushaltseinkommen	Faktor	Äquivalenzeinkommen
Günter Becker	1.500,00 Euro	1,0	1.500,00 Euro
Familie Gruber	3.100,00 Euro	2,0*	1.550,00 Euro
* der erste Erwachsene Faktor 1, jede weitere Person über 15 Jahre Faktor 0,5 Somit ist Günter Becker statistisch gesehen ärmer als die Familie Gruber			

Definition Median:

➔ **Median (Zentralwert): Zur Ermittlung des mittleren Einkommens verwendete Meßgröße. Die Personen werden ihrem Äquivalenzeinkommen entsprechend aufsteigend sortiert. Der Einkommenswert der Person, die die Bevölkerung in genau zwei Hälften teilt ist der Median, das bedeutet, dass eine Hälfte mehr, die andere Hälfte weniger Einkommen zur Verfügung hat.**

In der nachfolgenden Tabelle ist das Äquivalenzeinkommen unterschiedlicher Bevölkerungsgruppen pro Monat ersichtlich.

Gegenstand der Nachweisung	Median-Äquivalenzeinkommen pro Monat	
	EUR	% des Gesamt-Median-Äquivalenzeinkommens
Insgesamt	1.521	100
Männer	1.561	102,6
im Alter von … bis … Jahren		
bis 17	1.430	94,0
18–24	1.547	101,7
25–49	1.674	110,1
50–64	1.713	112,6
65 und mehr	1.415	93,0
Frauen	1.488	97,8
im Alter von … bis … Jahren		
bis 17	1.431	94,1
18–24	1.391	91,5
25–49	1.613	106,0
50–64	1.594	104,8
65 und mehr	1.327	87,2

Gegenstand der Nachweisung	Median-Äquivalenzeinkommen pro Monat	
	EUR	% des Gesamt-Median-Äquivalenzeinkommens
Personen in Haushalten mit Kind(ern)*	1.505	98,9
Alleinerziehende	1.036	68,1
zwei Erwachsene mit 1 Kind	1.702	111,9
mit 2 Kindern	1.582	104,0
mit 3 und mehr Kindern	1.337	87,9
Höchster Schulabschluss (Personen ab 18 Jahren)		
Vorschule, Grundschule und Sekundarstufe I	1.283	84,4
Sekundarstufe II und Post-Sekundarstufe	1.498	98,5
Tertiärbereich	1.888	124,1
Überwiegender Erwerbsstatus im Vorjahr (Personen ab 18 Jahren)		
erwerbstätig	1.724	113,3
arbeitslos	833	54,8

* Kind(er) bis 18 Jahre. Eine Person zwischen 18 und 24 Jahre zählt dann als Kind, wenn sie nicht erwerbstätig oder arbeitsuchend ist und mit mindestens einem Elternteil zusammenlebt.

Tabelle 2.15 Median-Äquivalenzeinkommen pro Monat für ausgewählte Bevölkerungsgruppen 2007[71, 72]

2.7 Umweltschutz

2.7.1 Beschreibung

Die **qualitative Fragestellung** ergibt sich aus der Tatsache, dass für die Menschen die Umwelt als Lebensgrundlage unverzichtbar ist. Auch im Wirtschaftsprozess spielt sie eine wichtige Rolle. Die Umwelt liefert einerseits notwendige Ressourcen (Inputlieferant), andererseits nimmt sie Abfallprodukte des Wirtschaftsprozesses auf (Outputempfänger).

Diese Prozesse dienen der Befriedigung der Bedürfnisse der heutigen Generationen, sie sollten aber **nicht die Möglichkeiten zukünftiger Generationen einschränken**. Dafür ist eine **Konstanz des natürlichen Kapitalstocks** erforderlich.

71 Statistisches Jahrbuch 2010, S. 558, Hrsg. Statistisches Bundesamt

72 Ergebnis aus LEBEN IN EUROPA (EU-SILC) 2008

Die Beachtung der Möglichkeiten zukünftiger Generationen verweist auf die Notwendigkeit langfristig zu denken. Die Wichtigkeit des Umweltschutzes wird auch dadurch deutlich, dass er im Art 20a des Grundgesetzes niedergelegt ist.

> „Der Staat schützt auch in Verantwortung für die künftigen Generationen die natürlichen Lebensgrundlagen und die Tiere im Rahmen der verfassungsmäßigen Ordnung durch die Gesetzgebung und nach Maßgabe von Gesetz und Recht durch die vollziehende Gewalt und die Rechtsprechung".

Konsequenz dieser Überlegungen ist, dass dieses Ziel berechtigterweise angestrebt wird.

2.7.2 Indikator und Kritik

Bei der **quantitativen Fragestellung** stellt sich die Frage, inwiefern das komplexe Geflecht zwischen Wirtschaftsprozessen und **Umweltnutzungen/-belastungen** in Zahlen zu erfassen ist.

Das Statistische Bundesamt hat für die Bundesrepublik Deutschland **Umweltökonomische Gesamtrechnungen (UGRs)** entwickelt. Sie sind am Ziel der Nachhaltigkeit im Sinne einer dauerhaft umweltgerechten Entwicklung und Erhaltung des natürlichen Kapitalstocks und der – möglichst umfassenden – Vermeidung neuer Umweltschädigungen ausgerichtet. Die UGRs stellen unfangreiches statistisches Informationsmaterial zu den Wechselwirkungen zwischen Wirtschaft und Umwelt zur Verfügung. Sie bieten die Datengrundlage, um die Nachhaltigkeit des Wirtschaftens zu überprüfen.

> Definition Umweltökonomische Gesamtrechnungen:
>
> ➔ **Sie beschreiben die Wechselwirkungen zwischen Umwelt und Wirtschaft. Hierbei wird der in Geldwert gemessene Begriff des Kapitelvermögens erweitert um das Naturvermögen, dieser wird allerdings nur in physischen Größen gemessen.**

Die Wechselbeziehungen zwischen Wirtschaft und Umwelt beziehen sich auf drei Formen:

- **Umweltbelastungen (in physischen Materialströmen):**

  Welche wirtschaftlichen Aktivitäten verursachen welche Belastungen der Umwelt? (pro Jahr emittierte Schadstoffe, pro Jahr entnommene Rohstoffe)

  Welche Rohstoffe werden für die Produktion aus der Umwelt entnommen? (Energieträger, Wasser, sonstige Rohstoffe, usw.)

  Wie wird die Umwelt durch die Abgabe nicht verwertbarer Reste in Anspruch genommen? (z. B. Luftemissionen, Abfälle, Abwässer)

- **Umweltzustand (in physischen Einheiten):**

  Wie verändert sich der Umweltzustand ? (z. B. wie viel Bodenfläche wird für Siedlungszwecke beansprucht)

- **Umweltschutzmaßnahmen (in monetären Größen):**

  Welche umweltbezogenen Steuern erhebt der Staat? (z. B. Mineralölsteuer, Kraftfahrzeugsteuer)

  Welche Investitionen in Umweltschutzmaßnahmen werden getätigt? (z. B. vom Produzierenden Gewerbe)

Dieses komplexe Geflecht zu beschreiben ist das Ziel der UGRs.

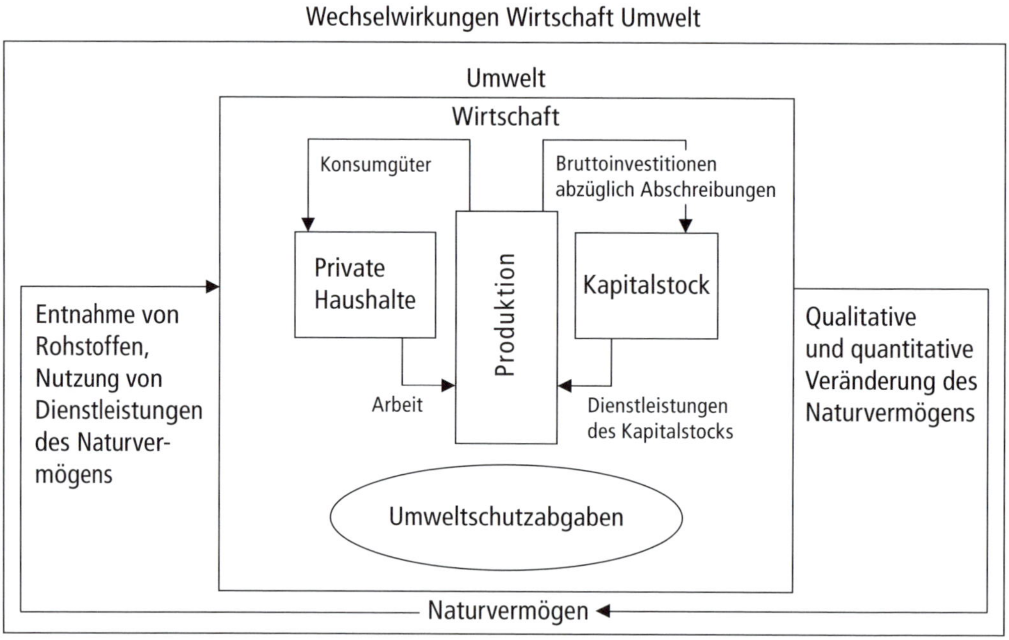

Schaubild 2.5: Wechselwirkungen Wirtschaft Umwelt[73]

Ein weiteres wesentliches Anliegen der UGRs ist, eine Kompatibilität zwischen dem System der Volkswirtschaftlichen Gesamtrechnung (VGR[74]) und den Umweltökonomischen Gesamtrechnungen herzustellen. Diese Kompatibilität wird dadurch sichtbar, dass in den UGRs die in der VGR verwendeten Wirtschaftsklassifikationen, Definitionen, Abgrenzungen und Gliederungen verwendet werden. Somit werden sowohl Ergebnisse der UGR

[73] o. V. Umweltökonomische Gesamtrechnungen (UGRs) Nov. 2010, S. 2

[74] vgl. Kapitel 1

untereinander als auch mit den identisch gegliederten VGR-Daten verknüpfbar und eine gemeinsame Analyse ermöglicht.

Kompatibilität: Vereinbarkeit

„Die Kompatibilität mit der VGR gestattet es zum Beispiel, die zumeist in physischen Einheiten (z. B. in Tonnen) dargestellten Umweltgrößen zu den ökonomischen Kennziffern (in Euro) in Beziehung zu setzen. Besonders bedeutsam sind hier Daten zur Effizienz der Umweltnutzung, die als rechnerische Verhältniszahl der jeweils interessierenden Größen (z. B. Rohstoffverbrauch) zur Bruttowertschöpfung (BWS) oder zum Bruttoinlandsprodukt (BIP) ausgedrückt werden. (...) Da die UGR und die VGR zwei Dimensionen **nachhaltiger Entwicklung – Wirtschaft und Umwelt** – mit ihren Wechselwirkungen beschreiben, bilden sie eine wertvolle und wichtige Datengrundlage auch für die politische Diskussion um **nachhaltige Entwicklung**".[75]

2.7.3 Empirischer Befund: Umweltschutz

Generell ist beim empirischen Befund zum Umweltschutz eine sehr langfristige Betrachtung der Veränderungen wichtig.

Werden die o. g. Formen und Fragen als Grundlage genommen, so ergibt sich ein sehr differenziertes Bild, das nur ansatzweise in den nachfolgenden Tabellen dargestellt werden kann.

Umweltbelastungen[76]

Wie wird die Umwelt durch die Abgabe nicht verwertbarer Reste in Anspruch genommen? (z. B. Luftemissionen, Abfälle, Abwässer)

Abfälle der privaten Haushalte je Einwohner in kg						
2003	2004	2005	2006	2007	2008	2009
451	456	452	454	454	448	455
Davon waren 143 kg Wertstoffe, 199 kg Haus- und Sperrmüll, 111 kg, Bioabfälle, 2 kg sonstige Abfälle (2009). Quelle: Statistische Bundesamt						

Tabelle 2.16: Abfälle der privaten Haushalte je Einwohner in kg

[75] o. V. Umweltökonomische Gesamtrechnungen, S. 3, Hervorhebungen im Original

[76] vgl. dazu auch Diefenbacher/Zieschenk, speziell die dort aufgeführten Variablen 11–19

Welche Rohstoffe werden für die Produktion aus der Umwelt entnommen? (Energieträger, Wasser, sonstige Rohstoffe, usw.)

Primärenergieverbrauch im Jahre 2010, insgesamt 478,2 Mio. t Steinkohleeinheiten	
Davon in %	
Mineralöl	33,7
Erdgas	21,7
Steinkohle	12,1
Braunkohle	10,8
Kernenergie	10,8
Erneuerbare Energien	9,4
Sonstige, einschl. Strom-Außenhandel	1,5
Quelle: Arbeitsgemeinschaft Energiebilanzen	

Tabelle 2.17: Primärenergieverbrauch

Umweltzustand
Wie verändert sich der Umweltzustand?

Schaubild[77] 2.6: Veränderung der Umweltnutzung für wirtschaftliche Zwecke zwischen 1991 und 2003 in %

Umweltschutzmaßnahmen	
Welche umweltbezogenen Steuern erhebt der Staat?	Welche Investitionen in Umweltschutzmaßnahmen werden getätigt? (z. B. vom Produzierenden Gewerbe)

[77] www.destatis/de/basis/d/um/ugrtxt.php

Aufkommen an Umweltsteuer in Milliarden EUR									
2000	2001	2002	2003	2004	2005	2006	2007	2008	2009
48,2	53,4	54,9	57,1	56,1	55,2	55,1	54,2	54,45	54,3
Insgesamt beträgt der Anteil der Umweltsteuern an den gesamten Steuereinnahmen 10,4%. Quelle: Statistisches Bundesamt									

Tabelle 2.18: Aufkommen an Umweltsteuer

Jährliche Investitionen des produzierenden Gewerbes* für den Umweltschutz Verteilung auf die Industriezweige im Mio. EUR	
Chemie	293,5
Auto	197,8
Metallerzeugung	126,7
Mineralölverarbeitung, Kokerei	116,9
Lebensmittel	114,0
Glas, Keramik	68,1
Gewinnung von Eröl und Erdgas	54,2
Papier	46,3
Maschinenbau	38,6
Metallerzeugnisse	36,6
sonstige	147,7
* ohne Bergbau, Energie und Wasserwirtschaft Quelle: Statistisches Bundesamt (Stand 2005)	

Tabelle 2.19: Investitionen in den Umweltschutz

Die nachfolgende Tabelle gibt einen Eindruck, dass Wachstum auch weniger umweltbelastend möglich ist.

Trotz Wachstum besser geschützt:

Treibhausgasemissionen und Reales Bruttoinlandsprodukt		
Jahr	Treibhausgasemissionen	Reales Bruttoinlandsprodukt
2000	100,0	100,0
2001	101,6	101,2
2002	99,6	101,2
2003	99,0	101,0

Treibhausgasemissionen und Reales Bruttoinlandsprodukt		
Jahr	Treibhausgasemissionen	Reales Bruttoinlandsprodukt
2004	97,7	102,2
2005	95,4	103,0
2006	96,0	106,3
2007	93,5	108,9
2008	93,6	110,3
2009	85,7	104,8
Quelle: iwd, 25.Nov. 2010, Nr. 47, S. 1		

Tabelle 2.20: Treibhausgasemissionen und Reales Bruttoinlandsprodukt

2.8 Zusammenfassung

<table>
<tr><th colspan="13">Gesellschaftliche Grundwerte und gesamtwirtschaftliche Zielsetzungen</th></tr>
<tr><td>Gesellschaftliche Grundwerte</td><td colspan="3">Freiheit</td><td colspan="3">Gerechtigkeit</td><td colspan="3">Sicherheit</td><td colspan="3">Umweltschutz</td></tr>
<tr><td rowspan="12">gesamtwirtschaftliche Zielsetzungen mit einer qualitativen, quantitativen und normativen Fragestellung</td><td colspan="12">stetiges und angemessenes Wirtschaftswachstum</td></tr>
<tr><td colspan="4">Beschreibung</td><td colspan="4">Indikator und Kritik</td><td colspan="4">empirischer Befund</td></tr>
<tr><td colspan="12">Stabilität des Preisniveaus</td></tr>
<tr><td colspan="4">Beschreibung</td><td colspan="4">Indikator und Kritik</td><td colspan="4">empirischer Befund</td></tr>
<tr><td colspan="12">Hoher Beschäftigungsstand</td></tr>
<tr><td colspan="4">Beschreibung</td><td colspan="4">Indikator und Kritik</td><td colspan="4">empirischer Befund</td></tr>
<tr><td colspan="12">Außenwirtschaftliches Gleichgewicht</td></tr>
<tr><td colspan="4">Beschreibung</td><td colspan="4">Indikator und Kritik</td><td colspan="4">empirischer Befund</td></tr>
<tr><td colspan="12">Gerechte Einkommens- und Vermögensverteilung</td></tr>
<tr><td colspan="4">Beschreibung</td><td colspan="4">Indikator und Kritik</td><td colspan="4">empirischer Befund</td></tr>
<tr><td colspan="12">Umweltschutz</td></tr>
<tr><td colspan="4">Beschreibung</td><td colspan="4">Indikator und Kritik</td><td colspan="4">empirischer Befund</td></tr>
</table>

2.9 Kontrollaufgaben

Teil A[80]

1.
Welche der aufgeführten Berechnungen ist für die Berechnung des Preisindex (VPI) korrekt?

a	$\frac{\sum Pi^{Berichtsjahr} * xi^{Basisjahr}}{\sum Pi^{Basisjahr} * xi^{Basisjahr}} \times 100$
b	$\frac{\sum Pi^{Berichtsjahr} * xi^{Berichtsjahr}}{\sum Pi^{Basisjahr} * xi^{Berichtsjahr}} \times 100$
c	$\frac{\sum Pi^{Berichtsjahr} * xi^{Basisjahr}}{\sum Pi^{Berichtsjahr} * xi^{Basisjahr}} \times 100$
d	$\frac{\sum Pi^{Basisjahr} * xi^{Basisjahr}}{\sum Pi^{Basisjahr} * xi^{Berichtsjahr}} \times 100$

2.
In einem Land mit 43.450.200 zivilen Erwerbspersonen beträgt die Arbeitslosenquote 9,67 %. Wie hoch ist die Zahl der Arbeitslosen absolut.

a	4.109.202
b	4.721.120
c	4.302.525
d	4.201.634

3.
Ein Land importiert Waren im Wert von 85 Mrd. EUR und exportiert Waren im Wert von 125 Mrd. EUR. Wie hoch ist der Außenbeitrag des Landes?

a	+ 40 Mrd. EUR
b	+ 210 Mrd. EUR

[78] Es ist jeweils nur eine Lösung richtig.

c	– 40 Mrd. EUR
d	keine Angabe ist richtig

4.
In einem Land hat sich während der letzten 15 Jahre der Gini-Koeffizient von 0,35 auf 0,32 verändert. Diese Entwicklung zeigt an:

a	Im Land ist die Verteilung ungerechter geworden.
b	Im Land ist die Verteilung gerechter geworden.
c	Die Veränderung ist zu gering, ein Aussage kann nicht getroffen werden.
d	Im Land ist die Verteilung gleich geblieben.

5.
Der „Index der wahrgenommenen Inflation" (IWI)

a	versucht ein Auseinanderklaffen von „gefühlter" und „gemessener" Inflation zu erklären und zu verdeutlichen.
b	wird nur in den USA berechnet.
c	ist wenig sinnvoll, da im VPI ein hinreichend genauer Indikator zur Verfügung steht.
d	soll in den nächsten Jahren eingeführt werden.

Teil B

1.
Im Schaubild 2.1 wird das BIP als Wohlstandsmaßsab kritisiert.

a) Nennen und erläutern Sie zwei Beispiele für wohlstandsmindernde Aspekte, die positiv in das BIP eingehen.

b) Finden Sie acht konkrete Beispiele für Hausarbeit, die nicht als wertschöpfende Vorgänge in der Berechnung des Inlandsprodukts berücksichtigt werden.

c) Eine Kommune steht vor dem Problem, die vorhandenen Gelder entweder für die Reparatur einer viel befahrenen innerstädtischen Straße aufzuweden oder sie für die Sanierung zweier städtischer Kindergärten zu verwenden. Wie würden Sie als Kommunalpolitiker/-in entscheiden?

Begründen Sie ihre Auffassung

2.

a) Ermitteln Sie anhand der folgenden Angaben die Preissteigerungsrate gegenüber dem Vorjahr. Bitte runden Sie auf zwei Stellen hinter dem Komma auf bzw. ab.

2005	100,0 %
2006	103,3 %
2007	104,3 %
2008	106,1 %
2009	108,2 %

b)

Angenommen, ein Warenkorb enthält nur die folgenden fünf Güter (mit den folgenden Preisen im Basisjahr und Berichtsjahr).

Gut	Preis je kg in EURO im Basisjahr	Preise je kg in EURO im Berichtsjahr	Wägungsanteile		
A	3,20	3,50	2		
B	4,90	5,10	4		
C	39,40	40,60	0,5		
D	120,80	140,80	0,5		
E	92,20	89,10	3		

b1 Ermitteln Sie die Preissteigerungsrate in v. H.

b2 Im Rahmen der Berechnungen für einen neuen Warenkorb wird festgestellt, dass in der Bevölkerung das Gut A bei der Nachfrage an Bedeutung verloren hat. Wie müßten die in der Übersicht (siehe oben) aufgeführten Daten entsprechend der neuen Erkenntnisse verändert werden?

3.

Ermitteln Sie anhand der folgenden Angaben (die Zahlen wurden willkürlich gewählt)

a) die Arbeitslosenquote

b) die Erwerbslosenquote

Zahl der Arbeitslosen: 3.200.00	Zahl der Erwerbspersonen 41.100.000
Zahl der Erwerbslosen: 5.300.000	Zahl der Erwerbstätigen: 35.800.000

c) Nehmen Sie Stellung zu den Aussagen des folgenden Textes.

„Wenn der Beruf das Leben nicht wirklich inspiriert, dann kann das Leben nur gelingen, wenn es selbst zum Beruf wird (...) In diesem Sinne begreift der Taxifahrer, der nebenbei noch einen Kurierjob ausübt, diese Beschäftigungen als Mittel zum Zweck des Lebens nach der Arbeit, das der „Bewußtseinserweiterung" gewidmet ist. Eine promovierte Literaturwissenschaftlerin, die den akademischen Anschluss verpasst hat, bringt den Einstellungswandel auf den durchaus noch schmerzlichen Punkt: „Ein Modell, was ich vorher überhaupt nicht dachte, aber was in den letzten eineinhalb Jahren fast auch näher gekommen ist, dass ich denke, vielleicht geht das Leben auch so, dass man einen Brotjob hat und versucht, den möglichst zu reduzieren, aber davon eben lebt, und man dann versucht, in der Zeit, die man sonst hat, die Dinge zu machen, die einem eigentlich wichtig sind. Und ich kenne immer mehr Leute übrigens, die so arbeiten. Das ist vielleicht auch ein Modell" Das Leiden wendet sich, zumindest hier, zu neuem Mut.

Quelle: Wolfgang Engler, „Für alle reicht es nicht", Die Zeit, Literaturbeilage, Nov. 2005, S. 37–38. Das Zitat im Text stammt aus dem Buch: Gesellschaft mit begrenzter Haftung (Hrsg. Franz Schultheis/Kristina Schulz, Konstanz 2005)

4.
Erstellen Sie jeweils zu a und b eine Lorenzkurve (analog zur Abbildung 2.1) mit den folgenden Angaben:

a) 50 % der Einkommensbezieher erhalten 15 % des Einkommens
   90 % der Einkommensbezieher erhalten 55 % des Einkommens

b) 50 % der Einkommensbezieher erhalten 25 % des Einkommens
   95 % der Einkommensbezieher erhalten 75 % des Einkommens

c) Ermitteln Sie zu a und b den Gini-Koeffizienten.

5.
Formulieren Sie ein (realitätsnahes und nachvollziehbares) Beispiel, das sich einerseits positiv auf die wirtschaftspolischen Ziele „hoher Beschäftigungsstand" und „stetiges und angemessenes Wirtschaftswachstum", sich aber andererseits negativ auf das gesellschaftspolitische Ziel „Freiheit" auswirkt.

6.
Diskutieren Sie den im Artikel beschriebenen Sachverhalt unter den gesellschaftspolitischen Zielen „Gerechtigkeit" und Freiheit", sowie unter dem wirtschaftspolitischen Ziel „hoher Beschäftigungsstand". „Im Norden von Wilhelmshaven, wo die Müllautos parken und die Abfallentsorgung der Stadt organisiert wird, kann man die Ungerechtigkeit an der Farbe erkennen. Jeden Morgen zwischen sechs und halb sieben beginnt hier der Dienst für ein paar Dutzend Müllmänner. Einige steigen im grünen Anzug auf, andere tragen Orange. Kenner sehen daran auf den ersten Blick, wie viel der Kollege verdient, wie sehr er sich beim Tonnentragen beeilen muss und wie viel Urlaub er hat. Es gibt hier nämlich Müllmänner erster und zweiter Klasse: Orange tragen die Angestellten der Stadt. Grün

ist für die Mitarbeiter eines vor drei Jahren gegründeten Tochterunternehmens reserviert. Die Wilhelmshavener Entsorgungsbetriebe leeren die grauen Tonnen mit dem normalen Hausmüll und zahlen ihren Mitarbeitern dafür 14 EUR pro Stunde. Die Kollegen von der Wilhelmshavener Entsorgungs- und Logistik GmbH bekommen 10,50 EUR. Die einen können auch mal verschnaufen, die anderen müssen mehr Müll pro Stunde transportieren und „schaffen das fast nur im Dauerlauf“, wie der ver.di Gewerkschafter Detlef Schue klagt“.

Quelle: Der Deutsche Widerspruch (Auszug) von Marc Brost und Elisabeth Niejahr, Die Zeit, 03. Mai, 2005 Nr. 19, S. 25

7.
Lesen Sie den Artikel „Ein Land im Butterschock“ von Thomas Fischermann (Die Zeit, Nr. 51, 13. Dez. 2007) und finden Sie darin Argumente für die sog. „gefühlte Inflation“.

8.
Im Auftrag der Bertelsmann-Stiftung, der Heinz-Nixdorf Stiftung und der Ludwig-Erhard-Stiftung führte das Institut für Demoskopie Allensbach eine repräsentative Umfrage zum Thema „Verteilungsgerechtigkeit“ mit dem folgenden Ergebnis durch.

Das sollte der Staat vorrangig für mehr Verteilungsgerechtigkeit tun (Mehrfachnennungen waren möglich):

Verringerung der Kinderarmut	74 Prozent
Geringverdiener steuerlich stärker entlasten	72 Prozent
Mindesteinkommen sicherstellen	69 Prozent
Steuerschlupflöcher abschaffen	67 Prozent
Unternehmensgewinn stärker besteuern	37 Prozent
Vermögenssteuer einführen	35 Prozent
Mehr Geld für Hartz IV-Empfänger	28 Prozent
Spitzensteuersatz erhöhen	26 Prozent

Quelle: Auszug aus Frankfurter Allgemeine Zeitung, 11. Dez. 2007, S. 15

Inwiefern decken sich die Ergebnisse der Umfrage mit Ihren eigenen Auffassungen?

9.
Im Schaubild 2.6 ist ersichtlich, dass sich der Wasserverbrauch zwischen den Jahren 1991 und 2003 um 14,3 % reduziert hat. Überlegen Sie, welche Ursachen es dafür geben könnte. Beachten Sie bei Ihren Überlegungen den Bereich der Privaten Haushalt und den Bereich der Unternehmen.

2.10 Literatur

2.10.1 Zitierte und grundlegende Literatur zum Kapitel 2

Bartsch, Bertram Was kostet eine Küste, McK, Wissen Nr. 18, S. 86 ff	Darstellung von Berechnungsmöglichkeiten für etwas, das normalerweise keinen Preis hat (z. B. eine Küste) und nicht gekauft oder verkauft werden kann. Beschrieben wird u. a. das Tankerunglück der Exxon-Valdez vor Alaska und seine wirtschaftliche und versicherungsrechtliche Aufarbeitung.
Bechtold, Sabine; Eibel, Günter Messung der wahrgenommenen Inflation in Deutschland, Die Ermittlung der Kaufhäufigkeiten durch das Statistische Bundesamt, Wirtschaft und Statistik 9/2005, Hrsg. Statistisches Bundesamt, S. 989–998	Umfassende Darstellung der wahrgenommenen Inflation und der Ermittlung der Kaufhäufigkeiten, leicht lesbar.
Borscheid, Peter Das Tempo-Virus, Frankfurt/New York 2004	Umfassende Darstellung, wie die Beschleunigung unser tägliches Leben beeinflusst.
Brachinger. Wolfgang Der Euro als Teuro? Die wahrgenommene Inflation in Deutschland, Wirtschaft und Statistik 9/2005, Hrsg. Statistisches Bundesamt, S. 999–1013	Umfassende Darstellung des Konzepts der wahrgenommenen Inflation, mit vielen Grafiken und Formeln, z. T. sehr mathematisch.
Brost, Marc; Uchatius, Wolfgang, Wie geht's uns denn heute, Die Zeit, 31.Dezember 2003, Nr. 2/2004, S. 20	Darstellung zahlreicher Indikatoren zur Messung des Bruttoinlandsprodukts, die nicht sofort ins Blickfeld der Betrachtung geraten.
Deckl, Silvia Indikatoren der Einkommensverteilung in Deutschland 2003, Wirtschaft und Statistik 11/2006, Hrsg. Statistisches Bundesamt, S. 1178 ff	Umfassende Beschreibung der Ergebnisse der Einkommens- und Verbrauchsstichprobe mit zahlreichen Schaubildern und Tabellen.
Deutscher Bundestag, Hrsg. Enquete-Kommission „Wachstum, Wohlstand, Lebensqualität – Wege zu nachhaltigem Wirtschaften und gesellschaftlichem Fortschritt", Drucksache 17/3990	Antrag der Fraktion DIE LINKE zur Einsetzung der Kommission, ermöglicht einen guten Einblick in die Thematik.

Diefenbacher, Hans; Zieschenk, Roland, Wohlfahrtsmessung in Deutschland, Ein Vorschlag für einen nationalen Wohlfahrtsindex, Hrsg. Umweltbundesamt 2010	Zunächst wird ein Überblick über die unterschiedlichsten Vorschläge und Versuche in verschiedenen Ländern gegeben, die zur Verbesserung der Wohlfahrtsmessung führen sollen. Daran schließt sich eine umfassende Darstellung von insgesamt 21 Variablen an, die für eine Wohlfahrtsmessung in Deutschland herangezogen werden könn(t)en. Zu jeder Variablen werden eine Definition gegeben, Anmerkungen zur Datenlage/zu Datenquellen gemacht, die Berechnungsgrundlage und methodische Probleme erläutert, eine Interpretation gegeben sowie Verlauf und Ziele beschrieben.
Ebert, Thomas Soziale Gerechtigkeit, Hrsg. Bundeszentrale für pol. Bildung, Bonn 2010	Das Buch bietet sowohl eine gute systmatisch-strukturierte als auch objektiv-wissenschaftliche Einführung in die Thematik. Die Mehrdimensionalität des Themas Gerechtigkeit wird unter den Aspekten Idee, Geschichte, Perspektiven und Kontroversen umfassend beleuchtet.
Egner, Ute Umstellung des Verbraucherpreisindex auf Basis 2000, Wirtschaft und Statistik 5/2003, Hrsg. Statistisches Bundesamt, S. 423–432	Gut lesbare Darstellung der wichtigsten Änderungen, abgedruckt ist hier ebenfalls der gesamte Warenkorb mit den einzelnen Wägungsanteilen.
Fischermann, Thomas Die vielen Wahrheiten der Statistiker, Die Zeit, Nr. 42, 07. Oktober 2004, S. 27	Darstellung unterschiedlicher statistischer Ansätze in den USA und der Bundesrepublik mit den sich daraus ergebenden Konsequenzen.
Glastetter, Werner Konjunktur- und Wachstumspolitik Mannheim 1993	Gut lesbares Buch zur Einführung in die Thematik Konjunktur und Wachstum, kommt ganz ohne Formeln aus.
Grohmann, Heinz Statistik als Instrument der empirischen Wirtschafts- und Sozialwissenschaft, Jahrbücher für Nationalökonomie und Statistik, 2000, Band 220/6, S. 669–688	Umfassende und ins Detail gehende Beschreibung der „Ideengeschichte der Frankfurter Schule der sozialwissenschaftlichen Statistik" wobei besonders auf den Aspekt einer „kritischen und problembewußten Interpretation der Ergebnisse mit dem Ziel, sie zur empirischen Fundierung von Theorien oder wirtschaftlich- und sozialpolitischen Entscheidungen sinnvoll nutzen zu können" Wert gelegt wird.
Hartmann, Michael Umfassende Arbeitsmarktstatistik: Arbeitslosigkeit und Unterbeschäftigung, Hrsg. Bundesagentur für Arbeit, 2009	Sehr ins Detail gehende Beschreibung der Arbeitsmarktstatistik (Arbeitslosigkeit und Unterbeschäftigung) mit zahlreichen Tabellen und Grafiken sowie gesetzlichen Verweisen.
Heinemann, Friedrich, Der beste Kompaß für die Wirtschaftspolitik, Frankfurter Allgemeine Zeitung, 11. August 2004	Plädoyer des Verfassers zur Beibehaltung des BIP als Maß zur Messung der gesamtwirtschaftlichen Wohlfahrt.

Herz, Wilfried Was fehlt in Bruttoinlandsprodukt, Die Zeit, Nr. 6, 1. Februar 2006	Kritische Auseinandersetzung über den Grad der Exaktheit des BIP.
Jackson, Tim Wohlstand ohne Wachstum, München 2011 Die englische Fassung: Prosperity without growth, auch im internet verfügbar	Das Buch beschreibt die Folgen des Wirtschaftens wie bisher; mit viel Ressourcenverbrauch, ständiger Steigerung des materiellen Konsums und enormem Schuldenaufbau. Die Folgen sind u. a. eine „soziale Rezession" mit hoher Arbeitslosigkeit. Deshalb wird eine andere, sinnvollere Definition von Wohlstand gefordert. Die Argumente für eine „ökologische Makroökonomie und eine kulturelle Wende im Konsumverhalten der Menschen" werden umfassend dargestellt.
Kaiser, Tobias Rot-weiß-blaues Zahlenwunder, Die Zeit, Nr. 7, 5. Februar 2003, S. 23	Darstellung der unterschiedlichen Berechnungsmethoden zum BIP- Wachstum und zur Arbeitslosenstatistik in der Bundesrepublik und den USA mit den sich daraus ergebenden Konsequenzen.
Krämer, Walter So lügt man mit Statistik, München, Zürich 2011	Quasi eine Art Standartwerk der Statistikkritik. Die Inhalte sollten bei jeder Analyse einer Grafik oder Statistik mit beachtet werden.
Krohn, Philipp, Die Zweifel am Wachstum wachsen, Frankfurter Allgemeine Zeitung, 7. Juni 2010, S. 12	Darstellung der Zweifel am Wachstum, wie es z.Zt. gemessen wird. Dabei werden sowohl historische Perspektiven beleuchtet als auch aktuelle parteipolitische Aspekte. Im Artikel finden sich auch zahlreiche weitere interessante Literaturhinweise.
Leicht, Robert, Gerechtigkeit: Was eigentlich ist gerecht? Die Zeit, 29. Juli 1999, S. 5	Darstellung des Sachverhalts: „Wir wissen, dass wir in einer Gesellschaft leben wollen, in der es gerecht zugeht – aber ebenso genau wissen, wie eine gerechte Gesellschaft aussieht, das können wir nicht". Am Beispiel wie Kindergeld und Erbschaftsteuer erläutert der Autor die komplexen Argumentationsketten der scheinbar so elementaren Forderung nach „Gerechtigkeit". Darüber hinaus werden sowohl rechtsphilosophische Aspekte als auch spieltheoretische Ansätze referiert.
Leipert, Christian Umwelt und Volkswirtschaftliche Gesamtrechnung, Einleitung, in: Leipert, C.; Zieschank, R. (Hrsg.) Perspektiven der Wirtschafts- und Umweltberichterstattung, Berlin 1989, S. 169–175	In diesen einleitende Bemerkungen zu einem Tagungsbericht referiert der Autor Ergebnisse verschiedener Forschungsvorhaben zur Umweltberichterstattung bis Mitte/Ende der 1980er Jahre. Dadurch wird auch eine Möglichkeit eröffnet, Fortschritte und weiterhin offene Fragen seit der damaligen Zeit zu identifizieren.
Linz, Stefan; Dexheimer, Verena Dezentrale hedonische Indizes in der Preisstatistik, Wirtschaft und Statistik 3/2005, Hrsg. Statistisches Bundesamt, S. 249–252	Beschreibung der Vorgehensweise der Datenerhebung und der Indexberechnung hedonischer Indizes am Beispiel der Produkte Waschmaschine und Fernseher.

Linz, Stefan; Eckert, Gudrun Zur Einführung hedonischer Methoden in die Preisstatistik, Wirtschaft und Statistik 10/2002, Hrsg. Statistisches Bundeamt, S. 857–860	Umfassende Darstellung der hedonischen Methode der Preisstatistik.
o.V. 10 Prozent zahlen 50 Prozent, Frankfurter Allgemeine Zeitung, 11. Oktober 2007, S. 13	Darstellung (Grafik), dass den größten Teil der Einkommensteuerlast die Besserverdienenden tragen.
o.V. Arm und Reich, iwd Nr. 8/2009, Beilage Wirtschaft und Unterricht	Recht gute Darstellung der Thematik „Ungerechte Verteilung?", wenn auch ein wenig arbeitgeberlastig.
o.V. Die Krise und das Klima iwd Nr. 47, 25. November 2010	Kurze Übersicht über die Entwicklung der Treibhausemissionen und des realen Bruttonlandsprodukts und deren gegenseitige Abhängigkeiten.
o.V. Glücks-BIP, Human Development Index, iw-Dienst 3. März 2011	Kleine Übersicht über die beiden Alternativen zur Wohlstandsmessung.
o.V. Streit über die wahren Kosten des Verkehrs, Frankfurter Allgemeine Zeitung, 29. April 2008, S. 28	Darstellung der Bemühungen, die externen Kosten des Personen- und Güterverkehrs auf der Straße und anderen Verkehrswegen zu „internalisieren". Dabei wird auch auf die Bemühungen der EU-Kommission zu diesem Themenkomplex eingegangen.
o.V. Nachhaltige Entwicklung in Deutschland, Indikatorenbericht 2010, Hrsg. Statistisches Bundesamt	Ausführliche Beschreibung der insgesamt 21 Indikatoren zur Generationengerechtigkeit, Lebensqualität und sozialem Zusammenhang, auch in ihrer historischen Entwicklung seit 1999.
o.V. Umweltökonomische Gesamtrechnungen (UGR), Hrsg. Statistisches Bundesamt, Nov. 2010	Umfassende Darstellung der Umweltökonomischen Gesamtrechnungen mit ihren verschiedenen Modulen und der Diskussion einzelner Indikatoren.
o.V. Wägungsschema Verbraucherpreisindex für Deutschland 2005 = 100, Hrsg. Statistisches Bundesamt, Juli 2010	Darstellung des gesamten Warenkorbes (Basis 2005) mit seinen Wägungsanteilen.
Plickert, Philip Das BIP als fragwürdige Größe, Frankfurter Allgemeine Zeitung, 28. September 2009, S. 12	Kurze Beschreibung der kritischen Einwände gegen das BIP als Wohlstandsmaßstab, und warum es wichtige Dimension des Wohlergehens ignoriert.
Rengers, Martina Unterbeschäftigung als Teil des Labour-Force-Konzeptes, Wirtschaft und Statistik 3/2006, Hrsg. Statistisches Bundesamt, S. 238–256	Umfassende und detaillierte Beschreibung des Konzepts der Unterbeschäftigung.

Rengers, Martina Unterbeschäftigung und Teilzeitbeschäftigung im Jahr 2008, Wirtschaft und Statistik 9/2009, Hrsg. Statistisches Bundesamt, S. 886–907	Detaillierte Beschreibung und Analyse aufgrund des Mikrozensus/der EU-Arbeitskräfteerhebung 2008. Der Beitrag enthält zahlreiche Schaubilder und Tabellen und ermöglicht einen tiefen Einblick in die Thematik Unterbeschäftigung und (freiwillige und unfreiwillige) Teilzeitbeschäftigung.
Schneider, Friedrich, Shadow Economies of 145 Countries all over the World, Mimeo, March/ 2005	Umfassende Darstellung der Entwicklung und des Umfangs von Schwarzarbeit in zahlreichen Ländern, mit großem methodischen und mathematischen Teil (für Interessierte).
Schröder, Klaus Zum Begriff und Bedeutung Sozialer Gerechtigkeit, Tagungsbericht Stiftung Marktwirtschaft „Was ist Sozial?" (8. November 2007), S. 13	In seinem Referat vergleicht der Autor die Wahrnehmungen verschiedener Aspekte sozialer Gerechtigkeit – u. a. Verteilungsrerechtigkeit, Markteinkommen und Umverteilung, Armut und Freiheit-Gleicheit – zwischen Ost- und Westdeutschland. Das Referat enthält auch zalreiche Grafiken und Tabellen.
Theiler, Walter Grundlagen der VWL: Mikroökonomie, Konstanz 2011	Lehrbuch, vergleiche zum diesem Kapitel die Kapitel 2 und 8.
Tönnesmann, Jens Das ewige Rätsel, Handelsblatt 2.Juni 2008, S. 12	Der Artikel behandelt die einfache Frage, warum Arme arm und Reiche reich sind. Der Autor gibt einen Überblick über die – kontroversen – Antworten, die im Verlauf der Jahrzehnte von Ökonomen gegeben worden sind.
Uchatius, Wolfgang, Wir könnten auch anders, Die Zeit, Nr. 22, 20. Mai 2009, S, 15 ff	Im Artikel wird das Verhältnis der Deutshen zu Wirtschaftswachstum und Glück/Zufriedenheit beschrieben. Einerseits wird betont, dass ein Weniger an materiellen Gütern nicht die Zufriedenheit schmälern würde, andererseits darauf hingewiesen, dass das weniger Arbeitsplätze bedeuten würde. Erforderlich wäre dann aber auch ein anderes Verständnis von Gesellschaft (Lohnarbeitsgesellschaft), letzlich aber auch eine andere Art von Kapitalismus und eine andere Art des Umgangs mit Geld und Schulden.
Weizsäcker, Carl Christian von Kein Wachstum, nur noch Glück, Frankfurter Allgemeine Zeitung, 21. Juni 2010 S. 10	Der Autor setzt sich kritisch mit der Forderung nach weniger Wachstum – und mehr Glück – auseinander. In diesem Zusammenhang geht er auf die Besteuerung und die Finanzierung des Staaes, sowie auf die Umverteilung durch den Staat ein. Letztlich fordert er eine Entkopplung von wachsendem Sozialprodukt und dem Verbrauch natürlicher Ressourcen.

Zinn, Karl Georg Sättigung oder zwei Grenzen des Wachstums, Le Monde diplomatique, Juli 2009, S. 10–11	In dem Artikel wird eine grundsätzliche Kritik an der bisherigen Art und Weise des Wirtschaftswachstums geäußert, darüber hinaus daran, wie es gelingen soll aus der Wirtschaftskrise 2008/2009 herauszukommen. Der Autor geht dann auch auf J. M. Keynes ein und erläutert dessen Gedanken zu Wachstum und Vollbeschäftigung.

2.10.2 Vertiefende Literatur zum Kapitel 2[79]

Abelshauser, Werner Deutsche Wirtschaftsgeschichte seit 1945, München 2004	Standardwerk zur Wirtschaftsgeschichte, gut lesbar, mit zahlreichen Statistiken und Schaubildern.
Eilfort, Michael, 40 Jahre Stabilitätsgesetz: Kein Anlass zum Feier, Börsenzeitung, 08. Juni 2008, S. 8	Der Autor rechnet mit den Folgen des Gesetzes – Staatsverschuldung und mangelnde Wirksamkeit der ergriffenen Maßnahmen – ab.
Krohn, Philipp Wer gewinnt den Umverteilungskampf? Frankfurter Allgemeine Zeitung, 30. August 2008, S. 10	Überblicksdarstellung aktueller Untersuchungen zum Thema „Umverteilung", „Verteilungsgerechtigkeit" und der Entwicklung von Arm und Reich in der Bundesrepublik.
Luks, Fred endlich im Endlichen, Marburg 2010	Provokativ und gegen den Meanstream geschriebene Schrift „Warum die Rettung der Welt Ironie und Großzügigkeit erfordert und nicht noch mehr Effizienz".
Mayer, Helmut Preis- und Volumenmessung in den Volkswirtschaftlichen Gesamtrechnungen, Wirtschaft und Statistik 12/2001, Hrsg. Statistisches Bundesamt , S. 1032ff,	Umfangreiche und in die Tiefe gehende Beschreibung der Anforderungen und Perspektiven der Preis- und Volumenmessung.
Miegel, Meinhard; Petersen, Thomas Der programmierte Stillstand, München 2008	Im Buch wird die Mehrung des materiellen Wohlstands als das große Heils- und Glücksversprechen unserer Zeit beschrieben. Wobei sich allerdings die objektiven Voraussetzungen dafür seit Jahren verschlechtern. Es wird aber auch nach den subjektiven Voraussetzungen und den Verhaltensweisen der Menschen dafür gefragt.
Pinzler, Petra … und plötzlich reich, Die Zeit, Nr. 21, 19. Mai 2011, S. 26	Neuberechnung des Wohlstands am Beispiel des Landes Schleswig-Holstein.

[79] siehe die Anmerkung zu Kapitel 1 (vertiefende Literatur)

Schäfer, Dieter Unbezahlte Arbeit und Bruttoinlandsprodukt 1992 und 2001, Wirtschaft und Statistik 9/2004, Hrsg. Statistisches Bundesamt, S, 960–978	Detaillierte Beschreibung der Neuberechnung des Haushalts-Satellitensystems. Im Bericht werden Konzepte, Berechnungsmethoden und Ergebnis auf der monetären Ebene dargestellt.
Stiglitz,J./Sen,A./Fitoussi,J.-P. Rapport de la commission sur la mesure des performances économiques et du progress social, Paris 2009, auch : URL : http://www. stiglitz-sen-fitoussi. fr/fr/index.htm	Endbericht der Kommission unter dem Vorsitz der Nobelpreisträger Stiglitz und Sen zu alternativen Ansätzen der ökonomischen Bilanzierung in Frankreich. Im Bericht werden keine eigenen Rechenverfahren zur Ergänzung oder Änderung der BNE/BIP angegeben, sondern insgesamt zwölf Empfehlungen geäußert.
Zimmermann, Horst Gift und Qualm in Mark und Pfennig, Frankfurter Allgemeine Zeitung, 23. Oktober 1993, S. 13	In diesem Artikel werden Forderungen – aus dem Jahre 1993 – nach einem ergänzenden Maßstab zum herkömmlichen Bruttosozialprodukt/ Bruttoinlandsprodukt beschrieben, darüber hinaus aber auch die methodischen Probleme, die damit verbunden sind. Dieser Artikel eignet sich gut für einen Vergleich mit den heutigen UGRs, da dadurch ersichtlich wird, was aus den Forderungen und Problemen geworden ist – d.h.: Welche wurden gelöst, welche bestehen letztlich immer noch?

3 Konjunktur

Eine definitorische Klärung zwischen

Konjunktur und Wachstum

ermöglicht eine Analyse und schematische Darstellung des

Konjunkturverlaufs

unter Heranziehung von

Indikatoren
Früh-, Präsenz- und Spätindikatoren

Leitfragen

- Wie lassen sich beobachtete wirtschaftliche Schwankungen systematisieren? Ist in ihrem Verlauf eine gewisse Regelmäßigkeit zu erkennen oder nicht?
- Wie können wirtschaftliche Schwankungen vorhergesagt werden? Gibt es Indikatoren, die eine relativ verläßliche Vorhersage ermöglichen oder gibt es sie nicht?

3.1 Konjunktur und Wachstum: Eine begriffliche Klärung

Ein Blick in die Geschichte der Volkswirtschaftlehre zeigt, dass eine strikte Trennung beider Theoriebereiche nie in strenger Form vorgenommen bzw. aufrechterhalten wurde.

> Definition Konjunktur:
>
> ➔ **Wirtschaftliche Aktivität einer Volkswirtschaft im Verhältnis zur Aktivität im längerfristigen Gleichgewicht.**

> Definition Wirtschaftliches Wachstum:
>
> ➔ **Fortdauernde Zunahme des gesamtwirtschaftlichen Produktionspotenzials bzw. dessen Nutzung/Auslastung.**

Die der **Konjunkturtheorie** zugrunde liegende Fragestellung konnte erst mit der Entdeckung der Juglar-Wellen[1] formuliert werden, da erst dadurch das Phänomen „Konjunktur“ mit seinen periodischen gesamtwirtschaftlichen Schwankungen bekannt wurde. Gegen Ende des 19. Jahrhunderts bzw. zu Beginn des 20. Jahrhunderts setzte eine intensive konjunkturtheoretische Forschung ein. Aus diesem relativ späten Beginn der Forschung darf allerdings nicht geschlossen werden, dass es nicht schon vorher Überlegungen zu Gleichgewichtslagen und Instabilitäten gegeben hätte.[2] Noch später setzte sich eine intensive Beschäftigung mit Fragestellungen zur **Wachstumstheorie** durch, von einigen Vorläufern (z. B. Karl Marx) einmal abgesehen. Erst in der Mitte des 20. Jahrhunderts wurde eine wachstumstheoretische Fragestellung formuliert. Die „exakte“ Zweiteilung ist dann jedoch wieder aufgegeben worden, indem „Konjunktur“ als „unstetiges Wachstum“ interpretiert wurde, d. h. die Konjunkturproblematik wurde in die Wachstumsproblematik integriert.

> Definition Produktionspotenzial:
>
> ➔ **Das bei Voll- bzw. Normalauslastung ohne Herbeiführung inflationärer Tendenzen mit dem vorhandenen Bestand an Produktionsfaktoren erzielbare Produktionsergebnis einer Volkswirtschaft.**

[1] vgl. Kapitel 3.2.1

[2] vgl. Kapitel 5

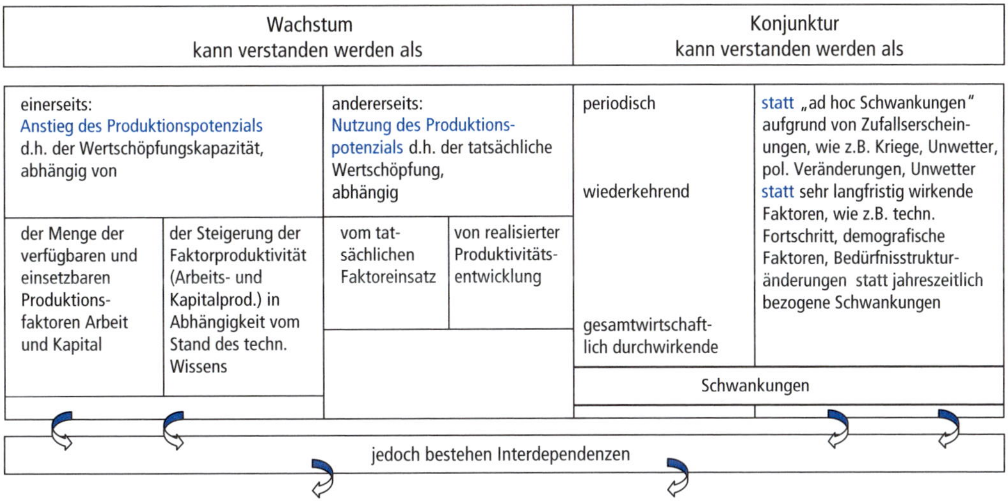

Eine Steigerung in der Investitionsgüterherstellung bewirkt eine erhöhte Auslastung der Kapazitäten (von z.B. 75% auf 78%) in der Investitionsgüterindustrie (Konjunkturaspekt), gleichzeitig wird dadurch auch eine Erhöhung der Wertschöpfungskapazität erreicht (Wachstumsaspekt).[2]

Das bedeutet jedoch gleichzeitig:

- Ist eine Verstetigung der Konjunkturentwicklung Vorraussetzung für eine positive Wachstumspolitik?
  oder
- Ist auf eine Verstetigung des Wachstums zu setzen (in Erwartung, dass Wachstum quasi Konjunkturschwankungen voraussetzt) und dann darauf zu hoffen, dass eine Steigerung der Angebotsmöglichkeiten inflationäre Gefahren reduziert und positive Beschäftigungseffekte auslöst?

⇓ ⇓ ⇓

In der politischen und wissenschaftlichen Diskussion ist diese Fragestellung von hoher Bedeutung

Schaubild 3.1: Wachstum und Konjunktur

Der Zusammenhang zwischen Produktionspotenzial, Bruttoinlandsprodukt und der Kapazitätsauslastung wird auch im nachfolgenden Schaubild deutlich.

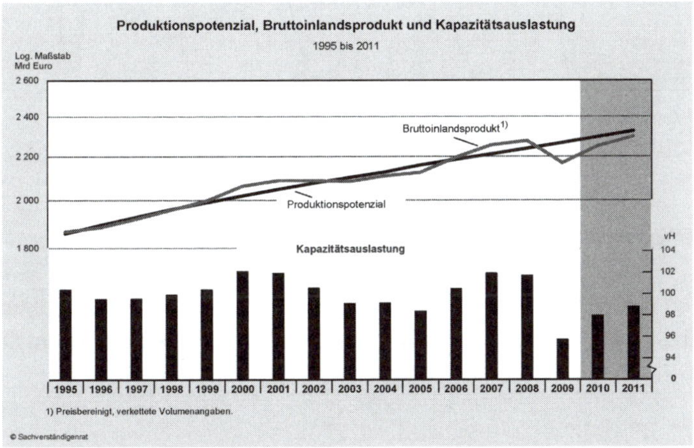

Schaubild 3.2: Produktionspotenzial, Bruttoinlandsprodukt und Kapazitätsauslastung[3]

[3] Sachverständigenrat zur Begutachtung der gesamwirtschaftlichen Einwicklung, Jahrsgutachten 2010/2011, S. 9

3.2 Analyse der konjunkturelle Entwicklung

Beispiele:

- Die Auftragslage des Maschinenbauunternehmens Reeser GmbH ist hervorragend. Die Lager sind fast leer, die Kunden müssen mit Lieferzeiten von 2–3 Monaten rechnen. Die Geschäftsleitung überlegt, Erweiterungsinvestitionen durchzuführen.
- Das Chemieunternehmen Lonasco AG hat seit 18 Monaten volle Auftragsbücher. Die Belegschaft fährt zahlreiche Sonderschichten, der Gewinn ist um 80 % gestiegen. Bei den Mitarbeitern werden zunehmend Stimmen laut, die eine Lohn- und Gehaltserhöhung fordern.
- Im Januar 2007 hat der Sturm Kyrill die Existenz des Waldbauern Bert Gartinger im Sauerland fast vernichtet. Zwei Drittel seines Baumbestandes sind zerstört.
- Der Rudolf OHG – Dachdeckerfachbetrieb – „freut" sich über die gute Auftragslage, die ihr der Sturm Kyrill bescherte. Zahlreiche Dächer mussten neu gedeckt bzw. repariert werden.

Mit dem Instrumentarium der Kreislaufanalyse sind die Verbindungen zwischen den einzelnen Sektoren dargestellt worden, die im Rahmen und mit Hilfe der VGR und empirischer Daten veranschaulicht werden konnten.

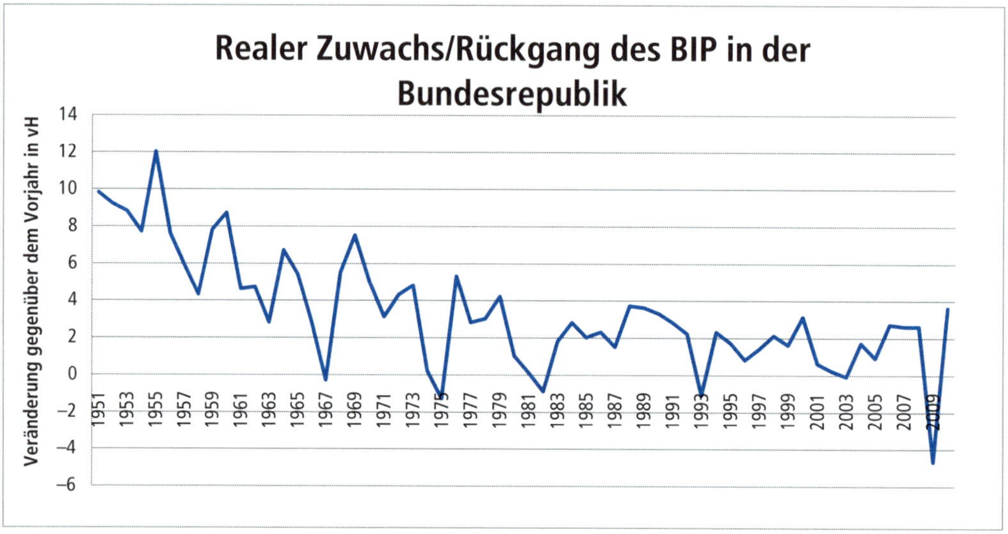

Schaubild 3.3: Berg- und Talfahrt der Konjunktur

Bei der Analyse des BIP fallen „Unregelmäßigkeiten und Schwankungen" auf. Das reale BIP weist einerseits eine Reihe von Unregelmäßigkeiten auf, andererseits sind aber auch eine Reihe von Gemeinsamkeiten/Ähnlichkeiten zu erkennen.

Seit Ende der 1950er Jahre bis ca. Mitte der 1990er Jahre sind die folgenden „Ähnlichkeiten“ zu entdecken, wobei die jeweiligen Verläufe nicht vollständig gleich sind, auch ist die zeitliche Dauer unterschiedlich.

- Vier Doppelzyklen (A-D) von jeweils 7–10 jähriger Dauer: einer ersten Wachstumswelle folgte ein leichter Abschwung, woran sich eine leichte Erholung anschloss, der dann eine stärkere konjunkturelle Abkühlung folgte.

Zyklus	erste Wachstumswelle	erste leichte Abkühlung	leichte Erholung	stärkere Abkühlung
A	ab 1958/60	1961–1963	1964–1965	1966–1967 (1. Rezession, Kohlekrise)
B	1968–1969	1970–1971	1972–1973	1974–1975 (2. Rezession, 1. Ölkrise)
C	1976	1977–1978	1979	1980–1982 (3. Rezession, 2. Ölkrise)
D	1983–84	1985–1986	1987	1988–1989
E	1989–1992 Beginn des Vereinigungsboom	1993	1994–2000 „Waschbrettkonjunktur"	2001–2002

- Die Wachstumsraten wurden in Laufe der Zeit immer geringer (negatives Wachstum in den Jahren 1967, 1975, 1982, 1993, 2003, 2009)

Jahre/ Periode	1950–1960	1961–1970	1971–1980	1981–1990	1991–2000	2001–2010
durchschnittliche Wachstumsrate	8,26 %	4,47 %	2,90 %	2,34 %	2,11 %	0,9

- Insgesamt lässt sich ein aufsteigender Trend identifizieren (siehe Schaubild 3.2)[4]

Kleine Charakteristik der Rezessionen[5]

Rezession	Zeitraum	Wachstum/ Rückgang des BSP/BIP	Arbeitslosenquote in vH und Arbeitslose absolut[6]	Hauptursachen
1. Bonsai-Rezession (Kohlekrise)	1966/67	– 0,3 % (1967)	1966: 2,1, abs. 459.489 1967: 0,7 abs. 161.059	Ende des Nachkriegsbooms und starker Abschwung der ausländischen Nachfrage, dadurch auch ein Rückgang der inländischen Investitionen.

[4] eigene Berechnungen, Destatis.de

[5] vgl. Plickert

[6] Quelle: destatis.de, Zahlen bis 1991 Früheres Bundesgebiet, ab 1991 Deutschland

Rezession	Zeitraum	Wachstum/ Rückgang des BSP/BIP	Arbeitslosenquote in vH und Arbeitslose absolut[6]	Hauptursachen
2. Ölpreisschock Nr. 1	1973/4	+ 0,9 (1974–0,9 (1975)	1974: 2,6 abs. 582.481 1975: 4,7 abs. 1.074.217	Der Erdölpreis vervierfachte sich in den Jahren 1973–1974, dadurch ein enormer Anstieg der Produktionskosten und ein Rückgang der Massenkaufkraft.
3. Ölpreisschock Nr. 2	1980–1982	0,5 % (1981) – 0,4 % (1982)	1981: 5,5 abs. 1.271.574 1982: 7,5 abs. 1.833.244 1983: 9,1 abs. 2.258.235	Der Erdölpreis stieg abermals an (Folge der Revolution im Iran).
4. Wendeboom-Ende	1993	– 0,8 % (1993)	1993: 9,8 abs. 3.419.141 1994: 10.6 abs. 3.698.141	Der starke Aufschwung in Folge der (Wieder-)Vereinigung fand sein Ende.
5. Platzen der New-Economy-Blase	2003	– 0,2 % (2003)	2004: 11,7 abs: 4.381.281 2005: 13,0 abs: 4.860.909	Die Euphorie der New-Economy nach der Jahrtausend-Wende fand ihr Ende, die Börsenkurse sanken weltweit, Terroranschläge am 11. Sept. 2001.
6. Weltweite Finanzkrise	2008/ 2009	– 4,9 % (2009)	2008: 8,7 abs.3.267.907 2009: 9,1 abs. 3.423.283	Immobilienkrise in den USA, Zusammenbruch der Investment-Bank Lehman-Brothers (September 2008).

Tabelle: 3.1: Kleine Charakteristik der Rezessionen

Bei der Analyse fallen darüber hinaus zwei Aspekte besonders auf:

- eine nachhaltige Expansion (nachhaltiges Wachstum der gesamtwirtschaftlichen Aktivität);
- eine periodisch wiederkehrende Unstetigkeit der Entwicklung.

3.2.1 Schematische Darstellung der Konjunkturentwicklung

In einer abstrakteren Darstellung kann die wirtschaftliche Entwicklung wie folgt veranschaulicht werden.

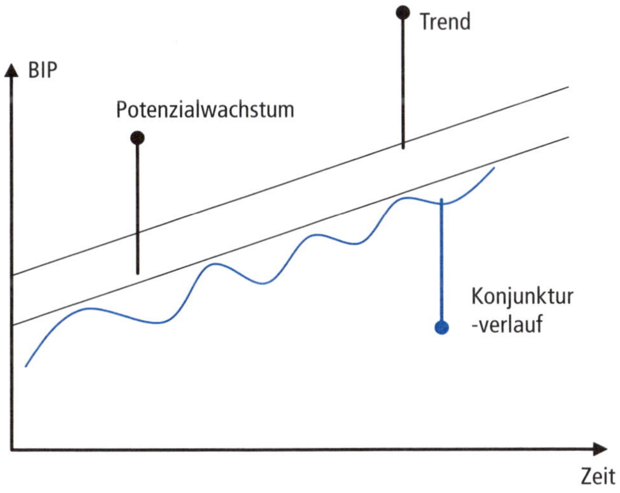

Abbildung 3.1: Schematische Darstellung von Konjunkturverlauf, Potenzialwachstum und Trend

In der Wirtschaftswissenschaft wird das wellenförmige Auf und Ab um einen längerfristigen Trend „Konjunktur" genannt.

> Definition Konjunkturschwankungen:
>
> ➔ **Mit einer gewissen Regelmäßigkeit auftretende Änderungen der wirtschaftlichen Aktivität im Zeitablauf, wobei die Aktivitäten anhand unterschiedlicher Größen gemessen werden können (z. B. Volkseinkommen, Beschäftigung, Produktion).**

Einerseits weist ein Konjunkturverlauf eine Anzahl von Gegebenheiten auf, die in ihrer konkreten Kombination und in ihrer jeweiligen Zusammensetzung einmalig sind, andererseits gibt es wiederkehrende Merkmale, die es gestatten, verallgemeinernde Aussagen zu treffen.

Aus der stark idealisierten Darstellung der konjunkturellen Entwicklung (Abbildung 3.1) wird im folgenden eine kürzere Zeitphase herausgegriffen.

Bei der Beschreibung ist jedoch zu beachten: Eine exakte Trennung zwischen den einzelnen Phasen lässt sich in empirisch relevanter Weise nicht nachweisen, sodass sich die Übergänge fließend gestalten. Darüber hinaus weist die Terminologie für die einzelnen Phasen Unterschiede auf.[7]

[7] vgl. zur statistischen Ermittlung von Konjunktur- und Trendkomponenten sowie deren Zuodnung zu den einzelnen Konjunkturphasen Oltmanns, S. 965

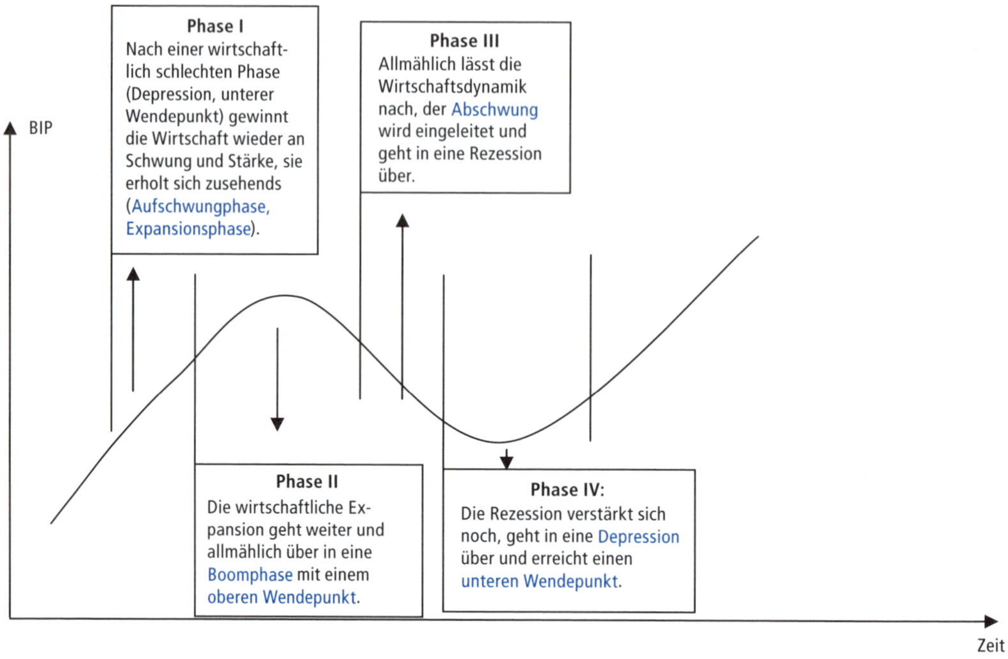

Abbildung 3.2: Darstellung der Konjunkturphasen im Zeitablauf

Phase I	Phase II	Phase III	Phase IV:
Konjunkturaufschwung, Expansion, Erholung	Hochkonjunktur, Boom Prosperität	Konjunkturabschwung, Rezession	Konjunkturtiefpunkt, Depression

Hinsichtlich der zeitlichen Dauer der Schwankungen lassen sich unterschiedliche Arten von Konjunktur(en) unterscheiden:

- **Saisonale Schwankungen:**

  Es handelt sich hierbei um unterjährige Schwankungen, i. d. R. von wenigen Wochen oder Monaten, aufgrund von

  - Wetterbedingungen, z. B. in der Bauwirtschaft, in der Tourismusbranche;
  - Urlaubszeiten, z. B. in der Tourismusbranche, ggf. konzentriert in bestimmten Gebieten;
  - Gesellschaftliche Gewohnheiten, Feiertage, z. B. Eier zu Ostern und andere landwirtschaftliche Produkte zu anderen Festtagen.

- **Kitchin-Zyklus:**

  Schwankungen der Zinssätze und der Großhandelspreise, Lagerveränderungen. Seine Dauer umfasst i. d. R. 3–4 Jahre; dieser Zyklus wird auch 40-Monats-Zyklus genannt.

Stellenweise wird er auch als kurzfristiger Konjunkturzyklus bezeichnet (vgl. Abbildung 3.3: Kitchin-Zyklus)

- **Mittelfristige Konjunktur: Juglar-Wellen**

  Sie haben i. d. R. eine Dauer von 8–10 Jahren. Ursächlich für diese Schwankungen sind Veränderungen im Geldsystem, des Zinses, Präferenzänderungen, techn. Entwicklungen in der Form der Einführung von Erfindungen in die Wirtschaft bzw. Implementierung in marktfähige Produkte (vgl. Abbildung 3.4: Juglar-Zyklus)

- **Langfristige Wellen: Kondratieff-Wellen:**

  Aufgrund wiederkehrender Strukturbrüche und starker exogener Faktoren (z. B. Kriege) ist die statistische Datenerhebung schwierig und die Interpretation Unsicherheiten unterworfen (vgl. Abbildung 3.5: Kondratieff-Zyklus).

  Vgl. darüber hinaus die Abbildung 3.6: Die langen Wellen der Weltkonjunktur

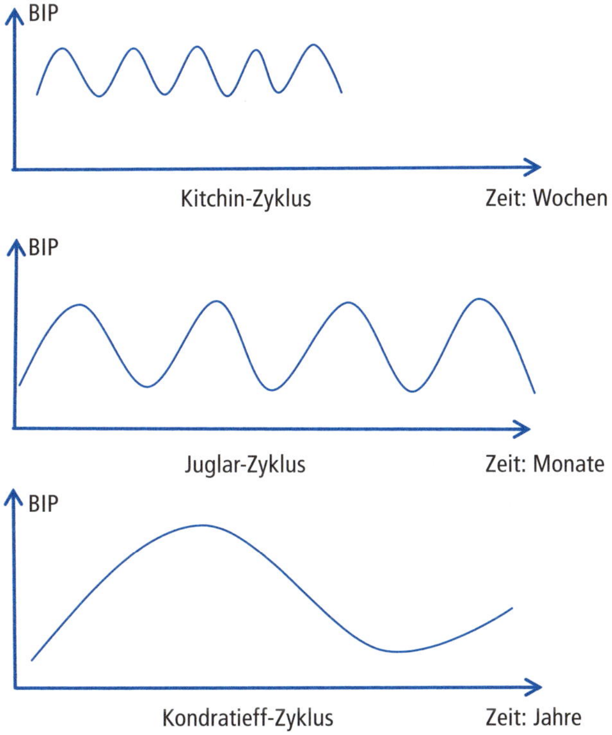

Abbildungen 3.3: Kitchin-Zyklus, 3.4; Juglar-Zyklus, 3.5: Kondratieff-Zyklus

> Kichin, Joseph: 1861–1932; Engländer, Geschäftsmann, der sich viel mit statistischen Fragen beschäftigte.

Juglar, Clément: 1819–1905; Franzose, promovierter Mediziner, der sich ab 1851 vollständig ökonomischen Studien zuwandte.

Kondratieff (Kondratjew), Nikolai; 1892–1938 ?; Russe, Volkskundler.

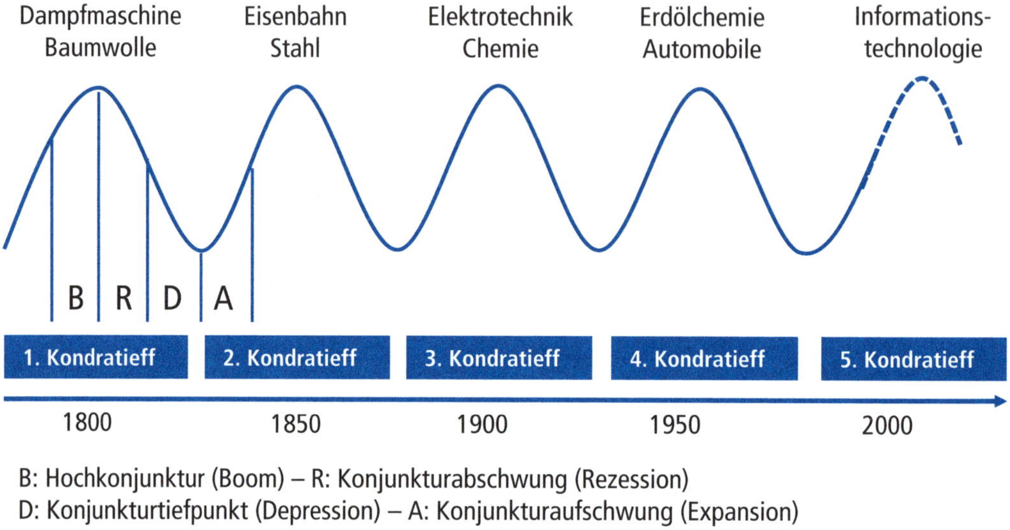

Abbildung 3.6: Lange Wellen

Zusammenfassend ist jedoch zu beachten:

- Die drei erwähnten Zyklen sind nicht die einzigen; darüber hinaus gibt es noch eine Reihe anderer. Da diese sich jedoch in ihrer Länge und in ihren identifizierten Ursachen ähnlich sind, können die hier dargestellten als repräsentativ angesehen werden.
- Die Analyse dieser drei Zyklen reicht keinesfalls aus, den Konjunkturverlauf im Detail und umfassend zu beschreiben, schon gar nicht ihn vorherzusagen; dazu sind weitere Detailanalysen erforderlich.
- Die heutige wirtschaftspolitische Diskussion konzentriert sich im Wesentlichen auf die kurz- und mittelfristigen Zyklen.

In der folgenden Grafik werden die saisonalen Schwankungen, die konjunkturelle Entwicklung und ein langfristig steigender Trend in einer schematischen Darstellung verdeutlicht.

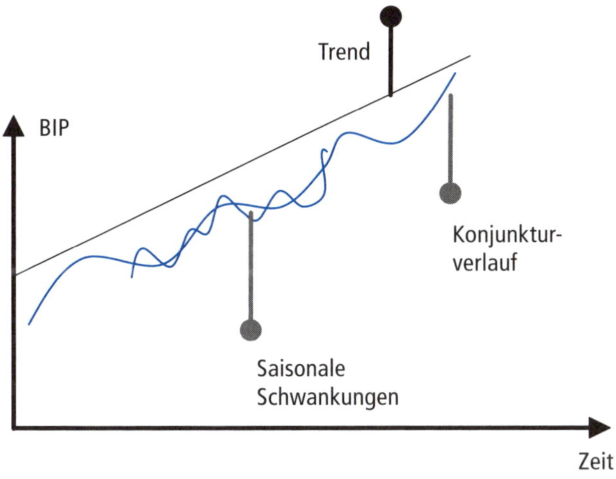

Abbildung 3.7: schematische Darstellung von Wachstumstrend, Konjunkturverlauf und saisonalen Schwankungen

3.2.2 Konjunkturindikatoren

Neben der Beschreibung und Schematisierung des Konjunkturverlaufs ist es **für die Träger der Wirtschaftspolitik** von besonderer Bedeutung, Informationen über den gegenwärtigen und – erwarteten – zukünftigen Konjunkturverlauf zu erhalten. Diagnose und Prognose sind also besonders wichtig.

Die einzelnen Konjunkturphasen schlagen sich nicht nur in den Wachstumsraten des BIP und dem Auslastungsgrad des Produktionspotenzials nieder, sondern auch in einer Reihe anderer Größen/Variablen.

> Definition Indikator:
>
> ➔ **Variable, mit deren Hilfe wirtschaftliche Vorgänge diagnostiziert und/oder prognostiziert werden können.**

Es werden Indikatoren herangezogen, die die gegenwärtige Stellung im Konjunkturzyklus verdeutlichen, aber auch rechtzeitig und so eindeutig wie möglich die zukünftige Entwicklung der Konjunktur anzeigen.[8]

Zu unterscheiden sind drei unterschiedliche Gruppen von Indikatoren:

[8] zu den unterschiedlichen Methoden in den USA und der Bundesrepublik, vgl. Kaiser, Rot-weiß-blaues Zahlenwunder; Fischermann; Braunberger

Indikatoren

Frühindikatoren:
Sie zeigen die zukünftige konjunkturelle Entwicklung mit einem gewissen zeitlichen Vorlauf an, durch sie wird eine Konjunkturprognose ermöglicht.
Beispiele für diese Indikatorengruppe sind: Auftragseingänge, Unternehmensbefragungen, Geschäftsklimaindex, Lagerbestandsveränderungen, Konsumbereitschaft, Einzelhandelsumsätze, Baugenehmigungen, Geldmenge.

Präsenzindikatoren:
Durch sie wird der gegenwärtige Zustand der wirtschaftlichen Aktivität gekennzeichnet.

Beispiele für diese Indikatorengruppe sind: Reales BIP, Produktion der Konsum- und Investitionsgüterindustrie, Investitionsvolumen, Kreditnachfrage.

Spätindikatoren:
Sie zeichnen mit einem gewissen zeitlichen Nachlauf die konjunkturelle Entwicklung nach bzw. an.

Beispiele für diese Indikatorengruppe sind: Zahl der Insolvenzen, Preise, Beschäftigung (Arbeitslosenquote, offene Stellen, Lohnstückkosen).

Wird die Entwicklung der Indikatoren grafisch dargestellt, ergibt sich der nachfolgende schematische Verlauf der Indikatoren:

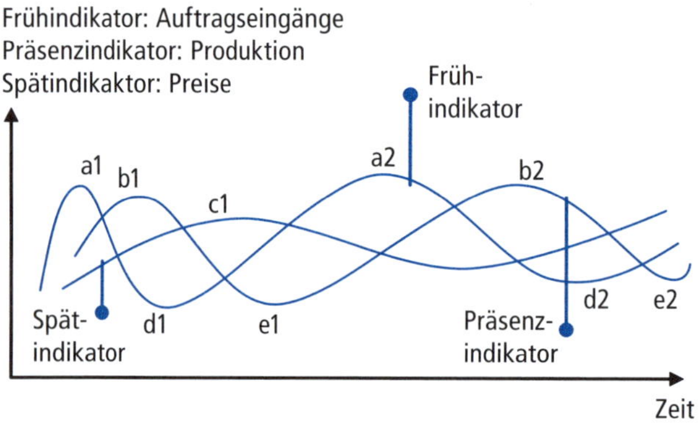

Abbildung 3.8: Früh-, Präsenz- und Spätindikatoren[9]

Beschreibung der Abbildung 3.8:

Die Daten der Frühindikatoren (z. B. Auftragseingänge) zeigen einen ersten Höhepunkt – oberer Wendepunkt – an (a1). Daraus ist – mit einer gewissen zeitlichen Verzögerung (lag) – zu schließen, dass die Konjunktur – Präsenzindikator Produktion – ansteigen wird (Zeitraum von a1 bis b1). Die vorhandenen Aufträge werden ausgeführt. Die Spätindikatoren „hinken" noch etwas hinterher, sind aber während dieser Phase schon leicht ansteigend (bis c1). Neue offene Stellen werden noch nicht geschaffen, Arbeitskräfte aber auch nicht mehr entlassen.

Zeigen die Frühindikatoren einen – stark abfallenden – Verlauf (Zeitraum von a1bis d1), so wird sich die Konjunktur (Präsenzindikator Produktion) ebenfalls bald abschwächen (Zeitraum von b1bis e1). Bestehende Aufträge werden ausgeführt, neue Aufträge sind jedoch nicht im bisherigen Umfang vorhanden. Die Spätindikatoren steigen noch an, da z. B. die Gewerkschaften aufgrund der guten Konjunktur in der Vergangenheit in Tarifverhandlungen höhere Lohn-/Gehaltsforderungen stellen. Die Unternehmen können noch – geringe – Preissteigerungen am Markt durchsetzen.

9 in Anlehnung an Woll, S. 560

> Haben die Frühindikatoren ihren Tiefstpunkt – unteren Wendepunkt (d1) – erreicht, ihn sogar schon durchschritten und zeigen leicht aufwärts (Auftragseingänge steigen wieder leicht an, bis a2), fällt die Produktion noch und erreicht ihren Tiefststand – unteren Wendepunkt (e1). Die leicht ansteigenden Auftragseingänge haben sich noch nicht in einer erhöhten Produktion niedergeschlagen. Die Spätindikatoren sinken nach dem Erreichen ihres Höchststandes – oberer Wendepunkt – wieder. Entlassungen werden noch durchgeführt, Preissteigerungen lassen sich am Markt schwer durchsetzen.

Der oben skizzierte schematische Verlauf der Indikatoren lässt sich für einige komplexer konstruierte Indikatoren empirisch genauer belegen.

Wesentliche Kriterien für die Bewertung sind der zeitliche Vorlauf eines Indikators als auch die Verlässlichkeit der Prognose. Beides erfolgt sowohl hinsichtlich des gesamten Konjunkturverlaufs als auch bezogen auf die einzelnen konjunkturellen Wendepunkte.

Der Frühindikator **„ZEW-Konjunkturerwartungen“** des Mannheimer Zentrums für Europäische Wirtschaftsforschung (ZEW) zeigt i. d. R. einen Wendepunkt der Produktionsveränderungen durchschnittlich fünf Monate im Voraus an. Der Indikator **„Ifo-Geschäftserwartungen“** des Münchner Instituts für Wirtschaftsforschung hat einen Vorlauf von vier Monaten, der Indikator **„Ifo-Geschäftsklima“** einen von 2,5 Monaten. Dagegen läuft der Indikator **„Ifo-Geschäftslage“** der tatsächlichen Entwicklung um ca. 1,2 Monate hinterher.[10]

Aufgrund der empirisch gemessenen Konjunkturverläufe und der Indikatoren kann festgehalten werden:

- die Frühindikatoren haben größere Schwankungen als die Präsenzindikatoren;
- die Präsenzindikatoren haben größere Schwankungen als die Spätindikatoren;
- eine strenge Symmetrie ist nicht festzustellen;
- die Schwingungsweiten der einzelnen Indikatorgruppen sind unterschiedlich groß.

Zu beachten ist jedoch, dass die Indikatoren auch gewisse **„Schwächen“** aufweisen, die bei ihrer Interpretation mit beachtet werden müssen.

- Indikator Auftragseingänge: ist nur für bestimmte Wirtschaftszweige sinnvoll zu ermitteln (z. B. Industrie), ist bei Banken und im Einzelhandel weniger geeignet.
- Indikator Geschäftsklimaindex: Grundlage sind subjektive Einschätzungen, weniger objektiv nachvollziehbare Geschäftszahlen.

---

[10] vgl. dazu die Grafik in Plickert, Herdenverhalten

3.2.3 Prognose und tatsächliche Entwicklung

Konjunkturindikatoren dienen dazu, Prognosen über die zukünftige wirtschaftliche Entwicklung formulieren zu können. Wird die prognostizierte Entwicklung mit der tatsächlich eingetretenen verglichen, zeigen sich oft erhebliche Fehleinschätzungen. Ist deshalb die Prognose falsch?

Bei der Beantwortung dieser Frage ist eine Vielzahl von Aspekten zu beachten. In sozialen Systemen wie der Wirtschaft haben Prognosen etwas mit **Wahrscheinlichkeiten** zu tun, nicht mit Gewissheiten. Von Karl. R. Popper stammt die Unterteilung in „Uhrensysteme" und „Wolkensysteme"

> Popper, Karl Raimond: 1902–1994; seit 1965 Sir, brit. Philosoph und Wissenschaftstheoretiker, stammt ursprünglich aus Wien, entwickelte die Wissenschafts- und Erkenntnistheorie des Kritischen Rationalismus.

Uhrensysteme	Wolkensysteme
Liegt ein solches System vor, herrschen fest definierte, determinierte und erkennbare funktionale Abhängigkeiten. Hier ist eine Prognose treffsicher.	Liegt ein solches System vor, können allenfalls Formationen entwickelt werden, die sich aus einem gegenwärtig beobachtbaren Zustand entwickeln könn(t)en. Die Wirkungen der Eingriffen in dieses System sind recht unzuverlässig und schwer abschätzbar. Die Komplexität der Zusammenhänge ist zu hoch.

Bei Konjunkturprognosen handelt es sich um Prognosen in Wolkensystemen. Bei der Analyse und Bewertung ist stets zu beachten:

- die **Ungewissheit** über die zukünftige Entwicklung **soll verringert, nicht absolut beseitigt werden**;
- die **Veränderung** der (wirtschaftlichen) Welt soll **mit einer gewissen Wahrscheinlichkeit**, nicht mit 100prozentiger Gewissheit aufgezeigt werden;
- die **Aussage gilt nur unter bestimmten Annahmen** und nur soweit, wie diese Annahmen auch tatsächlich eingetreten sind.

Darüber hinaus ist eine Vielzahl von Einflussfaktoren

- **unbekannt bzw. treten völlig unvorhersehbar** (z. B. Mauerfall 9. Nov. 1989, Terroranschlag am 11. Sept. 2001, sog. externe Schocks) auf;
- **sehr bedingt vorhersehbar** (Entwicklung der Ölpreise, des Wechselkurses EUR – USD, sog. trügerische Daten);
- **falsch eingeschätzt worden** (sog. unzutreffende Annahmen).

Der Normalfall ist deshalb die „fehlerhafte" Prognose, d. h.: deren exakte Werte stimmen nicht mit den tatsächlichen zu 100 Prozent überein. Eine exakt zutreffende Prognose ist die große Ausnahme (siehe Schaubbild 3.4).

Bei der Erstellung von Konjunkturprognosen erfolgt als erster Schritt die Erfassung der gegenwärtigen Wirtschaftslage. Die Konjunktur bildet sich aus Hunderttausenden von Entscheidungen:

- **der Unternehmen:** sie investieren (Rationalisierungs-, Vorrats-, Erweiterungsinvestitionen) oder sie schränken ihre Investitionen ein oder Verlagern ihre Produktion ins Ausland;
- **der Haushalte:** sie kaufen langlebige Gebrauchsgüter, eine Eigentumswohnung, ein Haus oder lassen ihre Wohnung/ihr Haus renovieren oder sie sparen;
- **des Staates**: er plant Infrastrukturmaßnahmen (z. B. neue Straßen, Straßenreparaturen) oder tätigt Ausgaben zur Erhöhung der Energieeffizienz;
- **des Auslands**: Export: es werden mehr oder weniger Autos und Maschinen ins Ausland verkauft;
  Import: das Inland bezieht mehr oder weiniger Rohöl, Autos und Maschinen aus dem Ausland.

Zwischen diesen Einzelaspekten bestehen umfangreiche Interdependenzen. Die Haushalte kaufen mehr Autos, sodass die Automobilhersteller mehr produzieren und investieren müssen.

Diese Entwicklung muss nun allerdings in einem zweiten Schritt datenmäßig erfasst werden, d. h., die aktuelle Konjunkturlage muss abgebildet weren. Diese Daten liegen allerdings erst mit einer zeitlichen Verzögerung von Wochen, z. T. Monaten vor. Um etwas aktuellere Daten zu erlangen, werden von den Forschungsinstituten Umfragen bei Unternehmen durchgeführt.[11]

Alle diese Daten stellen dann das Basismaterial für Modelle dar, in denen die Interdependenzen in mathematische Formeln und Tabellen gebracht werden. Weiterhin sind sog. **exogene Variable** (z. B. **von der Politik bestimmte Variable** wie Beitragssätze zur Sozialversicherung, staatliche Bauinvestitionen und **international bestimmte Variable** wie z. B. Welthandel, Importpreise) mit zu berücksichtigen. Dieses ist quasi der dritte Schritt.

> Definition exogene Variable:
> ➔ **Variable außerhalb eines betrachteten System (z. B. dem System der Politik).**

Diese Modellrechnungen sind aber Rechnungen, die auf Daten der Vergangenheit beruhen, darüber hinaus müssen über die Intensität und Richtung der Interdependenzen Annahmen formuliert werden. Eine vollständige Erfassung der Realität ist nicht möglich, beste Computerprogramme/- modelle und hochkomplexe mathematische Gleichungssysteme schaffen dieses nicht.[12]

[11] vgl. die jährlichen iwd Verbandsumfragen

[12] vgl. dazu auch Straubhaar, Kappler

Nach diesen „Vorarbeiten" beginnt – in einem vierten Schritt – die eigentliche Prognosearbeit.[13] Es muss ein möglichst gutes Abbild der Zukunft aus den theoretischen Beziehungen und den empirischen Beobachtungen der Vergangenheit und der Gegenwart konstruiert werden. Intuition, Erfahrung, Interpretationsfähigkeiten sind dazu unerlässlich.

Ist die Prognose formuliert und veröffentlicht, ist das Problem der „self-fulfilling-prophecy" zu beachten. Konjunkturprognosen sind Teil der ökonomischen Wirklichkeit und können ihrerseits Verhaltensweisen/-änderungen begründen bzw. bewerten. Ganz in Gegensatz zu Wetterprognosen. Das Wetter entwickelt sich unabhängig davon, ob die Prognose richtig oder falsch ist. Ein Einfluss der Wetterprognose auf das Wetter wäre zwar schön, ist aber nicht möglich.

Beispiel:

Prognose für 2011, erstellt im Nov. 2010

Wenn in den arabischen Ländern die politische Lage weiterhin stabil bleibt, wenn die Nachfrage nach Mineralöl zwischen 1 % – 2 % steigen wird, wenn keine Änderung der Mineralölsteuer eintritt

wenn ..., wenn ...

dann werden die Mineralölpreise stabil bleiben.

Aber: zu Beginn des Jahres 2011:

- politische Unruhen in den arabischen Ländern ließen den Rohölpreis steigen;
- das Erdbeben in Japan und seine umfangreichen wirtschaftlichen Folgen ließen die Nachfrage nach Rohöl sinken (da Japan ein großer Nachfrager ist).

Diese Ereignisse konnten bei der Erstellung der Prognose nicht berücksichtigt werden.[14]

Der Sachverhalt der „self-fulfilling-prophecy" macht es notwendig, bei der Bewertung von Prognosen besonders vorsichtig vorzugehen. Ziel einer Konjunkturprognose sollte nicht sein, Werte unterschiedlicher wirtschaftlicher Größen (BIP, Preissteigerungsraten, Kapazitätsauslastungen) punktgenau vorherzusagen, sondern das Anzeigen von Verhaltensänderungen. Wann kommt ein Konjunkturaufschwung an sein Ende bzw. wann sind nach einer konjunkturellen Schwächephase wieder erste Wachstumsimpulse erkennbar. Wird dieses Ziel erreicht, kann die Wirtschaftspolitik mit einem gewissen zeitlichen Vorlauf wirtschaftspolitische Maßnahmen zur Gegensteuerung ergreifen.[15]

Denn alle Konjunkturforscher wissen, es gibt unvermeidliche Prognoseungenauigkeiten – und zwar in beide Richtungen. Diese Ungenauigkeiten umfassen mindestens 0,5 % Schwankungsbreite. So kann eine Wachstumsprognose von +1,2 % bedeuten: Wachstum zwischen 0,7 % (d. h. ein minimales Wachstum) bis zu 1,7 % (d. h. eine „durchaus gute Wachstumsrate").

---

13 vgl. Kapitel 1.3

14 vgl. dazu auch: Kaiser, Kaminski S. 11

15 vgl. zu den zeitlichen Verzögerungen Schaubild 8.4

Aber: In der Öffentlichkeit und der Politik werden exakte Zahlen gefordert. Bis 1997 rundeten die Forschungsinstitute ihre Prognosen auf halbe, höchstens auf Viertelprozentpunkte (z. B. 2,5 % oder 1,25 %). Doch seitdem veröffentlichen fast alle Institute exakte Angaben auf Nachkommastellen (z. B. 3,1 % oder 1,1 %). Diese Verhalten ist wohl dem Druck der Medien und der Öffentlichkeit geschuldet. Es hängt aber vielleicht auch mit dem folgenden Aspekt zusammen: Häufig dient die **„Korrektheit"** der Prognosen „als Gradmesser der Nützlichkeit und Leistungsfähigkeit des Faches."[16]

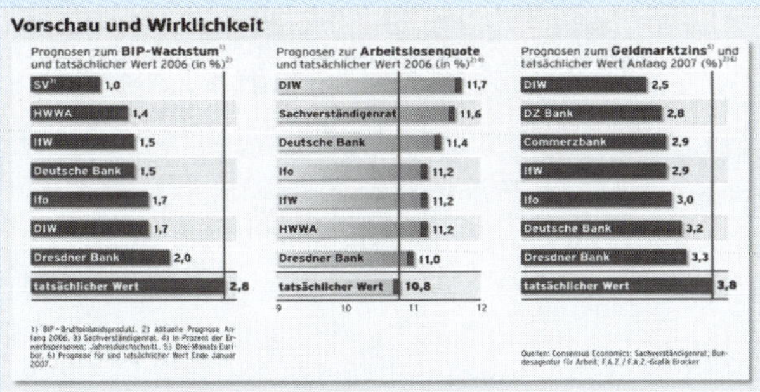

Schaubild 3.4 Vorschau und Wirklichkeit[17]

Finanzkrise 2008/2009 und Prognosen:

- Sachverständigenrat zur Begutachtung der gesamtwirtschaftlichen Entwicklung Nov. 2007: es droht keine Rezession
- Sechs große deutsche Wirtschaftsforschungsinstitute prognostizierten Anfang 2008 ein Wirtschaftswachstum von durchschnittlich + 1,6 % für 2009
- April 2009: jetzt prognostizierten die Wirtschaftsforschungsinstitute ein durchschnittliches Wirtschaftswachstum 2009 von – 4,9 %.

„Aus **handlungsorientierter** Sicht wäre bereits viel gewonnen, wenn die Politik, die tendenziellen Grenzen der Genauigkeit oder Unschärfen makroökonomischer, namentlich der Wachstumsprognosen, im **Durchschnitt** – vom Rezessionsfall gar nicht zu sprechen – zur Kenntnis nehmen würde."[18]

3.3 Zusammenfassung

Wachstum	Konjunktur
• einerseits Anstieg des Produktionspotenzials • andererseits Nutzung des Produktionspotenzials	• periodisch wiederkehrend • gesamtwirtschaftlich durchwirkend • Veränderung der tatsächlichen Wirtschaftsaktivität

Konjunkturphasen			
Aufschwungphase, Expansion	Boomphase	Abschwungphase, Rezession	Depression

[16] Heilemann, S. 52

[17] Barbier, S. 58

[18] Heilemann, S. 63 (Hervorhebungen im Original)

Schwankungen der wirtschaftlichen Akitivität			
saisonale Schwankungen	Kitchin-Zyklus	Juglar-Zyklus	Kondratieff-Zyklus

Konjunkturindikatoren		
Frühindikatoren	Präsenzindikatoren	Spätindikatoren
Konjunkturprognosen: Prognosezahlen und tatsächliche Entwicklung		

3.4 Kontrollaufgaben

Teil A[19]

1.
Konjunkturschwankungen

a	sind Wachstumsveränderungen im Zeitablauf.
b	treten mit einer gewissen Regelmäßigkeit auf und sind Änderungen der wirtschaftlichen Aktivität im Zeitablauf.
c	sind unregelmäßig auftretend Vorkommnisse der wirtschaftlichen Realität.
d	sind selten vorkommende Schwankungen des Auslastungsgrades der Produktion.

2.
Der Kitchin-Zyklus berücksichtigt

a	Schwankungen der Zinsen und dauert i. d. R. 3–4 Jahre.
b	erfasst witterungsbedingte Schwankungen im Jahresverlauf.
c	hat i. d. R. eine Dauer von 8–10 Jahren.
d	umfasst stärke Strukturbrüche in der Wirtschaft.

3.
Beispiele für Frühindikatoren sind:

a	Investitionsvolumen und Kreditnachfrage;
b	Lohnstückkosten und Preise;
c	Konsumbereitschaft und Produktion der Konsum- und Produktionsgüterindustrie;
d	Einzelhandelsumsätze und Baugenehmigungen.

[19] Es ist jeweils nur eine Lösung richtig.

Teil B

1.
Was wird unter

a. Präsenzindikatoren,

b. Spätindikatoren

des Konjunkturverlaufs verstanden?

2.
Die Indikatoren

a) Lagerbestandsveränderungen und Auftragseingänge (Produzierendes Gewerbe) zeigen die nachfolgend dargestellte Entwicklung (dargestellt ist jeweils die Entwicklung im Vergleich zum Vorjahresmonat, z. B. 50, d. h. 50 % der Lagerbestände des Vorjahres)

Monat	Lagerbestände	Auftragseingänge Produzierendes Gewerbe
Juni	60	85
Juli	65	85
Aug.	68	80
Sept.	75	78
Okt.	80	75

Wie wird sich die Konjunktur in den nächsten sechs Monaten aufgrund der Entwicklung dieser Indikatoren entwickeln. Begründen Sie Ihre Entscheidung.

b) Der Indikator „Spartätigkeit der privaten Haushalte" zeigt die nachfolgend dargestellte Entwicklung (dargestellt ist jeweils die prozentuale Veränderung im Vergleich zum Vorjahresmonat).

Jan.	+/– 0 %
Feb	– 1,0 %
März	– 1,4 %
April	– 2,0 %
Mai	– 2,5 %

3.
Stellen Sie zeichnerisch drei Konjunkturzyklen dar. Verdeutlichen Sie innerhalb eines Zyklus seine einzelnen Phasen. Die Konjunkturentwicklung soll dabei dem nachfolgend skizzierten Verlauf entsprechen. Zeichnen Sie ebenfalls für den Zeitraum t1 bis t2 saisonale Schwankungen ein.

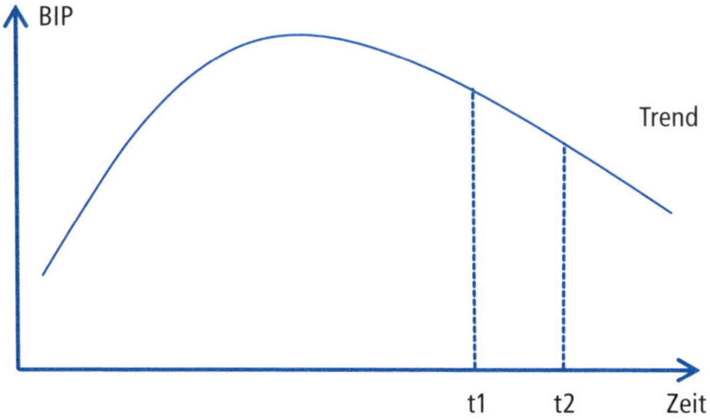

4.
Nehmen Sie Stellung zu folgenden Aussagen:

„Es ist jedes Jahr dasselbe – und doch hat sich etwas geändert. Kaum zieht der Herbst ins Land, verkünden die Ökonomen der Banken und großen Forschungsinstitute ihre Prognosen für das Wirtschaftswachstum des bevorstehenden Jahres. Häufig müssen sie dabei eingestehen, dass für das laufende Jahr Voraussage und Realität nicht übereinstimmen. Dann machen sich Medien und Politiker über Fehlprognosen lustig und empfehlen, lieber gleich zu würfeln." (...)

„Die Schweizerische Nationalbank gab vor ein paar Jahren die Empfehlung heraus: „Ähnlich wie Wetterprognosen sollte man Konjunkturprognosen jedoch nicht pauschal aufgrund einzelner Fehlanzeigen bewerten." Auch Konjunkturexperte Hinze vom HWWA versucht zu retten, was zu retten ist: „Berücksichtigt man all die Probleme, so wird deutlich, dass Prognosen nicht sicher sein können. Daraus aber den Schluss zu ziehen, man bräuchte sie nicht, wäre abwegig.""

Die Zitate stammen aus dem Artikel „Falsch gerechnet" von Klaus-Peter Schmnid, Die Zeit, Nr. 43, 20.Oktober 2005, S. 30

3.5 Literaturhinweise

3.5.1 Zitierte und grundlegende Literatur zum Kapitel 3

Barbier, Has D. Warum sind Wirtschaftsprognosen oft falsch?, Frankfurter Allgemeine Sonntagszeitung, 17.06.2007, S. 58	Im Artikel gibt der Autor auf leicht verständliche Weise eine fundierte Antwort auf die in der Überschrift gestellte Frage
Braunberger, Gerald Warum geht die Wirtschaft mal rauf mal runter? Frankfurter Allgemeine Sonntagszeitung, 18. Juni 2006 S. 60	Leicht verständliche Darstellung unterschiedlicher Indikatoren zur Konjunkturentwicklung.
Fischermann, Thomas Die vielen Wahrheiten der Statistiker, Die Zeit, Nr. 42, 07. Oktober 2004, S. 27	Darstellung unterschiedlicher statistischer Ansätze in den USA und der Bundesrepublik mit den sich daraus ergebenden Konsequenzen.
Heilemann, Ulrich, Besser geht es nicht – Genauigkeitsgrenzen der Konjunkturprognose, Jahrbücher für Nationalökonomie und Statistik, 2004, Band 224, Heft 1–2, S. 51–64	Der Aufsatz setzt sich mit dem Problem der Prognose„fehler" bei Wachstums- und Inflationsprognosen auseinander. Es wird versucht obere Grenzen der Genauigkeit von Konjunkturprognosen zu finden. Die Fehler werden in Einzelgleichungs-, Modell- und Dynamikfehler zerlegt und beurteilt.
Institut der deutschen Wirtschaft (Hrsg) Deutschland in Zahlen 2010, Köln 2010	Enthält zahlreiche Statiken aus amtlichen und nichtamtlichen Quellen, erscheint jedes Jahr neu.
Kaiser, Tobias Rot-weiß-blaues Zahlenwunder, Die Zeit, Nr. 7, 5. Februar 2003, S. 23	Darstellung der unterschiedlichen Berechnungsmethoden zum BIP- Wachstum und zur Arbeitslosenstatistik in der Bundesrepublik und den USA mit den sich daraus ergebenden Konsequenzen.
Kaiser, Franz Josef; Kaminski, Hans Volkswirtschaftslehre, München 1991	Begleitbuch zu einer Telekollegreihe, sehr anschaulich, wenn auch einige Kapitel mittlerweile etwas veraltet sind.
Kappler, Marcus Wie genau sind die Konjunkturprognosen der Institute für Deutschland? Zentrum für Europäische Wirtschaftsforschung, Discussion Paper 06/004	Detaillierte Darstellung der Methoden der Konjunkturprognose und ihrer generellen Problematik.
Oltmanns, Erich Das Bruttoinlandsprodukt im Konjunkturzyklus, Wirtschaft und Statistik 10/2009, Hrsg. Statistisches Bundesamt, S. 963–969	Beschreibung der statistischen Grundlagen zur Ermittlung von Konjunkturverlauf und Trend.
o.V. Das Maß der Dinge, iw-Dienst, Nr. 9, 3. März 2011	Kurze Verteidigung des BIP als Wohlstandsindikator.

Plickert, Philip Insgesamt fünf Rezessionen hat die Bundesrepublik seit ihrer Gründung erlebt, Frankfurter Allgemeine Zeitung, 27. November 2008, S. 15	Kurze Charakteristik der Rezessionen von 1967 bis zur Rezession 2003.
Plickert, Philip Herdenverhalten prägt die Wirtschaftsstimmung, Frankfurter Allgemeine Zeitung, 3. August 2009, S. 12	Tiefergehende Beschreibung des Zustandekommens und der Probleme von Konjunkturprognosen, mit zahlreichen Literaturhinweisen.
Sachverständigenrat zur Begutachtung der gesamwirtschaftlichen Einwicklung, Jahrsgutachten 2010/2011 Chancen für einen stabilen Aufschwung, Wiesbaden 2010, als pdf-Datei verfügbar	Umfassende Darstellung der aktuellen wirtschaftlichen Situation in der Bundesrepublik, einschließlich der Chancen und Risiken.
Straubhaar, Thomas Warum liegen Konjunkturprognosen oft daneben?, Frankfurter Allgemeine Sonntagszeitung, 26. Oktober 2007	Der Artikel enthält die allgemein gut verständliche Antwort auf die in der Überschrift formulierte Frage. Dabei wird auch auf einige theoretische Aspekte eingegangen.
Woll, Artur Volkswirtschaftslehre 16. Auflage, München 2009	Standardwerk der Volkswirtschaftslehre, bietet einen guten Überblick, stellenweise sehr ins Detail gehend und mathematisch orientiert. Auch als Nachschlagewerk gut geeignet.

3.5.2 Vertiefende Literaturhinweise zum Kapitel 3[20]

Demay, Markus; Grömling, Michael Aussagekraft der Auftragseingänge der deutschen Industrie, iw-Trends, Juli 2011	Detaillierte Analyse der Aussagekraft des Indikators Auftragseingänge. Untersucht werden Phasen des Auseinanderlaufens von Auftragseingängen und Industrieproduktion wie auch Phasen des Gleichlaufs. Darüber hinaus werden Prognosemodellvergleiche durchgeführt.
Döpke, Jörg; Fritsche, Ulrich Growth and Inflation Forecasts in Germany – An Assessment of Accuracy und Dispersion, Discussion Papers Nr. 300, February 2004, Hrsg. DIW Berlin	Umfangreiche vergleichende Analyse der Prognosen (Wirtschaftswachstum und Preisentwicklung) deutscher Wirtschaftsforschungsinstitute mit der tatsächlich eingetretenen Entwicklung, mathematisch orientiert.
Metz, Rainer Trend, Zyklus und Zufall, Stuttgart 2002	In einem ersten Teil werden Erklärungshypothesen langfristiger Wachstumsschwankungen – z. B. Kondratieff-Zyklen – beschrieben und kritisch hinterfragt. In einem zweiten Teil erfolgt eine Identifikation stochastischer Trends und deren Einschätzung.

20 siehe die Anmerkung zu Kapitel 1 (vertiefende Literatur)

Metz, Rainer Trend, Lange Wellen, Strukurbrüche oder nur Zufall? in: Metz, Rainer: Auf der Suche nach den Langen Wellen der Konjunktur, Stuttgart 2008, S. 319–366	Der Aufsatz geht der Frage nach, was die langfristige Entwicklung des deutschen Bruttoinlandsprodukts bestimmt. Dabei werden u.a die „Normalwachstumshypothese", die „Catching up"-Hypothese und die „Strukturbruchhypothese" thematisiert. Schwerpunkt bildet allerdings die stochastische Trendhypothese, die die vorgenannten radikal in Frage stellt.
Plickert, Philipp Konjunkturprognosen sind besser als ein Münzwurf, Frankfurter Allgemeine Zeitung, 25. Juli 2008, S. 15	Detaillierte Darstellung der Schwierigkeiten, eine Konjunkturprognose zu erstellen. Beschrieben werden u.a einge Modelle mit ihren Gleichungen und Variablen, aber auch die Annahmen der Forscher hinsichtlich der Ölpreisentwicklung des Jahres 2008, die mit der Realität des Jahres 2008 verglichen werden.
Schmid, Klaus-Peter Falsch gerechnet, Die Zeit, Nr. 43 20. Oktober 2005, S. 30	Im Artikel werden kurz und leicht verständlich die Gründe aufgeführt, warum Prognosen häufig wenig treffsicher sind und was die Forschungsinstitute für eine Verbesserung unternehmen.
Schumpeter, Joseph A. Konjunkturzyklen, Göttingen 2008	Klassiker, wenn auch mit seinen über 1000 Seiten – zu umfangreich? – nur für Interessierte, zeigt aber eine Fülle von interessanten Gedanken aus den 40er Jahren des letzten Jahrhunderts.

4 Theoretische Erklärung: Problemstellung

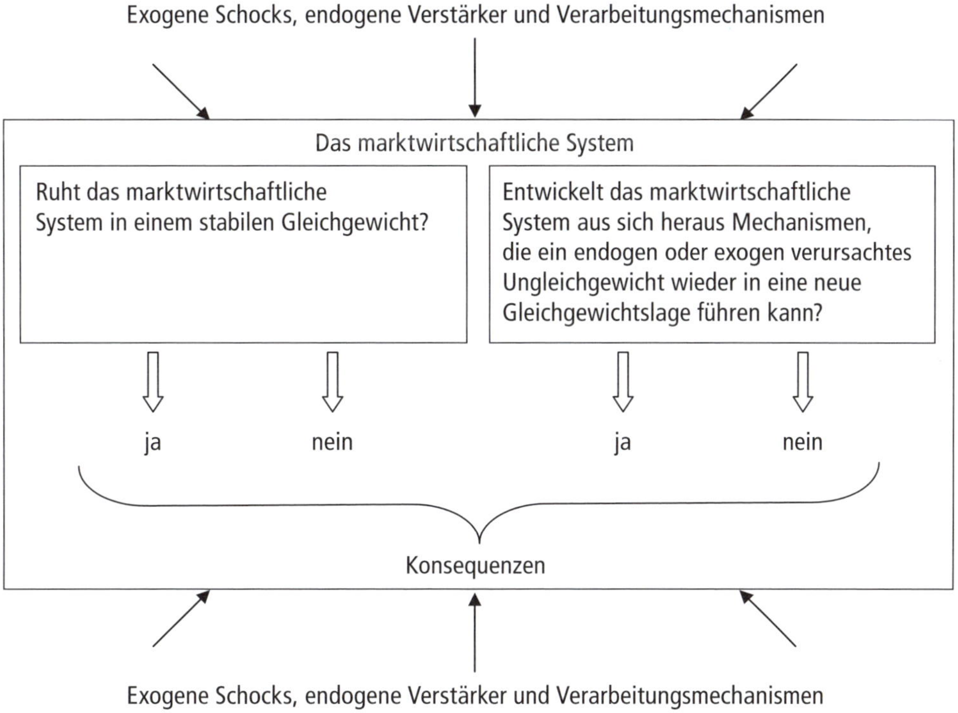

Leitfragen

- Wie lassen sich die unterschiedlichen theoretischen Erklärungen erfassen und unterscheiden?
- Ist es notwendig alle Theorien zu kennen um einen Vergleich durchführen zu können oder lassen sich gewisse Grundmuster identifizieren, die einen Vergleich ermöglichen?

4.1 Problemstellung und -analyse

Eine der Aufgaben der Volkswirtschaftslehre ist es, **die wirtschaftliche Realität zu erklären.**[1] Sollen Erklärungen gegeben werden, ist es notwendig, auf ein theoretisches Gerüst zurückzugreifen, sodass Ursachen für bestimme Zustände bzw. Entwicklungen entdeckt werden können. Weiterhn soll das Gerüst dazu dienen, Maßnahmen und deren Wirkungen vorzuschlagen, die die vorgefundenen Zustände verbessern bzw. bestimmte Entwicklungen beschleunigen oder verhindern.

Zunächst ist jedoch zwischen der **mikroökonomischen** und **der makroökonomischen Betrachtungsweise** zu unterscheiden.

Bei der **mikroökonomischen Betrachtungsweise** wird der einzelne Verbraucher als Teil der wirtschaftlichen Realität betrachtet.[2] Gleichzeitig beeinflusst diese wirtschaftliche Realität und die dort ablaufenden Prozesse seine Entscheidungen. Im Rahmen der mikroökonomischen Betrachtung wird der Markt für ein einzelnes Produkt betrachtet, dabei liegt das Einkommen der Verbraucher fest, d. h. das Einkommen ist eine **exogene Größe**.

In der **makroökonomischen Betrachtung** wird der o. g. wirtschaftliche Prozess als **endogene Größe** betrachtet, d. h. die Einkommen der Verbraucher werden vom Marktprozess selbst mit bestimmt. Aus diesem Grund müssen die gesamtwirtschaftliche Nachfrage und das gesamtwirtschaftliche Angebot in anderer Weise hergeleitet werden. Darüber hinaus ist zu beachten, dass in der Makroökonomie Aggregate von individuellen Größen berücksichtigt werden. Das Verhalten ist stets als eine durchschnittliche Größe zu betrachten.

Im Folgenden werden Aspekte/Teile der Makroökonomie dargestellt. Sie sind Theorien über die Abhängigkeiten zwischen gesamtwirtschaftlichen Aggregaten. In der VGR sind diese bereits beschrieben und definiert worden, sie sind kreislauftheoretisch begründet und eher kurzfristig orientiert. Während die VGR eine Ex-post-Betrachtung ist, werden im Folgenden geplante Größen (ex-ante) betrachtet.[3]

Die Darstellung in den Kapiteln 2 und 3 haben deutlich gemacht:

- die wirtschaftspolitischen Ziele wurden und werden – z. T. deutlich – verfehlt;
- die konjunkturelle Entwicklung unterliegt Schwankungen.

Daraus lässt sich als Aufgabe „ableiten“, **theoretische Erklärungen** und **Gründe**

- für die festgestellten Schwankungen

und – eng damit zusammenhängend –

[1] vgl. Theiler, S. 4
[2] vgl. Theiler, S. 6
[3] vgl. Kapitel 1.3

- **für die häufig anzutreffende Zielverfehlung**

zu finden und in sich schlüssig zu analysieren.

Aufgrund der im Kapitel 3.1 dargelegten schwer durchzuführenden Trennung zwischen Konjunktur und Wachstum wird darauf im Folgenden verzichtet (den Schwerpunkt bildet allerdings die Konjunktur).

Ein etwas intensiverer Blick in die Fachliteratur zeigt, dass es zahlreiche Theorien gibt, die sich mit der Konjunktur/den Konjunkturschwankungen und dem Wachstumsprozess befassen. Es kann nicht Ziel dieser Einführung sein, all diese Theorien vorzustellen. Es wird statt dessen der Versuch unternommen, **alternative Grundmuster der theoretischen Erklärung** herauszuarbeiten und diese als Grundlage des Vergleichs der unterschiedlichen Theorien (Erklärungen) zu verwenden. Somit steht am Ende eine Art Raster zur Verfügung, in das die unterschiedlichen Theorien eingeordnet werden können.

Als „Vergleichsmaßstäbe"/Kriterien sollen dabei

- die sog. inhärente Stabilität
- die Verarbeitung sog. exogener Schocks und endogener Verstärker

dienen.

„Ökonomische Theorien sind das Material, aus dem Ideologien gezimmert werden, und Ideologien sind an Interessen gebundene Weltdeutungen. Je nach Interesssenlage der Machtträger wird die passende Ideologie selektiert".[4]

Vielleicht kann auch ein Beitrag dazu geleistet werden, Ideologien und Interessen zu durchschauen und sich ein eigenes – besseres – Verständnis zu verschaffen.

Definition exogen:

➔ **Von außen wirkend, von außen stammend.**

Definition endogen:

➔ **Von innen wirkend, im Inneren entstehend/befindlich.**

4.2 Inhärente Stabilität (Stabilitätshypothese)

In einer Marktwirtschaft treffen die privaten Haushalte tagtäglich Millionen von Kauf- und Sparentscheidungen, entsprechend treffen die privaten Unternehmen tagtäglich Millionen Produktions- und Investitionsentscheidungen.

[4] Zinn, S. 36

Beispiel:

Die Familien Galker, Hentschke und Ummert planen seit längerer Zeit ihre Häuser zu renovieren, d.h. primär: Maßnahmen zur Wärmedämmung durchzuführen und eine neue – energiesparende- Heizungsanlage zu installieren. Ausgangspunkte ihrer Überlegungen waren und sind die langfristige Entwicklung der Energiepreise sowie staatliche Verordnungen zur Hausdämmung. Nachdem sie sich unabhängig voneinander im Internet und in Verbraucher- Zeitschriften informiert hatten, stellten sie fest, dass sehr viele Haushalte ebenfalls diese Überlegungen angestellt hatten bzw. gerade anstellen.

Nach einer ersten Kontaktaufnahme mit mehreren Anbietern wurde deutlich, dass aufgrund der hohen Nachfrage mit z.T. sehr langen Lieferzeiten zu rechen sein wird. Ein Unternehmen berichtete, dass gerade erst die Produktion umgestellt würde und in ca. 5–6 Monaten geliefert werden könne. Zwei weitere Unternehmen könnten in 2–3 Monaten liefern. Alle Unternehmen berichteten allerdings, dass sie selbst von ihren Lieferanten für Vorprodukte ebenfalls auf lange Lieferzeiten hingewiesen würden, sodass es immer wieder zu Verzögerungen kommen könnte. Nur für eine „alte und weniger effiziente Heizungsanlage" war ein kurzfristiger Einbau möglich. Die Lieferung von Solarzellen für das Dach hatte jedoch die längste Lieferzeit.

Das Beispiel macht deutlich, dass die veränderte Nachfrage auf ein Angebot trifft, dass sich noch nicht auf die neue Nachfrage eingestellt hat. Einige Unternehmen brauchen noch sehr viel Zeit für die Umstellung, andere weniger. Anscheinend haben diese eher die veränderte Nachfage wahrgenommen. Das hier deutlich werdende hohe Maß an Flexibilität und Kreativität fördert zweifellos die konjunkturelle Entwicklung und das Wachstum. Die Haushalte nutzen ihre Entscheidungsspielräume bezüglich Konsumieren und Sparen relativ autonom. Auf dem Markt treten sie als Nachfrager für Güter und Dienstleistungen auf. Die Unternehmen treten als Anbieter auf. Gleichzeitig sind die Unternehmen aber auch Nachfrager nach Investitionsgütern, die von anderen Unternehmen angeboten werden. Ebenfalls wird hier kurzfristig ein Auseinanderklaffen von Angebot und Nachfrage deutlich, d.h. Schwankungen von Angebot und Nachfrage. Dieses Problem kann selbstverständlich bei anderen Produkten und auf anderen Märkte ebenfalls entstehen (z.B. Hybrid-Autos).

Theoretisch relevant und interessant ist jedoch die Frage „Woher kommen diese Änderungen/ Schwankungen?" Grundsätzlich können die Ursachen für diese Schwankungen im System der Wirtschaft liegen (endogen) oder von außerhalb des Systems der Wirtschaft (exogen) kommen. Für die Beantwortung dieser letzten Fragestellung ist eine Grundüberzeugung wichtig, mit der auf das marktwirtschaftliche System geblickt wird. „Ist das marktwirtschaftliche System in sich stabil oder nicht?"

Die Frage nach der sog. inhärenten Stabilität (des marktwirtschaftlichen Systems) stellt sich in **zweifacher Hinsicht**, deren jeweilige Beantwortung weitreichende Konsequenzen in theoretischer und politischer Hinsicht hat.[5]

[5] vgl. dazu Glastetter, S. 27ff

Frage 1:

Ruht das marktwirtschaftliche System in einem stabilen Gleichgewicht (inhärente Stabilität I)?

ja	nein
dann können Schwankungen nur von außen (exogen) verursacht werden: exogene Konjunkturtheorie	dann können Schwankungen von innen und außen (endogen und exogen) verursacht werden: endogene Konjunkturtheorie
Konsequenz: Konjunkturpolitik „überflüssig"	Konsequenz: Konjunkturpolitik nötig (System daran hindern, in Schwingungen zu geraten)

Frage 2:

Entwickelt das marktwirtschaftliche System aus sich heraus Mechanismen, die ein (endogen oder exogen) verursachtes Ungleichgewicht in eine neue Gleichgewichtslage führen kann (inhärente Stabilität II)?

ja	nein
endogene Konjunkturverarbeitung.	
Konsequenz: Konjunkturpolitik eher hinderlich (dysfunktional)	Konsequenz: Konjunkturpolitik nötig

Schaubild 4.1: Fragen zur inhärenten Stabilität

Die Realität zeigt allerdings, dass diese „inhärente Stabilität" immer wieder beeinträchtigt wird bzw. umfassend gestört wird. Diese Beobachtung führt dazu, dass nach den Ursachen für diese Entwicklung gesucht werden muss.

4.3 Störungen der inhärenten Stabilität

Beispiel (Fortsetzung):

Die drei Familein Galker, Hentschke und Ummert haben sich schon längere Zeit mit der Notwendigkeit des Energiesparens beschäftigt. Vielleicht haben aber viele andere Familien aufgrund der Nuklearkatastrophe in Fukushima (Japan) und der Debatte um Atomstrom jetzt ihre Überlegungen konkretisiert und treten ebenso als Nachfrager für z. B. Solarstrom auf.

Durch die Fortsetzung des Beispiel tritt der Aspekt „exogene Schocks" in den Blickpunkt.

Unabhängig von der konkreten Ausgestaltung theoretischer Erklärungsansätze kann davon ausgegangen werden, dass „exogene Schocks" für die volkswirtschaftliche Entwicklung eine wichtige Rolle spielen können.

4.3.1 Exogene Schocks

Exogene Schocks können aus ganz unterschiedlichen Dimensionen herrühren und negative wie auch positive Auswirkungen haben.

> Definition Exogene Schocks:
>
> ➔ **Von außerhalb des marktwirtschaftlichen Systems auf dieses einwirkende starke Erschütterungen.**

Exogene Schocks

Psychologische Stimmungslagen	Technischer Fortschritt	Bevölkerungsentwicklung
Angst und/oder Unsicherheiten vor bedrohlichen Situationen (Atomunfall), aber auch Kaufzurückhaltung aufgrund befürchteter Arbeitslosigkeit, Investitionszurückhaltung aufgrund politischer Unsicherheiten (Einführung neuer Gesetze, Regierungswechsel, Krieg).	Erfindungen grundlegender Art, die zu Produkt- und/oder Prozessinnovationen führen, sodass neue Bedarfsfelder und/oder Investitionsfelder erschlossen werden bzw. bestehende Investitionen obsolet werden (z.B. der Bereich der Computertechnologie).	Schrumpfende bzw. wachsende Bevölkerung aufgrund der Geburtenrate, der Zu-/Abwanderung und sich daraus ergebende Bedarfsverschiebungen und Veränderungen des Nachfragepotenzials, wodurch wiederum positive oder negative Investitionsaktivitäten resultieren.

> **Als Ergebnis kann festgehalten werden:**

- die Existenz exogener Schocks ist unstrittig;
- die Wirkung auf die Volkswirtschaft und damit als Auslöser für Schwankungen ist ebenfalls unstrittig;
- die Erklärungskraft für die **Periodizität der Konjunkturschwankungen**[6] ist jedoch eingeschränkt, da nicht unterstellt werden kann, dass exogene Schocks mit einer gewissen Regelmäßigkeit – hinsichtlich Zeitpunkt und Intensität – auftreten.

[6] vgl. Kapitel 3.2.1

Somit müssen im marktwirtschaftlichen System weitere Elemente vorhanden sein, die eine zyklische Eigendynamik aufweisen. Ursachen für diese Störungen können allerdings auch von innen (endogen) heraus kommen, sodass ein Blick „in das System Wirtschaft" erforderlich wird.

4.3.2 Endogene Verstärker und Verarbeitungsprozesse

Bei einer genaueren und tieferen Betrachtung des „Systems Wirtschaft" lassen sich – theoretisch und empirisch – zwei Aspekte entdecken.

Beispiel:

Die Drees GmbH ist Anbieter für hochwertige Schuhe. Aufgrund ständiger Innovationen und modischer Neuerungen ist die Nachfrage während der letzten zwei Jahre kontinuierlich gestiegen. Deshalb hat sich das Unternehmen zum Bau einer neuen Produktionshalle mit zwei neuen Produktionslinien entschlossen. Das Bauunternehmen Lang & Partner führt den Bau der Halle durch, für die das Unternehmen 10 neue Mitarbeiter einstellt. Die gesamte Bauzeit beträgt 3 Monate. Für die Installation der Produktionsmaschinen ist die Pfahl AG zuständig. Dieses Unternehmen hat für den Aufbau und die erste Wartung der Gesamtanlage 5 Ingenieure einstellt. Der zeitliche Rahmen des Auftrages ist mit 2 Monaten angesetzt. Die neuen Mitarbeiter sollen später übernommen werden. Nach insgesamt fünf Monaten ist dieses gesamte Investitionsvorhaben abgeschlossen und die Kapazität der Drees GmbH um 10 % gestiegen.

Bei der Betrachtung des Beispiels im Zeitablauf werden zwei Effekte deutlich:

- Das Bauunternehmen stellt 10 neue Mitarbeiter zusätzlich ein, die vorher z. B. arbeitslos waren, sodass für sie das Einkommen während der Zeit steigt (aktuelles Einkommen abzüglich des Arbeitslosengelds = zusätzliches Einkommen). Bei der Pfahl AG betrifft dieser Effekt die 5 Ingenieure. Da sie direkt von der Universität kommen, ist das zusätzliche Einkommen höher. Während der 5 Monate der Durchführung der Investition verfügten somit 15 Personen über mehr Einkommern – im Vergleich zur Zeit vor Beginn der Investition. Dieses Einkommen stellt zusätzliche Nachfrage am Markt dar, für das ein Angebot vorhanden sein muss/sollte. Dieser Effekt wird **Einkommenseffekt** genannt.
- Nach Beendigung des Investitionsvorhabens stellt die Drees GmbH 10 % mehr Schuhe her. Dieser Effekt wird **Kapazitätseffekt** genannt.

Für die eingestellten Mitarbeiter ist zu hoffen, dass sie dauerhaft im Unternehmen beschäftigt werden können. Für die Dress GmbH ist zu hoffen, dass genügend zusätzliche Nachfrage nach Schuhen vorhanden ist, sodass die Gewinnaussichten positiv bleiben.

Für dieses zusätzliche Angebot an Schuhen ist jedoch auch eine zusätzliche Nachfrage erforderlich.

Beispiel:

Das Spedtionsunternehmen Widukind Logistik AG plant den Neubau einer Lagerhalle. Dafür beauftragt sie das Bauunternehmen Vollmer AG. Die Vollmer AG stellt dafür zwei neue Mitarbeiter ein, die vorher arbeitslos waren.

Deutlich wird:

- dass eine Investition einen Einkommens- und einen Kapazitätsaspekt auslöst;
- dass der Einkommenseffekt einer Investition mit dem Kapazitätseffekt anderer Investitionen in Verbindung steht und beide quasi zusammenwirken.

Im Schaubild 4.2 wird das zeitliche Zusammenwirken des Einkommens- und des Kapazitätseffekts verdeutlicht.

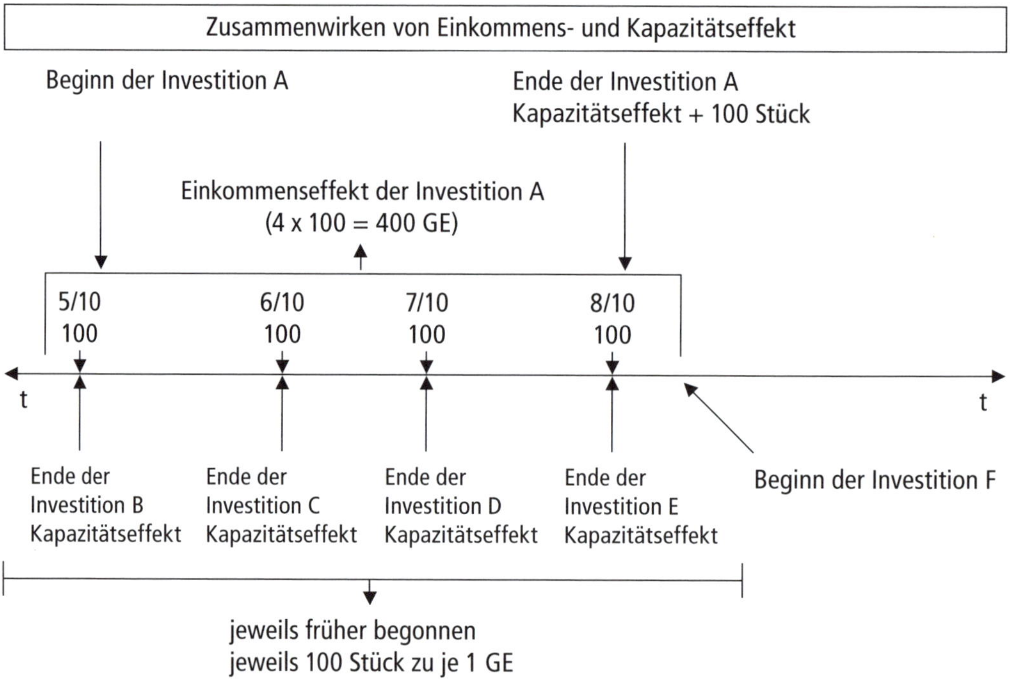

Schaubild 4.2: Zusammenwirken von Einkommens- und Kapazitätseffekt

Hinsichtlich des Zusammenwirkens beider Effekte kann allgemein Folgendes festgestellt werden:

Kapazitätseffekt > Einkommenseffekt:	Kapazitätseffekt < Einkommenseffekt:
zumindest temporär unterausgelastete Kapazitäten, langfristig möglich/nötig: Kapazitätsabbau, Rückgang der Investitionen	zumindest temporär überbeanspruchte Kapazitäten, langfristig möglich/nötig: Kapazitätsaufbau, Beschleunigung der Investitionen

Die gesamtwirtschaftlichen Wirkungen einer Investition werden im nachfolgenden Schaubild verdeutlicht.

Gesamtwirtschaftliche Wirkungen von Investitionen

Einkommenseffekt (Erhöhung des Volkseinkommen - unter Berücksichtigung des Multiplikatoreffekts[7])	Kapazitätseffekt (Vergrößerung des Produktionspotenzials)
besteht darin,	besteht darin,
dass bei der Erstellung von Investitionen Einkommen entstehen (z.B. aufgrund neuer Arbeitsplätze). Steigende Investitionen führen zu mehr Arbeitsplätzen und steigenden Einkommen, daraus folgt ein steigender Konsum. Es wird ein expansiver kumulativer Prozess ausgelöst. Umgekehrt bewirkt ein Nachlassen der Investitionstätigkeit über Entlassungen, sinkende Einkommen, sinkenden Konsum, sinkende Konsumgüternachfrage/-produktion, sinkende Einkommen einen kontraktiven kumulativen Prozess.	dass positive Nettoinvestitionen bei Ausrüstungen die Produktionskapazität (bei Fertigstellung) einer Volkswirtschaft erhöhen. Sie sind Voraussetzung für wirtschaftliches Wachstum. Sind die Nettoinvestitionen rückläufig oder gar negativ, wird der Wachstumsprozess gebremst oder gar gestoppt. Zu beachten ist allerdings: Nicht alle Investitionen haben einen Kapazitätseffekt, z.B. erhöht ein fertiggestelltes Wohnhaus nicht die Produktionskapazität.
Investitionen können über diesen Effekt konjunkturelle Schwankungen hervorrufen	Investitionen sind über diesen Effekt eine wesentliche Komponente des Wachstums
ist primär für die Analyse von konjunkturellen Prozessen wichtig	ist primär für die Analyse von Wachstumsprozessen wichtig

DESHALB: Beeinflussung der Unternehmensinvestitionen spielen eine zentrale Rolle in der Wirtschaftspolitik und der wirtschaftspolitischen Diskussion.

Schaubild 4.3: Gesamtwirtschaftliche Wirkungen von Investitionen

Der Einkommenseffekt schlägt sich – wie im Beispiel beschrieben – in Konsumausgaben nieder. Der Kapazitätseffekt, der das Potenzialwachstum verdeutlicht, schlägt sich in Bruttoanlageinvestitionen (z.B. in Ausrüstungs- und Bauinvestitionen) nieder.

Eine Analyse empirischer Daten zeigt die sehr unterschiedliche Schwingungsintensität im Zeitablauf, sodass hier anscheinend Elemente identifiziert worden sind, die zu einer **zyklischen Eigendynamik der Marktwirtschaft** beitragen.

7 vgl. Kapitel 6.2.1.2 (Exkurs)

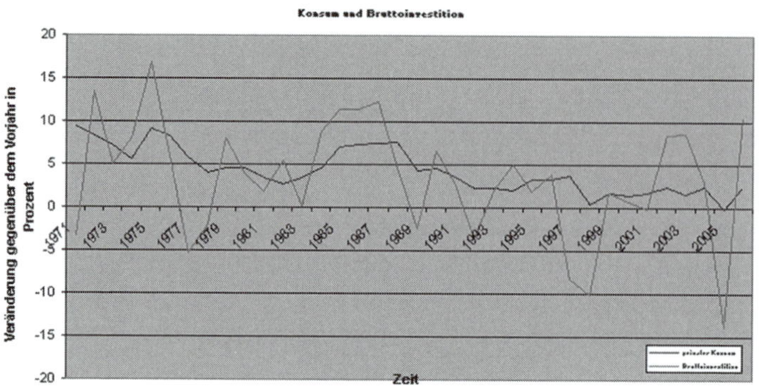

Schaubild 4.4: Privater Konsum und Bruttoinvestitionen[8]

Neben dem **inländischen Investitionsprozess** und der **Entwicklung des privaten Konsums** sind **die Entwicklung der Einkommen (Arbeitnehmerentgelte)** und die **Unternehmens- und Vermögenseinkommen** im Zeitablauf zu betrachten.

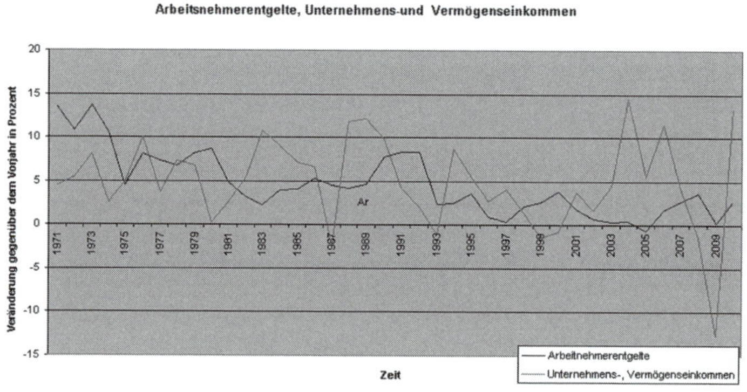

Schaubild 4.5: Arbeitnehmerentgelt, Unternehmens- und Vermögenseinkommen[9]

Auch hier ist eine größere Schwingungssintensität bei den Unternehmens- und Vermögenseinkommen zu erkennen. Ursache dafür ist, dass im Konjunkturaufschwung sich zunächst die Gewinn- und Vermögenseinkommen erhöhen, anschließend die Arbeitseinkommen. Diese Entwicklung ist plausibel, da beim Aufschwung aufgrund der Absatzsteigerungen die Gewinneinkommen steigen, die Arbeitseinkommen aber wegen der noch gültigen tarifvertraglichen Regelungen noch auf konstantem Niveau verbleiben. Somit sind Disproportionalitäten in der Einkommensentwicklung identifizierbar.

Die Löhne/Gehälter haben für die Unternehmen einen ambivalenten Charakter. Einerseits stellen sie Kaufkraft dar, die für die Nachfrage nach Produkten erforderlich ist. Andererseits stellen sie Kosten dar, die bei der Produktion der Güter anfallen. Diese Ambivalenz begründet eine zusätzliche Eigendynamik des marktwirtschaftlichen Sys-

8 vgl. o. V. Volkswirtschaftliche Gesamtrechnung, Fachserie 18, Tabelle 3.1

9 vgl. o. V. Volkswirtschaftliche Gesamtrechnung, Fachserie 18, Tabelle 1.3

tems. Eine verzögerte Lohn/Gehaltsanpassung im Aufschwung bedeutet sowohl eine Kostenentlastung als auch einen Gewinnvorteil für die Unternehmen. Diese Situation kann die Unternehmen zu einer höheren Investitionsbereitschaft veranlassen, in der die Gefahr einer Überinvestition nicht auszuschließen ist, da eine Lohnkosten„Entlastung" gleichzeitig ein Kaufkraftdefizit bedeutet. Die nachlassende Investitionsbereitschaft kann darüber hinaus noch verstärkt tangiert werden, wenn Lohnanpassungen im Tarifvertrag durchgeführt werden. Der Lohnanstieg wird dann primär als Kostenanstieg interpretiert.

Dieser Entwicklungsprozess kann durch einige Aspekte modifiziert werden:

- positive Beschäftigungseffekte im Aufschwung (durch neue Arbeitsplätze);
- übertarifliche Lohnzahlungen[10];
- autonome Investitionen, die von der Nachfrageentwicklung und der Kapazitätsauslastung unabhängig sind, z. B. Sicherung der internationalen Wettbewerbsfähigkeit, Nutzung von Energiesparpotenzialen.

Der grundsätzlichen Erkenntnis stehen diese Gedanken jedoch nicht im Wege.

Zusammenfassend kann festgehalten werden:

- Der **inländische Investitionsprozess** der privaten Unternehmen weist eine höhere Schwankungsintensität gegenüber dem privaten (und staatlichen) Inlandsverbrauch auf.
- Die im Verlauf des Produktions- und Investitionsprozesses entstehenden **Einkommen** (**Arbeitnehmerentgelte** und **Unternehmens- und Vermögenseinkommen**) entwickeln sich im Konjunkturverlauf unterschiedlich.

Die konkrete **Ausprägung der Schwingungsintensität** hängt ab:

- **einerseits** von den Antworten auf die beiden folgenden Fragen:
  - Wie viel des Einkommenszuwachsens wird für die Konsumgüter ausgegeben? d. h. vom Grad der Verbrauchsneigung.[11]
  - Wie setzt sich der ausgelöste Zusatzverbrauch in der gesamten Volkswirtschaft fort: ➔ Zusatzproduktion ➔ Zusatzeinkommen ➔ zusätzliches Zusatzeinkommen etc?[12]
- **andererseits** von der Reaktion des Investitionsvolumens aufgrund der Veränderung des Nachfragevolumens.[13]

---

10 vgl. Kapitel 6.2.1.2

11 vgl. Kapitel 5 und 6

12 vgl. zum Multiplikatoreffekt Kapitel. 6.2.1.2 (Exkurs)

13 vgl. zum Akzelerator und Multiplikator-Akzelerator-Modell Kapitel 6.8.1.5 (Exkurs).

4.3.3 Ergebnis der Analyse

Exogene Schocks und endogene Verstärker, die Schwankungen in den Erwartungshaltungen von privaten Haushalten und Unternehmen auslösen können, sind somit im marktwirtschaftlichen Prozess identifizierbar.

Mit den obigen Ausführungen sollte auf gar keinen Fall eine Konjunkturtheorie formuliert werden, diese müsste erst die folgenden Fragen klären:

- Wann setzen Schwingungen ein?
- Wodurch bestimmt sich die Schwingungsintensität?
- Wovon hängt es ab, ob diese Schwingungsintensität gleich bleibt, sich vergrößert oder verkleinert?

Diese Fragen sind nur unter Zugrundelegung zahlreicher hypothetischer Verlaufsannahmen zu beantworten.

Es sollte jedoch gezeigt werden:

Neben exogenen Schocks sind folgende endogene Verstärker zu identifizieren:

- überdurchschnittliche Schwingungsintensität der Investitionstätigkeit;
- disproportionale Entwicklungen im Einkommensbereich.

Diese können im Bereich der Erwartungshaltungen bei

- den Gewinnen,
- der Kapazitätsauslastung,
- der Kostenbelastung

Schwankungen auftreten lassen.

Diese Prozessdeterminanten können und sollen hier nicht näher analysiert werden.

Wichtige Erkenntnis ist allerdings: diese Eigendynamik des Prozesses ermöglicht die Erklärung von Periodizität.

In den nachfolgenden Kapiteln wird der Frage nachgegangen, wie sich diese Erkenntnisse von exogenen Schocks und endogenen Verstärkern in den einzelnen theoretischen Erklärungsmustern identifizieren lassen.

4.4 Zusammenfassung

Fragestellung zur Analyse des marktwirtschaftlichen Systems	
Ruht das marktwirtschaftliche System in einem stabilen Gleichgewicht (inhärente Stabilität I)?	• ja • nein
Entwickelt das marktwirtschaftliche System aus sich heraus Mechanismen, die ein (endogen oder exogen) verursachtes Ungleichgewicht in eine neue Gleichgewichtslage führen kann (inhärente Stabilität II)?	• ja • nein

Exogene Schocks	endogene Verstärker und Verarbeitungsmechanismen
• psychologische Stimmungslagen • technischer Fortschritt • Bevölkerungsentwicklung	inländischer Investitionsprozess Einkommens- und Kapazitätseffekt

4.5 Kontrollaufgaben

Teil A[14]

1.
Wenn exogen oder endogen verursachte Schwankungen auftreten, dann ist eine

a	Konjunkturpolitik nötig;
b	Konjunkturpolitik überflüssig;
c	Konjunkturpolitik eher hinderlich;
d	mal sinnvoll, mal weniger sinnvoll.

2.
Ist der Kapazitätseffekt größer als der Einkommenseffekt, ergeben sich

a	zumindest temporäre Überkapazitäten.
b	beschleunigte Investitionen.
c	mittel-/bzw. langfristig Investitionsrückgänge.
d	keine gravierenden Probleme.

[14] Es ist jeweils nur eine Lösung richtig.

3.
Im Mai 2010 wird eine Investition begonnen (Einkommenseffekt 200 EUR im Monat). Sie dauert planmäßig drei Monate, es ergibt sich dann ein Kapazitätseffekt in Höhe von 800 Stück (je 2 EUR). Für einen gleichgewichtigen Verlauf der wirtschaftlichen Entwicklung muß dann im Mai

a	eine Investition B beendet werden, deren Kapazitätseffekt 200 Stück (je 1 EUR) beträgt.
b	eine Investition B beendet werden, deren Einkommenseffekt 200 EUR umfasst.
c	im August eine Investition B begonnen werden, deren Einkommenseffekt monatlich 200 EUR umfasst.
d	im August eine Investition B begonnen werden, deren Kapazitätseffekt monatlich 800 Stück umfasst.

Teil B

1.
Formulieren Sie die Fragen zur inhärenten Stabilität I und II mit eigenen Worten.

2.
Beschreiben Sie die Konsequenzen für die Konjunkturpolitik, wenn die Fragen zur inhärenten Stabilität I und II mit „nein" beantwortet werden.

3.
Verdeutlichen Sie das Zusammenwirken von Einkommens- und Kapazitätseffekt an einem selbst gewählten Investitionsvorhaben.

4.
Analysieren Sie das folgende Zitat unter Beachtung des Kapazitäts- und des Einkommenseffekts. Stellen Sie fest, ob es richtig zitiert worden ist, ggf. korrigieren sie es.

„Wenn also aus einer gestrigen Investition heute ein zusätzliches Angebot kommt, dann muß durch eine heutige Investition eine zusätzliche Nachfrage geschaffen werden, mit deren Hilfe das Angebot der gestrigen Investition abgesetzt wird. Mit anderen Worten: Es bedarf, damit die Volkswirtschaft wächst, einer Investition in der Gegenwart, die die zusätzliche Kapazität schafft, und einer Investition in der Vergangenheit, die die Kapazität entsprechend wachsen läßt." Quelle: Preiser, E., Wirtschaftspolitik heute, München 1969, S. 27ff.

4.6 Literatur

4.6.1 Zitierte und grundlegende Literatur zum Kapitel 4

Glastetter, Werner Konjunktur- und Wachstumspolitik, Mannheim 1993	Gut lesbares Buch zur Einführung in die Thematik Konjunktur und Wachstum, kommt ganz ohne Formeln aus.
o.V. Volkswirtschaftliche Gesamtrechnung, Fachserie 18, Hrsg. Statistisches Bundesamt, 2010	Umfangreiches Zahlmaterial zu allen Fragen und Themen der Volkswirtschaftlichen Gesamtrechnung
Theiler, Walter Grundlagen der VWL: Mikroökonomie, Konstanz 2011	Lehrbuch, zu diesem Kapitel siehe besonders das Kapitel 1.
Zinn, Karl Georg Die Keynessche Alternative, Hamburg 2008	In diesem Sammelband wird vor den Hintergrund der Krise der Jahre 2008/09 radikal mit den Neo-Liberalisms abgerechnet und Keynes als Alternative vorgestellt.

4.6.2 Vertiefende Literatur zum Kapitel 4[15]

Horn, Karen Im Bann von Smith, Marx, Keynes und Hayek, Frankfurter Allgemeine Zeitung, 8. Dezember 1999, S. 20	Beschreibung, wie die Ideen der Ökonomen und der politischen Philosophen – die Spannbrete reicht von Aristoteles bis zur Spieltheorie – Wirtschaft, Wirtschaftspolitik, Gesellschaft und Ideologie beeinflußt haben – und auch wohl weiter beeinflussen werden.
Krohn, Philipp Schrauben am Modell, Frankfurter Allgemeine Zeitung, 25. Oktober 2010	Kurze und prägnate Beschreibung über die verschiedenen Schwerpunkte der Volkswirtschaftslehre und ihrer zentralen Aussagen und Problemstellungen.

[15] siehe die Anmerkung zu Kapitel 1 (vertiefende Literatur)

5 Die Klassik-Neoklassik als theoretische Erklärung

Klassisch-liberale Theorie
-Prämissen

- Angebot und Nachfrage auf dem Arbeitsmarkt und im
- Angebot und Nachfrage auf dem Geldmarkt und im
- Angebot und Nachfrage auf dem Gütermarkt und im

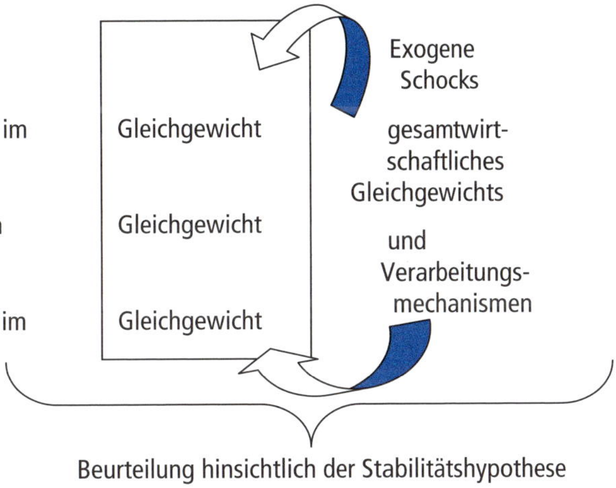

Leitfragen

- Wie lassen sich ökonomische Erscheinungen erklären? Inwieweit ist eine Trennung in unterschiedliche Märkte sinnvoll und nötig?
- Wie lassen sich unbefriedigende ökonomische Situationen erklären und lösen? Ist es sinnvoll aktiv Maßnahmen zu ergreifen oder nicht?

In diesem Kapitel soll überprüft werden, welche Antworten die klassisch-neoklassische Theorie auf die beiden Fragen zur inhärenten Stabilität, die im vorigen Kapitel formuliert wurden, gibt. Zur Beantwortung der **ersten Frage** werden der Arbeits-, der Geld- und der Gütermarkt bezüglich des Gleichgewichts untersucht. Zur Beantwortung der **zweiten Frage** wird eine Analyse der Verarbeitung exogener Störungen, die aufgrund monetärer und realwirtschaftlicher Größen erfolgen, durchgeführt. Eine Beschreibung der Konsequenzen schließt das Kapitel ab.

5.1 Die klassisch-liberale Theorie und ihre Prämissen

Der klassisch-liberalen Theorie geht es darum zu zeigen, dass der Lenkungs- und Allokationsmechanismus des Marktes Wohlfahrsvorteile mit sich bringt. Liberale Ökonomen wie z.B. Smith, Ricardo, Say und Mill haben zwar eine stärker mikroökonomisch als makroökonomisch ausgeprägte Orientierung, geben aber mit ihren Ergebnissen auch Antworten auf makroökonomische Fragestellungen.

Smith, Adam:1723–1790; brit. Moralphilosoph und Volkswirtschaftler, gilt vor allen durch seine Arbeitswertlehre als Begründer der klassischen Nationalökonomie. Sein Hauptwerk ist: Reichtum der Nationen.

Ricardo, David: 1772 –1823; brit. Volkswirtschaftler und wichtiger Vertreter der klassischen Nationalökonomie.

Say, Jean Bapstist: 1767–1832; frz. Nationalökonom, gilt als Begründer der klassischen Nationalökonomie.

Mill, John Stuart: 1806–1873; brit. Philosoph und Nationalökonom, sein Hauptwerk: Grundsätze der politischen Ökonomie, 2 Bände, 1848.

Im Folgenden können nicht alle Details des weiten Feldes der Makroökonomie dargestellt werden. Die theoretischen Ansätze, die heute die Schwerpunkte der makroökonomischen Analyse ausmachen, sind jedoch in Grundzügen behandelt.[1]

Diesem liberalen Modell liegen bestimmte Prämissen zugrunde:

- Privateigentum an Produktionsmitteln, Arbeiten unter marktwirtschaftlichen Bedingungen;
- die privaten Haushalte und Unternehmen handeln rational, d. h. Nutzenmaximierung bei den privaten Haushalten und Gewinnmaximierung bei den Unternehmen;

[1] vgl. zu den folgenden Ausführungen: Braun/Paschke, Paschke, Paraskewopoulos (Hrsg), Bofinger

- die in der Volkswirtschaft erstellte gesamtwirtschaftliche Produktion (Y_r) wird als homogen angesehen, Y_r kann für Konsum- und für Investitionsgüter verwendet werden;
- es herrscht vollkommener Wettbewerb;
- der Output der Volkswirtschaft (Y_r) wird als Funktion des Inputs (der Produktionsfaktoren Arbeit, Boden und Kapital) aufgefasst $Y_r = f(A, B, K)$, Arbeit = A, Boden/Natur = B, Kapital = K, die Produktionsfunktion ist linear-homogen;
- Gültigkeit der Quantitätstheorie des Geldes: Dem Geld wird in dieser Theorie keine eigenständige Bedeutung zugemessen. Die Aufgabe des Geldes besteht lediglich darin, den Tausch der Güter zu erleichtern. Geld kann somit als Medium des Tausches angesehen werden. Jedes Wirtschaftssubjekt hält von seinen Geldeinnahmen nur exakt so viel – liquide – in der Kasse wie es zum Kauf von Gütern benötigt. Es wird nur das Transaktionsmotiv der Kassenhaltung bzw. Geldnachfrage betrachtet;
- es gilt das Say'sche Theorem.

Definition Produktionsfunktion:

➔ **Darunter wird der produktionstechnische Zusammenhang zwischen Faktoreinsatz und potenziellem Faktorertrag verstanden.**

Definition Quantitätstheorie des Geldes:

- **Die relativen Preise werden im güterwirtschaftlichen Sektor bestimmt, die absoluten Preise bzw. das Preisniveau im monetären Sektor (klassische Dichotomie).**
- **Es herrscht Vollbeschäftigung.**
- **Das Geldangebot wird exogen vorgegeben und ist geldpolitisch hinreichend steuerbar.**
- **Geld wird nur für Transaktionszwecke genutzt, da die Zahlungsmodalitäten längerfristig unverändert bleiben, ist die Umlaufgeschwindigkeit des Geldes strukturell eine Konstante.**

Defintion Say'sches Theorem:

➔ **Das Angebot auf einem Markt schafft sich seine eigene Nachfrage.**

Definition Dichotomie:

➔ **In der traditionellen Logik die zweigliedrige Bestimmung eines Begriffes. Hier: keine gegenseitige Beeinflussung von Größen; realer und monetärer Sektor sind unabhängig voneinander.**

Häufig wird in diesem Zusammenhang auch vom klassischen/klassisch-liberalen Paradigma gesprochen.

> Definition Paradigma:
>
> → **Bezeichnet die Gesamtheit von grundlegenden Auffassungen, die in einer wissenschaftlichen Disziplin während einer bestimmten Zeitperiode vorherrschen und dadurch festlegen, was als eine wissenschaftlich befriedigende Lösung angesehen werden kann.**

5.2 Der Arbeitsmarkt

> **Beispiel:**
>
> Marianne Baltschat hat ihre Ausbildung zur Groß- und Außenhandelskauffrau abgebrochen. Kurze Zeit später hat sie geheiratet und Sohn Moritz bekommen. Er ist jetzt 3 Jahre alt. Zuhause versorgt Frau Baltschat das Haus und ihren Sohn. Sie möchte allerdings sobald wie möglich arbeiten. Sollte sie einen Arbeitsplatz bekommen, müsste der Haushalt umorganisiert werden, ggf. müsste eine Putzfrau kommen. Für Moritz wäre dann ein Kindergartenplatz nötig, später ein Platz in der offenen Ganztagsschule. Das kostet Geld. Sie und ihr Mann haben ausgerechnet, dass sie deshalb 10,50 EUR Stundenlohn bekommen müsste.
>
> Bei Angela Krase stellt sich die Situation ähnlich dar: Sie ist verheiratet, hat aber keine Kinder. Das vor drei Jahre erbaute Eigenheim ist allerdings abzuzahlen. Als gelernte Fachkraft für Lagerlogistik mit Berufserfahrung erwartet und erhofft sie sich einen Stundenlohn von 11,20 EUR.
>
> Beim Büroartikelgroßhändler Schlemm & Co. hat eine Mitarbeiterin im Lager gekündigt. Deshalb wird eine Lagerkraft gesucht. Aufgrund der guten Marktlage soll dieser Arbeitsplatz wieder besetzt werden, darüber hinaus zwei evtl. drei neue geschaffen werden. Da nur einfache Tätigkeiten zu verrichten sind, kann das Unternehmen maximal 9,90 EUR Stundenlohn zahlen.
>
> Marianne Baltschat und Angela Krase bewerben sich. Da allerdings ihre Wünsche hinsichtlich des Stundenlohns nicht erfüllt werden, Schlemm & Co bleiben bei 9,90 EUR, überlegen beide, ob es sich lohnt (siehe auch die Fortführung des Beispiels).

In der Volkswirtschaftslehre wird davon ausgegangen, dass die Arbeitnehmer Arbeit anbieten und die Unternehmen diese nachfragen.

Der Arbeitsmarkt nimmt in diesem Modell eine dominierende Stellung ein. Er bestimmt bei den gegebenen technischen Bedingungen alle weiteren wirtschaftlichen Aktivitäten, d. h. durch ihn wird der Reallohn, die Höhe der Beschäftigung und dadurch die gesamte Produktion in der Volkswirtschaft determiniert.[2]

In Anlehnung an Nachfrage und Angebot auf dem Gütermarkt werden die Nachfrage und das Angebot am Arbeitsmarkt zunächst beschrieben.

2 vgl. Theiler, S. 60 ff

5.2.1 Die Nachfrage nach Arbeit durch die Unternehmen

5.2.1.1 Mikroökonomische Überlegungen

Der Verlauf der Nachfragekurve des Unternehmens nach Arbeit ist relativ einleuchtend. Ähnlich wie bei der Nachfrage nach Gütern nimmt die Nachfrage nach Arbeit(-skräften) mit sinkendem Preis, d. h. Lohnsätzen, zu. Dieser fallende Verlauf der Nachfrage nach Arbeit ist auf das Gesetz vom abnehmenden Grenzertrag zurückzuführen. Für eine formale Herleitung der Nachfrage nach Arbeitskräften ist der Einfluss der Zahl der Arbeitsstunden (Zahl der Arbeitskräfte) auf den Gewinn wichtig. Gewinn und Output sollen davon bestimmt werden, wie viele Arbeitskräfte nachgefragt werden.

Ein Unternehmen fragt eine zusätzliche Arbeitstunde/eine zusätzliche Arbeitskraft nur dann nach, wenn der dadurch geschaffene zusätzliche Output bewertet mit den Preisen (abzüglich der Kosten, jedoch ohne Lohnkosten) größer ist als der Lohnsatz.

Beispiel (Fortführung):

Der Büroartikelgroßhändler Schlemm hat ermittelt, dass die zusätzliche Arbeitskraft einen zusätzlichen Umsatz von 1.682,00 EUR generieren kann. (170 zusätzliche Artikel zum durchschnittlichen Preis von 9,90 EUR). Die zusätzlichen Kosten (ohne Lohnkosten) würden sich auf 100,00 EUR belaufen. Bei 160 Stunden Arbeit im Monat würde sich ein zu akzeptierender Stundenlohn von 9,89 EUR ergeben.

Würden durch die zusätzliche Arbeitskraft 180 zusätzliche Artikel verkauft werden können, ergäbe sich ein höherer Stundenlohn.

180 Stück x 9,90 EUR (Stückpreis) = 1.782 EUR – 100 EUR (Kosten) = 1.682 : 160 Stunden = 10,51 EUR Stundenlohn .

195 Stück x 9,90 EUR (Stückpreis) = 1.930,50 EUR – 100 EUR (Kosten) = 1.830,50 : 160 Stunden = 11,44 EUR Stundenlohn.

Aufgrund des Gesetzes vom abnehmenden Grenzertrag sinkt mit jeder zusätzlichen Arbeitsstunde die Grenzproduktivität. Deshalb kommt es früher oder später zu einer Situation, bei der der bewertete Output gerade gleich hoch ist wie der Lohnsatz. Über diesen Punkt hinaus Arbeitskräfte einzustellen, wäre nicht optimal. Da die Gewinnmaximierung gilt, wird ein Unternehmen nur so lange zusätzliche Arbeitskräfte einstellen (nachfragen) bis die zusätzlichen Erlöse (Grenzerlöse, E‘) gleich den zusätzlichen Kosten (Grenzkosten, K‘) sind, die der Einsatz der letzten Einheit Arbeit verursacht.

Diese zusätzlichen Kosten sind der Geldlohnsatz w (Nominallohn), den die Unternehmen für die zusätzliche Arbeit zahlen müssen. Ist P_{Markt} der Marktpreis (der Produkte) und Y_r' der physische Grenzertrag, so kann die folgende Verhaltensgleichung aufgestellt werden:

$$E' = Y_r' * P_{Markt} = K' = w$$

Zur Vereinfachung wird angenommen, dass nur die Arbeit ein variabler Faktor ist. Die übrigen Kosten werden vernachlässigt.

Somit ist das Optimum dann erreicht, wenn die Grenzproduktivität der Arbeit gleich dem Nominallohn, geteilt durch den Preis der produzierten Güter ist (w/P). Daraus ergibt sich z. B. der folgende Verlauf einer Nachfragekurve nach Arbeitskräften eines Unternehmens:

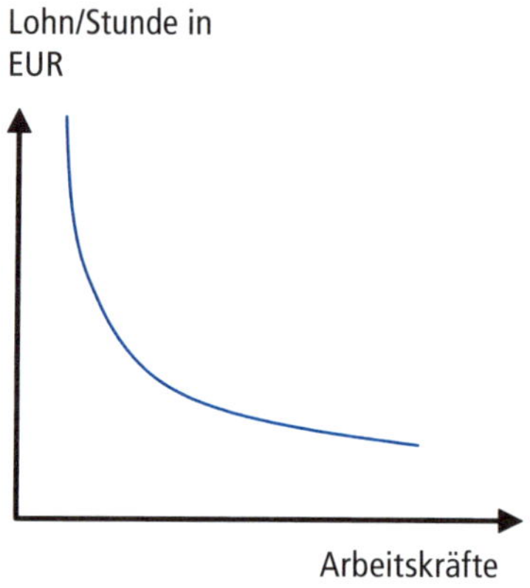

Abbildung 5.1: Nachfrage eines einzelnen Unternehmens nach Arbeitskräften

Die bisherigen Betrachtungen konzentrierten sich auf ein Unternehmen, d. h. auf die Mikroökonomie.

5.2.1.2 Makroökonomische Überlegungen

Analog zur Nachfrage nach Gütern und zur Marktnachfrage kann durch Addition von Nachfragekurven nach Arbeitskräften einzelner Unternehmen die gesamte Nachfragekurve am Markt für Arbeitskräfte ermittelt werden.

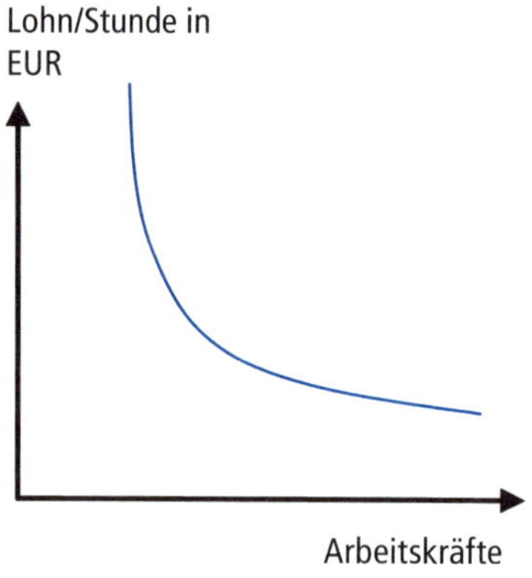

Abbildung 5.2: Marktnachfrage nach Arbeitskräften

Die von den Unternehmen nachgefragte Arbeit hängt ebenso auch von der Qualität und der Quantität der produktionstechnischen Bedingungen ab, d.h. die gesamtwirtschaftliche Produktionsfunktion ist entscheidend $Y_r = f(A)$.

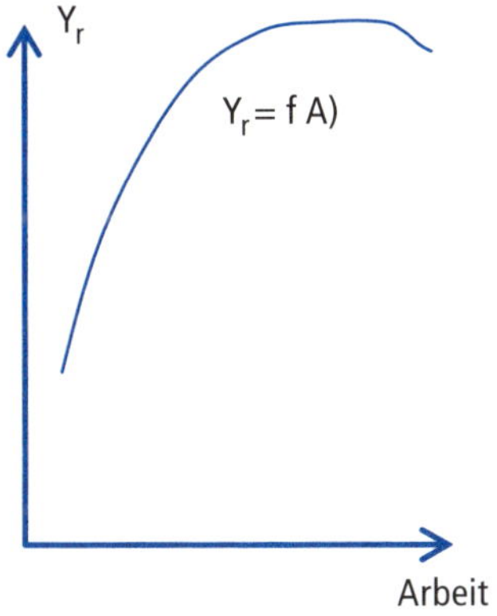

Abbildung 5.3: Produktionsfunktion

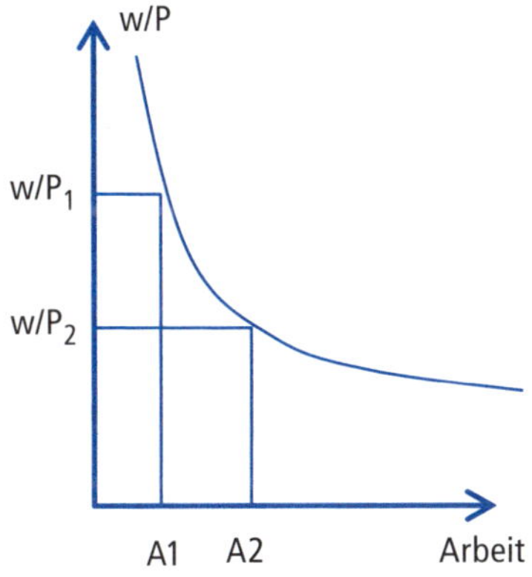

Abbildung 5.4: Gesamtwirtschaftliche Arbeitsnachfrage

Die obige Verhaltensgleichung $E' = Y_r'{}^* P_{Markt} = K' = w$ war mikroökonomisch orientiert.

- **Mikroökonomisch** lässt sich der Geldlohnsatz eines einzelnen Unternehmens leicht identifizieren, **makroökonomisch nicht**. Dazu ist der durchschnittliche Lohnsatz heranzuziehen.
- **Mikroökonomisch** lässt sich der Preis der Produkte, die ein einzelnes Unternehmen herstellt leicht feststellen, **makroökonomisch nicht**; hier ist auf das Preisniveau[3] zurückzugreifen.
- **Mikroökonomisch** lässt sich der – Zuwachs – der Produktion eines einzelnen Unternehmens leicht feststellen, **makroökonomisch nicht**; hier ist der reale Zuwachs des Volkeinkommens zu verwenden.

Die **gesamtwirtschaftliche Arbeitsnachfrage** nimmt so lange zu, bis der durchschnittliche Lohnsatz w gleich dem Produkt von Preisniveau P und dem **Zuwachs des realen Volkseinkommens Y_r** ist, den die zuletzt eingesetzte Arbeitseinheit bei gegebener Produktionsfunktion und gegebenem gesamtwirtschaftlichen Kapitalbestand hervorgebracht hat.

$w = P * Y_r'$ (vgl. Abb. 5.4)

Aufgelöst nach Y_r' ergibt sich $Y_r' = w/P$. Werden beide Überlegungen zusammengeführt, so ergibt sich die nachfolgende Darstellung:

[3] vgl. Kapitel 2.2

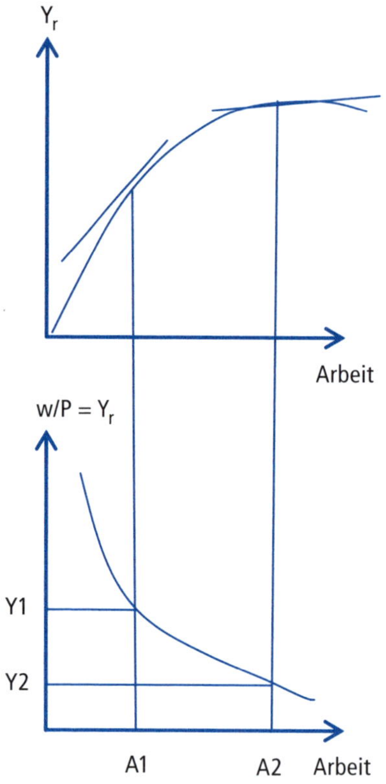

Abbildung 5.5: Gesamtwirtschaftliche Produktionsfunktion und Arbeitsnachfrage

Somit ist die gewinnmaximale Situation in einer Volkswirtschaft dann erreicht, wenn das physische Grenzprodukt der Arbeit $Y_r{}'$ gleich dem Reallohn w/P ist.

Das Grenzprodukt der Arbeit ist nichts anderes als die 1. Ableitung der Produktionsfunktion nach dem Faktor Arbeit. So wird dieses Grenzprodukt steigen, wenn der Arbeitseinsatz sinkt und umgekehrt.

Für die Erhaltung der volkswirtschaftlich gewinnmaximalen und beschäftigungsmaximalen Situation gilt, dass die gesamtwirtschaftliche Nachfrage nach Arbeit A^D bei zunehmendem Reallohn sinkt und bei abnehmendem steigt.

A^D = gesamtwirtschaftliche Nachfrage nach Arbeit (engl. Demand)

$A^D = f(w/P)$

5.2.2 Das Angebot an Arbeit durch die Arbeitnehmer

5.2.2.1 Mikroökonomische Überlegungen (eines einzelnen Haushalts)

Der Verlauf der Angebotskurve für Arbeit (durch/von den Arbeitnehmern) ist ebenfalls relativ einleuchtend. Ist der Preis (der Lohnsatz) hoch, wird viel angeboten, ist er niedrig, wird wenig angeboten.

Bei der formalen Herleitung sind jedoch vorab einige grundsätzliche Überlegungen anzustellen.

Innerhalb der Haushalte findet ein Abwägungsprozess statt zwischen

- dem Nutzen (Vorteil), der durch den erhaltenen Lohn aufgrund von (Mehr-) Arbeit erlangt wird

und dem

- Leid (Nachteil) des Freizeitverzichts.

Ein Nutzenmaximum der Haushalte ist dann erreicht, wenn der Grenznutzen der Arbeit gleich dem Grenz„leid" der Arbeit ist. Erreicht ist dieses Maximum dann, wenn das Verhältnis des Grenznutzens der Güter gleich dem Preisverhältnis der Güter ist.

Durch die Betrachtung des Arbeitsangebots auf der Basis einzelner Arbeitsstunden kann dieses verdeutlicht werden.

Ausgangspunkt ist das pro Tag zur Verfügung stehende Zeitbudget (24 Stunden). Neben 7 Stunden Schlaf und Zeit für Haushaltstätigkeiten etc. (ca. 5 Stunden) bleiben pro Tag 12 Stunden übrig, die zwischen Arbeit und Freizeit aufgeteilt werden können.

Bei einem gewählten Stundenlohn von 8,00 EUR lässt sich folgende Budgetgerade herleiten.

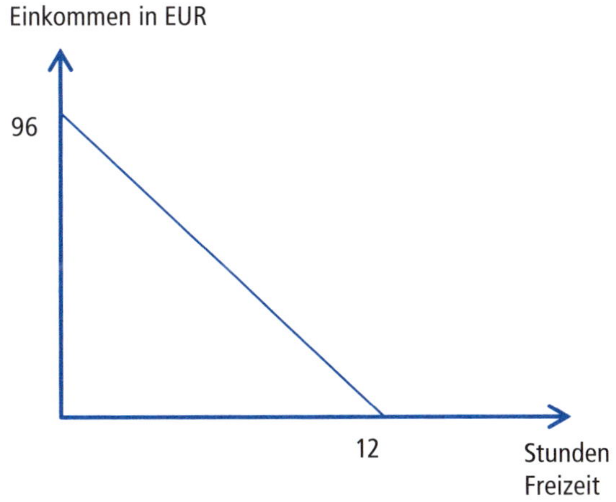

Abbildung 5.6: Budgetgerade bei einem Stundenlohn von 8,00 EUR und 12 Stunden Arbeit/Freizeit

Definition Budgetgerade:

➔ **Geometrischer Ort der Kombination zweier Alternativen (Güter/-bündel), die mit gleichen Einkommen (und bei gegebenen Preisen) realisiert werden kann.**

Bei der Alternative 12 Stunden Freizeit hat der Arbeitnehmer keinerlei Einkommen (Arbeitszeit = 0), bei 0 Stunden Freizeit und 12 Stunden Arbeit beträgt sein Einkommen 96,00 EUR.

Welcher der auf der Budgetgerade liegende Punkt ist der individuelle Optimalpunkt? Dieser hängt von der Nutzenfunktion ab. Um eine optimale Kombination zwischen Einkommen und Freizeit zu finden, kann das bereits bekannte Konzept der Indifferenzkurven herangezogen werden. Es sollte hierbei die Indifferenzkurve gewählt werden, die das höchste Nutzenniveau aufweist.[4]

Definition Indifferenzkurve:

➔ **Sie zeigt die möglichen (Mengen-)kombinationen zweier Alternativen (Güter/-bündel) an, die für den Konsumenten gleich hohen Nutzen stiften, d.h. sie ist der geometrische Ort indifferenter Versorgungslagen/-niveaus.**

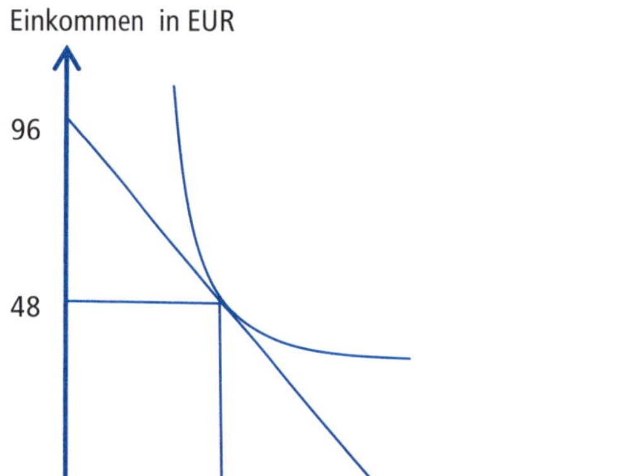

Abbildung 5.7: Budgetgerade und Indifferenzkurve

Aus der Grafik ist ersichtlich, dass bei 6 Stunden Freizeit (= 6 Stunden Arbeit) und einem Einkommen von 48,00 EUR (6 × 8,00 EUR) die optimale Kombination erreicht ist.

Durch Variation des Stundenlohns ändert sich selbstverständlich das Arbeitsangebot, da die Stundenlöhne ein wichtiger Aspekt bei der Nutzenbewertung zwischen Arbeitszeit und Freizeit sind.

---

4 vgl. Theiler, S. 44ff

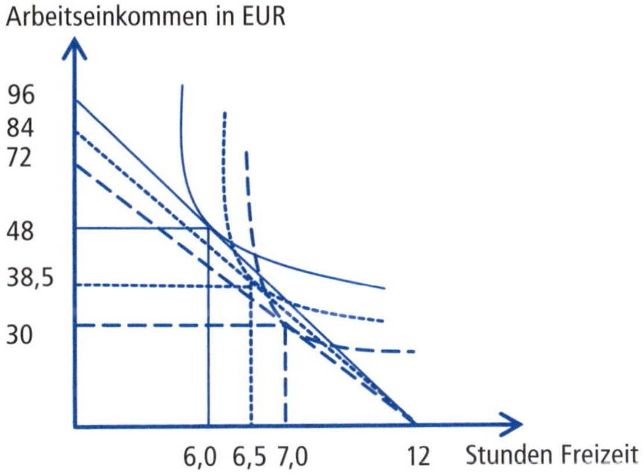

Abbildung 5.8: Optimale Kombination von Arbeit und Freizeit bei alternativen Stundenlöhnen

6,0 Stunden Freizeit = 6,0 Stunden Arbeit x Lohnsatz 8,00 EUR = 48,00 EUR
6,5 Stunden Freizeit = 5,5 Stunden Arbeit x Lohnsatz 7,00 EUR = 38,50 EUR
7,0 Stunden Freizeit = 5,0 Stunden Arbeit x Lohnsatz 6,00 EUR = 30,00 EUR

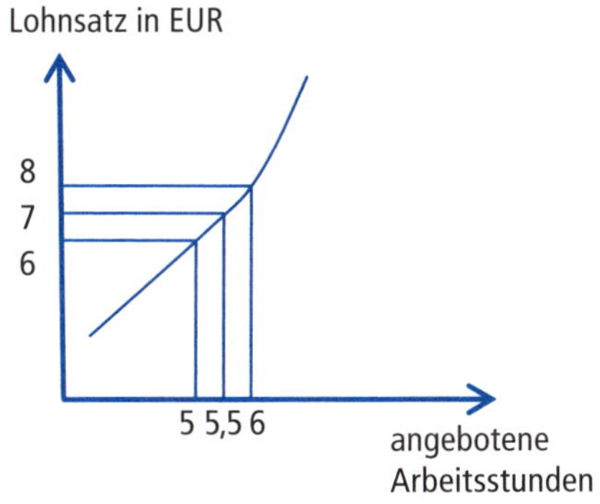

Abbildung 5.9: Lohnsatz und Arbeitsangebot eines einzelnen Arbeitnehmers

Auf der Basis von Arbeitstunden wird es eine Grenze geben, jenseits der es keine Erhöhung des Arbeitsangebotes (des einzelnen Haushalts) gibt.

5.2.2.2 Makroökonomische Überlegungen

Die obige individuelle Arbeitsangebotskurve eines einzelnen Arbeitnehmers soll als repräsentativ angesehen werden; daraus lässt sich die aggregierte Arbeitsangebotskurve herleiten (Basis ist hierbei die Gesamthöhe der angebotenen Arbeitstunden in einer Volkswirtschaft).

Die grundlegende Erkenntnis ändert sich nicht, wenn statt Arbeitsstunden Arbeitskräfte auf der Abszisse abgetragen werden.

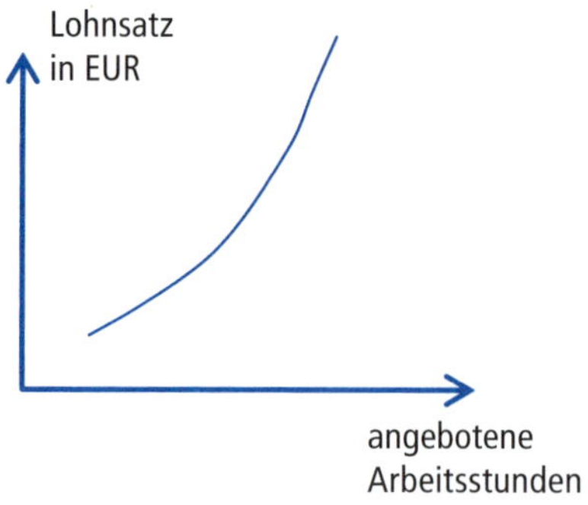

Abbildung 5.10: Marktangebotskurve

Die Arbeitnehmer beachten allerdings hinsichtlich ihres Arbeitsangebots nicht nur den Lohnsatz (Nominallohn, w), sondern auch, was sie sich für diesen Lohnsatz (dieses Einkommen) kaufen können. Der Aspekt des „kaufen können" verweist auf die Preise der angebotenen Güter, d. h. auf das Preisniveau (P). Somit muss nicht nur der Nominallohnsatz, sondern der Reallohnsatz (w/P) herangezogen werden. Auf die Makroökonomie übertragen bedeutet dieses: Die gesamtwirtschaftliche Arbeitsangebotsfunktion A^S ist eine Funktion des durchschnittlichen Reallohns w/P. Dabei ist w der – durchschnittliche – Nominallohn, P das Preisniveau. $A^S = f\,(w/P)$

> A^S = gesamtwirtschaftliches Angebot von Arbeit (engl. Supply)
> $A^S = f\,(w/P)$

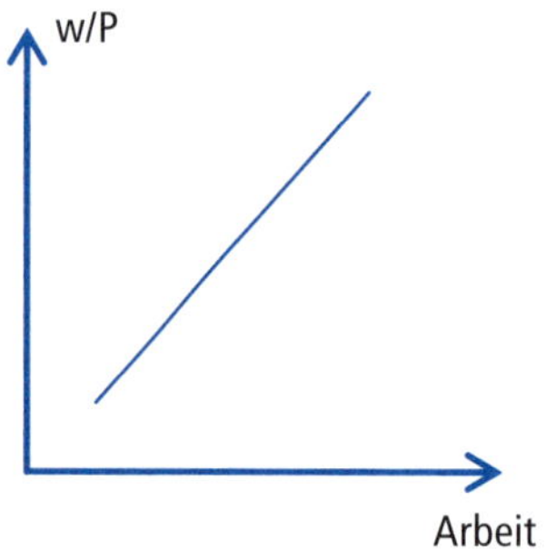

Abbildung 5.11: gesamtwirtschaftliche Arbeitsangebotskurve $A^S = f\,(w/P)$

5.2.3 Das Gleichgewicht auf dem Arbeitsmarkt

Die Gleichgewichtsbedingung auf dem Arbeitsmarkt lautet dann $A^D = A^S$.

Aus der Arbeitsnachfrage und dem Arbeitsangebot resultiert eine bestimmte Höhe des Reallohns. Bei diesem Reallohn finden alle, die zu diesem Lohn arbeiten wollen, einen Arbeitsplatz.

Bei gegebenem Preisniveau determiniert der Arbeitsmarkt die Höhe des gleichgewichtigen Reallohns(w/P_{Gleich}) und das gleichgewichtige Beschäftigungsniveau (A1). Der Theorie nach ist dieses Gleichgewicht stabil. Erfolgt z. B. eine Änderung des Preisniveaus, so hat dieses keinen Einfluss auf die Höhe des Reallohns und die Höhe der Beschäftigung.

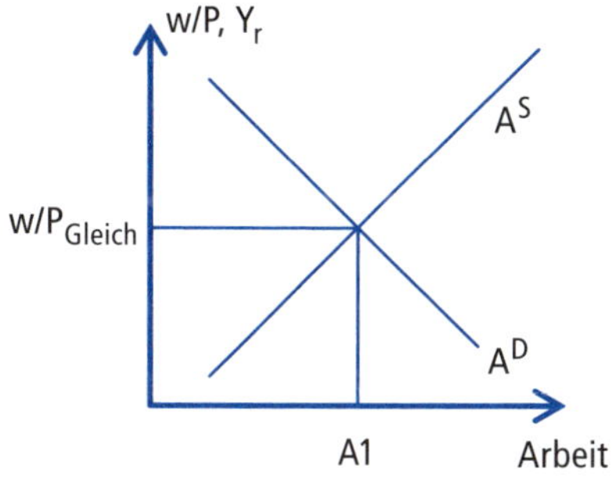

Abbildung 5.12: Arbeitsmarktgleichgewicht

Wird von einer Gleichgewichtssituation ausgegangen, und erfolgt eine Preisniveausenkung, so steigt dadurch der Reallohn, der Nominallohn bleibt unverändert. Ein stark vereinfachendes Beispiel soll diesen Sachverhalt verdeutlichen.

Beispiel:

Das Preisniveau soll veranschaulicht werden durch den Preis für Brot. Der Nominallohn beträgt 100,00 EUR. Der Brotpreis beträgt 2,00 EUR. Für den Arbeitseinsatz, der mit 100,00 EUR entlohnt wird, können somit 50 Brote gekauft werden. Findet eine Preisniveausenkung um 4 % statt, sinkt der Brotpreis auf 1,92 EUR. Dann können 52 Brote gekauft werden. Der Einsatz an Arbeit(-sstunden) ist wertvoller geworden, der Reallohn ist gestiegen.

Daraus ergibt sich allerdings zunächst ein Überangebot auf dem Arbeitsmarkt. Das sich so ergebende Ungleichgewicht führt zu einer Änderung der Wirtschaftspläne der Marktteilnehmer. Die Arbeitnehmer werden bei diesem höheren Reallohn mehr Arbeit anbieten als die Unternehmen nachfragen. Dieses Situation bedeutet jedoch gleichzeitig, dass die Arbeitnehmer zur Sicherung ihrer Arbeitplätze einen niedrigeren Reallohn akzeptieren werden. Diese Anpassung erfolgt durch die Senkung des Nominallohns.[5]

Beispiel (Fortsetzung):

Aufgrund des gestiegenen Reallohns bieten 20 Arbeitnehmer zusätzlich ihre Arbeitskraft an. Dieses führt zu einer Verschiebung der A^S – Kurve nach rechts. Folge davon ist die Reduzierung des Nominallohns auf 96,00 EUR. Dieser niedrigere Nominallohn ermöglicht dann wiederum den Kauf von 50 Broten bei einem Preis von 1,92 EUR.

[5] zur Verarbeitung ein exogener Störungen vgl. Kapitel 5.8

5.3 Der Geldmarkt

Nachdem im vorigen Kapitel die Nachfrage und das Angebot auf dem Arbeitsmarkt analysiert wurden, wird im Folgenden die Nachfrage und das Angebot auf dem Geldmarkt genauer betrachtet.

In der klassischen Theorie wird nur das **Transaktionsmotiv der Kassenhaltung** betrachtet.

Bei diesem Motiv ergeben sich für die Unternehmen und die privaten Haushalte zwei unterschiedliche Ausprägungen. Das verbindende beider Ausprägungen ist der Wunsch der Wirtschaftssubjekte, geschäftliche Transaktionen durchführen zu können.

Transaktionsmotiv

Umsatzmotiv	Einkommensmotiv
Wer in einer arbeitsteiligen Volkswirtschaft am Wirtschaftsleben teilnimmt, kommt ohne Geld nicht aus. Als Unternehmer wird Geld dazu benötigt, die Zeit zu überbrücken, die zwischen den notwendigen Ausgaben für Einkäufe von Produktionsfaktoren und den Einnahmen aus dem Verkauf der Produkte liegt, d.h. das Motiv für die Kassenhaltung ist der Wunsch und die Notwendigkeit, den Umsatz finanzieren zu können.	In privaten Haushalten müssen täglich Ausgaben zur Bestreitung des Lebensunterhalts getätigt werden. Diesen täglichen Ausgaben steht jedoch meistens nur ein Zahlungseingang im Monat gegenüber. Hierdurch werden die Haushalte zur Kassenhaltung gezwungen. Wie viel liquide Mittel sie halten, hängt vom Abstand der einzelnen Zahlungseingänge ab, darüber hinaus von der Höhe des Einkommens.

Die Marktteilnehmer orientieren sich an der realen Kaufkraft des Geldes; entscheidend ist die Menge der Güter, die für das Geld erworben werden können.

5.3.1 Das Geldangebot

Eine staatliche Währungsbehörde bringt das Geld in Umlauf. Im Modell wird angenommen, dass die für die Gütertransaktionen notwendige Höhe der nominal umlaufenden Geldmenge bekannt ist. Dieses nominale Geldangebot M^S ist somit exogen vorgegeben und konstant:

M^S_k = konstant.

> M^S = Geldangebot (M = Money, S = Supply, engl.)
>
> M^S_k = konstant.

5.3.2 Die Geldnachfrage

Die gewünschte (geplante) Kassenhaltung resultiert aus dem Wunsch der Haushalte und Unternehmen ausreichend liquide Mittel zur Nachfrage des nominalen Volkseinkommens Y zu haben. Wird das reale Volkseinkommen Y_r mit dem Preisniveau multipliziert, so ergibt sich das nominale Volkseinkommen Y: $Y = Y_r * P$. Das bedeutet, die nominale Geldhaltung ist eine Funktion des Volkseinkommens.

> M^D = Geldnachfrage (M = Money, D = Demand, engl.)
> $M^D = f(Y)$.

Steigt das nominale Volkseinkommen, so resultiert daraus die Notwendigkeit der Erhöhung der geplanten Geldhaltung, da die Anzahl der Transaktionen der Volkswirtschaft gestiegen ist (Quantitätstheorie des Geldes). Ihren Niederschlag findet die Quantitätstheorie des Geldes in der Fisher'schen Verkehrsgleichung: $M^D * v = P * Y_r$ (engl. v = velocity)

$M^D * v$	=	$P * Y_r$
➔		➔
monetäre Gesamtnachfrage		in jeweiligen Preisen bewertetes Angebot

> Definition Umlaufgeschwindigkeit des Geldes = v = velocity:
> ➔ **Häufigkeit, mit der eine Geldeinheit im Laufe einer Periode durchschnittlich eingesetzt wird, um Transaktionen (Käufe, Verkäufe, Schenkungen) durchzuführen.**

> **Fisher'sche Verkehrsgleichung $M^D * v = P * Y_r$**

Bei dieser Gleichung handelt es sich um eine Tautologie, da sie lediglich angibt, dass das in Geld (Preisniveau) bewertete Volkseinkommen (Y_r) genau dem Geldumsatz ($M^D * v$) entspricht.

> Fisher, Irving: 1867–1947; amerikanischer Nationalökonom, primär forschte er in den Bereichen Geld, Zins und Preis.

> Tautologie: Fügung, Formulierung, die einen Sachverhalt doppelt wiedergibt.

Ein stark vereinfachendes Beispiel verdeutlicht diesen Sachverhalt:

Beispiel:

Das reale Volkseinkommen Y_r wird repräsentiert durch 10 Buntstifte, der Preis (das Preisniveau) beträgt 1,00 EUR, die Umlaufgeschwindigkeit ist v= 1.

Wenn alle 10 Buntstifte gekauft werden sollen, ist eine Geldnachfrage von 10,00 EUR erforderlich. Dann kann das gesamte reale Volkseinkommen nachgefragt werden. 10 * 1 = 1 * 10

Bei einer Umlaufgeschwindigkeit von 2 ändert sich die Geldnachfrage auf 5,00 EUR. 5 *2 = 1 * 10

Da die Geldmenge und die Umlaufgeschwindigkeit Komponenten der monetären Geldnachfrage sind, wird diese ebenso durch die Verhaltensweisen der Privaten (über v) wie der Geldproduzenten (über M) beeinflusst.

Der reziproke Wert 1/v = k wird Kassenhaltungskoeffizient genannt.

Definition Kassenhaltungskoeffizient:

➔ **Höhe der durchschnittlichen Kassenhaltung der Wirtschaftssubjekte während einer Periode.**

Annahmen, die diese Verkehrsgleichung zu einer „Nachfragetheorie des Geldes" machen, sind:

- die Umlaufgeschwindigkeit v bzw. der Kassenhaltungskoeffizient k ist kurzfristig konstant;
- die nominale Geldmenge wird von einer Währungsbehörde bestimmt und ist somit exogen vorgegeben und konstant.

5.3.3 Das Gleichgewicht auf dem Geldmarkt

Unter Beachtung dieser Annahmen herrscht Gleichgewicht, wenn die angebotene Geldmenge vollständig von den Wirtschaftssubjekten nachgefragt wird.

$M^S = M^D$	allgemeines Gleichgewicht auf dem Geldmarkt
$M^D * v = Y_r * P$	Fisher'sche Verkehrsgleichung
$M^D = \frac{Y_r * P}{v}$	Isolierung von M^D
	da $v = \frac{1}{k}$ kann auch geschrieben werden
$M^D = k * Y_r * P$	

$M^S = M^D = \frac{Y_r * P}{v}$	allgemeines Gleichgewicht auf dem Geldmarkt

Dieses bedeutet jedoch nichts anderes: Da Umlaufgeschwindigkeit und reales Volkseinkommen annahmegemäß konstant sind, entwickelt sich das Preisniveau c. P. proportional zur umlaufenden Geldmenge.[6] Steigt die Geldmenge, so muss das Preisniveau sinken (und umgekehrt).

Quantitätsgleichung	Ausgangssituation	exogene Veränderung von M^D
$M^S = M^D = \frac{Y_r * P}{v}$	$M^D = 500 \quad Y_r = 1000$	$M^D = 400 \quad Y_r = 1000$
	$v = 2$	$v = 2$
aufgelöst nach P	$P = \frac{M^D * v}{Y_r}$	$P = \frac{M^D * v}{Y_r}$
$P = \frac{M^D * v}{Y_r}$	$P = \frac{500 * 2}{1000}$	$P = \frac{400 * 2}{1000}$
	$P = 1$	$P = 0{,}8$

Als letzter zu analysierende Markt wird im folgenden Kapitel der Gütermarkt betrachtet.

5.4 Der Gütermarkt

Nach der klassischen Theorie herrscht auf dem Markt ein Gleichgewicht, wenn das reale Güterangebot Y_r^S der realen güterwirtschaftlichen Nachfrage Y_r^D entspricht.

5.4.1 Das Güterangebot

Annahmegemäß besteht das gesamtwirtschaftliche Güterangebot Y_r^S aus Konsumgütern C und Investitionsgütern I. Dabei werden die Investitionsgüter als homogenes Gut angesehen. Das Angebot ist eine Funktion der Produktionsfaktoren Arbeit, Boden und Kapital. Da kurzfristig das Angebot an Boden und Kapital als konstant angesehen wird, ist das Angebot somit eine Funktion des Produktionsfaktors Arbeit: $Y_r = f(A)$.

Das Beschäftigungsniveau wird durch das Arbeitsmarktgleichgewicht bestimmt. Die Produktionsfunktion determiniert bei gegebenem Arbeitsmarktgleichgewicht die Höhe der Produktion.

6 vgl. zur c. P. Klausel, Theiler, S. 85ff

Eine Veränderung des Preisniveaus führt in diesem Modell immer zu einer gleichgerichteten und gleichen prozentualen Änderung des Nominallohns. Deshalb beeinflusst eine Preisniveauänderung das Beschäftigungsniveau (klassische Dichotomie) nicht.

Abb. Teil I	Produktionsfunktion $Y_r = f(A, K_k, B_k)$ Index konstant
Abb. Teil II	Spiegelung der Ordinate der Abb. Teil I auf die Abszisse der Abb. Teil II
Abb. Teil III	Arbeitsmarktgleichgewicht (vgl. auch Abb. 5.12)
Abb. Teil IV	Punkte auf der Güterangebotskurve Y_r^S, die einem Gleichgewicht auf dem Arbeitsmarkt entsprechen

Beschreibung der Abbildung 5.13:

Gegeben bzw. gewählt sind die Produktionsfunktion im Teil I sowie das Arbeitsmarkangebot und die Arbeitsmarktnachfrage. Das Gleichgewicht auf dem Arbeitsmarkt (A1) führt bei der gegebenen Produktionsfunktion zu einem Gütermarktangebot Y^S_r im Teil IV. Diese Y^S_r-Gerade repräsentiert die Gleichgewichtssituation bei unterschiedlichen Preisniveaus.

Im liberalen Modell wird also das gesamtwirtschaftliche Gütermarktangebot nur durch die Produktionsfunktion und das Gleichgewicht auf dem Arbeitsmarkt bestimmt.

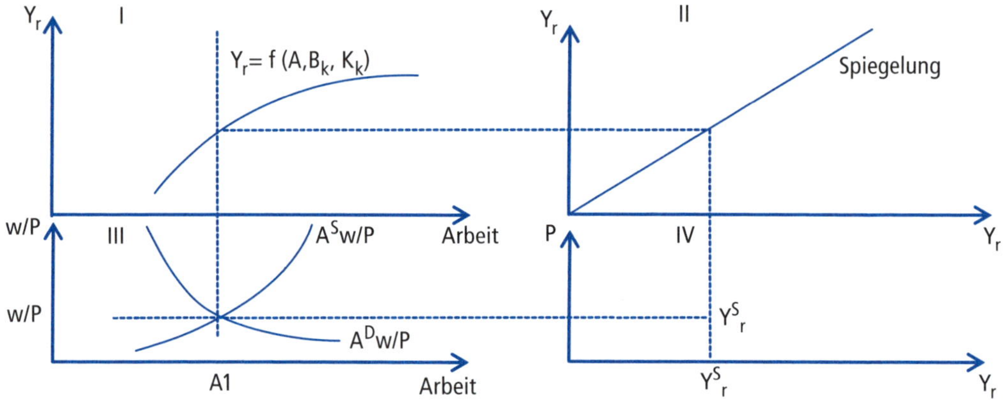

Abbildung 5.13: Interdependente Darstellung des gesamtwirtschaftlichen Güterangebots und des Arbeitsmarktes

5.4.2 Die Güternachfrage

Die gesamtwirtschaftliche Güternachfrage wird in diesem Modell aus der Quantitätsgleichung bestimmt: $M^D = f(Y_r)$.

Zur Ermittlung der aggregierten gesamtwirtschaftlichen Güternachfrage ist es notwendig, die jeweilige Höhe des realen Volkseinkommens zu bestimmen, die bei unterschiedlichen Preisniveaus das Geldmarktgleichgewicht aufrechterhalten.

Quantitätsgleichung	Ausgangssituation	Veränderung von Y_r
$M^S = M^D = \frac{Y_r * P}{v}$ aufgelöst nach P $P = \frac{M^D * v}{Y_r}$	$M^D = 500 \quad Y_r = 1000$ $P = ? \quad v = 2$ $P = \frac{500 * 2}{1000}$ $P = 1$	$M^D = 500 \quad Y_r = 1100$ $P = ? \quad v = 2$ $P = \frac{500 * 2}{1100}$ $P = 0,909$

Da die nominale Geldmenge und der Kassenhaltungskoeffizient k bzw. die Umlaufgeschwindigkeit v konstant gehalten werden, stellt die gesamtwirtschaftliche Güternachfrage den geometrischen Ort aller gleichgewichtigen $P^* Y_r$ Kombinationen auf dem Geldmarkt dar.

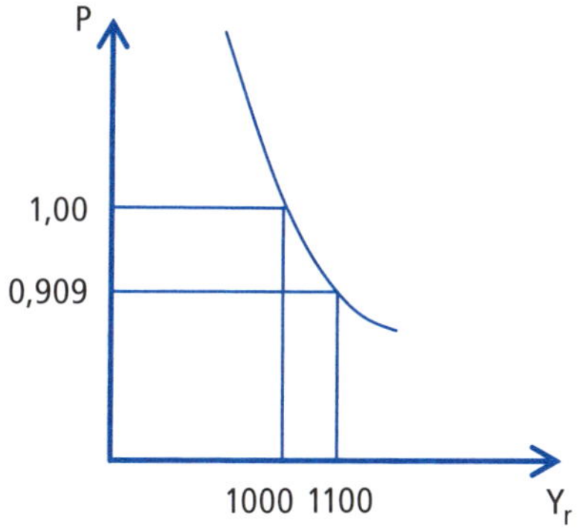

Abbildung 5.14: Gesamtwirtschaftliche Güternachfrage und Preisniveau

Ein steigendes reales Volkeinkommen Y_r ist somit nur mit einem sinkenden Preisniveau möglich.[7]

5.4.3 Das Gleichgewicht auf dem Gütermarkt

In der Abbildung 5.15 ist die Abbildung 5.13 um den Aspekt der Nachfrage (Abbildung 5.14) erweitert worden. Die Teile I, II und III entsprechen denen in der Abbildung 5.13.

7 vgl. zur Verarbeitung exogener Störungen Kapitel 5.9

Abb.Teil I	Produktionsfunktion $Y_r = f(A, K_k, B_k)$ Index k = konstant
Abb. Teil II	Spiegelung der Ordinate der Abb. Teil I auf die Abszisse der Abb. Teil VI
Abb. Teil III	Arbeitsmarktgleichgewicht
Abb. Teil IV	Spiegelung der Ordinate der Abb. Teil III auf die Abszisse der Abb. Teil V
Abb. Teil V	Preisniveau und Reallohn
Abb. Teil VI	gesamtwirtschaftliches Gleichgewicht (G_G) auf dem Gütermarkt (Angebot und Nachfrage)

Beschreibung der Abbildung 5.15:

Zu den Teilen I – VI (Y^S_r) vergleiche zunächst die Erläuterungen zur Abb. 5.13

Einerseits:

Wird in den Teil VI die Güternachfrage Y^D_r eingeführt, ergibt sich ein bestimmtes Preisniveau (P_1), bei dem Gleichgewicht herrscht. Das Preisniveau seinerseits determiniert bei einem gegebenen Lohnsatz w (Teil V in Verbindung mit dem Arbeitsmarktgleichgewicht) einen bestimmten Reallohnsatz (w/P_1).

Andererseits:

Das Arbeitsmarktgleichgewicht (Teil III) determiniert bei einem gegebenen Lohnsatz w (Teil V) die Höhe des Reallohns w/P_1. Bei einem gegebenen Preisniveau P_1 ergibt sich dann ein Gleichgewicht (G_G) auf dem Gütermarkt bei P_1 und Y_r.

Im Teil VI der Abbildung ist das Gleichgewicht zwischen der aggregierten gesamtwirtschaftlichen Güternachfrage- und der Güterangebotskurve dargestellt. Dieses Gleichgewicht determiniert jedoch nicht nur das Gütermarktgleichgewicht, sondern darüber hinaus das gleichgewichtige Preisniveau (Teil V).

Das bedeutet jedoch nichts anderes als:

Ein makroökonomisches **Gütermarktgleichgewicht** ist nur dann zu realisieren, wenn gleichzeitig auch auf den anderen Märkten – **Arbeitsmarkt** (Teil III) und auf dem **Geldmarkt** (Teil V bzw. VI) – ein Gleichgewicht herrscht.

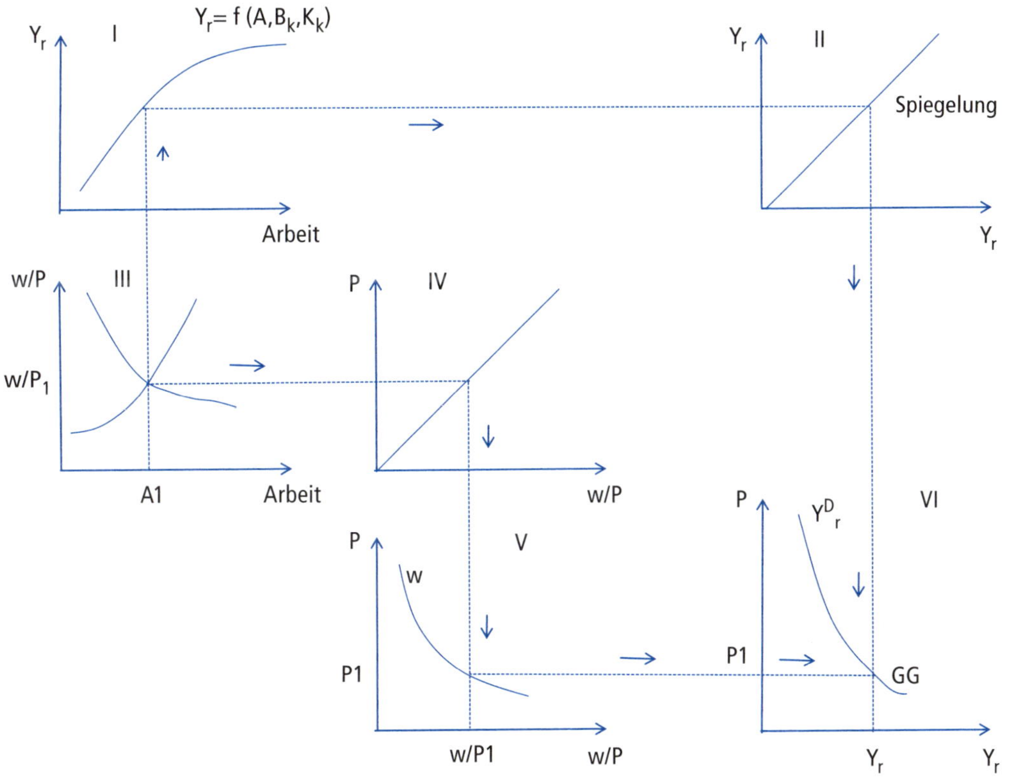

Abbildung 5.15: Gleichgewicht auf dem Güter- und dem Arbeitsmarkt

5.5 Vertiefende Analyse: Zinsen im liberalen Modell

In der bisherigen Analyse wurde das reale Volkseinkommen aufgeteilt in Konsumgüter C und Investitionsgüter I. Die konkrete Aufteilung zwischen beiden Güterarten erfolgt im liberalen Modell über den Zinsmechanismus. Je niedriger der (Real) Zins i_r ist, desto mehr wird von beiden Güterarten nachgefragt und desto weniger wird gespart. Der Teil des Einkommens der privaten Haushalte, der nicht für Konsumzwecke ausgegeben wird, wird gespart. Es gilt Y = C + S.[8]

Sparen bedeutet sowohl einen Konsumverzicht (in der Gegenwart zugunsten eines zukünftigen Mehrkonsums) als auch ein Angebot – an Geld – auf dem Kapitalmarkt. Die Unternehmen fragen dieses am Kapitalmarkt nach und führen Investitionen durch.

5.5.1 Einkommen, Konsum und Sparen

Die klassische makroökonomische Theorie hat explizit keine Konsumfunktion formuliert. Implizit wird jedoch unterstellt, dass bei einem gegebenen Zinssatz eine Einkommenser-

[8] vgl. Kapitel 1.2.2

höhung zu einer Konsumerhöhung führt. Der Anstieg der Einkommen ist jedoch größer als der Anstieg des Konsums. Dieser Sachverhalt wird in der marginalen Konsumquote

$\frac{dc}{dy}$ bzw. $\frac{\Delta C}{\Delta Y}$ ausgedrückt.

Definition Marginale Konsumquote:

➔ **Veränderung des Konsums C einer Periode im Vergleich zur Veränderung des Einkommens Y dieser Periode.**

Der Konsum ist somit eine Funktion des Zinssatzes: i = Zinsen (engl. Interest).

$C = f(Y, i_{rk})$

Der Teil des Einkommens, der nicht konsumiert wird, wird gespart. Sparen ist somit ebenfalls eine Funktion des Zinses i_r: $S = f(Y, i_{rk})$

Wie bei der marginalen Konsumquote gilt: Steigt das Einkommen, wird mehr gespart; die Steigerung des Einkommens ist jedoch höher als die Steigerung des Sparens.

Definition Marginale Sparquote:

➔ **Veränderung des Sparens S in einer Periode bezogen auf die Veränderung des Einkommens Y dieser Periode.**

marginale Sparquote $\frac{ds}{dy}$ bzw. $\frac{\Delta S}{\Delta Y}$

Da Y = C + S ist, bedeutet dieses, dass sich die marginale Sparquote und die marginale Konsumquote zu 1 bzw. zu Y ergänzen. Ein konkretes Beispiel soll diesen Sachverhalt verdeutlichen.

Beispiel: c = 0,5 Y und s = 0,5 Y				
Y	C Konsum	c, marginale Konsumquote	s, marginale Sparquote	S Sparen
0	0	0,5	0,5	0
100	50	0,5	0,5	50
200	100	0,5	0,5	100
300	150	0,5	0,5	150
400	200	0,5	0,5	200
500	250	0,5	0,5	250
600	300	0,5	0,5	300

Beispiel: c = 0,5 Y und s = 0,5 Y				
Y	C Konsum	c, marginale Konsumquote	s, marginale Sparquote	S Sparen
700	350	0,5	0,5	350
800	400	0,5	0,5	400

Tabelle 5.1: Konsum- und Sparfunktion

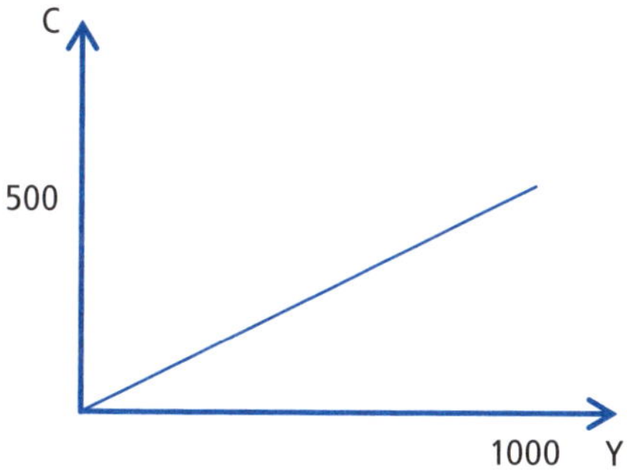

Abbildung 5.16: Konsumfunktion C = 0,5 Y

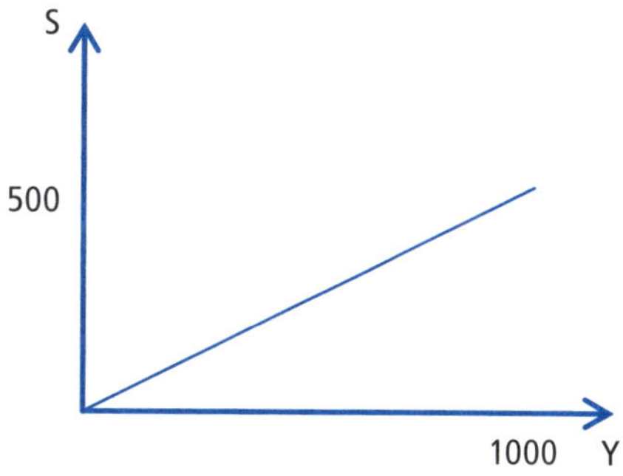

Abbildung 5.17: Sparfunktion S = 0,5 Y

In der klassischen Theorie wird davon ausgegangen, dass aus einem erhöhten Zins ein erhöhtes Sparen resultiert. Begründet wird dieses damit, dass der erhöhte Zins in der Zukunft einen erhöhten (Zukunfts-) Konsum bei gleichbleibender Höhe des Konsumverzichts in der Gegenwart ermöglicht.

Beispiel:

Die Schülerin Chantal Störte bekommt aufgrund ihres gutes Zeugnisses von ihrer Großmutter im Juli 2010 100,00 EUR geschenkt. Dieses Geld bringt sie zu einer Sparkasse, sie erhält dafür 4 % Zinsen. Im Juli 2010 verzichtet sie somit auf einem Konsum in Höhe von 100,00 EUR. Im Juli 2011 hebt sie 104,00 EUR ab und kann sich dann z. B. Kleidung im Wert von 104,00 EUR kaufen.

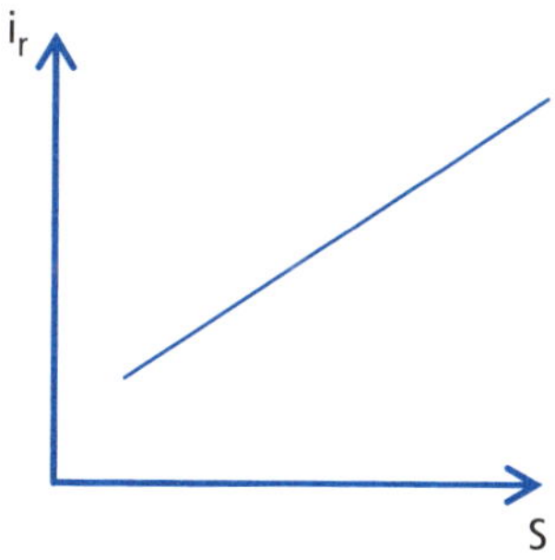

Abbildung 5.18: Zinsen und Sparen

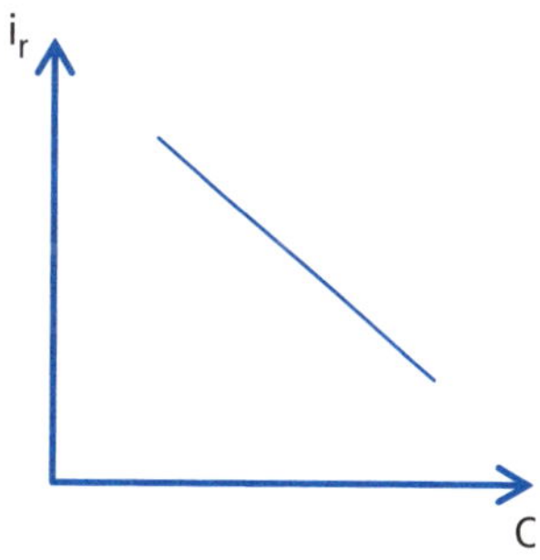

Abbildung 5.19: Zinsen und Konsum

Das erhöhte Sparen bedeutet gleichzeitig ein erhöhtes Geldangebot am Kapitalmarkt. Aufgrund der bereits dargelegten Zusammenhänge zwischen Sparen und Konsum ist auch der Konsum von den Zinsen abhängig. Es besteht jedoch ein negativer Zusammenhang. Je niedriger der Zinssatz, desto mehr wird in der Gegenwart konsumiert, desto geringer wird der zukünftige Mehrkonsum eingeschätzt.

5.5.2 Nachfrage nach Investitionsgütern

Der Zinssatz und damit das Sparen stellen die Verbindung zur Investitionsgüternachfrage der Unternehmen dar. Das Sparen ist in der liberalen Theorie die Quelle der Finanzierung von Investitionsvorhaben. Dabei wird von Folgendem ausgegangen:

- es stehen genügend Investitionsvorhaben zur Realisierung bereit, wobei diese von der Höhe der Zinsen abhängen;
- je niedriger der Marktzins, desto höher ist die Nachfrage nach Geldkapital (und umgekehrt) $I = f(i_r)$

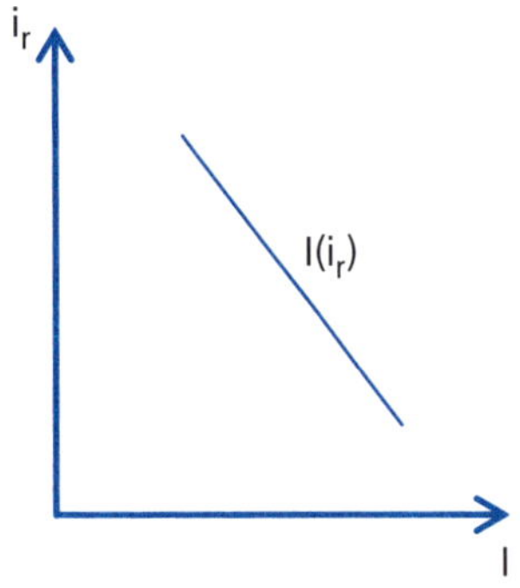

Abbildung 5.20: Zinsen und Investitionen

Die Unternehmen erhöhen den Sachkapitalbestand, wenn sie aufgrund ihrer subjektiven Bewertung der Investitionsvorhaben zu der Auffassung gelangen, dass die Produktionserhöhung einen zusätzlichen Gewinn erbringt. Bei der unterstellten Produktionsfunktion gilt ebenso das Gesetz vom abnehmenden Grenzertrag (Ertragsgesetz).[9] Darüber hinaus gelten weiterhin die Prämissen der Gewinnmaximierung.

Nachdem in den vorigen Kapiteln der Arbeits-, Geld- und Gütermarkt analysiert worden sind, soll im Folgenden das Gleichgewicht auf dem Güter- und Kapitalmarkt betrachtet werden.

9 vgl. Theiler, S. 60ff

5.6 Gleichgewicht auf dem Güter- und Kapitalmarkt

Wie im Kapitel 5.5 erwähnt, determiniert der Zinssatz bei gegebenem Einkommen einerseits die Höhe des Sparens und damit das Geldkapitalangebot, andererseits die Investitionsgüternachfrage, d. h. der Gleichgewichtszinssatz bildet sich, wenn Sparen und Investitionen übereinstimmen.

Beim Gleichgewicht wird gleichzeitig die Aufteilung zwischen I (Investitionsgüter) und C (Konsumgüter) deutlich.

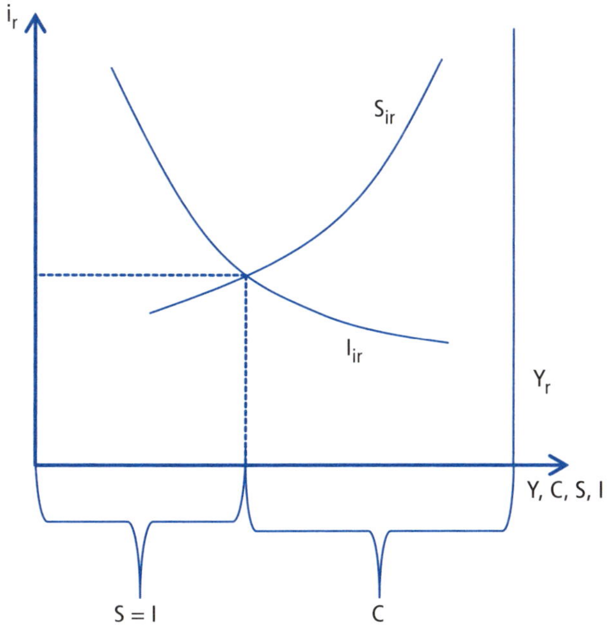

Abbildung 5.21: Gleichgewicht zwischen Investition und Sparen, Aufteilung zwischen Konsum- und Investitionsgütern

5.7 Inhärente Stabilität: erste Beurteilung

Hinsichtlich der zu Beginn des Kapitels 4 gestellten Frage nach der inhärenten Stabilität kann festgestellt werden:

In einer Marktwirtschaft, die sich im Gleichgewicht befindet, sind keine systemimmanenten Kräfte zu identifizieren, die das Gleichgewicht stören, d. h. Ungleichgewichte auslösen. Aufgrund der bisherigen Darlegungen kann gesagt werden: Die Grundüberzeugung aller liberalen theoretischen Ansätze besteht (bei Gültigkeit der Annahmen) darin, dass das marktwirtschaftliche System mit Hilfe des Marktmechanismus (Lohn-, Preis-, Zinsmechanismus) zum gesamtwirtschaftlichen Gleichgewicht bei Vollbeschäftigung aller Produktionsfaktoren in einer Volkswirtschaft kommt.

> Die Antwort auf die im Kapitel 4.2.1 gestellte Frage 1 lautet: ja

Da jedoch in der wirtschaftlichen Realität Ungleichgewichtszustände identifiziert werden, muss auch die zweite Frage hinsichtlich der inhärenten Stabilität beantwortet werden.

Hierzu sind die Anpassungsprozesse genauer zu analysieren, d. h. ist der Marktmechanismus in der Lage, ein durch exogene Faktoren hervorgerufenes Ungleichgewicht bei Unterbeschäftigung wieder in ein stabiles Gleichgewicht bei Vollbeschäftigung zu überführen?

5.8 Exogene Schocks als Störungen des gesamtwirtschaftlichen Gleichgewichts

Im Modell wird von einer unendlichen Anpassungsgeschwindigkeit ausgegangen. Aus diesem Grunde werden Ungleichgewichtssituationen, d. h. wirtschaftliche Instabilitäten gar nicht thematisiert. Da diese Instabilitäten in der Realität jedoch auftauchen, müssen die Anpassungsprozesse näher betrachtet werden. Die Gleichgewichtstörungen können durch monetäre Größen und/oder realwirtschaftliche Größen hervorgerufen werden.

5.8.1 Exogene Störungen durch monetäre Größen

Größen, die in diesem Zusammenhang mit ihren Auswirkungen betrachtet werden, sind die

- Veränderung der Geldmenge,
- Veränderung des Kassenhaltungskoeffizienten.

5.8.1.1 Veränderung der Geldmenge

Als ein exogen verursachter Schock soll im Folgenden die **Erhöhung der Geldmenge** genauer analysiert werden. Der Kassenhaltungskoeffizient bzw. die Umlaufgeschwindigkeit des Geldes bleiben unverändert.

Geldmarkt Gleichgewicht

Ausgangssituation:	Geldangebot	=	Geldnachfrage
die Geldmenge wird erhöht			
	M^S Geldangebot erhöht	>	M^D Geldnachfrage unverändert

Das zusätzliche (erhöhte) **Geldangebot** führt zu einer zusätzlichen (erhöhten) **Güternachfrage**.

Bei Vollauslastung der Kapazitäten trifft somit die erhöhte Güternachfrage auf ein gleich hohes Güterangebot (Y_r). Das Preisniveau steigt.

Quantitätsgleichung $M^S = M^D = k * P * Y_r$ (Ausgangslage Preisniveau = 100 bzw. 1)

Quantitätsgleichung	Ausgangssituation	Veränderung von M^S
$M^S = M^D = \frac{Y_r * P}{v}$ aufgelöst nach P $P = \frac{M^D * v}{Y_r}$	$M^D = 500 \quad Y_r = 1000$ $v = 2$ $P = \frac{500 * 2}{1000}$ $P = 1$	$M^S = 510 \quad Y_r = 1000$ $v = 2$ $P = \frac{510 * 2}{1000}$ $P_2 = 1,02$

Das nominale Volkseinkommen Y steigt: $Y = P_2 * Y_r$ (1000 *1,02 = 1020 statt vorher 1000 * 1 = 1000)

5.8.1.2 Reaktionen auf dem Arbeitsmarkt

Die erhöhte Geldmenge führt zu einer Preisniveauerhöhung. Diese Preisniveauerhöhung soll im folgenden Beispiel anhand der Preiserhöhung von Brötchen veranschaulicht werden.

Ausgangslage: w = Nominallohn 10,00 EUR Preisniveau 100

Reallohn w/P = 0,1

Vereinfachendes Beispiel:

In der Ausgangssituation erhalten die Arbeitnehmer einen monatlichen Nettoverdienst von 1.920,00 EUR, dieses bedeutet bei 160 Stunden im Monat einen Stundenlohn in Höhe von 12,00 EUR (nominal), dafür können sie sich 20 Brötchen kaufen (Preis der Brötchen 0,60 EUR).

Der Brötchenpreis steigt von 0,60 EUR auf 0,61 EUR (+ 1,67 %). Der Nominallohn bzw. das Nominallohn-Niveau bleibt unverändert. Für eine Stunde Arbeit können jetzt nur noch 19,67 Brötchen gekauft werden. Das Reallohn-Niveau ist gesunken.

Diese Senkung führt dazu, dass sich die A^S – Kurve (vgl. Abb. 5.12) nach links verschiebt, weniger Arbeiter bieten ihre Arbeit an. Die Nachfrage bleibt unverändert. Konsequenz dieser Entwicklung ist, dass der Lohn erhöht werden muss. Der Nettoverdienst steigt auf 1.952,06 EUR bzw. das Nominallohn-Niveau um 1,67 %. Der Stundenlohn erhöht sich auf 12,20 EUR. Mit diesem erhöhten Stundenlohn können wieder 20 Brötchen gekauft werden.

	mtl. Netto-verdienst (NVD) in EUR (alt)	mtl. Netto-verdienst (NVD) in EUR (neu)	Nomiallohn-Niveau $\frac{(\text{NVDneu} - \text{NVDalt}) * 100}{\text{NVD alt}}$	Stunden-lohn in EUR bei 160 Std./Monat	Brötchen-preis	Stunden-lohn reicht für … Brötchen	Preis-niveau	Reallohn-Niveau $\frac{\text{Nomiallohn-Niveau} * 100}{\text{Preisniveau}}$
Ausgangs-lage t1	1.920,00	-	-	12,00	0,60	20	100	-
t2	1.920,00	1.920,00	$\frac{1.920,00 - 1.920,00 * 100}{1.920,00}$ $= 0(\text{Ausgangslage} = 100)$	12,00	0,61	19,67	101,67	$\frac{100 * 100}{101,67}$ $= 98,36$
t3	1.920,00	1.952,06	$\frac{1.920,00 - 1.920,00 * 100}{1.920,00}$ $= 1,67$	12,20	0,61	20	100	$\frac{101,67 * 100}{100}$ $= 101,67$

Reallohnentwicklung über den betrachteten Zeitraum (t1 – t3)

100,00	Ausgangslage t1
98,36	in t2
101,67	in t3
100	im Durchschnitt über t1-t3

Das Preisniveau steigt auf 101,67. Der Reallohn sinkt, da für die 12,00 EUR nur eine kleinere Gütermenge gekauft werden kann, der Nominallohn bleibt unverändert. Die Arbeitnehmer reagieren mit einem verminderten Arbeitskräfteangebot. Auf dem Arbeitsmarkt entsteht ein Nachfrageüberschuss. Die Arbeitgeber müssen zur Deckung ihrer Nachfrage nach Arbeitskräften die Nominallöhne erhöhen (+ 1,67 %, von 12,00 EUR auf 12,20 EUR). Das Vollbeschäftigungsgleichgewicht ist dann bei gleichem Reallohn 100 und einem erhöhten Nominallohn erreicht worden. Nominallöhne und Preisniveau sind jeweils um den gleichen Prozentsatz (1,67 %) gestiegen.[10]

5.8.1.3 Reaktionen auf dem Güter- und Kapitalmarkt

Das erhöhte Preisniveau lässt zunächst auf dem Güter- und Kapitalmarkt den Realzins sinken. Dieser reduzierte Realzins führt zu günstigeren Finanzierungsmöglichkeiten der Kreditnehmer, d. h. es entsteht ein Nachfrageüberschuss nach Geldkapital. Die geringere Verzinsung führt jedoch bei den Haushalten zu einer Umorientierung zwischen Konsum und Sparen. Der (Gegenwarts-)Konsum wird zu Lasten des Sparens (Zukunftskonsum) steigen.

$$S_{\text{vor der Preisniveauänderung}} > S_{\text{nach der Preisniveauänderung}}$$

Daraus wiederum resultiert zunächst, dass weniger Geld dem Kapitalmarkt zufließt, mit der Folge, dass die Nominalzinsen steigen. Dieser Prozess hält so lange an, bis das Realzinsniveau die ursprüngliche Situation wieder erreicht hat.

$$S_{\text{vor der Preisniveauänderung}} = S_{\text{nach der Preisniveauänderung}}$$

Der Nominalzins steigt in gleichem Maße wie das Preisniveau.

[10] vgl. dazu auch die Ausführungen im Kapitel 5.2.3

Beispiel

	Nominalverzinsung	Preissteigerung	Realverzinsung	Erläuterungen
t_0	5 %	2 %	3 %	Ausgangslage
				Preissteigerung + 2 %
t_1	5 %	4 %	1 %	die reduzierte Realverzinsung führt zu einem geringeren Angebot an Kapital, zur Schließung der Angebotslücke wird die Nominalverzinsung erhöht
t_2	7 %	4 %	3 %	

Vereinfachende Darstellung

Der Marktmechanismus (Lohn-, Preis-, Zinsmechanismus) hat somit ein exogen verursachtes Ungleichgewicht – mit temporärer Unterbeschäftigung – wieder in ein stabiles Gleichgewicht gebracht. **Realwirtschaftliche Auswirkungen sind nicht eingetreten.**

5.8.1.4 Veränderung des Kassenhaltungskoeffizienten

Als ein exogen verursachter Schock soll im Folgenden die **Umlaufgeschwindigkeit des Geldes** genauer analysiert werden. Die Geldmenge bleibt unverändert.

Erhöht sich die Umlaufgeschwindigkeit des Geldes, z. B. aufgrund der Zahlung von Löhnen und Gehältern in kürzeren Abständen, so sinkt gleichzeitig der Kassenhaltungskoeffizient.

Aufgrund der Quantitätsgleichung des Geldes erhöht sich das Preisniveau.

Quantitätsgleichung $M^S = M^D = k * P * Y_r$ (Ausgangslage Preisniveau = 100 bzw. 1)

Quantitätsgleichung	Ausgangssituation	Veränderung von M^S
$M^S = M^D = \frac{Y_r * P}{v}$ aufgelöst nach P $P = \frac{M^D * v}{Y_r}$	$M^D = 500 \quad Y_r = 1000$ $v = 2$ $P = \frac{500 * 2}{1000}$ $P_1 = 1$	$M^S = 500 \quad Y_r = 1000$ $v = 2{,}1$ $P = \frac{500 * 2{,}1}{1000}$ $P_2 = 1{,}05$

Die Reaktionen auf dem Arbeits-, Geld- und Gütermarkt sind gleich denen bei der Erhöhung der Geldmenge, d. h. Nominallöhne, Nominalzins und Preisniveau steigen um den gleichen Prozentsatz (5 %).

Der Marktmechanismus (Lohn-, Preis-, Zinsmechanismus) hat somit ein exogen verursachtes Ungleichgewicht – mit temporärer Unterbeschäftigung – wieder in ein stabiles Gleichgewicht gebracht. **Realwirtschaftliche Auswirkungen sind nicht eingetreten.**

5.8.2 Der realwirtschaftliche Sektor: Exogene Störungen durch realwirtschaftliche Größen

Störungen durch realwirtschaftliche Größen sollen anhand der Beispiele

- technischer Fortschritt,
- Bevölkerungsentwicklung,
- pschologischer Stimmungslagen und politische Ereignisse

dargestellt werden.

5.8.2.1 Technischer Fortschritt als exogene Ursache

Abb. Teil I	Produktionsfunktion $Y_{r1} = f(A, K_1, B_k)$ bzw. $Y_{r2} = f(A, K_2, B_k)$ Index k: konstant
Abb. Teil II	Arbeitsmarktgleichgewicht
Abb. Teil III	Spiegelung der Ordinate der Abb. Teil II auf die Abszisse der Abb. Teil III
Abb. Teil IV	Preisniveau und Reallohn
Abb. Teil V	Gütermarktgleichgewicht und Preisniveau
Abb.Teil VI	Spiegelung der Ordinate der Abb. Teil I auf die Abszisse der Abb. Teil V und VII
Abb. Teil VII	Zinsen und Investitionen

Beschreibung der Abbildung 5.22:[11]

Zu den Teilen I-VI (blaue Linien) vergleiche die Ausführungen zur Abbildung 5.15. Diese ergeben ein güterwirtschaftliches Gleichgewicht G_{G1} bei P_1 und w/P_1. Eine Verbesserung der Produktionstechnik (z. B. technischer Fortschritt in der Computertechnologie) erhöht die Arbeitsproduktivität. Bei unverändertem Arbeitseinsatz führt dieses c. P.[12] zu einem erhöhten Volkseinkommen. Grafisch lässt sich der techn. Fortschritt durch eine Verschiebung der Produktionsfunktion „nach oben" verdeutlichen ($Y_{r2} = f(A, K_2, B_k)$ Abb. Teil I). Durch diesen techn. Fortschritt erhöht sich auch die Grenzproduktivität jeder Arbeitseinheit. Die Nachfragekurve A^D_1 nach Arbeitskräften verschiebt sich „nach rechts" A^D_2 (Abb. Teil II). Das Preisniveau bleibt zunächst unverändert. Das Beschäftigungsvolumen steigt von A1 auf A2. Daraus resultiert mit der veränderten Produktionsfunktion ein erhöhtes Volkseinkommen Y_{r2} (Abb. Teil I bzw. Abb. Teil V/VI). Da jedoch entsprechend die Quantitätsgleichung $M^S = M^D = k * P * Y_{r1}$ gilt, muss jetzt durch das erhöhte Y_{r2} ($Y_{r1} < Y_{r2}$) das Preisniveau sinken $P_1 > P_2$ (Abb. IV).

11 Abb. 5.22, in Anlehnung an Paraskewopoulos, S. 225

12 vgl. zur c. P. Klausel Theiler, S. 85ff

Dieses bedeutet zunächst nichts anderes als einen Anstieg des Reallohnniveaus (von 1,0 auf 1,02, w/P_2, vgl. Tabelle unten). Dieser führt zu einem erhöhten Angebot an Arbeitskräften (Angebotsüberschuss). Somit ist bei den bisherigen Arbeitsangebotsbedingungen eine Ungleichgewichtssituation entstanden.

Ausgangssituation (Gleichgewicht)	Ungleichgewichtssituation	Endsituation (neues Gleichgewicht)
$\frac{100}{100}$	$\frac{100}{98}$	$\frac{98}{98}$
1,0 (Reallohn)	1,02 (Reallohn)	1,0 (Reallohn)

Die Konkurrenzsituation auf dem Arbeitsmarkt führt wieder zu einer Nominallohnsenkung von 12,00 EUR auf 11,76 EUR. Es setzt ein Prozess der Über- und Unterbietung des Nominallohnes ein. Im Zusammenhang mit dem kontinuierlichen Sinken des Preisniveaus kommt ein neues Arbeitsmarktgleichgewicht zustande,

- in dem ein höherer Reallohn w/P2 statt w/P1 (Abb. Teil II bzw. IV),
- eine höhere Beschäftigung A2 statt A1 (Abb. Teil II),
- ein größeres Volkseinkommen Y_{r2} statt Y_{r1} (Abb. Teil IV/V bzw. Teil I) bzw.
- ein niedrigeres Preisniveau P2 statt P1 (Abb. Teil IV)

vorhanden ist.

In der Ausgangslage wird der Nominallohn grundsätzlich höher sein als in der neuen Gleichgewichtssituation.

Die Auswirkungen auf die Zinsen sind im Teil VII dargestellt. Das hohe Volkseinkommen (hohe Einkommen) der Arbeitnehmer führt zunächst zu einem höheren Angebot an Sparkapital (in absoluten Beträgen) $S_1 = f(Y_{r1})$ bzw. $S_2 = f(Y_{r2})$ bei $Y_{r2} > Y_{r1}$. Bei gleichbleibender Sparneigung erhöht sich das Sparvolumen auf S_2.

In der Abb. Teil VII verschiebt sich bei gleichem Zinssatz die Angebotskurve für Sparkapital nach rechts. Die Preisniveausenkung hätte zu einem steigenden Realzins bei konstantem Nominalzins führen müssen, es erfolgt jedoch aufgrund des Überangebots an Sparkapital (S_2) eine stärkere Senkung des Nominalzinssatzes. Daraus ergibt sich ein niedriger Realzinssatz (i_{r2}).

Die sich daraus ergebende neue Gleichgewichtssituation mit Y_{r2} ist gekennzeichnet durch

- einen niedrigeren Realzinssatz ($i_{r2} < i_{r1}$),
- einen niedrigen Nominalzinssatz,
- ein höheres Konsumvolumen (C2>C1) sowie
- ein höheres Investitionsvolumen bzw. Sparvolumen ($I_2 > I_1$ bzw. $S_2 > S_1$).

$Y = C + I; Y_{r2} > Y_{r1}; Y_{r1} = C_1 + I_1; C_2 > C_1; Y_{r2} = C_2 + I_2; I_2 > I_1$

Letztlich führt dieses zu einem niedrigen Nominallohn und höherem Volkseinkommen.

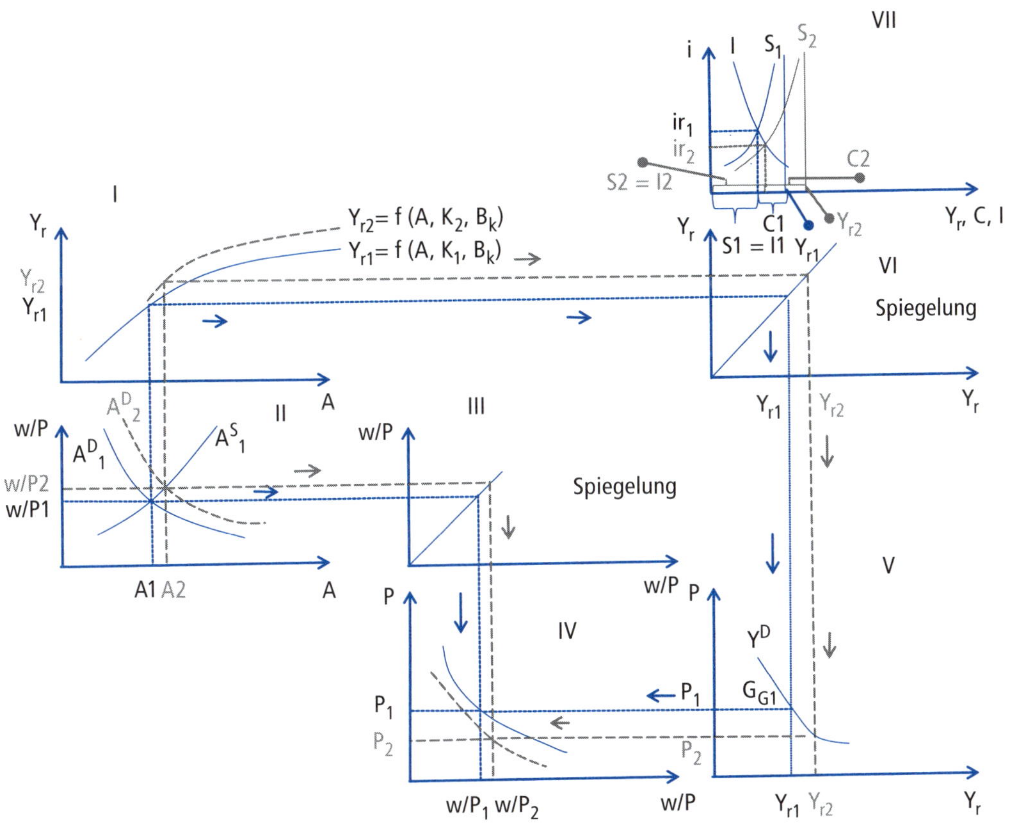

Abbildung 5.22: Technischer Fortschritt als exogene Störung und neues Gleichgewicht

5.8.2.2 Die Bevölkerungsentwicklung als exogene Ursache

Im Folgenden wird die Bevölkerungsentwicklung als möglicher exogener Schock genauer betrachtet.

Diese wirkt auf die Höhe des Arbeitsangebot aufgrund von

- Zuwanderung in den Arbeitsmarkt (aus dem Ausland),
- Zugang geburtenstarker Jahrgänge in den Arbeitsmarkt.

Darüber hinaus spielt das veränderte Erwerbsverhalten der Bevölkerung (z. B. höherer Frauenanteil) eine Rolle.

Beschreibung der Abbildung 5.23:[13]

Das Arbeitsangebot erhöht sich von A^S_1 auf A^S_2 (Teil II)

[13] Abb. in Anlehnung an Paraskewopoulos, S. 227

Der Aufbau der Abbildung erfolgt analog zur Abbildung 5.22.

Zu den Teilen I- VI (blaue Linien) vergleiche die Ausführungen zur Abbildung 5.13. Diese ergeben ein güterwirtschaftliches Gleichgewicht G_{G1} bei P_1 und w/P_1.

Grafisch führt diese exogene Ursache zu einer Rechtsverschiebung der Angebotskurve (Abb. Teil II). Auf dem Arbeitsmarkt kommt es dann zu einem Arbeitskräfteüberschuss. Der Ausgleich kann bei zunächst konstantem Preisniveau nur über eine Nominallohnsenkung erreicht werden (w1 > w2, Teil IV). Dieses führt c.P. zu einer Reallohnsenkung ($w/P_1 > w/P_2$, Teil IV).

Aufgrund dieser Reallohnsenkung erhöht sich die Beschäftigung und somit das Volkseinkommen auf Y_{r2} (Abb. Teil V). Dieses erhöhte Volkseinkommen führt wegen der Gültigkeit der Quantitätsgleichung und der gegebenen Nachfrage dazu, dass das Preisniveau sinken muss (Abb. Teil V und Teil IV). Andernfalls könnte die Nachfrage nicht gedeckt werden.

Auf dem Güter- und Kapitalmarkt lassen sich folgende Veränderungen identifizieren. Das Sparkapital erhöht sich aufgrund des gestiegenen Volkseinkommens (Abb. Teil VII, S1 < S2). Die sich daraus ergebenden Folgen sind gleich denen beim technischen Fortschritt.

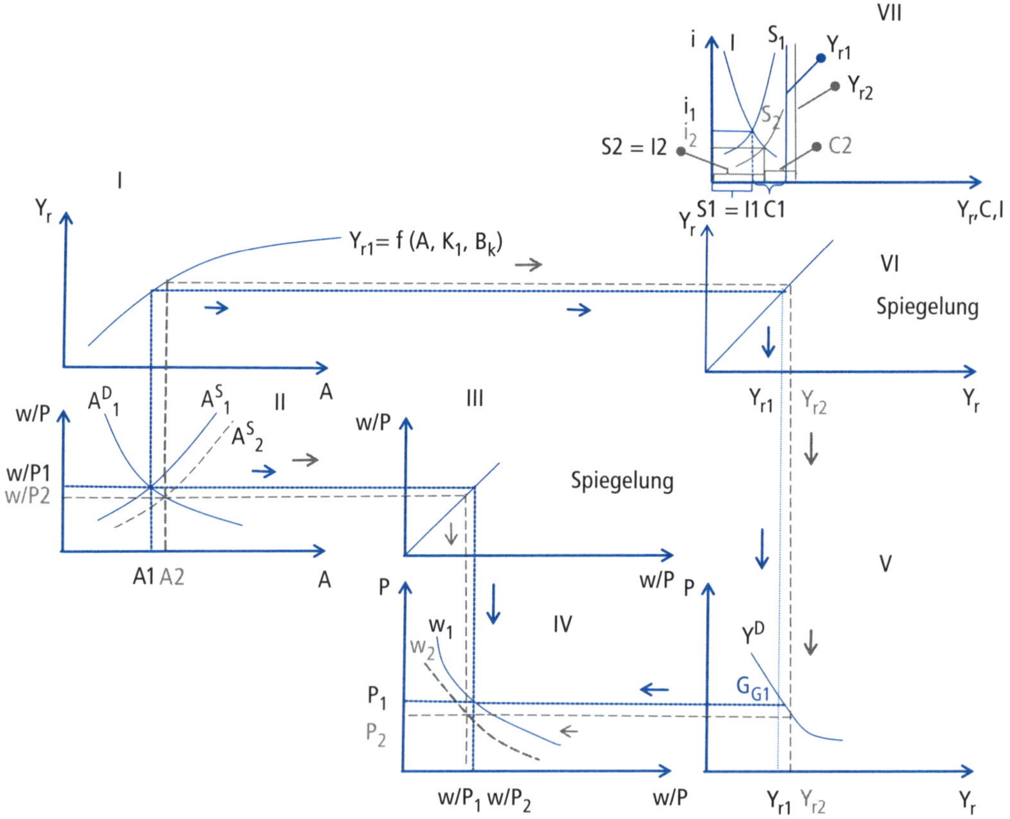

Abbildung 5.23: Bevölkerungsentwicklung als exogene Störung und neues Gleichgewicht

5.8.2.3 Psychologische Stimmungslagen und politische Ereignisse als exogene Ursache

Beide Aspekte können zu einer Veränderung des Sparverhaltens und/oder der Investitionstätigkeit führen und stellen Störungen aus dem realwirtschaftlichen Bereich dar.

Private Haushalte und Sparverhalten

Die o. g. Aspekte können zu einer anderen Bewertung durch die **privaten Haushalte** führen. Sie bewirken bei ihnen einen Umdenkprozess, der zu Verhaltensänderungen führen kann. Diese können zu einem erhöhten oder einem reduzierten Sparvolumen führen.

Haushalte sind pessimistisch eingestellt, sie konsumieren in der Gegenwart weniger, da sie die zukünftige wirtschaftliche Entwicklung negativ(-er) einschätzen, sodass sie dafür Vorsorge treffen, d.h. sie sorgen für zukünftige Konsummöglichkeiten vor. Dieses Verhalten hat auch Konsequenzen für das Sparverhalten.	Haushalte sind optimistisch eingestellt, sie konsumieren in der Gegenwart mehr, da sie die zukünftige wirtschaftliche Entwicklung positiv(-er) einschätzen, sodass sie dafür keine/weniger Vorsorge treffen, d.h. eine Vorsorge für zukünftige Konsummöglichkeiten ist nicht/weniger notwendig. Dieses Verhalten hat auch Konsequenzen für das Sparverhalten.

Sparvolumen

erhöht sich | reduziert sich

Grafisch wird dieses verdeutlicht durch eine Rechtsverschiebung, d.h. bei jedem möglichen Zinssatz i_r wird mehr gespart.	Grafisch wird dieses verdeutlicht durch eine Linksverschiebung, d.h. bei jedem möglichen Zinssatz i_r wird weniger gespart.

erhöhtes Sparvolumen

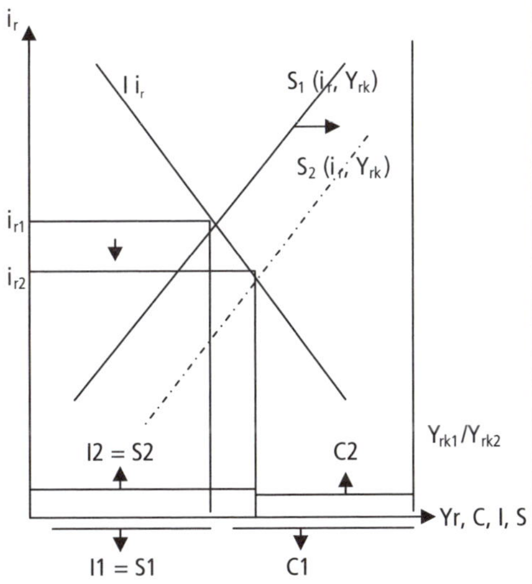

$Y_{rk1} = C1 + I1$ $Y_{rk2} = C2 + I2$
$I1 < I2$ bzw. $S1 < S2$
$C1 > C2$

reduziertes Sparvolumen

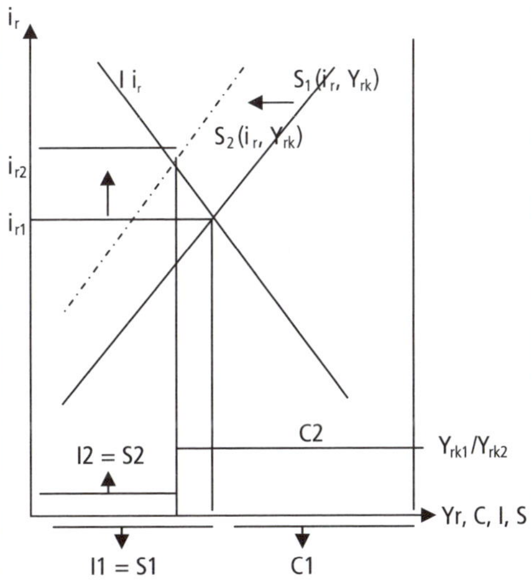

$Y_{rk1} = C1 + I1$ $Y_{rk2} = C2 + I2$
$I1 > I2$ bzw. $S1 > S2$
$C1 < C2$

Abbildung 5.24: Auswirkungen eines veränderten Sparvolumens auf Konsum und Investition

Diese Verhaltensänderung führt zu einem erhöhten Angebot an Sparkapital (erhöhte Sparneigung), sodass ein Gleichgewicht zwischen Sparen und Investieren nur durch einen niedrigeren Nominalzins möglich wird (vgl. dazu auch Ausführungen zu Abb. 5.22). Das gesamte Volkseinkommen Y_r hat sich nicht verändert, wohl aber die Zusammensetzung. Es findet teilweise eine Substitution von I und C statt. Es werden mehr Investitionsgüter produziert und weniger Konsumgüter. Für die gesamte Güternachfrage gilt entsprechendes: weniger Konsumgüternachfrage, mehr Investitionsgüternachfrage.	Diese Verhaltensänderung führt zu einem reduzierten Angebot an Sparkapital (geringere Sparneigung), sodass ein Gleichgewicht zwischen Sparen und Investieren nur durch einen höheren Nominalzins möglich wird (vgl. dazu auch Ausführungen zu Abb. 5.22). Das gesamte Volkseinkommen Y_r hat sich nicht verändert, wohl aber die Zusammensetzung. Es findet teilweise eine Substitution von I und C statt. Es werden weniger Investitionsgüter produziert und mehr Konsumgüter. Für die gesamte Güternachfrage gilt entsprechendes: mehr Konsumgüternachfrage, weniger Investitionsgüternachfrage.

Abbildung 5.24: (Fortsetzung) Auswirkungen eines veränderten Sparvolumens auf Konsum und Investition

Bei der Analyse des Spar- und Konsumverhaltens der privaten Haushalte ist allerdings zu beachten, dass in der Klassik nur das Transaktionsmotiv der Kassenhaltung berücksichtigt wird.

In diesem Zusammenhang kann auf die im Kapital 1.3.1.3 erwähnte unterschiedliche Einkommensverteilung zwischen „Einkommen aus unselbstständiger Arbeit“ und „Einkommen aus Unternehmertätigkeit und Vermögen“ zurückgegriffen werden.[14]

Die unterschiedliche Einkommensverteilung war ein Beispiel für endogene Verstärker, die Schwingungen des marktwirtschaftlichen Systems hervorrufen bzw. verstärken können.[15] In der Klassik führt der Zinsmechanismus zu einem neuen Gleichgewicht. Es kommt hierbei lediglich zu einer veränderten Zusammensetzung des Volkseinkommens zwischen Investitionsgütern und Konsumgütern.

Unternehmen und Investitionstätigkeit

Bei den Unternehmen können ebenso beide Aspekte zu einer anderen Bewertung der Zukunftsaussichten führen. Sie bewirken bei ihnen einen Umdenkprozess, der zu Verhaltensänderungen führen kann. Daraus kann sich eine erhöhte oder eine reduzierte Investitionsgüternachfrage ergeben.

[14] vgl. auch Kapitel 2.6

[15] vgl. die Schaubilder 4.4 und 4.5

Blicken Unternehmen pessimistisch in die Zukunft, so führt dieses zu Umdenkprozessen und zu einer veränderten Investitionsgüternachfrage.	Blicken Unternehmen optimistisch in die Zukunft, so führt dieses zu Umdenkprozessen und zu einer veränderten Investitionsgüternachfrage.

Investitionsgüternachfrage

reduziert sich | erhöht sich

Rückgang der Investitionsgüternachfrage

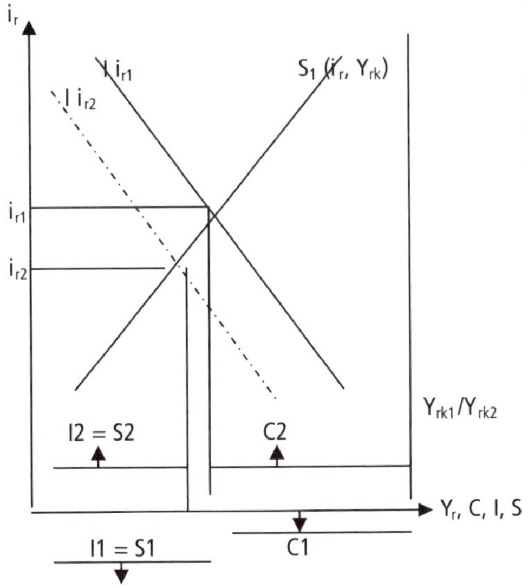

$Y_{rk1} = C1 + I1$ $Y_{rk2} = C2 + I2$

$I1 > I2$ bzw. $S1 > S2$
$C2 > C1$

Erhöhung der Investitionsgüternachfrage

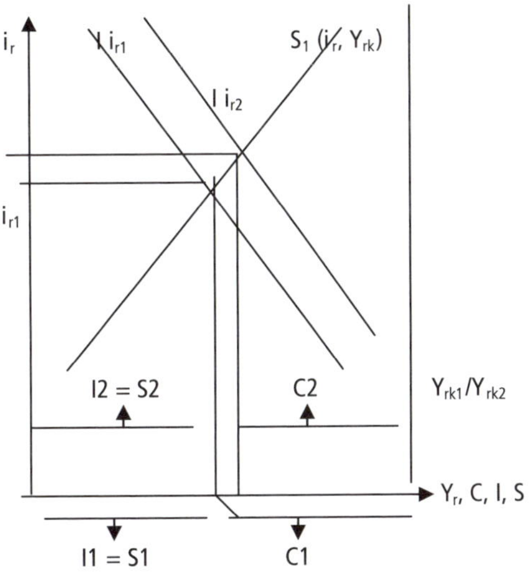

$Y_{rk1} = C1 + I1$ $Y_{rk2} = C2 + I2$

$I1 < I2$ bzw. $S1 < S2$
$C1 > C2$

Dieses hat zur Folge, dass weniger Geldkapital zur Finanzierung der Investitionen benötigt wird. Es entsteht ein Ungleichgewicht, das nur durch eine Nominalzinssenkung wieder in ein Gleichgewicht gebracht werden kann.[16] Die Höhe des Volkseinkommens selbst ändert sich nicht, wohl aber seine Zusammensetzung. Es werden mehr Konsumgüter produziert, weniger Investitionsgüter und entsprechend nachgefragt.	Dieses hat zur Folge, dass mehr Geldkapital zur Finanzierung der Investitionen benötigt wird. Es entsteht ein Ungleichgewicht, das nur durch eine Nominalzinserhöhung wieder in ein Gleichgewicht gebracht werden kann.[17] Die Höhe des Volkseinkommens selbst ändert sich nicht, wohl aber seine Zusammensetzung. Es werden weniger Konsumgüter produziert, mehr Investitionsgüter und entsprechend nachgefragt.

Abbildung 5.25: Auswirkungen einer veränderten Investitionstätigkeit auf Konsum und Investition

16 vgl. dazu auch die Ausführungen zu Abbildung 5.22

17 vgl. dazu auch die Ausführungen zu Abbildung 5.22

In diesem Zusammenhang kann auf die im Kapitel 1.3.1.3 erwähnte unterschiedliche Einkommensverteilung zwischen „Einkommen aus unselbstständige Arbeit“ und „Einkommen aus Unternehmertätigkeit und Vermögen“ zurückgegriffen werden. Die unterschiedliche Einkommensverteilung war ein Beispiel für endogene Verstärker, die Schwingungen des marktwirtschaftlichen Systems hervorrufen bzw. verstärken können.[18] Im Aufschwung bedeutet die verzögerte Lohn- und Gehaltsanpassung für die Unternehmen eine Kostenentlastung, d. h. eine Gewinnverbesserung. Dies kann zu einer höheren Investitionsbereitschaft führen, wobei es jedoch die Gefahr einer investiven Übersteuerung geben kann.

In der Klassik führt der Zinsmechanismus zu einem neuen Gleichgewicht. Es kommt hierbei lediglich zu einer veränderten Zusammensetzung des Volkseinkommens zwischen Investitionsgütern und Konsumgütern.

5.9 Inhärente Stabilität: Zweite Beurteilung

Ergänzend zu der im Kapitel 5.8 durchgeführten ersten Beurteilung zur inhärenten Stabilität kann aufgrund der Analyse der Störungen und ihrer Verarbeitung festgestellt werden:

Die dargestellten – exogen verursachten – Störungen rufen eine – temporäre – Ungleichgewichtssituation hervor. Nach der klassischen Theorie sind die Marktmechanismen auf dem Arbeits-, Güter- und Kapitalmarkt (die sog. systemimmanenten Kräfte) in der Lage, diese Ungleichgewichtssituation wieder in eine stabile Gleichgewichtssituation bei Vollbeschäftigung aller Produktionsfaktoren zu überführen.

> Die Antwort auf die im Kapitel 4.2.1 gestellte Frage 2 lautet: Ja.

Dieses bedeutet andererseits auch: Dauerhafte Störungen des gesamtwirtschaftlichen Gleichgewichts haben ihre Ursache nicht „im System“, sondern außerhalb des Systems, d. h. sind exogen verursacht und verhindern bzw. behindern ggf. den Anpassungsprozess zu einem neuen Gleichgewicht bei Vollbeschäftigung.

5.10 Konsequenzen

Werden die Prämissen als gegeben hingenommen, lassen sich folgende Schlussfolgerungen ziehen:

- Funktioniert der Preismechanismus, kann es – zumindest mittelfristig – keine realwirtschaftlichen Ungleichgewichte geben, d. h. das Entstehen dauerhafter Angebotsüberhänge ist nicht möglich.
- Beim unterstellten Gleichgewicht **ist nur noch auf die Funktionsfähigkeit des Lohnmechanismus am Arbeitsmarkt zu setzen.**

[18] vgl. die Schaubilder 4.4.und 4.5

Verallgemeinernd können zwei Konsequenzen gezogen werden:

- Eine in der Gesamtwirtschaft erlangte/erzielte Gleichgewichtslage, die sich aus einem funktionierenden Preis- und Zinsmechanismus heraus gebildet hat, kann als Vollbeschäftigungsgleichgewicht interpretiert werden.
- Sollte in einer solchen Gleichgewichtslage am Arbeitsmarkt Arbeitslosigkeit auftreten, wäre diese freiwillig.

Letztlich ist die Überzeugung von der Gültigkeit der **Hypothese von der „inhärenten Stabilität" des marktwirtschaftlichen Systems** das dominierende Grundmuster der theoretischen Erklärung.

Gilt diese Hypothese, müssen Eingriffe des Staates in das marktwirtschaftliche System, z. B. mit dem Ziel einer konjunkturellen Verstetigung, abgelehnt werden,

- da sie entweder als funktionslos zu beurteilen sind, weil sie das Auftreten exogener Schocks nicht verhindern konnten

oder

- da sie als kontraproduktiv betrachtet werden müssten, weil sie die unterstellten Anpassungsprozesse stören bzw. sogar verhindern.

Demnach hätte der Staat die Aufgabe, für Wettbewerb auf dem Güter-, Kapital- und Arbeitsmarkt zu sorgen, und darüber hinaus den Kapitalmarkt in möglichst geringem Umfang in Anspruch zu nehmen. Die Tarifvertragsparteien wären aufgefordert – da ein vollständiger Wettbewerb auf dem Arbeitsmarkt nicht herstellbar ist – durch beschäftigungsorientierte Tarifabschlüsse einen hohen Beschäftigungsstand zu ermöglichen.

Wird der Erklärungsansatz als Ganzes betrachtet, ist ein hohes Maß an Plausibilität und Schlüssigkeit festzustellen.

Aber: Mit der Hypothese von der inhärenten Stabilität des marktwirtschaftlichen Systems steht und fällt die Schlüssigkeit des Konzepts.

Aus der Modelldarstellung – speziell in den Abbildungen zum Kapitel 5.8.1 – ist ersichtlich geworden, dass die sog. **makroökonomische Zweiteilung (Dichotomie)** gilt.[19]

Die Höhe der Beschäftigung und des Volkseinkommens werden durch monetäre Einflüsse nicht berührt. Monetäre Impulse (Störungen), wie z. B.

- Geldmengenänderungen,
- Veränderungen des Kassenhaltungskoeffizienten

haben nur einen Einfluss auf die absolute Höhe des Preisniveaus, nicht aber auf die relativen Preise (Reallohn, Realzins). Umgekehrt jedoch können Veränderungen in den realen Größen Veränderungen in den monetären Größen bewirken.[20]

[19] vgl. Kapitel 5.1

[20] vgl. dazu die Abbildungen zum Kapitel 5.8.2

5.11 Zusammenfassung

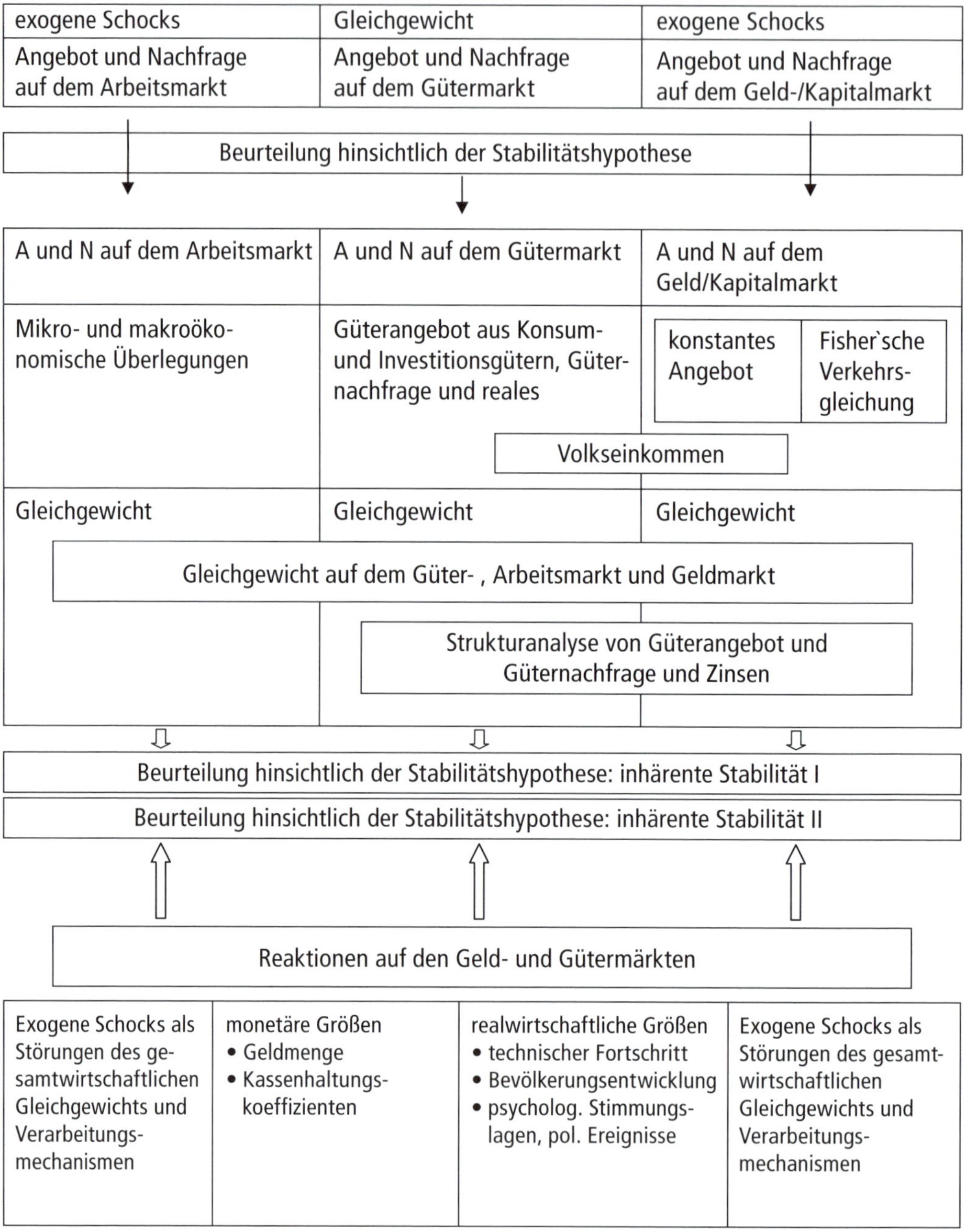

5.12 Kontrollaufgaben

Teil A[21]

1.
In der Klassik-Neoklassik wird auf dem Geldmarkt

a	das Umsatz- und das Spekulationsmotiv,
b	das Einkommens- und das Spekulationsmotiv,
c	das Spekulationsmotiv,
d	das Umsatz- und das Einkommensmotiv

betrachtet.

2.
Es gelten die Quantitätsgleichung und die folgenden Angaben: $M^D = 800, Y_r = 1400, v = 2$
Wie hoch ist das Preisniveau?

a	0,875
b	1,24
c	1,14
d	0,785

3.
Als exogene Ursache wird die Bevölkerungsentwicklung betrachtet (c.P). Wie verändert sich das Preisniveau, wenn das Arbeitsangebot kleiner wird?

a	Das Sparkapital erhöht sich.
b	Das Preisniveau steigt.
c	Der Reallohn sinkt.
d	Die Produktionsfunktion verschiebt sich nach oben.

[21] Es ist jeweils nur eine Lösung richtig.

Teil B

1.
Erläutern Sie die beiden Ausprägungen des Transaktionsmotivs der Kassenhaltung.

2.
In welchem Zusammenhang stehen Umlaufgeschwindigkeit des Geldes und Kassenhaltungskoeffizient zueinander?

3.
Erläutern Sie mit eigenen Worten die Abbildungen 5.13, 5.15 und 5.23.

4.
Welche Auswirkungen hat eine

a) Erhöhung des Sparvolumens

b) Reduzierung der Investitionsgüternachfrage

auf die Höhe des Volkseinkommens und seine Zusammensetzung?

5.13 Literaturhinweie

5.13.1 Zitierte und grundlegende Literatur zum Kapitel 5

Bofinger,Peter Grundzüge der Volkswirtschaftslehre, München 2011	Lehrbuch, zu diesem Kapitel siehe besonders Teil I, Kapitel 2 und 5
Braun, Sebastian, Paschke, Dennis Makroökonomie – anschaulich dargestellt, Heidenau 2005	Gute Überblicksdarstellung, phasenweise etwas zu mathematisch, einige Grafiken hätten ausführlicher erläutert werden können.
Paraskewopoulos, Spiridon (Hrsg.) Volkswirtschaftslehre, Herne/Berlin 2004	Lehrbuch, in weiten Teilen gut verständlich, einige Zeichnungen hätten ausführlicher erläutert werden können.
Paschke, Dennis Grundlagen der Volkswirtschaftslehre, Heidenau 2002	Überwiegend gut verständliches Lehrbuch mit zahlreichen Abbildugen, zu diesem Kapitel siehe besonders Kapitel 7 und 8.
Theiler, Walter Grundlagen der VWL: Mikroökonomie, Konstanz 2011	Lehrbuch, zu diesem Kapitel siehe besonders das Kapitel 3.

5.13.2 Vertiefende Literatur zum Kapitel 5[22]

Donges, Jürgen Angebotspolitik: Ein wissenschaftliches Konzept für die Politik, in: Angebotsorientierte Wirtschaftspolitik, Hrsg. Institut der deutschen Wirtschaft, Köln 2004	Gut verständliche Überblicksdarstellung der Angebotspolitik mit zahlreichen Beispielen aus der politischen Praxis.
Glastetter, Werner Konjunktur- und Wachstumspolitik, Mannheim 1993	Gut lesbares Buch zur Einführung in die Thematik Konjunktur und Wachstum, kommt ganz ohne Formeln aus.
Kolb, Gerhard Geschichte der Volkswirtschaftslehre, München 2004, S. 51–74 und S. 135–142	Dogmengeschichtliche Überblicksdarstellung des ökonomischen Denken (hier besonders Klassischer Liberalismus und Neoklassik).
Lambsdorff, Otto Graf Angebotspolitik: Die Konfrontation mit dem politischen Alltag, in: Angebotsorientierte Wirtschaftspolitik, Hrsg. Institut der deutschen Wirtschaft, Köln 2004	Beschreibung angebotspolitischer Maßnahmen und deren Umsetzung, dargestellt vom ehemaligen Wirtschaftsminister der FDP.
Plickert, Philip Der Neoliberalismus wird siebzig, Frankfurter Allgemeine Sonntagszeitung, 31. August 2008, S. 37	Kurze, gut lesbare Beschreibung der Entstehungsgeschichte des Neoliberalismus – einschließlich seiner Wandlungen –, und der Mont Pèlerin Society, einschließlich der sie prägenden Personen.
Recktenwald, Horst Claus Die Klassik der ökonomischen Wissenschaft, Wirtschaftswissenschaftliches Studium, Heft 4, 1983	Wenn auch schon älter, immer noch gut lesbar, sehr kompakt geschrieben, ermöglicht einen schnellen Einblick.
Smith, Adam Wohlstand der Nationen, München 2009	Klassiker der Ideegeschichte, für Interessierte.

22 siehe die Anmerkung zu Kapitel 1 (vertiefende Literatur)

6 Die keynesianische Neuorientierung als theoretische Erklärung

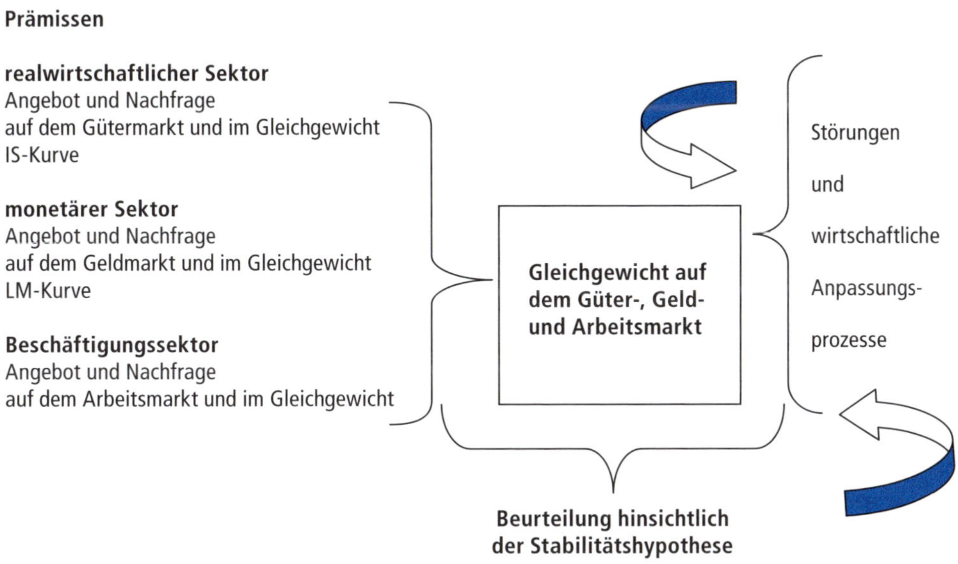

Leitfragen:

- Welche neuen Erkenntnisse ergaben sich aufgrund der Analyse von J. M. Keynes? Ist es sinnvoll und nötig von einer grundlegenden Wende zu sprechen oder nicht?
- Welche Rolle spielen private Haushalte und Unternehmen bei der Behebung ökonomischer Krisen? Reicht es aus, wenn diese Akteure ihr Verhalten ändern oder müssen neue Akteure hinzutreten?

Analog zum Kapitel 5 soll in diesem Kapitel überprüft werden, welche Antworten die keynesianische Neuorientierung auf die beiden Fragen zur inhärenten Stabilität, die im Kapitel 4 formuliert wurden, gibt.

Nach einem kurzen historischen Abriss werden der Güter- und der Geldmarkt genauer betrachtet. Das Gleichgewicht auf diesen beiden Märkten wird durch die IS-Kurve und die LM-Kurve repräsentiert. Die Analyse des Arbeitsmarktes schließt sich an und führt zu einem Totalmodell. Störungen aus dem güterwirtschaftlichen und dem monetären Bereich und die sich daraus ergebenden Anpassungsprozesse werden anschließend analysiert. Den Abschluß bildet die Beantwortung der beiden Fragen zur inhärenten Stabilität und die sich daraus ergebenden Konsequenzen.

6.1 Keynesianismus – Neokeynesianismus – Postkeynesianismus

Der Keynesianismus entwickelte sich aus der an der Klassik/Neoklassik geübten Kritik und bezeichnet eine Denkschule/-richtung in der Volkswirtschaftslehre. Dieser Begriff wird häufig auch als ein Synonym für eine **interventionistische Wirtschaftspolitik** verwendet, die sich primär am Ziel der Vollbeschäftigung orientiert und dem Staat somit ein höheres Maß an Eingriffsnotwendigkeiten zubilligte bzw. auferlegte.

In seinem bahnbrechenden Werk „The General Theory of Employment, Interest und Money" (1936) verzichtete Keynes[1] auf einen umfangreichen formalen – mathematischen – Teil und formulierte z.T. unklar und unpräzise. Trotzdem – oder gerade deshalb? – wurde sein Werk ein Erfolg. Bald nach seinem Tode entwickelten sich konkurrierende Schulen. Darüber hinaus wurden aber auch seine Ideen auf die wirtschaftlichen Verhältnisse nach dem Zweiten Weltkrieg übertragen. Zahlreiche Volkswirte wie z.B. Hicks, Hansen und Samuelson übertrugen die verbalen Ausführungen von Keynes in mathematische Formeln. In diesem Zusammenhang sind der Multiplikator-Akzelerator-Prozess[2] und das IS-LM-Modell[3] zu nennen.

Darüber hinaus folgten zahlreiche stärker inhaltliche Differenzierungen und einige bessere Begründungen einzelner Bausteine des Modells. Der sog. Postkeynesianismus übte an den Nachfolgern von Keynes in der Weise Kritik, als dass sie behaupteten, sie – die Nachfolger – hätten sich vom Werke Keynes` entfernt indem sie *„zentrale Anliegen, Inhalte und wesentliche Aussagen der ursprünglichen Keynesschen Wirtschaftslehre ver-*

1 vgl. zu Keynes und dem Keynesianismus, Kolb, S. 146

2 vgl. dazu Kapitel 6.8.1.5 Exkurs

3 vgl. dazu Kapitel 6.2.3 und 6.3.3

fälscht und zum Teil sogar geradezu in ihr Gegenteil verkehrt"[4] hätten. Sie lehnen die für die Neokeynesianer typische gleichgewichtstheoretische Analyse ab und legen ihr Hauptargument auf eine Analyse von Ungleichgewichten. Ein in sich geschlossenes Theoriegebäude der Postkeynesianer existiert z.Zt. noch nicht.

Die Ausführungen in diesem Kapitel lehnen sich an die Keynesianer-Neokeynesianer an, da dadurch ein Grundgerüst beschrieben werden kann, dass es ermöglicht, Weiterentwicklungen, Kritik und Verfeinerungen einzuordnen und zu bewerten.

Keynes, John Maynard: 1883 – 1946; brit. Volkswirtschaftler und Diplomat. Bei den Versailler Friedensverhandlungen (ab 1918) leitete er als Berater des Schatzamtes die brit. Delegation, von 1920–1946, Prof. am King`s College in Cambridge, Schwerpunkte seiner Arbeiten waren Fragen zur Geldtheorie und zur Arbeitslosigkeit, zu deren Bekämpfung er staatliche Interventionen befürwortete. Hauptwerk: Die allgemeine Theorie der Beschäftigung, des Zinses und des Geldes, 1936.

Samuleson, Paul Anthony: 1916 – 2009; US-amerikanische Wirtschaftswissenschaftler, Träger des Wirtschaftsnobelpreises 1970. Er trug zur wissenschaftlichen Anerkennung der Volkswirtschaftslehre bei indem er mathematische und statistische Methoden in das Fach integrierte.

Hicks, Sir John Richard: 1904 – 1989; britischer Ökonom, Träger des Wirtschaftsnobelpreises 1972 (zusammen mit Kenneth Arrow). Das von ihm entwickelte IS/LM-Modell (gemeinsam mit Alvin Harvey Hansen, Hicks-Hansen-Synthese) trug dazu bei, die Theorien von J.M. Keynes zu verfeinern und zu popularisieren.

Hansen, Alvin Harvey: 1887–1975; US-amerikanischer Nationalökonom, u.a. Berater des US-Präsidenten Roosevelt.

6.1.1 Theoretische Erklärungen und die Realität der Weltwirtschaftskrise der Jahre 1929–1933

Anhand der Entstehungsgeschichte der keynesianischen Neuorientierung kann die Vorgehensweise zur Erstellung neuer bzw. Modifizierung und Weiterentwicklung bereits bekannter Theorien und Modelle gut dargestellt werden.[5]

[4] Schmidt, S. 1675, in Original kursiv

[5] vgl. Zinn, S. 33 und Theiler, S. 14

Theorie	Realität Ende der 20er/Anfang der 30er Jahre des 20. Jahrhunderts
Klassik Hiernach herrschte eine inhärente Stabilität des marktwirtschaftlichen System und es existierten systemimanente Kräfte, die in der Lage waren, eine Ungleichgewichtssituation wieder in ein Gleichgewicht zu bringen. Arbeitskräfte wurden nur dann entlassen, wenn ihr Lohn zu hoch war, akzeptierten sie niedrige Löhne, stellten die Unternehmen wieder ein. Wer arbeitslos war, war es freiwillig. Das Gesetz von Angebot und Nachfrage regelte den Preis der Güter und Dienste.	Während dieser Zeit sanken die Löhne kontinuierlich, gleichzeitig standen Millionen von Arbeitskräften auf der Straße. Eine Entwicklung hin zur Vollbeschäftigung war nicht zu entdecken. Eine Kernaussage, dass die Unternehmen dann produzieren, wenn die Kosten für Arbeit und Kapital niedrig sind, wurde durch die Realität nicht gestützt. Das Say'sche Theorem wurde in der Realität ebenfalls nicht bestätigt.
marxistische "Theorie"[6] Hiernach gab es weder eine inhärente Stabilität des marktwirtschaftlichen Systems, noch waren systemimmanente Kräfte zu entdecken, die eine Ungleichgewichtssituation wieder in eine Gleichgewichtssituation führen konnten. Stattdessen werde die Krise immer dramatischer, sodass schließlich das kapitalistische System zusammenbrechen werde.	Die Krise der Weltwirtschaftskrise hatte zwar dramatische Ausmaße angenommen, ein Zusammenbruch des kapitalistischen System war nicht festzustellen und wurde in Amerika und Europa nicht unmittelbar befürchtet.
konjunkturtheoretische Erklärung[7] In der **Überproduktionstheorie** und der **Unterkonsumtionstheorie** waren Mechanismen identifiziert worden, die in der Lage waren, Wendepunkte herbeizuführen, sodass sich die Wirtschaft erholen konnte.	Während der konjunkturellen Entwicklung der Weltwirtschaftskrise waren keine wirksamen Mechanismen auszumachen, sodass sich die Wirtschaft nicht aus der Krise befreien konnte.

Verallgemeinernd kann gesagt werden: Diese Theorien waren nicht mehr in der Lage, die Realität hinreichend zu erklären.

6.1.2 Konsequenzen für die keynesianische Neuorientierung

Keynes zog aus der mangelnden Erklärungskraft bekannter Theorien die Konsequenz einer theoretischen Neuorientierung.

Ein Großteil der Prämissen der Neuorientierung unterscheidet sich nicht von denen der klassisch-liberalen Theorie.[8] Im folgenden werden deshalb nur die Abweichungen dargelegt:

---

6 siehe vertiefende Literaturhinweise, zum Überproduktionsgedanken: Tugan-Baranowsky, Cassel; zum Unterkonsumtionsgedanken: Lederer, Preiser

7 siehe vertiefende Literaturhinweise, Marx, Simonde de Sismondi, Kromphardt

8 vgl. Kap. 5.1

- Das Say'sche Theorem hat keine Gültigkeit.
- Bei der Quantitätstheorie des Geldes wird als zusätzliches Motiv der Kassenhaltung das Spekulationsmotiv berücksichtigt.
- Die Nominallöhne sind nur nach oben flexibel, der Lohnmechanismus führt nicht automatisch zum Ausgleich von Angebot und Nachfrage nach Arbeit.
- Das Preisniveau wird als gegeben angenommen.

Das Erklärungsziel des keynesianischen Ansatzes lag in der Analyse und Erklärung von Höhe und Schwankungen von Beschäftigung, Produktion und Volkseinkommen.

Der Mechanismus, der auf privaten Märkten Angebot und Nachfrage in Übereinstimmung bringt, steht im Mittelpunkt der Theorie. Interessant ist jedoch, dass sich die Preise in einigen Märkten nicht vollkommen anpassen und somit nicht in der Lage sind, einen permanenten Ausgleich zwischen Angebot und Nachfrage zu realisieren. Somit ist eine allgemeine Markträumung nicht gewährleistet, sodass Produktion und Beschäftigung nicht immer ihre effiziente Menge erreichen. Auf dem Markt wurden somit Preisrigiditäten festgestellt.

Generell lassen sich eine Reihe von Bestimmungsgrößen finden, von denen Beschäftigung, Produktion und Volkseinkommen abhängig sind.

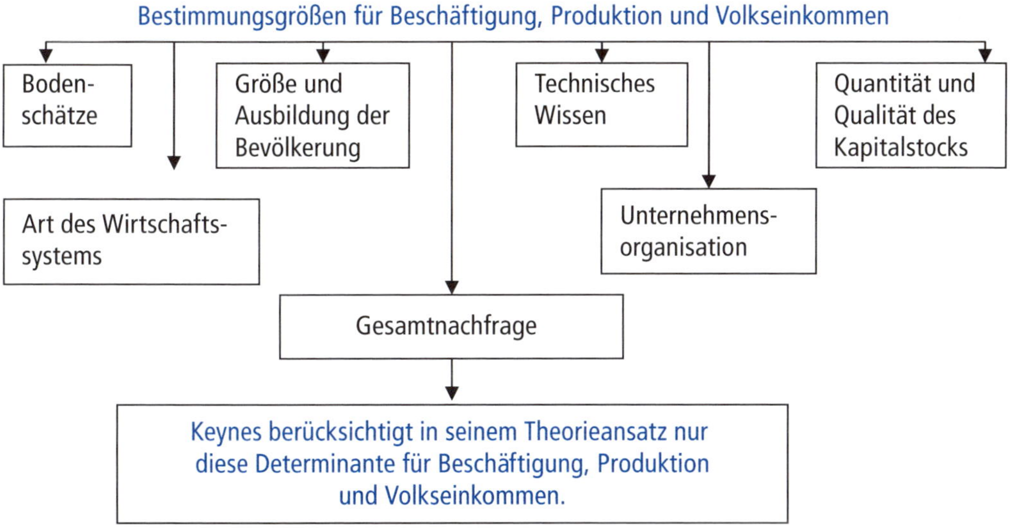

Schaubild 6.1: Bestimmungsgrößen für Beschäftigung, Produktion und Volkseinkommen

In diesem Kapitel werden zunächst einfache Modelle erstellt und beschrieben, die dann sukzessiv verfeinert werden und somit einen immer größeren Teil der Reaität abdecken.[9]

[9] vgl. Theiler, S. 11 ff

6.2 Der realwirtschaftliche Sektor

6.2.1 Der Gütermarkt

6.2.1.1 Das Angebot an Gütern

In der Makroökonomie existieren zwei unterschiedliche Erklärungsansätze für das gesamtwirtschaftliche Angebot:

- **Vollbeschäftigungsangebot/Produktionspotenzial:** Hierbei stellt sich die Frage, wie hoch ist das Angebot bei gegebenen technischen Möglichkeiten und bei Vollbeschäftigung am Arbeitsmarkt?
- **Kurzfristiges Angebot:** Hierbei stellt sich die Frage, wie hoch ist das Angebot, wenn sich die Unternehmen bei ihren Angebotsentscheidungen primär an der aktuellen Nachfragesituation ausrichten?

Produktionspotenzial als gesamtwirtschaftliches Angebot

Es kann auf das Modell des Arbeitsmarktes zurückgegriffen werden, wobei das Preisniveau dabei zunächst außer acht gelassen wird.

Mit steigendem Reallohn nimmt das Arbeitsangebot durch die Arbeitnehmer zu, gleichzeitig geht die Arbeitsnachfrage durch die Unternehmen zurück (siehe Teil A der Abbildung 6.1)

Die gesamtwirtschaftliche Produktionsfunktion lautet $Y = f(N, K_k)$. Die gesamte Nachfrage wird hierbei als variabler Faktor angesehen. Der Kapitalstock K, bestehend aus einer Vielzahl von Maschinen, Bauten und Infrastruktur, soll bei dieser Betrachtung als konstant angesehen werden K_k (siehe Teil B).

Auf dem Arbeitsmarkt wird die gleichgewichtige Beschäftigungsmenge erreicht (GG); dieses führt bei der bestehenden Produktionsfunktion zu einem gesamtwirtschaftlichen Angebot von Y_{voll} (bei Vollbeschäftigung). In Verbindung mit dem konstanten Kapitalstock K_k können drei Faktoren ermittelt werden, die das Angebot bei Vollbeschäftigung bestimmen.

Zusammenfassend bedeutet dieses: Die makroökonomischen Größen Zinsen, Preis und Nachfrage werden nicht betrachtet. Bei dieser makroökonomischen Theorie wird das Angebot bei Vollbeschäftigung allein von mikroökonomischen Größen bestimmt.

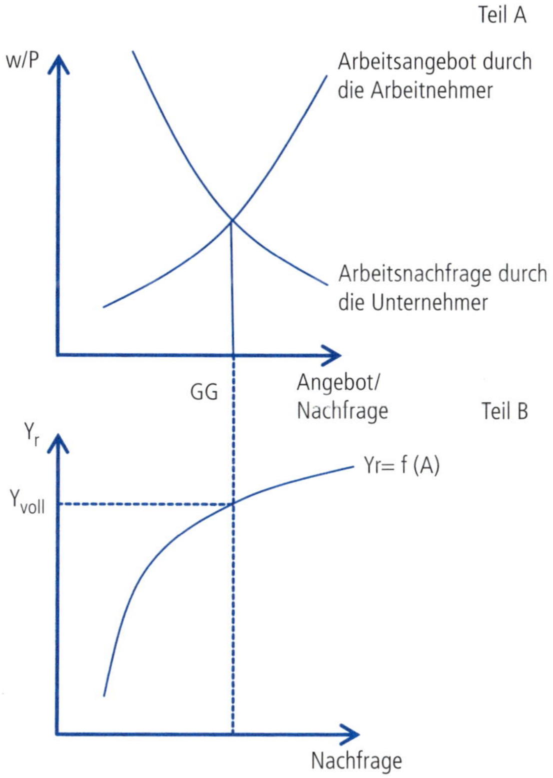

Abbildung 6.1: Produktionspotenzial und gesamtwirtschaftliches Angebot

Das kurzfristige Angebot

In der Realität wird häufig unterstellt, dass sich die Unternehmen mit ihren Produktionsplanungen an der aktuellen Nachfragesituation orientieren. Die Unternehmenserwartungen über die zukünftige Entwicklung werden durch die momentane Situation beeinflusst; in diesem Zusammenhang wird von extrapolativen Erwartungen gesprochen. Wird davon ausgegangen, dass die Erwartungen der Unternehmen zutreffend sind, ist das kurzfristige Angebot genau so hoch wie die von den Unternehmen erwartete Nachfrage.

> Definition Extrapolation (lat.):
>
> → **Die Fortsetzung einer mathematischen oder statistischen Beziehung zur näherungsweisen Bestimmung unbekannter Werte.**

Die 45° Linie stellt die Gesamtheit der Orte dar, an denen das Angebot und die Nachfrage gleich hoch sind. Werden beide Erklärungsansätze zusammengefasst, ergibt sich die Abbildung 6.3.

Das Vollbeschäftigungsangebot kann als Vertikale dargestellt werden, da von der Annahme der Vollbeschäftigung aller Produktionsfaktoren ausgegangen worden ist, d.h. unabhängig von der Nachfragesituation. Gleichzeitig stellt diese Vertikale die Obergrenze für das kurzfristige Angebot dar.

Diese starre Obergrenze sollte jedoch nicht so interpretiert werden, dass die Unternehmen inflexibel in ihren Reaktionen auf positive Nachfrageentwicklungen sind. Bei solchen positiven Entwicklungen können sie mit Hilfe von Überstunden und/oder der Verlängerung von Maschinenlaufzeiten kurzfristig über das Vollbeschäftigungsangebot hinaus produzieren. Diese Reaktionen können jedoch evtl. in der Realität zu konjunkturellen Überhitzungen und inflationären Tendenzen führen.

Abbildung 6.2: Das kurzfristige – gesamtwirtschaftliche – Angebot

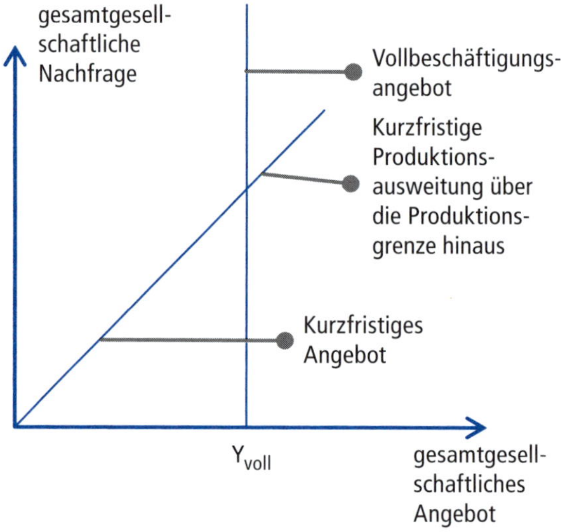

Abbildung 6.3: Kurzfristiges Angebot und Vollbeschäftigung

6.2.1.2 Die Nachfrage nach Gütern

Für die gesamtwirtschaftliche Nachfrage Y^N lassen sich die folgenden Bestimmungsgrößen feststellen:

Private Haushalte mit Konsumausgaben C_H	Unternehmen mit Anlageinvestitionen (inkl. Vorratsinvestitionen) I	Staat mit staatlichem Konsum C_{St}	Ausland mit Export und Import Ex – Im

$$Y^N = C_H + I + C_{St} + Ex - Im$$

Analog zur Vorgehensweise beim Wirtschaftskreislauf soll zunächst ein einfaches Modell erstellt werden, das jedoch schrittweise verfeinert und womit dann ein immer größerer Teil der Realität abgedeckt werden kann.

Nachfrage der Haushalte

In einem ersten Schritt werden Investitionen, Staat und Ausland nicht betrachtet, sodass die Nachfrage (Y^N) nur aus der Nachfrage der privaten Haushalte (C_H) besteht.

$$Y^N = C_H$$

Beide Größen sind ihrerseits wiederum von anderen Bestimmungsgrößen abhängig. Die Betrachtung konzentriert sich auf die geplanten Größen; somit ist die Analyse eine ex-ante-Analyse.[10]

Aus den mikroökonomischen Überlegungen ist bekannt, dass das Einkommen Y eine entscheidende Größe des Konsums ist.

Keynes sieht primär die Abhängigkeit der Nachfrage nach Konsumgütern vom Realeinkommen, d.h. die gesamtwirtschaftliche Nachfrage ist eine Funktion des Volkseinkommens (des Jahres).

$$C_t = f\,(Y_{rt}) \text{ bzw. mathematisch } C_t\,(Y_{rt})$$

Der Index t verweist auf das jeweilige Jahr des Konsums bzw. des Einkommens.

Diese generelle Form der Funktion zeigt an, dass sich die Konsumausgaben auf das laufende Einkommen beziehen, d.h. auf die laufenden realen Verkäufe. Keynes war der Auffassung, dass sich – gesamtwirtschaftlich gesehen – optimistische und pessimistische Einkommenserwartungen der Haushalte ausgleichen. Es ist zu fragen, inwiefern das laufende oder aktuelle Einkommen die wichtige, evtl. sogar einzige Determinante des Konsums ist, oder ob nicht weitere Aspekte mit einbezogen werden müssen, wie dies andere Ansätze tun.

Diese Ansätze sehen bei den Konsumausgaben eine Abhängigkeit:

- von der sozialen Schichtung der Konsumenten;
- von den erwarteten ständigen Einkommen;
- von den Arbeits- und Renteneinkommen einer gesamten Lebensspanne.

[10] vgl. Kapitel 1.3

Vergleich mit der klassischen Theorie:

Wird diese Verhaltenshypothese mit der klassischen Auffassung verglichen, die eine – über die komplementäre Größe des Sparens – Zinsabhängigkeit des Konsums konstatiert, ist ein Gegensatz zu identifizieren.

Keynes sieht zwar auch eine mögliche Zinsabhängigkeit des Sparens, diese tritt aber im Vergleich zur primären Größe des Volkseinkommens in den Hintergrund.

Nach Keynes sind Konsum und Sparen eine Funktion des Einkommens, nicht eine des Zinssatzes.

Zur Deckung der Existenzbedürfnisse wird der sog. autonome Konsum (C_a) getätigt, der auch bei einem Einkommen von Null vorhanden ist, d.h. ein Teil des Konsums ist vom Einkommen unabhängig.

Definition Autonom:

➔ **Eine Veränderung, die nicht im Modell erklärt wird, sondern von außerhalb des Modells (exogen) eingefügt wird.**

Definition Autonomer Konsum:

➔ **Der Teil des Konsums, der unabhängig vom Einkommen durchgeführt wird, sog. Mindestkonsum. Er ist der absolut notwendige Konsum, der von einer Gesellschaft als Lebensgrundlage getätigt werden muss.**

Eine weitere Komponente ist der vom Einkommen Y_r abhängige Teil c. Diese Größe wird als **marginale Konsumquote**[11] oder Grenzhang des Konsums bezeichnet: $\frac{\Delta C}{\Delta Y_r}$

Sie stellt das Steigungsmaß der Kurve/Gerade dar. Im Folgenden wird der Einfachheit halber von einem konstanten c ausgegangen, sodass die Konsumfunktion die Form einer Geraden hat. Von der marginalen Konsumquote streng zu trennen ist die **durchschnittliche Konsumquote** $\frac{C}{Y}$

Definition Durchschnittliche Konsumquote:

➔ **Verhältnis der jeweiligen Konsumausgaben zum jeweiligen Volkseinkommen.**

Diese ist bei konstantem c fallend. Nach Keynes ist dieses ein Faktor eines **„grundlegenden psychologischen Gesetzes“**. Die anderen Faktoren sind die **„Vorliebe für Liquidität“** und die **„Erwartungen zukünftiger Erträgnisse“**. Der Konsum der Haushalte C_H lässt sich folglich in einen einkommensabhängigen Teil cY und einen einkommensunabhängigen Teil Ca aufspalten:

[11] vgl. zur marginalen Konsumquote Kapitel 5.5.1

Konsum der Haushalte

einkommensunabhängiger Teil Ca (autonomer Konsum)

einkommensabhängiger Teil cY (marginale Konsumquote)

Die Konsumfunktion in ihrer allgemeinen Form lautet dann

$$C = Ca + cY \qquad \text{c.P.}$$

Die c.P. Klausel weist darauf hin, dass weitere Einflussgrößen auf die Höhe des Konsums einwirken, die aber im Folgenden konstant gehalten werden.[12]

Beispiel: Es gelten die nachfolgende Zahlen: Ca = 250 c = 0,5

Y^N	C	c, marginale Konsumquote	$\frac{C}{Y}$ durchschnittl. Konsumquote
0	250	0,5	
100	300	0,5	3
200	350	0,5	1,75
300	400	0,5	1,33
400	450	0,5	1,125
500	500	0,5	1
600	550	0,5	0,917
700	600	0,5	0,857
800	650	0,5	0,812

Tabelle 6.1: Konsumfunktion C = 250 + 0,5 Y

Die nachfolgende Abbildung verdeutlicht die obige Konsumfunktion. Bei dieser und den nachfolgenden Abbildungen ist zu beachten, dass – im Gegensatz zu denen bei der Nachfrage und Angebotsfunktion[13] – auf der Abszisse die unabhängige Variable (Y) abgetragen wird, auf der Ordinate die abhängige Variable (C). Beide Darstellungsformen sind in der Volkswirtschaftslehre üblich.

Die Sparfunktion stellt die Komplementärfunktion zur Konsumfunktion dar, d.h. die Sparfunktion kann aus der Konsumfunktion gewonnen werden. Ausgehend von der Einkommensverwendungsgleichung kann die Sparfunktion ermittelt werden.

12 die Angaben in den folgenden Beispielen alle in EUR

13 vgl. Theiler, Kapitel 4 und 5

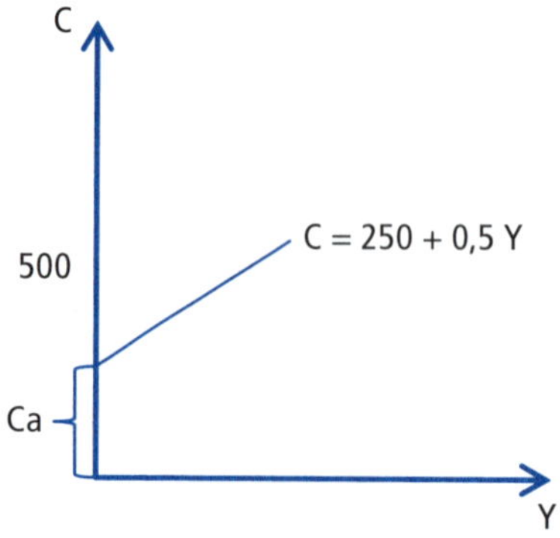

Abbildung 6.4: Graph der Konsumfunktion C = 250 + 0,5 Y

Y = C + S	Einkommensverwendungsgleichung (vgl. Kap. 1.2.2)
S = Y – C	Umformung der Gleichung
S = Y – Ca – cY	Einsetzen der Konsumfunktion C = Ca + cY
S = Y – cY – Ca	andere Schreibweise
S = (1 – c) Y – Ca	Ausklammerung von Y
S = – Ca + (1-c) Y	andere Schreibweise, da c + s = Y bzw. 1 sind bedeutet 1 – c = s
S = – Ca + sY	andere Schreibweise, die sich u.a. aus der Einkommensverwendungsgleichung ergibt
S = – Sa + s Y	Sparfunktion

Die Sparfunktion in ihrer allgemeinen Form lautet dann: S = – Sa + sY c.P.

Definition Entsparen (-Sa):

→ **Situation, in der die Konsumausgaben höher als das (Volks-)Einkommen sind, sodass auf vorher gebildetes Sparkapital zurückgegriffen bzw. ein Kredit aufgenommen werden muss.**

Der autonome Konsum muss vorher angespart worden sein (Konsumverzicht in der Vergangenheit), der jetzt „entspart“ werden kann, oder er muss in Form eines Kredites aufgenommen werden, der dann später zurückgezahlt werden muss (Konsumverzicht in der Zukunft).

Analog zur marginalen Konsumquote wird der vom Einkommen abhängige Teil des Sparens sY als **marginale Sparquote**[14] oder Grenzhang des Sparens bezeichnet: $\frac{\Delta S}{\Delta Y}$

Da sich das Einkommen für Konsum oder für Sparzwecke verwenden lässt, ergänzen sich die marginale Spar- und Konsumquote stets zu 1 (= Y).

14 vgl. zur marginalen Sparquote Kapitel 5.5.1

Auch hier ist die **durchschnittliche Sparquote** streng davon zu unterscheiden: $\frac{S}{Y}$

> Definition Durchschnittliche Sparquote:
>
> ➔ **Verhältnis des jeweiligen Sparens zum jeweiligen Volkseinkommen.**

Das bereits bekannte Zahlenbeispiel wird um Sa und sY erweitert, Fortsetzung bzw. Ergänzung.

Y	C	c, marginale Konsumquote	s, marginale Sparquote	S	$\frac{S}{Y}$ durch-schnittl. Sparquote
0	250	0,5	0,5	–250	
100	300	0,5	0,5	–200	– 2
200	350	0,5	0,5	–150	– 0,75
300	400	0,5	0,5	–100	– 0,33
400	450	0,5	0,5	–50	– 0,125
500	500	0,5	0,5	0	0
600	550	0,5	0,5	50	0,08
700	600	0,5	0,5	100	0,143
800	650	0,5	0,5	150	0,188

Tabelle 6.2: Konsumfunktion C = 250 + 0,5 Y und Sparfunktion S = –250 +0, 5 Y

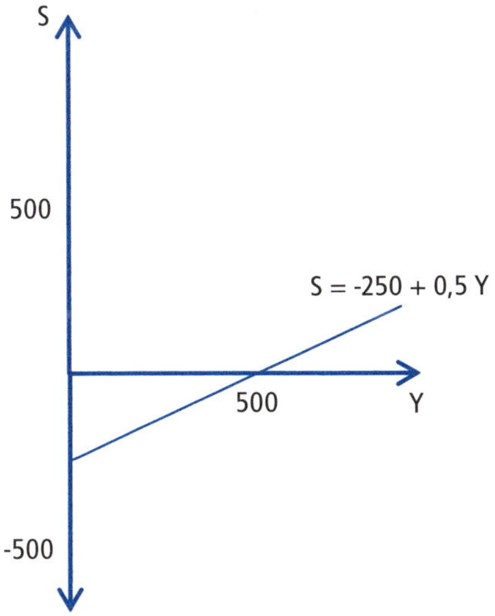

Abbildung 6.5: Graph der Sparfunktion S = – 250 + 0,5Y

Die Nachfrage der Unternehmen: Autonome Investitionen

Bei der Investitionsnachfrage soll zunächst davon ausgegangen werden, dass sie einen konstanten Wert aufweist (I = Ia).

Definition Autonome Investition:
➔ **Investition, die unabhängig vom Volkseinkommen getätigt wird.**

Somit ergibt sich die nachfolgende **gesamtwirtschaftliche Nachfragefunktion:**

$$Y^N = C = Ca + cY + Ia$$

Erweiterung des bekannten Zahlenbeispiels um Ia = 100, Fortsetzung bzw. Ergänzung.

Y^N	C	c, marginale Konsumquote	Ia	s, marginale Sparquote	S
0	250	0,5	100	0,5	–250
100	300	0,5	100	0,5	–200
200	350	0,5	100	0,5	–150
300	400	0,5	100	0,5	–100
400	450	0,5	100	0,5	–50
500	500	0,5	100	0,5	0
600	550	0,5	100	0,5	50
700	600	0,5	100	0,5	100
800	650	0,5	100	0,5	150

Tabelle 6.3: Konsumfunktion C = 250 + 0,5 Y + 100

Die Nachfrage des Staates

Der Staat kann in zweifacher Weise auf der Nachfrageseite aktiv werden. Einerseits kann er in Form eines staatlichen Konsums (C_{St}, Güter und Dienste) die Gesamtnachfrage beeinflussen. Grafisch kann dieses verdeutlicht werden durch eine Parallelverschiebung der Konsumfunktion um C_{St} „nach oben“ (links), die Steigung der Konsumfunktion wird dadurch nicht berührt. Andererseits kann er durch die Einführung von Steuern Einfluss nehmen. Hierbei stehen ihm zwei Möglichkeiten zur Verfügung:

- direkte Steuern (z.B. Einkommensteuer);
- indirekte Steuern (z.B. Mehrwertsteuer).

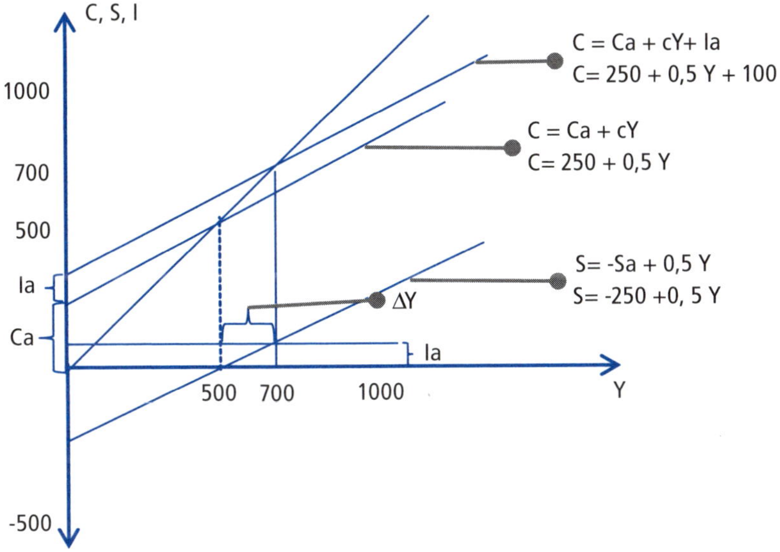

Abbildung 6.6: Graph der Konsumfunktion C = 250 + 0,5 Y + 100

Da die makroökonomischen Wirkungen einer direkten Steuer gut darzulegen sind, soll im Folgenden zunächst nur eine direkte Steuer T betrachtet werden. Es soll sich dabei um einen festen Satz handeln (T = 10). Für die Haushalte bedeutet dieses, dass sie bei ihren Konsumentscheidungen nicht mehr vom Bruttoeinkommen Y, sondern vom Nettoeinkommen Y_{netto} ausgehen müssen. Y_{netto} =Y – T (T= Tax, engl.). Daraus ergibt sich die variierte Konsumfunktion.

$Y^N = C = Ca + c(Y-T)$

Die gesamtwirtschaftliche Nachfrage ist somit: $C = Ca + c(Y-T) + Ia + C_{ST}$

Wird das bereits bekannte Beispiel um die beiden Größen C_{St} (= 50) und T (= 10) ergänzt, ergeben sich die folgende Wertetabelle und das Schaubild.

Erweiterung des bekannten Zahlenbeispiels um T = 10 (direkte Steuer), Fortsetzung bzw. Ergänzung.

Y	T	Y – T	Ca	c	C	Ia	C_{ST}	Gesamtnachfrage
0	0	– 10	250	0,5	245	100	50	395
100	10	90	250	0,5	295	100	50	445
200	10	190	250	0,5	345	100	50	495
300	10	290	250	0,5	395	100	50	545
400	10	390	250	0,5	445	100	50	595
500	10	490	250	0,5	495	100	50	645

Y	T	Y − T	Ca	c	C	Ia	C_{ST}	Gesamtnachfrage
600	10	590	250	0,5	545	100	50	695
700	10	690	250	0,5	595	100	50	745
800	10	790	250	0,5	645	100	50	795
900	10	890	250	0,5	695	100	50	845

Tabelle 6.4: Konsumfunktion C = 250 + 0,5 (Y–10) + 100 + 50

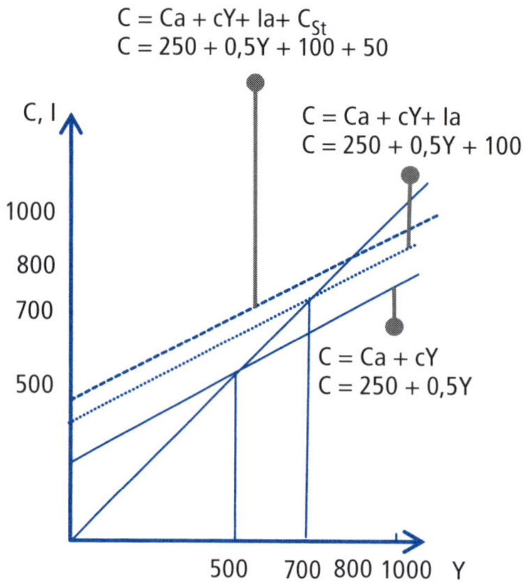

Abbildung 6.7: Konsumfunktion
$C = Ca + cY + Ia + C_{ST}$

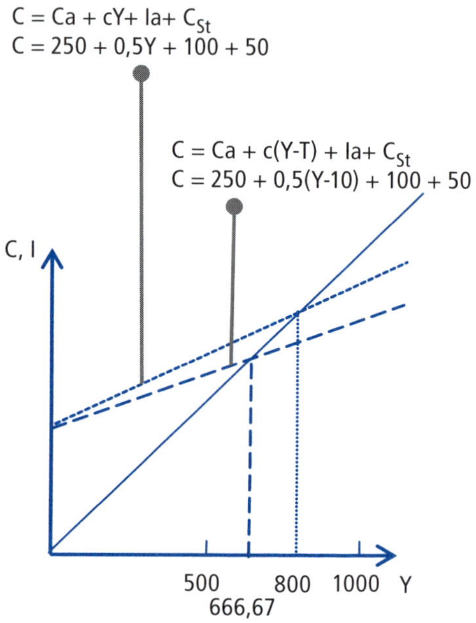

Abbildung 6.8: Konsumfunktion
$C = Ca + c(Y\text{-}T) + Ia + C_{ST}$

Werden die Steuern in Abhängigkeit vom Einkommen erhoben, muss das Modell in der Weise umgeformt werden, dass ein Steuersatz t vom Einkommen Y erhoben wird, d.h. tY. Somit gilt das Steueraufkommen T = tY.

Das Nettoeinkommen ist $Y_{netto} = Y - tY$. Die Konsumfunktion lautet C = Ca +c(Y-tY).

Die gesamtwirtschaftliche Nachfrage ist somit: $C = Ca + c(Y\text{-}tY) + Ia + C_{ST}$

Das bereits bekannte Beispiel soll in der Weise variiert werden, dass ein Steuersatz von 20 % d.h. 0,2, erhoben wird. Die gesamtwirtschaftliche Nachfragefunktion lautet dann: Y = 250 + 0,5(Y–0,2Y) +100 + 50.[15] Daraus ergibt sich die folgende Wertetabelle:

Erweiterung des bekannten Zahlenbeispiels um eine einkommensabhängige Steuer von t = 0,2 (20 %), Fortsetzung bzw. Ergänzung.

[15] vgl.dazu die Abbildung 6.9

Y	Y-tY	Ca	c	C	Ia	C_{ST}	Gesamtnachfrage
0	0	250	0,5	250	100	50	400
100	80	250	0,5	290	100	50	440
200	160	250	0,5	330	100	50	480
300	240	250	0,5	370	100	50	520
400	320	250	0,5	410	100	50	560
500	400	250	0,5	450	100	50	600
600	480	250	0,5	490	100	50	640
700	560	250	0,5	530	100	50	680
800	640	250	0,5	570	100	50	720
900	720	250	0,5	610	100	50	760
1000	800	250	0,5	650	100	50	800
1100	880	250	0,5	690	100	50	840
1200	960	250	0,5	730	100	50	880

Tabelle 6.5: Konsumfunktion C= 250 + 0,5(Y–0,2Y) +100 + 50

Die Nachfrage aus dem Ausland

Im bisherigen Modell wurden Auslandsbeziehungen nicht betrachtet. **Einerseits** ist dieses eingeschränkte Modell in größeren **geschlossenen Volkswirtschaften** wie z.B. den USA und EU/Euroland ein durchaus zu akzeptierendes Abbild der Realität. **Andererseits** ist es zweifellos notwendig, sich für einzelne Länder mit den Wirkungsketten zu befassen, die aus wirtschaftlichen Transaktionen über Ländergrenzen hinweg herrühren. Diesbezüglich lassen sich drei Bereiche identifizieren.

Der internationale Nachfrageverbund	**Der internationale Preisverbund**	**Der internationale Zinsverbund**
Die gesamte Nachfrage einer **offenen** Volkswirtschaft hängt auch von den Exporten ab. Die Wirtschaftslage im Ausland hat somit Rückwirkungen auf die Höhe des Exports und damit auf das binnenwirtschaftliche Geschehen. Gleichzeitig schöpfen die Importwaren einen Teil des einheimischen Einkommens ab. Dieses Einkommen steht dann für die inländische Nachfrage nicht zur Verfügung.	Ist der Warenverkehr frei von Einschränkungen, werden die Güter in dem Land gekauft, in dem sie am billigsten sind. Für die inländischen Anbieter bedeutet dieses, dass sie die Preise ihrer ausländischen Konkurrenten mit in ihre Preisüberlegungen einbeziehen müssen. Somit wird in einer offenen Volkswirtschaft die inländische Inflationsrate durch die Veränderungen des Geldwertes im Ausland mitbestimmt (unter Berücksichtigung von Wechselkursen).	Der freie Kapitalverkehr ermöglicht es den Anlegern, ihr Geld dort anzulegen, wo sie den höchsten Ertrag erzielen.

In den nachfolgenden Ausführungen wird nur der **internationale Nachfrageverbund** berücksichtigt. Im vereinfachten Modell können die Importe ganz ähnlich wie die Steuern behandelt werden; sie vermindern die inländische Nachfrage. Dabei soll unterstellt werden, dass es eine stabile Relation zwischen den inländischen Einkommen Y und den Importen (IM) gibt, d.h. es wird von einer marginalen Importneigung m_i ausgegangen.

$$IM = m_i Y$$

Definition Marginale Importneigung (m_i):

➔ **Veränderung des Importe während einer Periode bezogen auf die Veränderung des Einkommens einer Periode (Index i = Inland).**

Auf der Exportseite wird in diesem volkswirtschaftlichen Modell unterstellt, dass die Exporte (EX) unabhängig sind von der wirtschaftlichen Entwicklung des Inlands. Es wird jedoch davon ausgegangen, dass sie vom Volkseinkommen des Auslandes abhängig sind, d.h. von der marginalen Importneigung des Auslands (Index F = Foreign, ausländisch). Somit stehen sie ebenfalls in einem festen Verhältnis zum ausländischen Einkommen (Y^F).

$$EX = m_i^F Y^F$$

Die bisher bekannte Gleichung für die gesamtwirtschaftliche Nachfrage kann also ergänzt werden. Im folgenden wird von einer direkten Steuer ausgegangen:

$$Y^N = C = Ca + c(Y\text{-}T) + Ia + C_{ST} + Ex - Im$$

bzw.

$$Y^N = C = Ca + c(Y\text{-}T) + Ia + C_{ST} + m_i^F Y^F - m_i Y$$

Aus Gründen der Vereinfachung wird in der folgenden Wertetabelle nur der sog. **Außenbeitrag (Exporte – Importe)** berücksichtigt. In der Grafik bedeutet dieses eine Verschiebung nach oben (**positiver Außenbeitrag, Exporte > Importe**) bzw. nach unten **(negativer Außenbeitrag, Exporte < Importe)**.

Erweiterung des bekannten Zahlenbeispiels um einen – positiven – Außenbeitrag von + 10, Fortsetzung bzw. Ergänzung.

Y	T	Y – T	Ca	c	C	Ia	C_{ST}	Außenbeitrag	Gesamtnachfrage
0	0	– 10	250	0,5	245	100	50	+10	405
100	10	90	250	0,5	295	100	50	+10	455

Y	T	Y – T	Ca	c	C	Ia	C_{ST}	Außenbeitrag	Gesamtnachfrage
200	10	190	250	0,5	345	100	50	+10	505
300	10	290	250	0,5	395	100	50	+10	555
400	10	390	250	0,5	445	100	50	+10	605
500	10	490	250	0,5	495	100	50	+10	655
600	10	590	250	0,5	545	100	50	+10	705
700	10	690	250	0,5	595	100	50	+10	755
800	10	790	250	0,5	645	100	50	+10	805
900	10	890	250	0,5	695	100	50	+10	855

Tabelle 6.6: Konsumfunktion C= 250 + 0,5 (Y–10) + 100 + 50 + 10

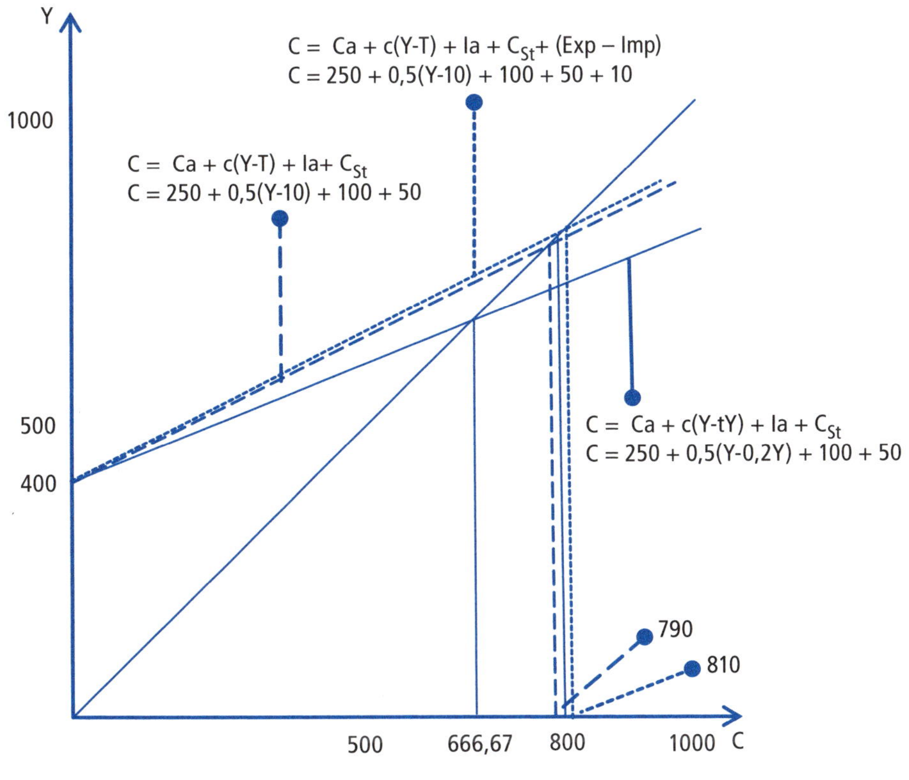

Abbildung 6.9: Graph verschiedener Konsumfunktionen

Exkurs: Multiplikativer Effekt und konsuminduzierte Einkommenssteigerung

In der Abbildung 6.6 ist ersichtlich, dass aus der Erhöhung der Nachfrage um ΔIa (=100) ein deutlich höherer Zuwachs des gleichgewichtigen Einkommens erfolgt ($\Delta Y = 200$, von $Y = 500$ auf $Y = 700$).

Gleiches zeigt sich in der Abbildung 6.7 mit der Einführung eines staatlichen Konsums C_{St} in Höhe von 50 (altes Gleichgewichtseinkommen $Y = 700$, neues Gleichgewichtseinkommen $Y = 800$). Diese Wirkungen sind auf den sog. Multiplikatoreffekt zurückzuführen.

> Definition Multiplikator:
>
> ➔ **Maß, das die verstärkte Wirkung einer exogenen Größe auf eine modellendogene Variable unter Einbeziehung von Rückwirkungen im Gesamtmodell anzeigt.**

Diese exogene Größen können z.B. in Form der Erhöhung einer

- staatlichen Ausgabe,
- autonomen Nettoinvestition,
- des autonomen Konsums

Rückwirkungen auf das Gesamtmodell haben.

Ausgangspunkt ist die in der Abbildung 6.6 dargestellte Konsumfunktion vom Typ $C = Ca + cY + Ia$.
Das Beispiel basiert auf den folgenden Angaben: $Ca = 250$, $c = 0{,}5$, $Ia = 100$.
Als Impuls wird die Erhöhung bzw. Einführung des staatlichen Konsums von $C_{St} = 0$ auf $C_{St} = 50$ durchgeführt.

Das alte Gleichgewichtseinkommen betrug $Y = 700$, das neue beträgt $Y = 800$.
Durch die zusätzliche Staatsnachfrage C_{St} erhöht sich das Volkseinkommen um ΔY und damit der vom Volkseinkommen abhängig Konsum um $c\Delta Y$.

1.	Gleichgewicht „alt"	$Y = Ca + cY + Ia$	
2	Gleichgewicht „neu"	$Y + \Delta Y = Ca + cY + Ia + c\Delta Y + \Delta C_{St}$	von der 1. Gleichung wird die 2. subtrahiert
3		$\Delta Y = c\Delta Y + \Delta C_{St}$	Ergebnis der Subtraktion
4		$\Delta Y - c\Delta Y = \Delta C_{St}$	ausklammern von ΔY
5		$(1-c)\,\Delta Y = \Delta C_{St}$	Division durch 1-c
6		$\Delta Y = \frac{\Delta C_{St}}{1-c}$	
7		$\Delta Y = \frac{1}{1-c} * \Delta C_{St}$	andere Schreibweise

Schaubild: 6.2: Herleitung des Multiplikators

Der Ausdruck $\frac{1}{1-c}$

ist somit der Faktor (Multiplikator) mit dem die autonome Staatsausgabenerhöhung (Ursache) multipliziert werden muss, um die Wirkungen auf das Volkseinkommen ermitteln zu können.

$$\frac{1}{1-c} = \frac{1}{1-0,5} = \frac{1}{0,5} = 2 * 50 = 100$$

Dieser Multiplikator ist der reziproke Wert der marginalen Sparquote.

Hierdurch wird auch deutlich, dass die Höhe des Multiplikatoreffekts von der Höhe der marginalen Spar- bzw. Konsumquote abhängig ist.

Im Nenner steht immer der Teil des Einkommens, der nicht zu Ausgaben wird bzw. entzogen wird (kontraktive Größe).

autonome Staatsausgabenerhöhung ΔC_{St}	marginale Sparqoute	marginale Konsumquote	Multiplikator	Änderung des Volkseinkommen
50	0,5	0,5	2	100
50	0,4	0,6	2,5	125
50	0,7	0,3	1,43	71,5

Tabelle 6.7: Alternative Multiplikatoren bei Änderung des Volkseinkommens und unterschiedlichen Konsum- bzw. Sparquoten.

Aus dieser kleinen Tabelle ist ersichtlich, dass die Multiplikatorwirkung desto größer ist, je größer die marginale Konsumquote oder je kleiner die marginale Sparquote ist.

Wie zu Beginn des Kapitels angeführt, kann die Ursache auch in einer Änderung der autonomen Investition beruhen (ΔIa), die quantitativen Wirkungen sind jedoch gleich, da der Multiplikator davon nicht berührt wird.

Der Multiplikator wird nach der jeweilig getätigten Ausgabe bezeichnet: z.B.

Investitionsmultiplikator	**Änderung der Ausgaben für Investitionen (Δ Ia)**
Staatsausgabenmultiplikator	**Änderung der Staatsausgaben (Δ C_{St})**

Im grundlegenden Modell führt eine autonome **Nachfrageerhöhung ohne zeitliche Verzögerung zu einer vollen Reaktion der Produktion**. Es könnte jedoch auch ein dynamischer Prozess eingeführt werden, bei dem sich die Produktion allmählich dem Wert annähert.

Wird die zweite – dynamische – Art des Prozesses analysiert, ändert sich die grundlegende Art der Analyse, statt einer komparativ-statischen Anlayse wird eine dynamische Analyse durchgeführt.[16]

Von der komparativ-statischen zur dynamischen Analyse:

In den bisherigen Überlegungen wurden lediglich zwei Gleichgewichtseinkommen miteinander vergleichen, das eine lag vor der Einführung bzw. Erhöhung der Staatsausgaben, das andere danach. Es wurde dabei außer Acht gelassen, dass eine solche Einführung bzw. Erhöhung nicht schlagartig, sondern schrittweise, über mehrere Perioden zu einem neuen Gleichgewichtseinkommen führt. Der bisherigen Betrachtung des Multiplikatoreffekts lag deshalb eine **komparativ-statische Analyse** zugrunde. Eine wirtschaftliche Interpretation des Multiplikatoreffekts ist allerdings nur **im Zeitablauf** möglich, d.h. es muss eine **dynamische Analyse** durchgeführt werden.

Durch die Erhöhung der Staatsausgaben um ΔC_{St} steigt des Volkseinkommen in der ersten Periode in Höhe der zusätzlichen Nachfrage, da durch die Produktion der neuen Güter und Dienste bei denen, die an der Produktion beteiligt sind, neues Einkommen entsteht. Entsprechend der marginalen Konsumquote werden diese Einkommensempfänger einen Teil des Einkommens ($c\Delta Y$) für zusätzliche Konsumausgaben verwenden. Die Unternehmen der Konsumgüterindustrie werden dadurch veranlasst, ihre Produktion auszuweiten. Daraus entsteht zusätzliches Einkommen. In der nächsten Periode wird ein Teil des Zusatzeinkommens für Konsum ausgegeben, wodurch eine weitere Produktion induziert wird. Dieser Prozess vollzieht sich so lange, bis das neue, höhere Volkseinkommen erreicht ist. Es entsteht ein expansiver kumulativer Prozess.

Definition Induzieren:
➔ **lat.: inducere: hineinleiten, hineinführen.**

Eine zusätzliche autonome Nachfrage von $\Delta C_{St} = 50$ im Wirtschaftsbereich A ($c = 0{,}5$)	50
führt zu einem erhöhten Einkommen und zu einer erhöhten Nachfrage von $c * \Delta C_{St}$, d.h. $0{,}5 * 50 = 25$	25
diese führt zu einem erhöhten Einkommen und zu einer erhöhten Nachfrage von $c * c * \Delta C_{St}$, d.h. $0{,}5 * 0{,}5 * 50 = 12{,}5$	12,5
diese führt zu einem erhöhten Einkommen und zu einer erhöhten Nachfrage von $c * c * c * \Delta C_{St}$, d.h. $0{,}5^3 \Delta C_{St} = 6{,}25$	6,25
Summe der Schritte 1–4	93,75
Summe der Schritte 1–n	100,00

Schaubild 6.3: Der Multiplikatoreffekt

[16] vgl. Theiler, S. 29

Im folgenden Beispiel wird angenommen:

- der Konsum der Einkommensbezieher passt sich ohne zeitliche Verzögerungen den Einkommensänderungen an;
- die Konsumgüterproduktion C hängt von den Konsumausgaben der Vorperiode C_{t-1} ab;
- die heutige Konsumgüterproduktion ist gleich der Höhe des „gestrigen" Konsums;
- die Unternehmer erwarten in der laufenden Periode genau den Absatz der Vorperiode.

Periode	autonome Investition	C_{St}	Ca	Y (Angebot)	C (Nachfrage) Ca, cY, Ia, Δ C_{St}	
0	100	0	250	700	700	**altes Gleichgewicht**
1	100	50	250	700	750	Übernachfrage von 50
2			250	750	775	Übernachfrage von 25
3			250	775	787,5	Übernachfrage von 12,5
4			250	787,5	793,75	Übernachfrage von 6,25
n			250	800	800	**neues Gleichgewicht**

Tabelle 6.8: Multiplikatoreffekt, altes und neues Gleichgewicht

Beschreibung der Abbildung 6.10:

In Periode 1 tritt zusätzliche staatliche Nachfrage Δ C_{St} in Höhe von 50 auf. Der (Gesamt-) Konsum beträgt 750. Die Unternehmen haben allerdings nur (Konsum-) Güter in Höhe der Konsumausgaben der Vorperiode (Periode 0), d.h. 700 produziert. Während dieser Periode herrscht somit ein Ungleichgewicht, eine Übernachfrage in Höhe von 50. Konsequenz dieser Situation ist das Auslösen eines expansiven Prozesses. In der nächsten Periode (Periode 2) produzieren die Unternehmen mehr Konsumgüter (750). Es herrscht jedoch weiterhin eine Übernachfrage, da die Haushalte ihren Konsum weiter auf 775 gesteigert haben. Die Übernachfrage ist geringer geworden. Dieser Prozess setzt sich so lange fort, bis – theoretisch nach unendlich vielen Perioden – ein neues Gleichgewicht erreicht ist. Während dieses Prozesses verringert sich die Übernachfrage kontinuierlich bis auf 0. Der Motor, der diesen Prozess in Gang hält, ist die Übernachfrage.

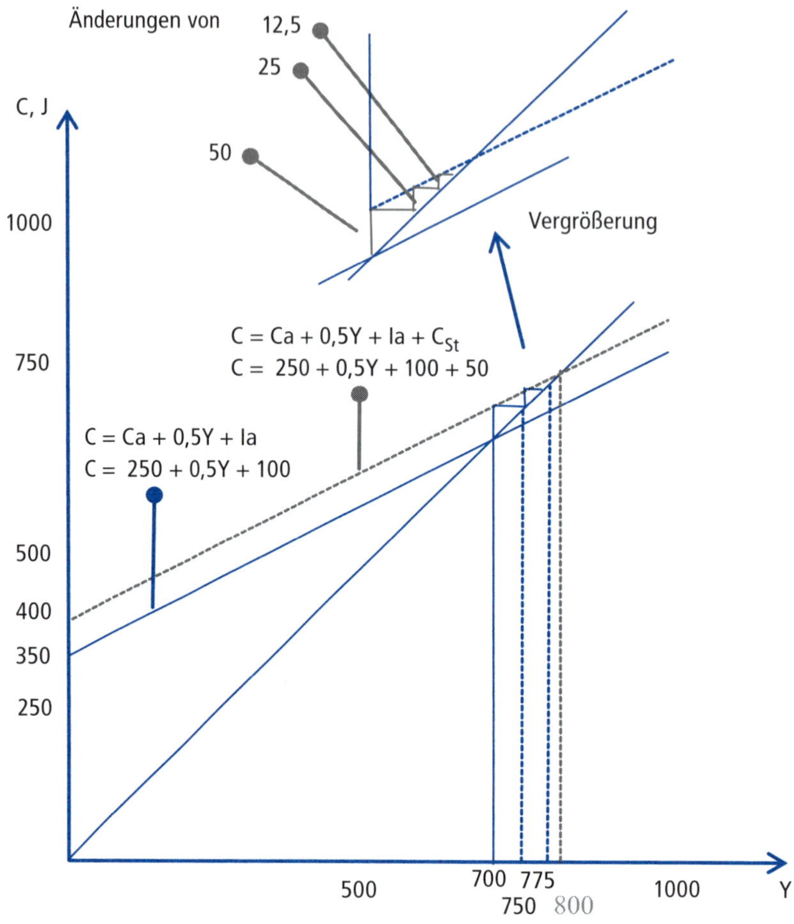

Abbildung 6.10: Multiplikativer Prozess

Die Periode 0 stellt die Ausgangssituation dar. Es herrscht ein Gleichgewicht (Y = 700) zwischen dem Angebot der Unternehmen (700) und der effektiven Nachfrage der Haushalte C = 700.

Ebenso wie der Multiplikatoreffekt eine expansive Wirkung entfalten kann, ist eine kontraktive Wirkung möglich. Dieses ist dann der Fall, wenn ΔC_{St} verringert wird. Wenn sich C_{St} um ΔC_{St} verringert, nimmt die Beschäftigung ab. Dadurch reduziert sich das Volkseinkommen. Es wird weniger für Konsumgüter ausgegeben, es kommt zu Entlassungen und/oder Kurzarbeit. Folge davon ist eine weitere Reduzierung des Volkseinkommens. Dieser Prozess setzt sich fort, bis ein niedrigeres Gleichgewichtseinkommen erreicht ist, d.h. der kontraktive kumulative Prozess beendet ist.

Dieser Prozess darf allerdings nicht als einfacher Mechanismus missverstanden werden, der stets und überall in quantitativ vorhersehbarer Weise abläuft. Die folgenden Bedingungen müssen dafür erfüllt sein:

- die marginale Konsum- und Sparquote müssen konstant sein. (Denkbar ist jedoch auch, dass sie sich im Zeitablauf ändern und somit die gewünschte Wirkung nicht eintritt.)
- in der Ausgangssituation herrscht Vollbeschäftigung. (Andernfalls kommt es wegen des Nachfrageüberhangs lediglich zu einer Preisniveausteigerung, das Volkseinkommen steigt nur noch nominal, nicht real.)

Werden Investitionen betrachtet, ist Folgendes zu beachten:

- es wurden nur autonome Investitionen unterstellt. (Werden durch die erhöhte Konsumgüternachfrage weitere Investitionen induziert, spätestens dann, wenn die Kapazitäten der Konsumgüterindustrie voll ausgelastet sind, würde sich ein anderes Volkseinkommen ergeben.)
- sofern die Investitionen als vom Zinssatz abhängig betrachtet werden, führt eine Erhöhung des Volkseinkommens durch diesen Multiplikatoreffekt über eine erhöhte Geldnachfrage zu einem neuen Gleichgewichtszins, der wiederum die Investitionen beeinflusst. Aus dieser gegenseitigen Interdependenz kann sich ein anderes Gleichgewichtseinkommen ergeben.

6.2.1.3 Das Gleichgewicht im realwirtschaftlichen Sektor

In den vergangenen Kapiteln wurden unterschiedliche Konsumfunktionen betrachet. Für alle gilt die Gleichgewichtsbedingung $Y^G = Y^A = Y^N$ bzw. Y = C. Die folgende Tabelle macht diese nochmals mit den konkreten Zahlen deutlich.

$Y = Ca + c(Y-T) + Ia + C_{ST}$	$Y = Ca + c(Y-tY) + Ia + C_{ST}$	$Y = Ca + c(Y-T) + Ia + C_{ST} + (Ex - Im)$
$Y^G = Ca + c(Y-T) + Ia + C_{ST}$	$Y^G = Ca + c(Y-tY) + Ia + C_{ST}$	$Y^G = Ca + c(Y-T) + Ia + C_{ST} + (Ex - Im)$
$Y = Ca + cY - cT + Ia + C_{ST}$	$Y = Ca + cY - ctY + Ia + C_{ST}$	$Y = Ca + cY - cT + Ia + C_{ST} + (Ex - Im)$
$Y - cY = Ca - cT + Ia + C_{ST}$	$Y - cY + ctY = Ca + Ia + C_{ST}$	$Y - cY = Ca - cT + Ia + C_{ST} + (Ex - Im)$
$(1-c)Y = Ca - cT + Ia + C_{ST}$	$(1-c+ct)Y = Ca + Ia + C_{ST}$	$(1-c)Y = Ca - cT + Ia + C_{ST} + (Ex - Im)$
$Y = \frac{1}{1-c} * (Ca - cT + Ia + C_{St})$	$Y = \frac{1}{1-c+ct} * Ca + Ia + C_{St}$	$Y = \frac{1}{1-c} * (Ca - cT + Ia + C_{St} + (Ex - Im))$
oder: $Y = \frac{Ca - cT + Ia + C_{St}}{1-c}$	oder: $Y = \frac{Ca + Ia + C_{St}}{1-c+ct}$	oder: $Y = \frac{Ca - cT + Ia + C_{St} + (Ex - Im)}{1-c}$
$Y = \frac{250 - 0,5 * 10 + 100 + 50}{1 - 0,5}$ $Y = 790$	$Y = \frac{250 + 100 + 50}{1 - 0,5 + 0,5 * 0,2}$ $Y = 666,67$	$Y = \frac{250 - 0,5 * 10 + 100 + 50 + 10}{1 - 0,5}$ $Y = 810$

Tabelle: 6.9: Gleichgewichte bei alternativen Nachfragefunktionen

6.2.2 Vertiefende Analyse der Investitionen

Aufbauend auf den bisherigen Modellen, die auf J.M. Keynes zurückgehen, soll nun ein etwas komplexeres und realitätsnäheres Modell entwickelt werden. Das IS-Modell, das später ergänzt und weiter zum IS-LM Modell ausgebaut wurde, geht auf John R. Hicks zurück.

Während bisher das güterwirtschaftliche Gleichgewicht durch die Konsumausgaben der privaten Haushalte, des Staates, des Auslands, sowie durch die **autonomen** Investitionen bestimmt waren, sollen die Investitionen im Folgenden durch den Zinssatz determiniert werden. Wie beim Konsum handelt es sich hier um geplante Größen (geplante Investitionen).

In der Realität hängen die Investitionen von einer Vielzahl von Faktoren ab, z.B.

- vom Ertrag – als exogener Faktor –, der aus einem bestimmten Kapitalbestand zu erwarten ist;
- vom bestehenden Kapitalbestand,
- von den Kosten des bestehenden Kapitalbestandes.

Bei der Analyse des Investitionsverhalten ist zu beachten, dass bei Keynes alle Bestimmungsfaktoren außer dem Zins als konstant angesehen werden. Dieses bedeutet, dass ein steigender Marktzins zur Reduzierung der Investitionsvorhaben führt (und umgekehrt).

Die Summe der Investitionen der einzelnen Unternehmen ergibt die Höhe der gesamtwirtschaftlichen Investitionen.

Beim liberalen Ansatz wird – wie auch bei Keynes – eine Investition erst dann vorgenommen, wenn sie als rentabel beurteilt wird.

> Definition Rentabilität:
>
> ➔ **Verhältnis von Erfolg (Gewinn) und eingesetztem Kapital (Investition).**

Beim Entscheidungsprozess stehen dem Investor zwei unterschiedliche Alternativen zur Verfügung

- Finanzinvestition: Anlage des Geldes zu einem bestimmten (Markt-)Zinssatz auf dem Geld-/Kapitalmarkt;
- Realinvestition: Anlage des Geldes im – eigenen – Unternehmen mittels Durchführung einer Investition.

Investitionsentscheidungen sind grundsätzlich Entscheidungen, die in die Zukunft gerichtet und damit mit Unsicherheit behaftet sind. Da die Ausgaben und Einnahmen zu unterschiedlichen Zeitpunkten (in der Vergangenheit und der Zukunft anfallen), müssen sie vergleichbar gemacht werden. Methoden, die hierfür zur Verfügung stehen sind:

- die Kapitalwertmethode,
- die Methode des internen Zinsfuß (Grenzleistungsfähigkeit des Kapitals/der Investition nach Keynes).

Zur Feststellung der wirtschaftlichen Effizienz sind der interne Zinsfuß und der Marktzins zu vergleichen. Beide Faktoren können als gegeben angenommen werden, sodass der jeweils andere die Höhe der Investitionsvorhaben bestimmt.

$I = f(i, r_k)$	Der interne Zinsfuß r_k wird als gegeben/konstant angenommen.
$I = f(i_k, r)$	Der Marktzins wird als gegeben/konstant angenommen.

Ist die Grenzleistungsfähigkeit des Kapitals (r_k) gegeben, bestimmt die Höhe des Marktzinses die Investitionsbereitschaft und deren Höhe. Ist der Marktzins (i_k) gegeben, bestimmt die Grenzleistungsfähigkeit des Kapitals die Investitionsbereitschaft.

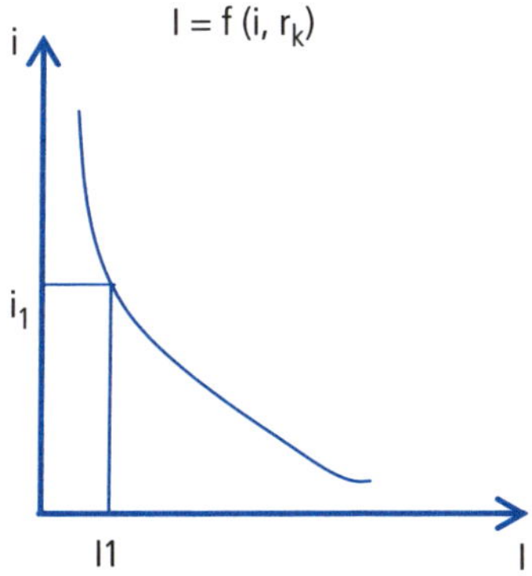

Abbildung 6.11: Investitionsfunktion $I = f(i, r_k)$

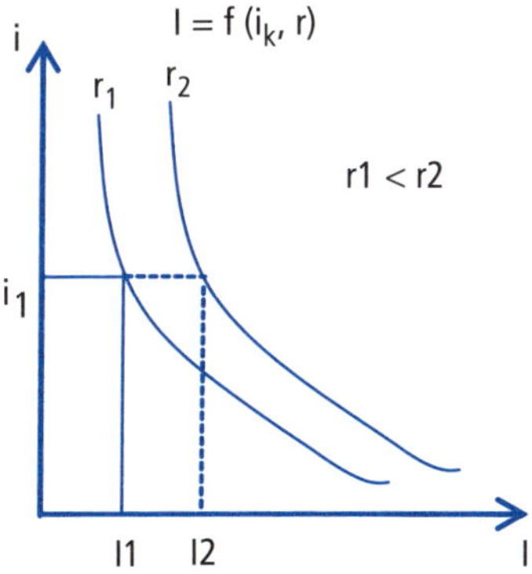

Abbildung 6.12: Investitionsfunktion $I = f(i_k, r)$

Durch Aggregation der individuellen Nachfragekurven der einzelnen Unternehmen ergibt sich die gesamtwirtschaftliche Nachfragekurve.

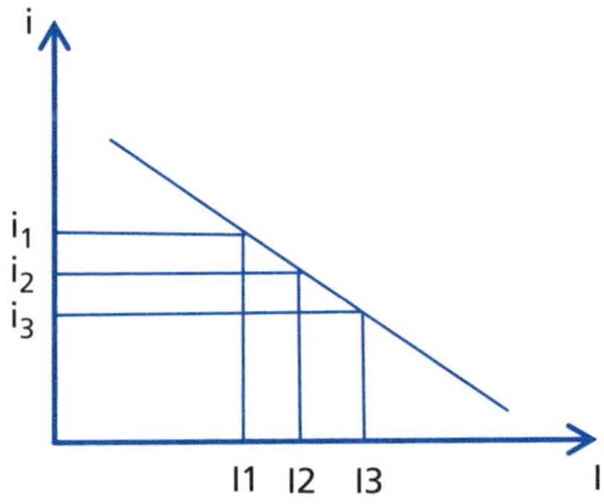

Abbildung 6.13: Gesamtwirtschaftliche Nachfragekurve nach Investitionen $I = f(i, r_k)$

Mit dem Zinssatz i_1 kann das Investitionsvolumen I1 realisiert werden, entsprechendes gilt für die Zinssätze i_2 und i_3 und I2 und I3. Über I wird auch das Volkseinkommen bestimmt.

Steigt der Marktzins, sinkt – bei gegebener Grenzleistungsfähigkeit des Kapitals – die Investitionsnachfrage (und umgekehrt).

Hierbei sind die Ausgaben eine Funktion des Volkseinkommens und der Zinssätze. Der Konsum ist dabei – implizit auch das Sparen – ausschließlich eine Funktion des Volkseinkommens, die Investitionen eine Funktion des Zinssatzes.

Aus dem bereits Bekannten ergibt sich als Gleichgewichtsfunktion $Y_t = C\ f(Y) + I\ f\ (i)$, darüber hinaus die Gleichgewichtsbedingung $S = f\ (Y) = I\ f\ (i)$ am Gütermarkt.

6.2.3 Das güterwirtschaftliche Gleichgewicht: die IS Kurve

Vergleich zum klassischen Modell:
Im klassischen Modell waren Sparen und Investitionen allein von den Zinsen abhängig. Bei Keynes liegt ein nicht eindeutig definiertes System vor.

Das gesamtwirtschaftliche Gleichgewicht herrscht, wenn die gesamte Nachfrage Y_r^D und das gesamte Angebots Y_r^S gleich sind oder anders ausgedrückt: wenn das geplante Sparen und das geplante Investieren (I) einander entsprechen.

Welche Bedingungen führen nun – bei einer gegebenen Spar- und Investitionsfunktion – zu einem Gleichgewicht zwischen Sparen und Investieren?

Sparfunktion	$S = f\ (Y)$	Investitionsfunktion	$I = f\ (i, r_k)$	Gleichgewicht	$S = I$

In den obigen zwei Funktionsgleichungen und der Gleichgewichtsbedingung sind vier Unbekannte enthalten:

S	I	i	Y

Das Problem kann nur dadurch gelöst werden, dass jeweils eine der unabhängigen Variablen Y oder i als gegeben angenommen wird.

gegeben	gesucht	Gleichgewicht
Y	i	Es kann der Zinssatz i ermittelt werden, bei dem Sparen und Investieren gleich sind.
i	Y	Es kann das Volkseinkommen ermittelt werden, bei dem die Gleichgewichtsbedingung erfüllt ist.

Aufgrund der oben beschriebenen funktionalen Beziehungen sollen nun die Kombinationen der unabhängigen Variablen i und Y ermittelt werden, bei denen ein Gleichgewicht zwischen

S (Y) = I (i, rk) besteht.

Grafisch lässt sich dieses durch die **Zusammenfassung** von drei bereits bekannten Grafiken zu einer vierten darstellen:

Abb. Teil I	Investitionsfunktion I = f (i)	Sie stellt die Zinsabhängigkeit der Investitionen dar.
Abb. Teil II	Gleichgewichtsbedingung: S = I	Auf der 45° Linie herrscht Gleichgewicht zwischen Sparen und Investieren.
Abb. Teil III	Sparfunktion S = f (Y)	Sie stellt die Abhängigkeit der Höhe des Volkseinkommen vom Sparen dar.
Abb. Teil IV	IS Kurve Investment - Savings - Kurve	Sie gibt die geometrischen Orte an, bei denen für unterschiedliche i und Y ein Gleichgewicht herrscht.

Beschreibung der Abbildung 6.14:

Um einen Punkt auf der IS-Kurve zu konstruieren, wird die Investitionsfunktion als gegeben betrachtet. Ausgangspunkt ist eine beliebige Kombination von i und I (i_1 und I_1). Im Teil II kann das zu diesem I_1 zugehörige Sparen (S_1) ermittelt werden. Die gewählte Sparfunktion (Teil III) zeigt das zu diesem Sparen (S_1) zugehörige Volkseinkommen Y_1 an. Im Teil IV bilden dann der Zinssatz i_1 und das Volkseinkommen Y_1 einen Punkt. Werden hinreichend viele Kombinationen gewählt, kann die IS-Kurve ermittelt werden (i_2, I_2, S_2, Y_2)

Sie zeigt ein Gleichgewicht auf dem Gütermarkt, d.h. die Menge aller möglichen Kombinationen von Realeinkommen (Y) und Zinsen (i), bei denen ein Gleichgewicht zwischen Ersparnis und Investitionen gegeben ist.

Zu beachten ist aber: Die IS-Kurve ist keine Funktion, es bestehen keine unmittelbaren Abhängigkeiten zwischen Zinsen und Volkseinkommen.

Ungleichgewichte liegen jenseits der Kurve, z.B. die Punkte A (I > S) und B (I < S)

Ist das Volkseinkommen eine vom Zinssatz abhängige Variable, werden die vom Volkseinkommen determinierten Konsumausgaben vom Zinssatz determiniert. Andererseits gehört zu einem hohen Volkseinkommen eine hohe Sparquote S.

Die Gleichgewichtssituationen sind gekennzeichnet durch: i_1, I_1, S_1, Y_1 bzw. i_2, I_2, S_2, Y_2

wobei gilt $i_1 > i_2$, $I_1 < I_2$, $S_1 < S_2$, $Y_1 > Y_2$.

Ein Sonderfall tritt dann ein, wenn die Investitionen gar nicht auf die Zinsentwicklung (-veränderung) reagieren, d.h. die Investitionen vollkommen zinsunelastisch sind. Dieser Fall wird **Investitionsfalle** genannt.

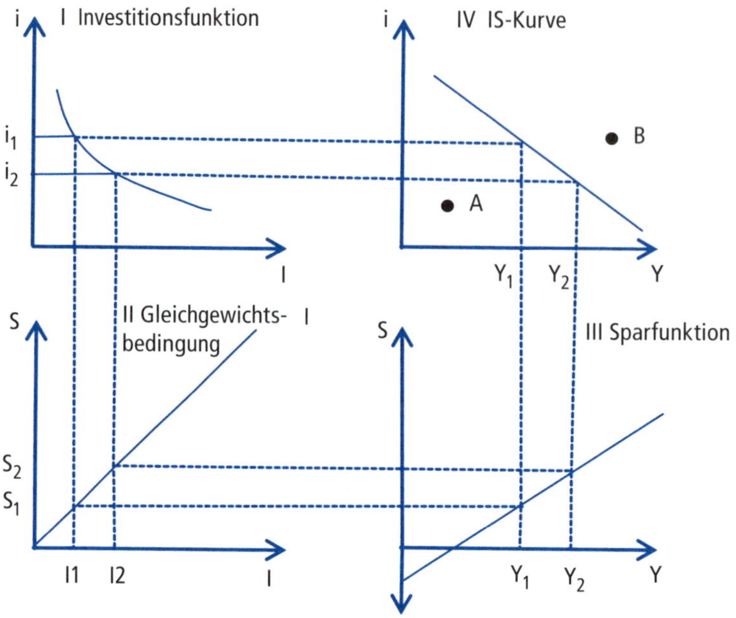

Abbildung 6.14: Herleitung der IS-Kurve (Investment-Savings-Kurve)

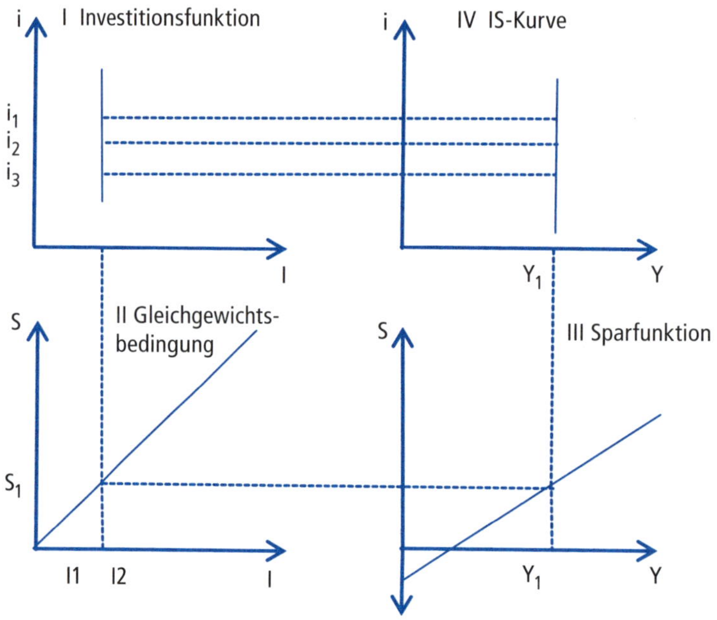

Abbildung 6.15: IS-Kurve – Investitionsfalle

6.3 Monetärer Sektor

Der im vorigen Kapitel betrachtete Aspekt des Zinses beinhaltet schon den monetären Aspekt der Investitionen und leitet zu diesem über. Bisher war der Zins eine autonome und damit theoretisch nicht erklärte Größe. Im Folgenden sollen Bestimmungsgründe des Zinses betrachtet werden.

Grundlegende Überlegung ist die Vorstellung, dass es im monetären Sektor wie auf dem Gütermarkt Anbieter und Nachfrager gibt. Das Preisniveau wird als gegeben angenommen.

Wiederum gibt es das Angebot (an Geld) und die Nachfrage (nach Geld), die ins Gleichgewicht gebracht werden müssen.

6.3.1 Das Geldangebot

Das von den Geldproduzenten[17] stammende Geldangebot wird als autonom und exogene Variable betrachtet, d.h. nicht theoretisch untersucht. Die daraus abgeleitete nachfrageorientierte Zinstheorie ist jedoch ein wesentliches Element des Keynesianischen Systems.

> Vergleich mit der Klassischen Theorie:
>
> Bei der klassischen und bei der keynesianischen Theorie wird das Geldangebot exogen von der Zentralbank bestimmt.

> Definition Geldangebot:
>
> **➔ Das autonom von der Zentralbank bereitgestellte Geldvolumen.**

6.3.2 Die Geldnachfrage

Zu einem bestimmten Zeitpunkt befindet sich die Geldmenge in der Verfügungsgewalt von sog. Kassenhaltern (privaten Haushalten und Unternehmen, inkl. Geschäftsbanken). Die Kassenhaltung des Staates wird im folgenden nicht betrachtet.

> Vergleich mit der Klassischen Theorie:
>
> Im Gegensatz zur klassischen Theorie, in der nur das Transaktionsmotiv der Kassenhaltung betrachtet wurde, spielen in der keynesianischen Theorie weitere Motive eine Rolle.

17 vgl. Kapitel 8.1.2

6.3.2.1 Motive der Kassenhaltung

Das **Transaktionsmotiv** als Motiv der Kassenhaltung **(die Transaktionskasse)** in seinen Ausprägungen des **Umsatz- und des Einkommensmotivs** ist bereits aus der Analyse der klassischen Theorie bekannt.[18] Das Verbindende beider Motive ist der Wunsch der Wirtschaftssubjekte, geschäftliche Transaktionen durchführen zu können.

Für den Wunsch bzw. die Notwendigkeit, Geld in liquider (flüssiger) Form zu halten, wird häufig der Begriff der Liquiditätspräferenz verwendet. Hinsichtlich der Liquiditätspräferenz für das Transaktionsmotiv (L_T) ergibt sich eine Abhängigkeit vom Volkseinkommen (Y).

Eine genauere Analyse der Motive für die Kassenhaltung zeigt weitere Motive.

VORSICHTSMOTIV	SPEKULATIONSMOTIV
Die meisten Personen halten aus Gründen der Vorsicht einen bestimmten Geldbetrag liquide. Bei unvorhersehbaren Ereignissen (z.B. Krankheit, überraschend notwendig werdenden Reparaturen oder Neukäufe) können sie dann auf diesen Betrag zurückgreifen. Wegen der Vorsicht, die hinter dieser Form der Kassenhaltung steht, wird vom Vorsichtsmotiv gesprochen.	Viele Leute sehen im Bargeld oder im Guthaben auf einem laufenden Konto eine Form der Geldanlage. Diese Form der Geldanlage ist jedoch nicht sehr attraktiv. Sie können dieses Geld in dieser Form auch halten, um es in einem „günstigen Moment" für attraktive(re) Anlagemöglichkeiten auszunutzen. Wegen der spekulativen Überlegungen, die hinter dieser Form der Kassenhaltung stehen, wird vom Spekulationsmotiv gesprochen.

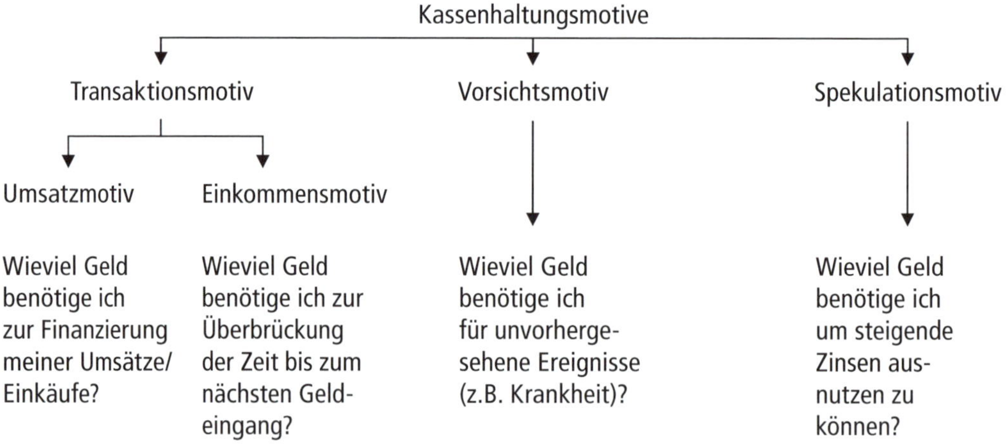

Schaubild 6.4: Kassenhaltungsmotive

6.3.2.2 Liquiditätspräferenz

Die gesamte Höhe an liquiden Mitteln, die in einer Volkswirtschaft von Haushalten und Unternehmungen für notwendig gehalten und nachgefragt wird, hängt von den Kassen-

[18] vgl. Kapitel 5.3

haltungsmotiven und deren Einflussgrößen ab. Je seltener private Haushalte Einkommen beziehen, desto höher wird der Betrag an liquiden Mitteln, den sie halten.

Darüber hinaus ist die **gesamte Kassenhaltung der Haushalte abhängig von der Höhe des Volkseinkommens,** denn bei steigendem Volkseinkommen wächst erfahrungsgemäß die Höhe der Konsumausgaben. Zur Finanzierung dieser Konsumausgaben ist ein höherer Bestand an liquiden Mitteln erforderlich. Wollen die **Unternehmen die sich ihnen bietenden Chancen aus einem höheren Volkseinkommen wahrnehmen**, haben sie zuerst größere Mengen an Produktionsfaktoren zu beschaffen. Das kann wiederum größere Kassenbestände notwendig machen, da nicht davon auszugehen ist, dass bei wachsendem Auftragseingang die Kunden schneller zahlen.

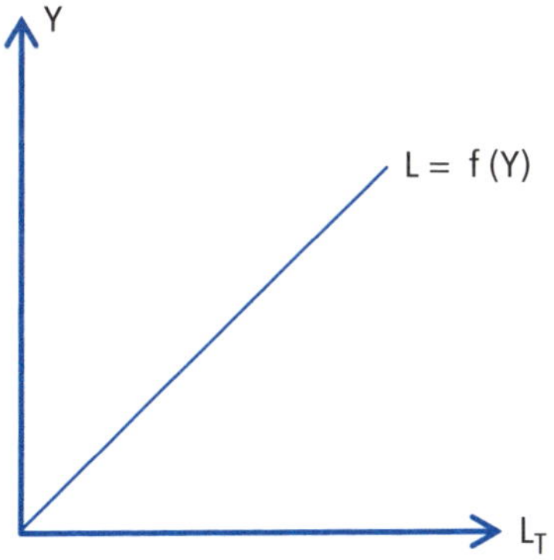

Abbildung 6.16: Transaktionskasse und Geldnachfrage

Da mit höherem Einkommen in der Regel die Furcht vor Unvorhergesehenem wächst („Wer mehr hat, hat auch mehr zu verlieren!"), kann angenommen werden, dass bei steigendem Einkommen aus **Vorsichtsgründen der Wunsch nach höheren verfügbaren, liquiden Mitteln wächst.** Der Wunsch nach liquiden Mitteln aus Transaktions- oder Vorsichtsmotiv ($L_{T,V}$) hängt somit von der Entwicklung des Volkseinkommens (Y) ab. Mathematisch:

L = Liquiditätspräferenz T = Transaktionsmotiv V = Vorsichtsmotiv

$L_T = f(Y)$ und $L_V = f(Y)$ c.P.
bzw. $L_{T,V} = f(Y)$

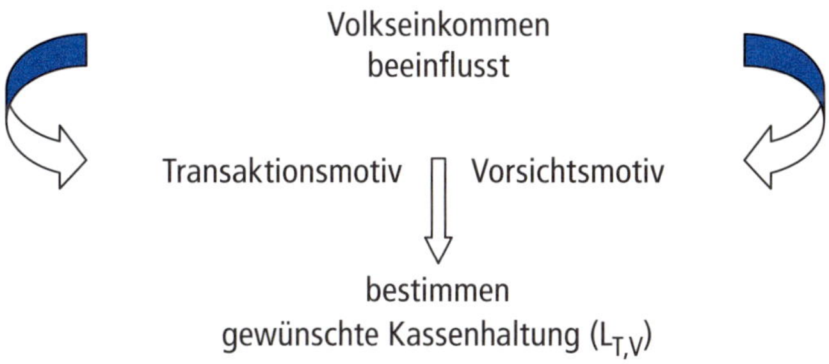

Schaubild 6.5: Liquiditätspräferenz und Kassenhaltung

Die gewünschte Kassenhaltung $L_{T,V}$ ist abhängig vom Einkommen, jedoch unabhängig vom Zins. Die Zinselastizität ist gleich Null. Bei einem gegebenen Einkommen von Y_0 bleibt die Nachfrage $L_{T,V}$ konstant. Erhöht sich das Einkommen, so findet eine Rechtsverschiebung statt ($Y_0 < Y_1$).

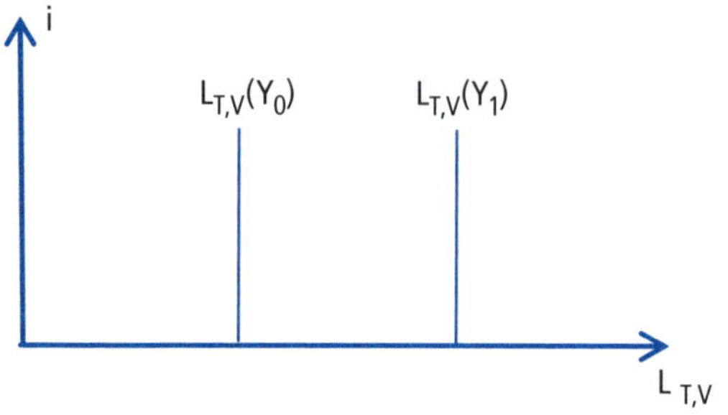

Abbildung 6.17: Transaktionskasse und Zinsabhängigkeit

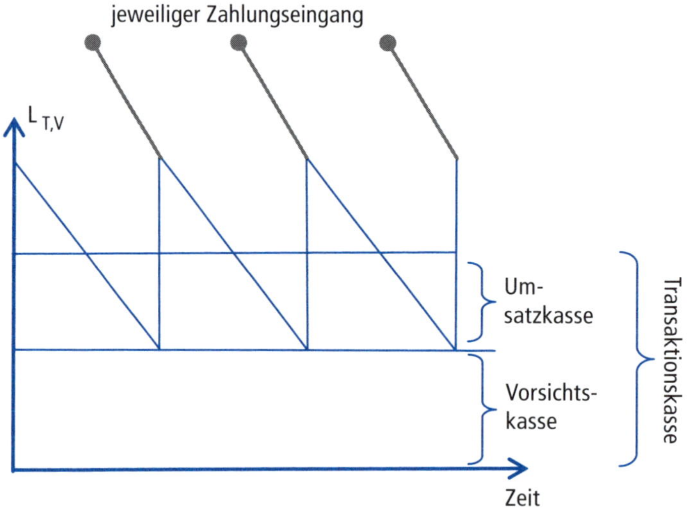

Abbildung 6.18 Transaktionskasse und Zahlungseingang

Bei dieser genaueren Analyse der Motive, ergeben sich einige Unterschiede zur Klassik. In der Klassik wird Geld nur für Transaktionszwecke gehalten. Genau dieses wird bei Keynes bezweifelt. Er führt neben der Transaktionskasse die **Spekulationskasse** ein. Diese Spekulationskasse basiert auf dem folgenden Gedanken: Die Wirtschaftssubjekte haben eine – subjektiv begründete und unterschiedliche **Vorstellung einer Normalverzinsung**, die sie realisieren wollen und glauben realisieren zu können.

Beschreibnung der Abbildung 6.19:

Bei Y_0 eine Liq.präferenz von a.

Bei Y_0 und längerem Zeitraum zwischen den Geldeingängen erhöht sich die Liqiditätspräferenz auf b

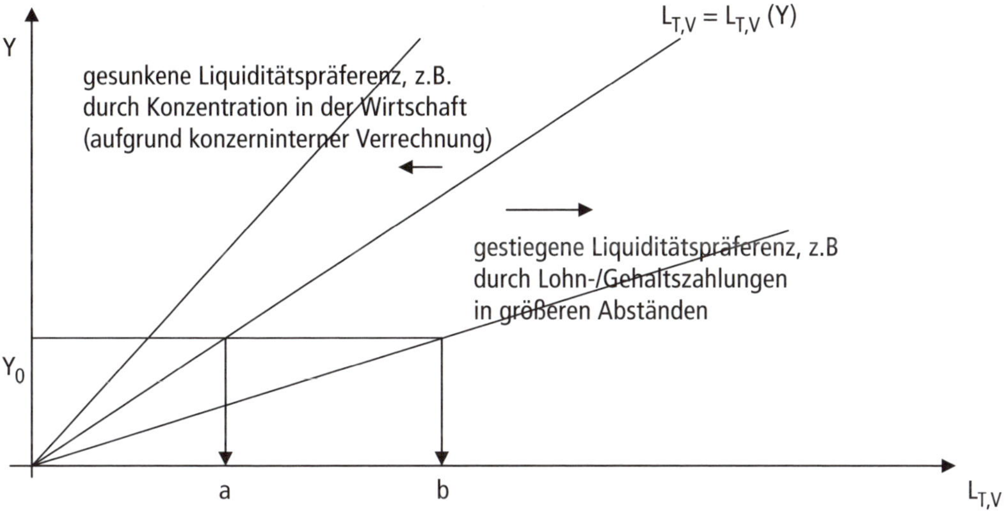

Abbildung 6.19: Liquiditätspräferenz $L_{T,V}$

Jedes Wirtschaftssubjekt führt einen Abwägungsprozess durch, in dem die o.g. Normalverzinsung mit dem geltenden Marktzins verglichen und über den richtigen Zeitpunkt der Anlage entschieden wird. Die Wirtschaftssubjekte werden ihre Sparkapitalien am Kapitalmarkt anlegen, wenn der Marktzins über ihrer erwarteten Normalverzinsung liegt, da sie Zinsrückgänge befürchten (spekulative Kassenhaltung gering). In einer solchen Situation würde das Kapitalangebot erhöht, mit der Folge von Zinssenkungstendenzen (ganz in Sinne der Klassik).

Liegt jedoch der umgekehrte Fall vor **(Marktzins < erwartete Normalverzinsung),** erwarten die Wirtschaftsubjekte Zinssteigerungen. Um diesen Zinsanstieg – später – ausnutzen zu können, fließt das Sparkapital in die **Horte** (versinnbildlicht durch den Sparstrumpf oder das Kopfkissen), es tritt folglich nicht am Kapitalmarkt auf, hat keine Zinssenkungstendenz zur Folge und somit keine Investitionssteigerungseffekte. In einem solchen Fall bedeutet Sparen einen definitiven Nachfragausfall. Es findet keine Veränderung der Nachfragestruktur statt, sondern ein Ausfall an Nachfrage.[19] Bei den Unternehmen hat das zur Folge:

- Lagerbestandsaufstockung und/oder
- Preissenkungen und/oder
- Produktionsdrosselung und/oder
- Beschäftigungsabbau.

[19] vgl. Kapitel 5.5

Da jedes Wirtschaftssubjekt eine individuell unterschiedliche Vorstellung von einer Normalverzinsung hat, gibt es ständig Anbieter und Nachfrager von Wertpapieren.

Die Investitionen passen sich nicht dem Sparvolumen an (dieses ist die klassische Sicht), statt dessen reduziert der Nachfrageausfall so lange das Volkseinkommen, bis das reduzierte Sparvolumen dem – niedrigen – Investitionsvolumen entspricht. Die formale Gleichgewichtsbedingung I = S wird dadurch nicht geändert, wohl aber die materielle, da die neue Gleichgewichtssituation auf einem niedrigeren Volkseinkommen basiert.

Die Höhe der Kassenhaltung, die aus spekulativen Motiven gehalten wird, ist durch die Höhe des Zinses bestimmt, d.h. sie hängt ab vom Ertrag, der bei der Anlage der liquiden Mittel erzielt werden kann. In diesem Zusammenhang ist die effektive Verzinsung die entscheidende Größe. Eine mit 5 % verzinste Bundesanleihe in Höhe von 1.000,00 EUR, die zu einem Kurswert von 900,00 EUR erworben wird, hat eine effektive Verzinsung von 5,56 %

$$\text{Effektive Verzinsung} = \frac{\text{Zinsen} * 100}{\text{Kurswert}} = 5{,}56\%$$

Zusammenhang von Kurswert und effektiver Verzinsung:

Kurswert	effektive Verzinsung
800	6,25
850	5,89
900	5,56
950	5,26
980	5,10

Der Bestand an liquiden Mittel, der aus spekulativen Motiven gehalten wird, hängt demnach von der effektiven Verzinsung ab.

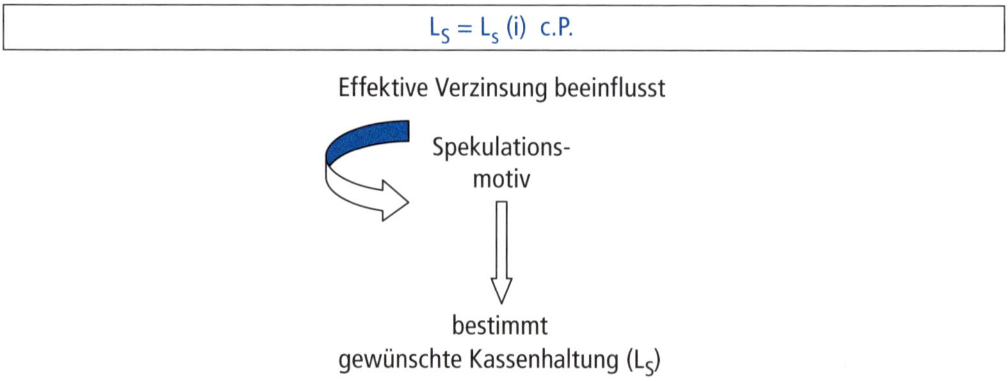

Schaubild 6.6: Spekulationsmotiv und Kassenhaltung

Zwischen dem Zinssatz i und der Kassenhaltung aus Spekulationsmotiven L_S besteht ein funktionaler Zusammenhang: Sind die Zinsen hoch, ist ein niedriger Kassenbestand sinnvoll und der Erwerb von Wertpapieren etc. rentabel, bei niedrigen Zinsen wird es wieder interessant, liquide Mittel zu halten, sodass bei (wieder) steigenden Zinsen entsprechende Anlagen durchgeführt werden können.

Beschreibung der Abbildung 6.20:

Ausgangspunkt der Überlegungen ist $L_S = L(i)$. Ändert sich die politische und/oder wirtschaftliche Situation, kommt es zu einer Verschiebung nach rechts (bei einer Verschlechterung der Situation) nach $L_{S1} = L(i)$ bzw. nach links (bei einer Verbesserung der Situation) nach $L_{S2} = L(i)$.

Der Zinssatz i_3 ist so niedrig, dass alle Spekulanten ihr Geld in liquider Form halten (L_{S3}/i_3), d.h. es finden keine Zinssenkungstendenzen statt. Hierbei ergibt sich das Problem der Liquiditätsfalle.

Das Gegenteil stellt i_0 (Prohibitivzins) dar. Bei einem solch hohen Zinssatz befindet sich gar kein Geld mehr in der Spekulationskasse, d.h. sämtliche Gelder sind in Wertpapieren angelegt.

Bei einem Zinssatz zwischen i_{min} und i_{max} müssen die Kassenhalter eine Entscheidung über die Anlage/Nichtanlage treffen.

Die c.P. Klausel hinter der Gleichung $L_S = L_S(i)$ gibt einen Hinweis darauf, dass weitere Einflussgrößen auf die spekulative Kassenhaltung einwirken. So können zum Beispiel die Furcht vor politischen oder wirtschaftlichen Krisen (drohender politischer Umsturz, Arbeitslosigkeit) dazu führen, dass das Vermögen in möglichst liquider Form, also in Bar- oder Buchgeld gehalten wird. Das bedeutet eine steigende Liquiditätspräferenz.

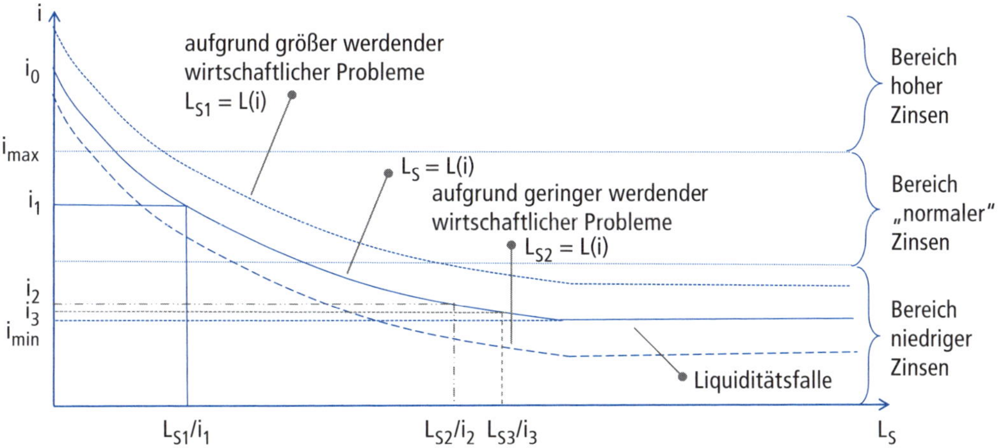

Abbildung 6.20: Liquiditätspräferenz L_S

Zusammenfassend kann formuliert werden, dass die von Unternehmen und Haushalten gewünschte Kassenhaltung aus Transaktions-, Vorsichts- oder Spekulationsmotiven die gesamtwirtschaftliche Nachfrage nach Geld direkt beeinflusst.

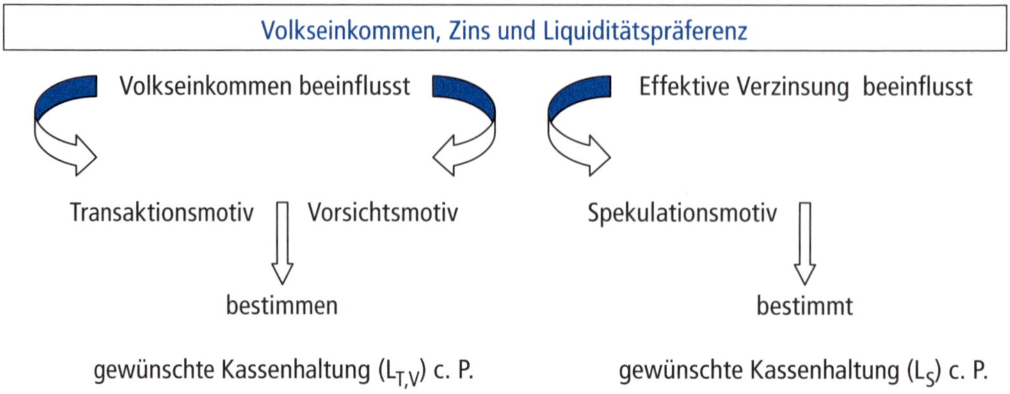

Schaubild 6.7: Volkseinkommen, Zins und Liquiditätspräferenz

Die **Gesamtnachfrage nach Geld** lässt sich aus der Nachfrage nach Spekulationskasse und Transaktionskasse zusammensetzen. Es gilt dabei: $L = L_{T,V} + L_S$. Die Kurve der Gesamtnachfrage lässt sich durch horizontale Addition der beiden Nachfragekurven erstellen.[20]

Der senkrechte Teil der Gesamtnachfrage nach Geld wird **klassischer Bereich** genannt, da die Klassik/Neo-Klassik keine Spekulationskasse kannte und in diesem Bereich darüber hinaus die Spekulationskasse gegen Null geht (siehe Abb. 6.20). Der eher waagerecht verlaufende Teil der Gesamtnachfagekurve – mit einer hohen Elastizität – wird **keynesianischer Bereich** genannt, da hier die Spekulationskasse – von Keynes in die Übelegungen eingeführt – recht hoch ist (siehe Abb. 6.20).

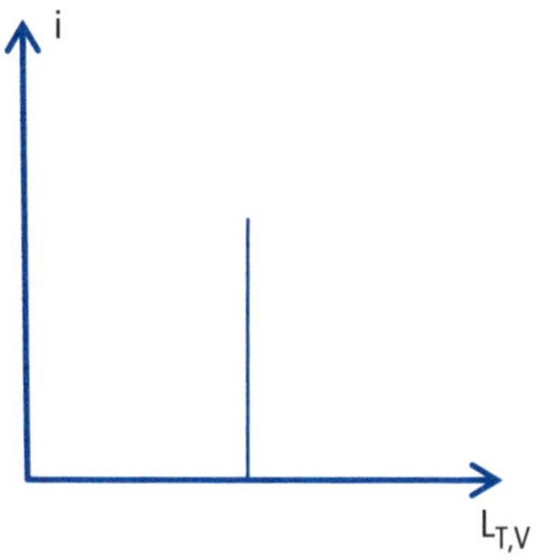

Abbildung 6.21: Zinsen und $L_{T,V}$

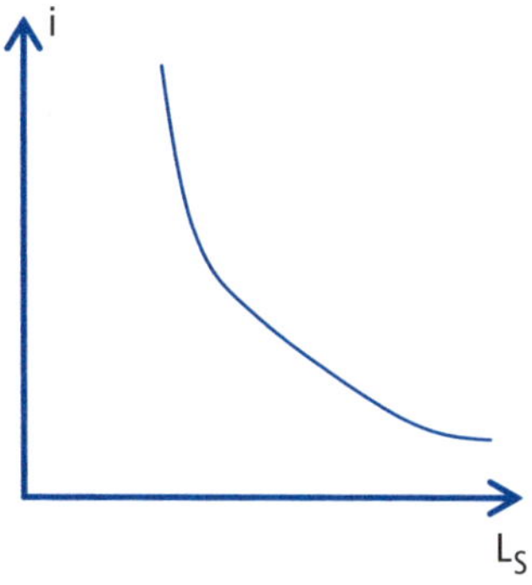

Abbildung 6.22: Zinsen und L_S

6.3.3 Das geldwirtschaftliches Gleichgewicht: die LM-Kurve

Die gesamte Geldnachfrage ist nach Keynes die Summe der Teilkassen. Damit ist stets nominal gemeint, d.h. in Währungseinheiten ausgedrückt. Wird dieser Wert durch das Preisniveau dividiert, ergibt sich die reale Geldmenge.

20 vgl. zum klassischen Bereich und zum Zwischenbereich auch die Abbildung 6.47

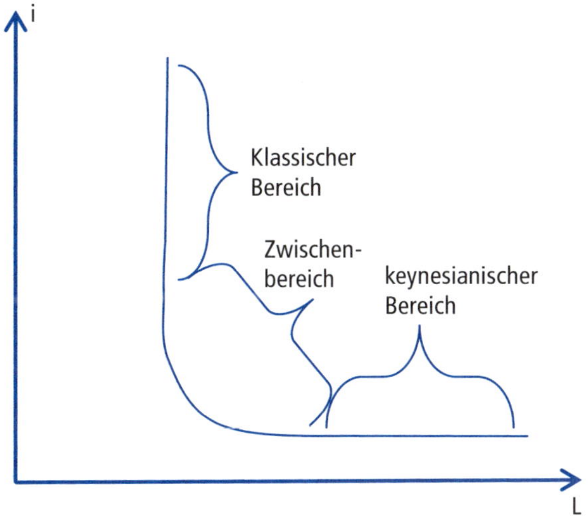

Abbildung 6.23: Gesamtnachfrage nach Geld

Ähnlich wie bei der Entwicklung der IS-Kurve, die aus der Zusammenführung unterschiedlicher Grafiken/Abhängigkeiten entwickelt wurde, soll im Folgenden aus den oben dargestellten Grafiken die LM-Kurve entwickelt werden.

LM - Kurve: Liquidity and Money (Supply) Kurve

Aus den in den vorigen Kapiteln dargelegten Kassenhaltungsmotiven ergeben sich die folgenden Liquiditätsfunktionen:

$L_{T,V} = f(Y)$ Liquiditätsfunktion: Transaktionskasse und Vorsichtskasse

$L_S = f(i)$ Liquiditätsfunktion: Spekulationskasse

$L = M^D$ Gleichgewichtsbedingung (für eine bestimmte Geldmenge)

In den obigen drei Funktionsgleichungen sind vier Unbekannte enthalten. Das Problem kann nur dadurch gelöst werden, dass jeweils eine der unabhängigen Variablen Y oder i als gegeben angenommen wird.

gegeben	gesucht	Gleichgewicht
Y	i	Es kann der Zinssatz i ermittelt werden, bei dem ein Gleichgewicht auf dem Geldmarkt herrscht.
i	Y	Es kann das Volkseinkommen ermittelt werden, bei dem die Gleichgewichtsbedingung $L = M^D$ erfüllt ist.

Die Abbildung 6.24 zeigt nun die Herleitung der LM-Kurve.

Abb. Teil I	$L_S = f(i)$ Liquiditätsfunktion Spekulationskasse	Sie stellt die Zinsabhängigkeit des Spekulationsmotivs der Kassenhaltung dar.
Abb. Teil II	$L = L_{T,V} + L_S = M^D$	Gleichgewichtsbedingung.
Abb. Teil III	$L_{T,V} = f(Y)$ Liquiditätsfunktion Transaktions- und Vorsichtskasse	Sie stellt die Abhängigkeit der Transaktions- und Vorsichtskasse vom Einkommen dar.
Abb. Teil IV	LM Kurve (Liquidity - Money -Supply)	Sie gibt die geometrischen Orte an, bei denen bei unterschiedlichen i und Y ein Gleichgewicht herrscht.

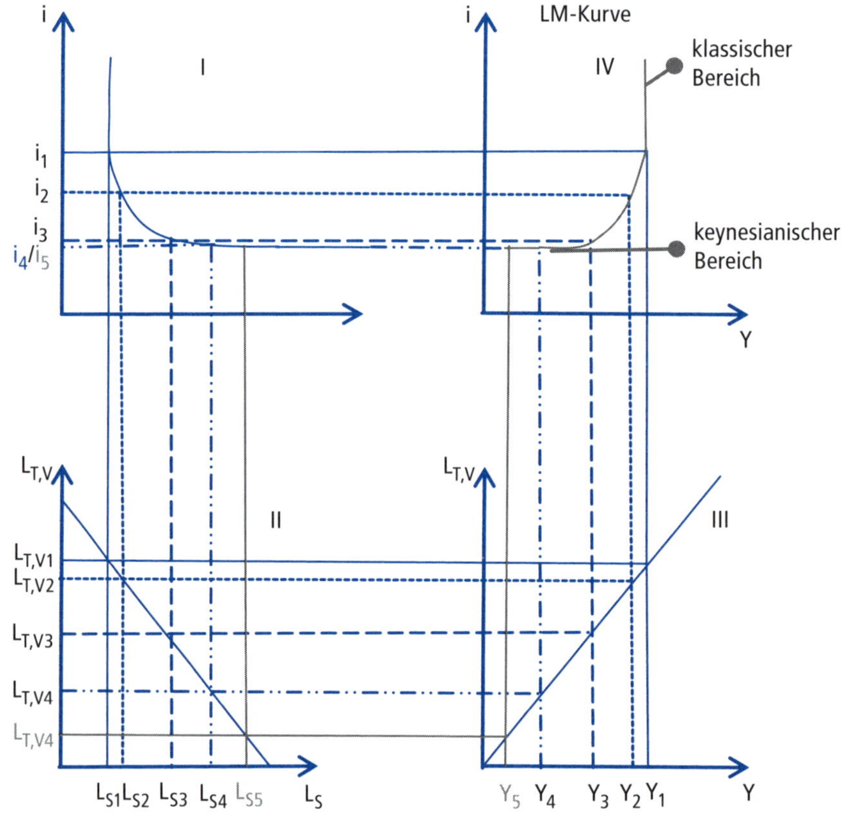

Abbildung 6.24: Herleitung der LM-Kurve (Liquidity-Money-Supply)

Beschreibung der Abbildung 6.24:

Der gegebene hohe Zinssatz i1 (Teil I) erfordert nur eine geringe Spekulationskasse (L_{S1}), das verbleibende – hohe – Volumen der Transaktionskasse $L_{T,V1}$ ist abzulesen in Teil II und wird ermöglicht (muss ermöglicht werden) durch das hohe Volkseinkommen Y1 (Teil III). Werden der hohe Zinssatz i1 aus Teil I und das hohe Volkseinkommen Y1 aus Teil III zusammengeführt, so ergibt sich ein Gleichgewichtspunkt zwischen Zins und Einkommen auf der LM-Kurve (Teil IV). Analog kann mit den Zinssätzen i2 bis i5 verfahren werden.

Es gelten: $i_1 > i_2 > i_3 > i_4; i_4 = i_5$.

$i_1 \rightarrow L_{S1} \rightarrow L_{T,V1} \rightarrow Y_1$

$i_2 \rightarrow L_{S2} \rightarrow L_{T,V2} \rightarrow Y_2$

$i_3 \rightarrow L_{S3} \rightarrow L_{T,V3} \rightarrow Y_3$

$i_4 \rightarrow L_{S4} \rightarrow L_{T,V4} \rightarrow Y_4$

$i_5 \rightarrow L_{S5} \rightarrow L_{T,V5} \rightarrow Y_5$

Obwohl $i_4 = i_5$ ist, ergeben sich aufgrund der Liquiditätsfalle unterschiedlichen L_S und $L_{T,V}$ und damit auch unterschiedlich hohe Y.

Zu beachten ist: Die LM Kurve stellt keinen funktionalen Zusammenhang zwischen Zinsen und Einkommen dar. Sie zeigt lediglich eine aus den Liquiditätsfunktionen abgeleitete Kurve an (bei Gültigkeit der Gleichgewichtsbedingung Geldnachfrage gleich Geldangebot).

Die LM Kurve zeigt die Zins-Einkommens-Kombinationen an, bei denen zwischen beiden Größen ein Gleichgewicht herrscht.

Ein Sonderfall liegt dann vor, wenn zum Zwecke der Vermögensanlage die Geldnachfrage vollkommen zinselastisch ist. In diesem Fall wird von der Liquiditätsfalle gesprochen.

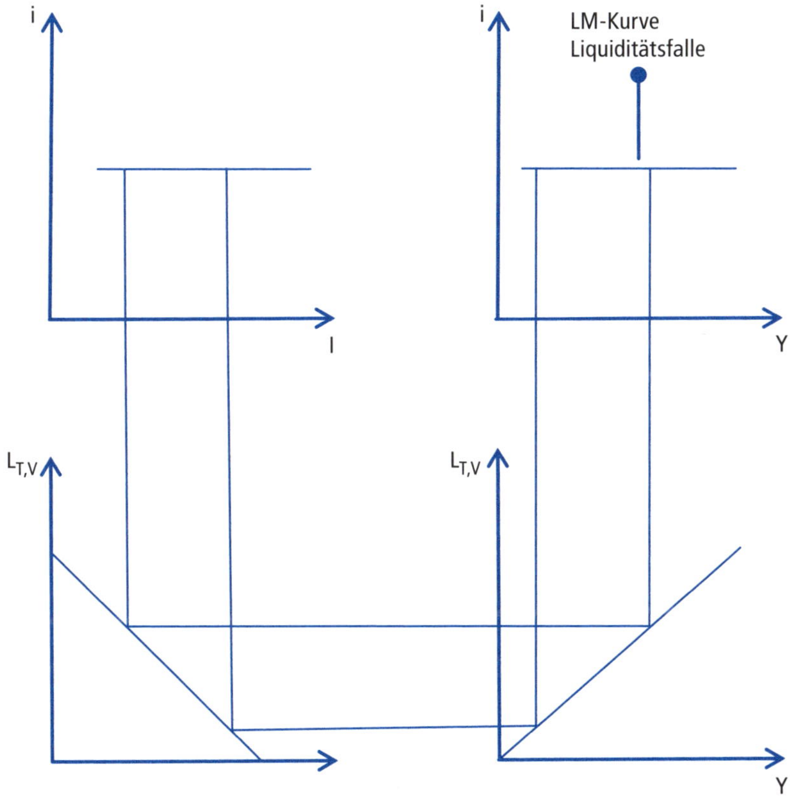

Abbildung 6. 25: LM-Kurve Liquiditätsfalle

6.4 Gleichgewicht zwischen monetärem und güterwirtschaftlichem Sektor: IS-LM-Kurve

Die im Kapitel 6.2.3 entwickelte IS-Kurve stellt alle Kombinationen von i und Y dar, die die **Gleichgewichtsbedingungen auf dem Gütermarkt** erfüllen. Die im Kapitel 6.3.2 ermittelte LM-Kurve stellt alle Kombinationen von i und Y dar, die die **Gleichgewichtsbedingungen auf dem Geldmarkt** erfüllen. Der Schnittpunkt beider Kurven symbolisiert somit ein simultanes Gleichgewicht auf dem Güter- und dem Geldmarkt bei gegebenem Preisniveau.

Das IS-LM-Modell stellt die Basis der postkeynesianischen Gleichgewichtsanalyse dar. Dieses Modell ist komparativ-statisch[21], es kann aber generell unter Berücksichtigung der Dimension Zeit in eine dynamische Analyse überführt werden.

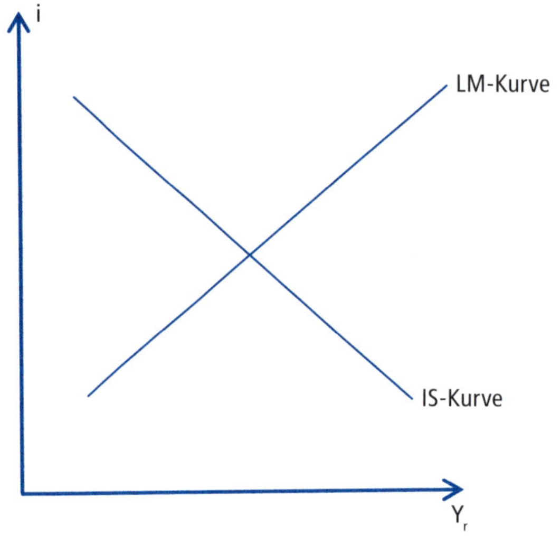

Abbildung 6.26: Gleichgewicht zwischen monetärem und güterwirtschaftlichem Sektor, IS-LM-Kurve

In diesem Totalmodell sind die Partialanalysen der folgenden Märkte zusammengefasst:

- Gütermarkt (Konsumgüter- und Investitionsgütermarkt);
- Geldmarkt (Geldnachfrage bei exogenem Geldangebot).

Die bisherige Analyse hat jedoch den Arbeitsmarkt außer Acht gelassen. Dieser wird im Folgenden betrachtet.

[21] vgl. Theiler, S. 20

6.5 Der Arbeitsmarkt

6.5.1 Die Nachfrage nach Arbeit durch die Unternehmen

Im keynesianischen Modell wie auch im klassischen Modell gelten die gleichen Bedingungen. Aus diesem Grunde kann auf die im Kapitel 5.2 gemachten Ausführungen verwiesen werden: Die Arbeitsnachfrage ist vom Reallohn abhängig: $A^D = f(w/P)$

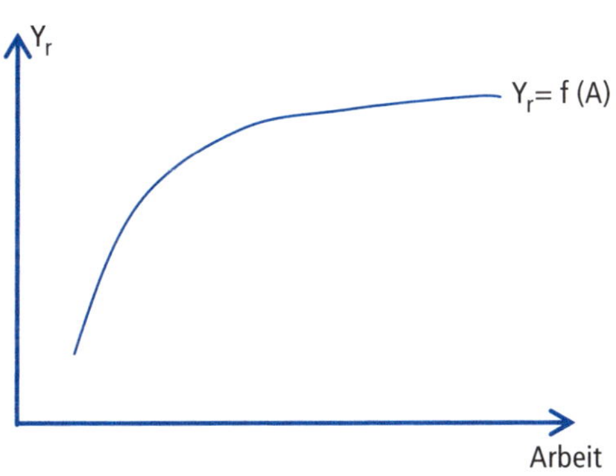

Abbildung 6.27: Produktionsfunktion

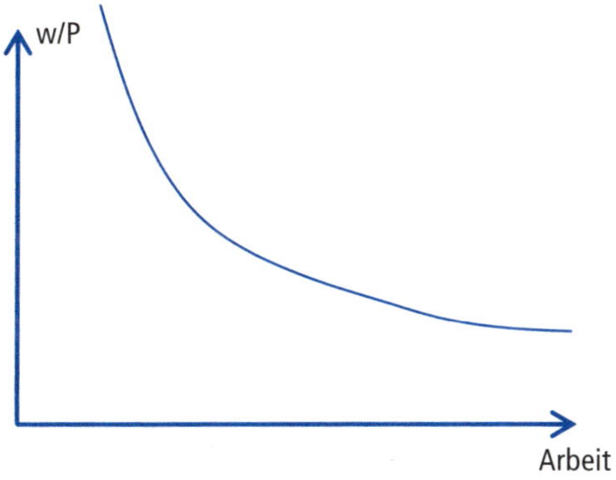

Abbildung 6.28: Reallohn und Arbeitsnachfrage

Aus Gründen der Übersichtlichkeit erscheint es gerechtfertigt, die Produktionsfunktion als gegeben anzusehen. Der relative Einfluss einzelner Produktionsfaktoren auf den Output wird bestimmt durch die relativen Preise der Faktoren. Dagegen ist die Produktionsfunktion selbst auf umfassendere Variable zurückzuführen z.B.

- den technischen Fortschritt,
- das Humankapital.

Diese Größen stehen in einem sich positiv beeinflussenden Interdependenzverhältnis, d.h. eine stärkere Ansammlung von Wissen wird zu einer Verbesserung des Humankapitals führen und den technischen Fortschritt steigern.

Ist der technische Fortschritt gegeben, ist damit auch der optimale Kapitalstock bei konstanten Kapitalkosten exogen gegeben. Aus diesen Überlegungen folgt: der geplante Output ist nur abhängig vom Produktionsfaktor Arbeit.

6.5.2 Das Angebot an Arbeit durch die Arbeitnehmer

Beim Arbeitsangebot gibt es allerdings zwischen dem klassischen Modell und dem von Keynes Unterschiede.

> Vergleich mit der klassischen Theorie:
>
> Beim klassischen Modell war das Arbeitsangebot eine Funktion des Reallohns (w/P), bei Keynes ist es eine Funktion des Nominallohns w: $A^S = f(w)$

Die Haushalte orientieren sich bezüglich des Arbeitsangebotes kurzfristig am Nominallohn. Darüber hinaus ist in der Realität festzustellen, dass der Nominallohn nach unten nicht völlig flexibel ist. Verantwortlich dafür sind z.B. institutionelle Regelungen (Tariflohn, Mindestlohn).

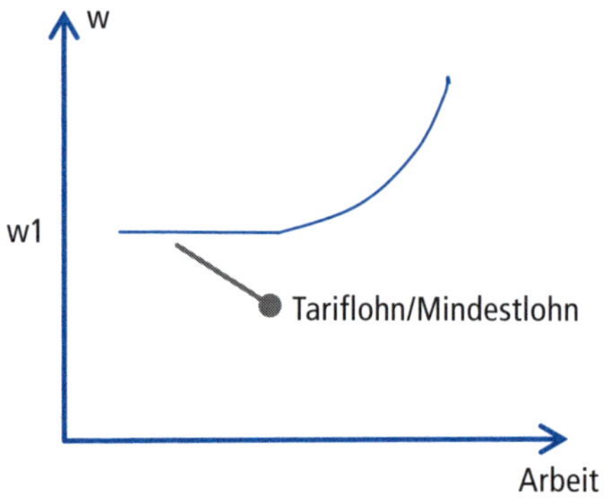

Abbildung 6.29: Nominallohn und Arbeitsangebot

In der Grafik stellt der Nominallohn w1 einen Mindestlohn dar, der nicht unterschritten werden kann bzw. darf/soll. Arbeitnehmer, die zu diesem Lohn arbeiten wollen, finden auch eine Arbeit; Arbeitnehmer, die zu diesem Lohn nicht arbeiten wollen/können, gelten als freiwillig arbeitslos.

6.5.3 Das Gleichgewicht auf dem Arbeitsmarkt

Da gilt $A^S = f(w)$ und $A^D = f(w/P)$, muss eine einheitliche Größe gefunden werden, von der beide – Nachfrage und Angebot – abhängig sind. Wird zunächst von einem konstanten Preisniveau P_k ausgegangen, kann die Nominallohnorientierung des Arbeitsangebots in Abhängigkeit vom Reallohn dargestellt werden.

Die Lage des Arbeitsangebots ist zu einem bestimmten Zeitpunkt festgelegt, wenn

- ein konstantes Preisniveau P_k, sowie
- ein durchschnittlicher Nominallohnsatz

unterstellt werden.

Das formale Gleichgewicht am Arbeitsmarkt bildet sich bei w/P1 und A1. Dieses Gleichgewicht ist jedoch kein Vollbeschäftigungsgleichgewicht, da nicht alle, die zu diesem Lohn arbeiten wollen (A2, willkürlich gewählt) eine Arbeit finden, die Strecke A1A2 zeigt demnach die Höhe der Arbeitslosigkeit an.

Somit determiniert bei gegebenem Nominallohnniveau die Höhe des Preisniveaus die Höhe der Beschäftigung.

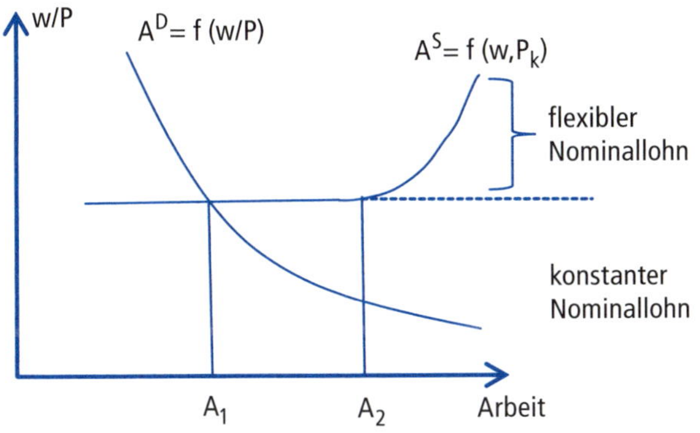

Abbildung 6.30: Gleichgewicht auf dem Arbeitsmarkt

Exkurs: Beschäftigung und Preisniveauveränderungen

Dieses bedeutet, dass durch die Variation des Preisniveaus (z.B. Anstieg) die Beschäftigung verändert werden kann. Grafisch lässt sich dieses durch eine Verschiebung der Nachfragekurve nach oben darstellen.

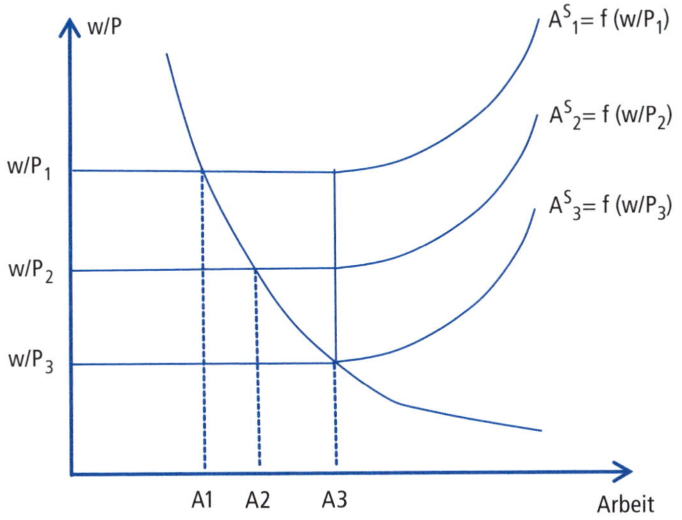

Abbildung 6.31: Arbeitsmarktgleichgewicht und unterschiedliche Preisniveaus

d.h. Preisniveauerhöhungen führen bei konstantem Nominallohn zu sinkenden Reallöhnen und damit zu einem steigenden Beschäftigungstand. Die Beschäftigungsausweitung fällt jedoch geringer aus, wird der vollkommen elastische Bereich der Angebotskurve verlassen (rechts von A3).

	mtl. Netto-verdienst (NVD) in EUR	Nomiallohn-Niveau $\frac{(NVD\ neu - NVD\ alt) * 100}{NVD\ alt}$	Preisniveau, repräsentiert durch den Brötchenpreis (Preis in EUR je Brötchen)	Preisniveau	Reallohn-Niveau (Reallohn w/P) $\frac{Nomiallohn\text{-}Niveau * 100}{Preisniveau}$	Gleichgewicht	Arbeitslosigkeit
Ausgangslage t1	1.920,00	-	0,60	100	100	A1	A1A3
t2	1.920,00	$\frac{1.920,00 - 1.920,00 * 100}{1.920,00}$ $= 0 (Ausgangslage = 100)$	0,61	101,67	$\frac{100 * 100}{101,67}$ $= 98,36$	A2	A2A3
t3	1.920,00	$\frac{1.920,00 - 1.920,00 * 100}{1.920,00}$ $= 100$	0,62	103,33	$\frac{100 * 100}{103,33}$ $= 96,78$	A3	keine

Tabelle 6.10: Arbeitslosigkeit bei alternativen Reallöhnen

6.6 Das Gleichgewicht auf dem Güter-, Geld- und Arbeitsmarkt

Die Ausführungen des Kapitels 6.5 ermöglichen es nunmehr in Verbindung mit dem IS-LM-System ein Totalmodell zu erstellen, das ein Gleichgewicht auf dem Geld-, Güter- und Arbeitsmarkt zeigt. Die nachfolgende Abbildung 6.32 zeigt die Entwicklung des Arbeitsmarktes integriert in das IS-LM-System.

I. Quadrant	Geld- und Gütermarkt, IS-LM-Kurven
II. Quadrant	Relation der Faktorpreise
III. Quadrant	Arbeitsmarkt
IV. Quadrant	Produktionsfunktion

Im II. Quadranten ist der Zins (i) als Preis für eine Einheit Geld (zum Kauf von Investitionsgütern) und der Reallohn (w/P) als Preis für eine Einheit Arbeit abzulesen.

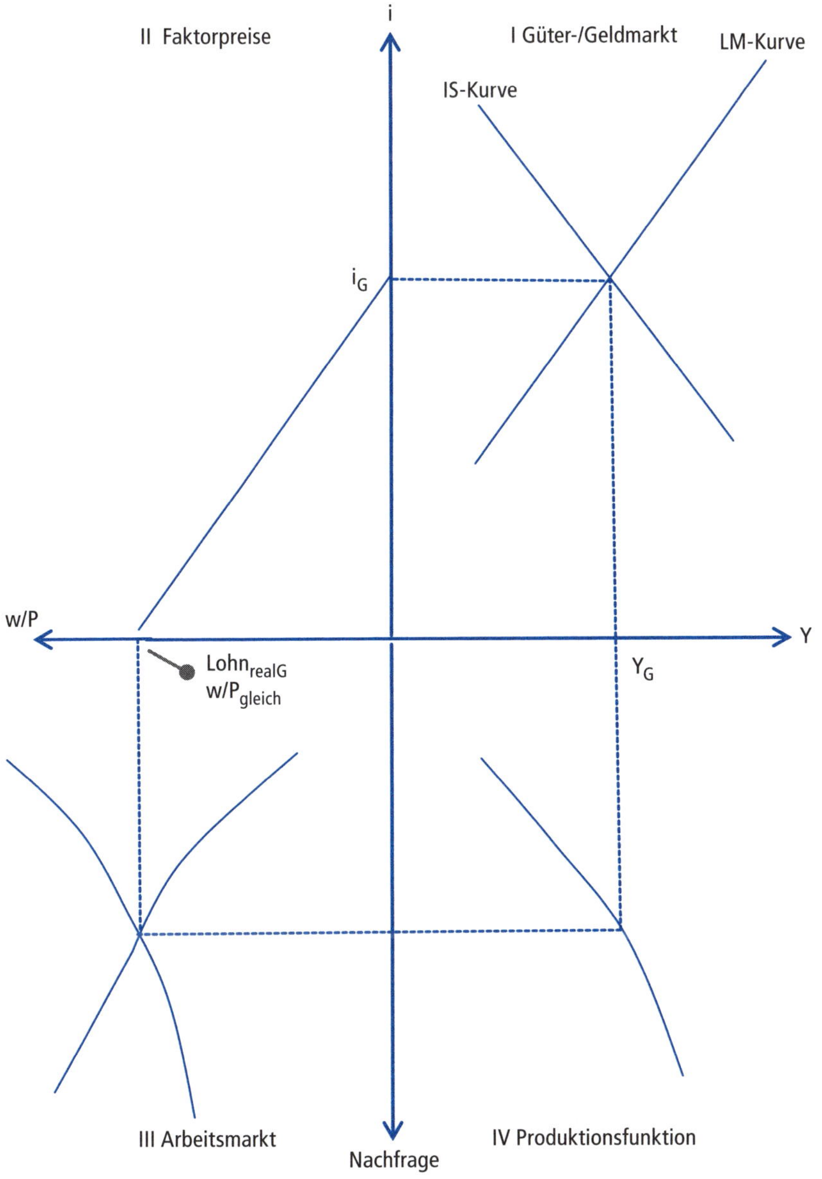

Abbildung 6.32: System des Gleichgewichts in der postkeynesianischen Totalanalyse

Beschreibung der Abbildung 6.32:

Ausgehend von einem Gleichgewicht (gekennzeichnet durch i_G und Y_G) auf der Güter- und Geldmarkt (I. Quadrant) ergibt sich bei bestehender Produktionsfunktion (II. Quadrant) ein Gleichgewicht auf dem Arbeitsmarkt (III Quadrant). Dieses Arbeitsmarktgleichgewicht ist bei w/P_{gleich} erreichbar. Daraus ergibt sich im II. Quadranten eine Faktorpreisrelation von w/P_{gleich} und i_G.

6.6.1 Das IS-LM Modell in kurzfristiger Betrachtung

Das gesamtwirtschaftliche Gleichgewicht, das in den vorangegangenen Kapiteln dargestellt wurde, beinhaltete konstante Güterpreise. Wurde das Preisniveau mit einbezogen, wurde dieses als Exkurs gekennzeichnet. Im Wesentlichen kam das Gleichgewicht zustande, da ein Gleichgewicht vorausgesetzt wurde.

In der Regel wird es allerdings kurzfristig recht selten vorkommen, dass ein Gleichgewicht auf dem Gütermarkt von vornherein erreicht werden kann. Die Produzenten kennen nicht im Detail die **Nachfrage** der Konsumenten, sie kennen ebenfalls nicht deren Reaktionen auf Einkommensänderungen. Wird eine Einkommensteuersenkung – sodass die Nettoeinkommen steigen – zu einem **höheren Konsum** oder zu **höherem Sparen** der Haushalte führen?

Das **Angebot** bleibt eher konstant, auch wenn die Nachfrage sinkt. Es entsteht ein kurzfristiges Ungleichgewicht. Langfristig wird aber der Preismechanismus wieder ein Marktgleichgewicht herstellen. Niedrige Preise werden die Produzenten – bei Annahme gleichbleibend niedriger Nachfrage – dazu veranlassen, ihre Produktionskapazitäten zu reduzieren. Mit kurzfristig fixen Preisen wird so nicht gleich ein Gleichgewicht entstehen. Erst wenn sich die Preise langfristig anpassen, wird ein neues Gleichgewicht zustande kommen.

Teil I	aggregierte Arbeitsangebots- und -nachfragekurve
Teil II	IS-LM Kurve
Teil III	gegebene Produktionsfunktion Y = f (A)
Teil IV	Spiegelung der Ordinate von Teil III auf die Abszisse des Teils IV

Beschreibung der Abbildung 6.33:[22]

Ausgehend von einem Gleichgewicht auf der Arbeitsmarkt (repräsentiert durch den gegebenen Reallohn w/P_1 und die gleichgewichtige Arbeitsmenge A_{voll}) ergibt sich bei der gegebenen Produktionsfunktion (Teil III) und der Spiegelung der Ordinate von Teil III auf die Abszisse in Teil IV ein konstantes Angebot von G_1 im Teil II. Dieses konstante Angebot liegt jedoch nicht im Schnittpunkt der IS- mit der LM-Kurve (Gleichgewicht bei G_G). Es herrscht also ein güterwirtschaftliches Ungleichgewicht (Schnittpunkt G_1).

Die LM Kurve kann nicht verschoben werden:

da eine als konstant angenommene nominale Geldmenge exogen vorgegeben ist

22 in Anlehnung an Braun/Paschke, S. 233

und

die Preise als konstant angenommen werden.

Das Ungleichgewicht wird somit bestimmt durch die IS-Kurve, d.h. die aggregierte Nachfrage ist zu gering.

Wird dagegen von einem güterwirtschaftlichen Gleichgewicht (Punkt G_G) ausgegangen, so ergibt sich über die Teile IV und III eine geringere Arbeitskräftenachfrage als bei A_{voll}, nämlich A_1. Die Differenz stellt die unfreiwillige Arbeitslosigkeit dar.

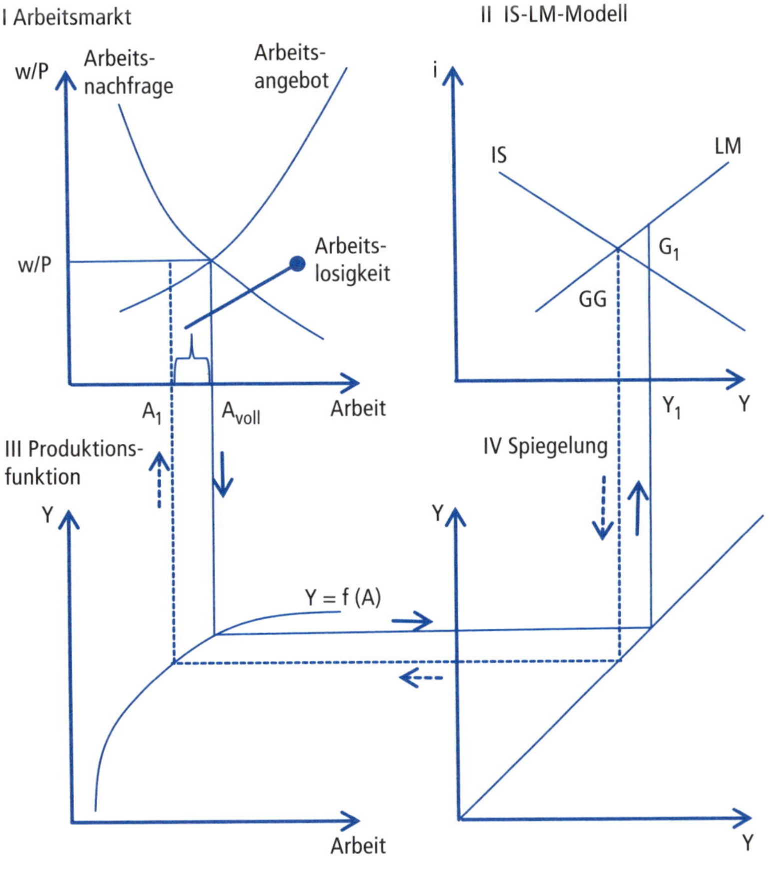

Abbildung 6.33: IS-LM-Modell in kurzer Sicht

Gründe, die dafür sprechen, dass sich kein Gleichgewicht einstellt, liegen im konstanten Reallohn und den fixen Güterpreisen.

Kurzfristig fixe Reallöhne sind durchaus in der Realität vorzufinden, da

- Tarifvertragsabschlüsse häufig eine Laufzeit von ein bis zwei Jahren haben, sodass die Löhne zumindest relativ fix sind.

Aufgrund der geringen Inflationsrate kann das Preisniveau als kurzfristig konstant angesehen werden.

Kurzfristig konstante Güterpreise sind ebenfalls vertretbar, da

- die Unternehmen aufgrund entstehender Fixkosten beim Aufbau von Kapazitäten und weiterer Fixkosten beim Abbau nicht sofort auf Nachfrageänderungen mit Kapazitätsauf-/abbau reagieren werden.

Die Nachfragseite kann dagegen insgesamt wesentlich schneller reagieren bzw. agieren.

Diese Überlegungen führen zu dem Ergebnis, dass auf kurze Sicht die Forderung nach einer nachfrageorientierten Wirtschaftspolitik vertretbar ist. Diesbezüglich kommt dem Staat über einen erhöhten Staatskonsum besondere Bedeutung zu.

Konkretisierung anhand der Fortführung des Beispiels

Beispiel (Fortsetzung):

Das bereits aus den Kapitel 6.2 bekannte Beispiel soll im Folgenden weitergeführt werden. Aufgrund der gewonnenen Erkenntnisse kann jetzt die Situation auf dem Arbeitsmarkt eingebaut werden.

Als Grundlage dient die Konsumfunktion: $C = Ca + cY + Ia + C_{St}$ ($C = 250 + 0{,}5Y + 100 + 50$). Die anderen im Kapitel 6.2 aufgeführten Konsumfunktionen sind prinzipiell ebenso für die Übergelungen geeignet, der Einfachheit halber wurde aber die Konsumfunktion ohne Steuern und Ausland gewählt.

Teil I	Der Arbeitsmarkt
Teil II	gegebene Produktionsfunktion
Teil III	Spiegelung
Teil IV	Darstellung der konkreten Konsumfunktion

Beschreibung der Abbildung 6.34:

Im Teil II ist das Gleichgewicht in Höhe von $Y_{Gleich} = 800$ abzulesen. Dieses güterwirtschaftliche Gleichgewicht stellt allerdings kein Vollbeschäftigungsgleichgewicht dar. Dieser Sachverhalt ist aus dem Teil I zu ersehen. Die für Y = 800 erforderliche Anzahl der Arbeitskräfte ist A_1, sodass eine unfreiwillige Arbeitslosigkeit in Höhe von A_1A_{voll} entsteht. Die Vollbeschäftigung A_{voll} würde bei den gegebenen Bedingungen ein Y von 900 notwendig machen. Auf dem Gütermarkt ist somit eine Outputlücke (Nachfragelücke) in Höhe von 100 festzustellen. Den Unternehmen ist bekannt, dass sie bei einer negative Outputlücke mit ihrem Angebot an die starre Schranke der gesamtwirtschaftlichen Nachfrage stoßen. Somit werden sie auf gar keinen Fall mehr Arbeitskräfte einstellen als für die Produktion von $Y_{Gleich} = 800$ notwendig ist. Die sich so ergebende Beschäftigungsmenge stellt die Obergrenze für die Nachfrage nach Arbeitplätzen dar.

Gleichzeitig lässt sich erkennen, dass es sich bei diesem Gleichgewicht um ein Gleichgewicht bei Unterbeschäftigung handelt, und dieses Gleichgewicht eine Beharrungstendenz aufweist. Über Marktprozesse alleine kann diese Outputlücke nicht geschlossen werde, d.h.: es muss ein anderer Akteur ergänzend in den Markt eingreifen.

Zur Beseitigung der Arbeitslosigkeit ist eine zusätzliche Nachfrage notwendig, damit ein neues Gleichgewicht bei Y = 900 (Y_{voll}) zustande kommt. Dieses kann z.B. durch zusätzlichen staatlichen Konsum (C_{Stneu})erfolgen (vgl. Teil II).

Die Parameter der Nachfragefunktion können auch so gewählt werden, dass eine Überschusssituation entsteht.

Wird z.B. eine autonome Investition von Ia = 200 unterstellt, ergibt sich ein güterwirtschaftliches Gleichgewicht bei Y_{Gleich} = 1.000. Hierbei handelt es sich um ein Überbeschäftigungsgleichgewicht, da die Arbeitskräftenachfrage das Arbeitskräfteangebot übersteigt. Welche der drei denkbaren Situationen in einer Volkswirtschaft vorzufinden ist, hängt somit vollständig von den Bestimmungsgrößen der gesamtwirtschaftlichen Nachfrage C und Ia ab (in komplexeren Modell von weiteren Faktoren).

Unterbeschäftigungsgleichgewicht	Vollbeschäftigungsgleichgewicht	Überbeschäftigungsgleichgewicht
$Y_{voll} > Y_{Gleich}$: (deflatorische Lücke), d.h. die Nachfrage ist zu gering, um mit den vorhandenen Kapazitäten das Arbeitsangebot vollständig auszulasten (900 > 800).	$Y_{voll} = Y_{Gleich}$: eine spezielle Parameterkonstellation, bei der ein Gleichgewicht herrscht (800 = 800).	$Y_{voll} < Y_{Gleich}$: (inflatorische Lücke), d.h. die Nachfrage ist zu groß. Es werden mehr Güter nachgefragt als die inländischen Produzenten ohne inflationäre Spannungen produzieren können (800 < 1.000)

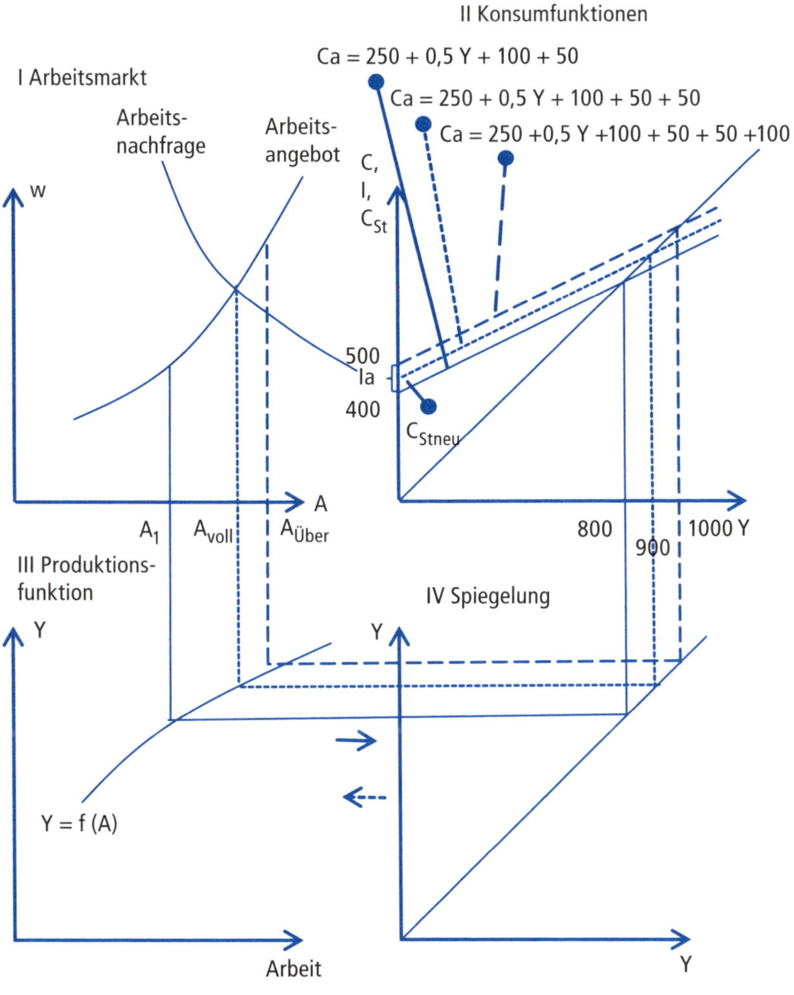

Abbildung 6.34: Güterwirtschaftliches Gleichgewicht bei unterschiedlichen Beschäftigungsniveaus

6.6.2 Das IS-LM Modell in langfristiger Betrachtung

Während auf kurze Frist die Annahme konstanter Preise noch gerechtfertigt werden konnte, ist dieses auf lange Sicht nicht mehr möglich. Somit ist die Rolle zu untersuchen, die die Preise im gesamtwirtschaftlichen Gleichgewicht spielen.

Im Folgenden wird die Annahme konstanter Güterpreise und Löhne fallen gelassen.

Teil I	Der Arbeitsmarkt
Teil II	IS-LM Modell
Teil III	gegebene Produktionsfunktion Y = f (A)
Teil IV	Spiegelung der Ordinate von Teil III auf die Abszisse von Teil II

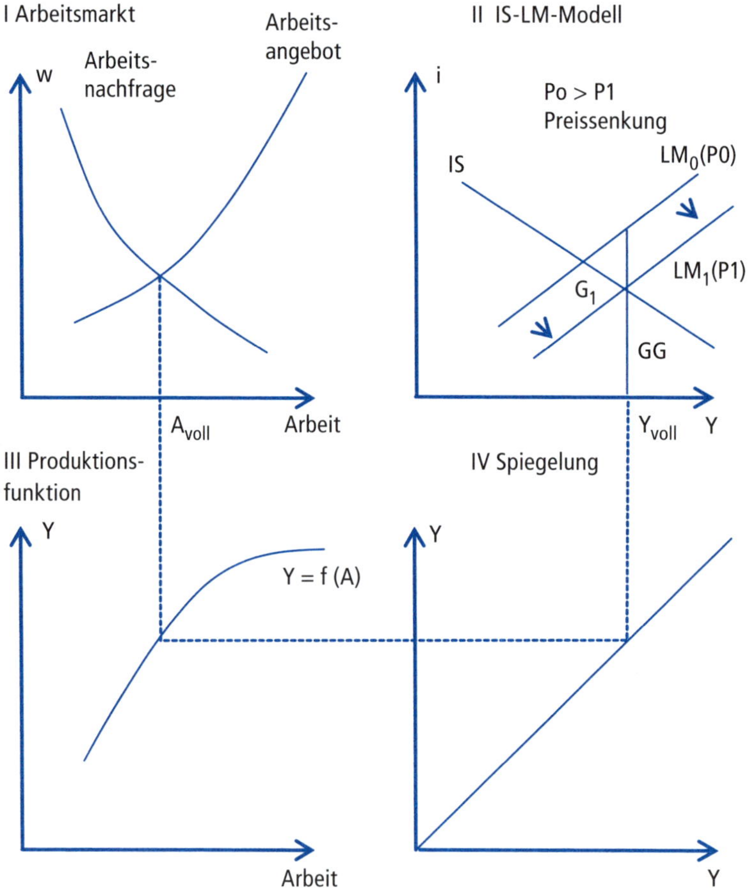

Abbildung 6.35: IS-LM-Modell in langer Sicht (Preissenkung)

Beschreibung der Abbildung 6.35: Situation A: Preissenkung[23]

Ausgehend von einer gleichgewichtigen Situation auf dem Arbeitsmarkt A_{voll} (Teil I) ergibt sich das Angebot Y_{voll} in Teil II.

Das Gleichgewicht befindet sich im Schnittpunkt der IS mit dem konstanten Angebot (Punkt G_G). Die Lage der LM Kurve entscheidet nunmehr darüber, ob ein güterwirtschaftliches Gleichgewicht vorliegt.

Bei einem Preisniveau von P_0 (LM0/P_0) ist der Schnittpunkt mit der IS-Kurve bei G_1, d.h. die geplante Nachfrage ist geringer als das mit dem gleichgewichtigen Arbeitsmarkt hergestellte Angebot bzw. das Angebot ist zu hoch. In diesem Punkt ist das reale Geldangebot zu gering, um damit das reale Güterangebot zu kaufen. Es muss eine Preissenkung durchgeführt werden auf P_1 (LM_1/P_1).

	Anzahl der angebotenen Güter in Stück	Stückpreis der angebotenen Güter in EUR	nominale Geldmenge in EUR	„Umsatz" in Stück	reale Geldmenge $\frac{\text{nominale Geldmenge in EUR}}{\text{Stückpreis der angebotenen Güter in EUR}}$	Reaktion
Situation A (Preissenkung, vgl. Abb. 6.35)	100	2	100	50 (geplante Nachfrage der Haushalte, geplanter Absatz der Unternehmen dagegen 100)	$\frac{100}{2} = 50$	Preissenkung, da zu geringe Nachfrage
	100	1	100	100	$\frac{100}{1} = 100$	
Situation B (Preiserhöhung, vgl. Abb. 6.36)	100	0,5	100	200 (geplante Nachfrage der Haushalte, geplanter Absatz der Unternehmen dagegen 100)	$\frac{100}{0,5} = 200$	Preiserhöhung, da zu hohe Nachfrage
	100	1	100	100	$\frac{100}{1} = 100$	

Tabelle 6.11: Nominale und reale Geldmenge, Preissenkungen und Preiserhöhungen

[23] Abbildung in Anlehnung an Braun/Paschke, S. 236

Beschreibung der Abbildung 6.36: Situation B: Preiserhöhung

Ausgehend von einer gleichgewichtigen Situation auf dem Arbeitsmarkt A_{voll} (Teil I) ergibt sich das Angebot Y_{voll} in Teil II. Das Gleichgewicht befindet sich im Schnittpunkt der IS mit dem konstanten Angebot (Punkt G_G). Die Lage der LM Kurve entscheidet nunmehr darüber, ob ein güterwirtschaftliches Gleichgewicht vorliegt.

Bei einem Preisniveau von P_0 (LM_0/P_0) ist der Schnittpunkt mit der IS-Kurve bei G_1, d.h. die geplante Nachfrage ist höher als das mit dem gleichgewichtigen Arbeitsmarkt hergestellte Angebot bzw. das Angebot ist zu niedrig. In diesem Punkt ist das reale Geldangebot zu hoch um damit das reale Güterangebot zu kaufen. Es muss eine Preiserhöhung durchgeführt werden auf P_1 (LM_1/P_1).

Auf diese Weise befindet sich die Volkswirtschaft bei flexiblen Löhnen und Preisen immer im Gleichgewicht.

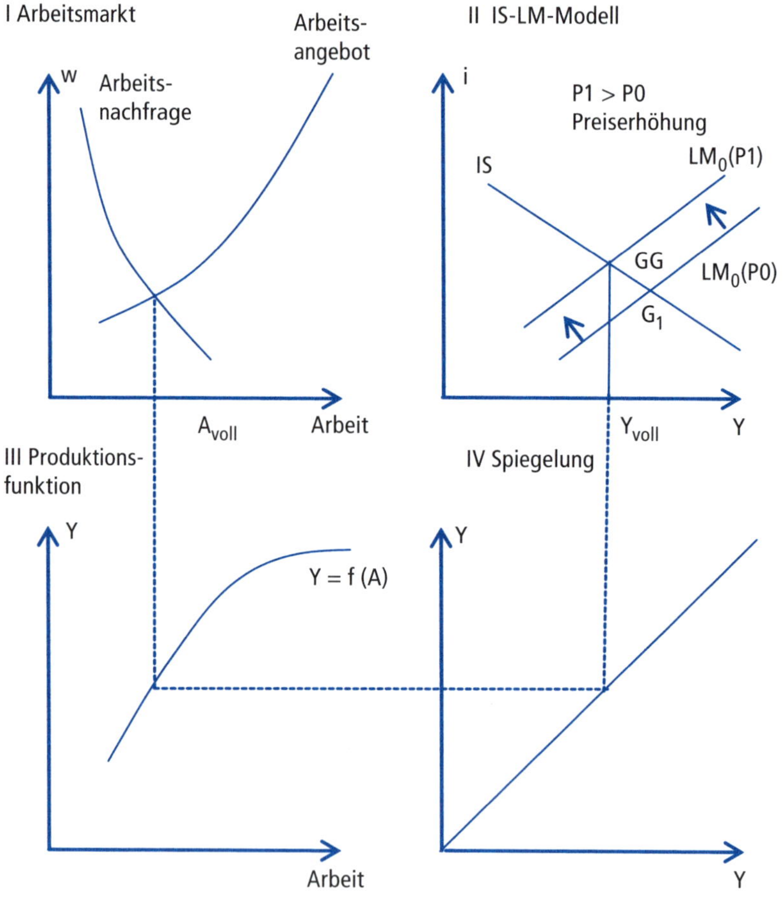

Abbildung 6. 36 IS-LM-Modell in langer Frist (Preiserhöhung)

Die gegebene Produktionsfunktion und die optimale Beschäftigung führen zu einem konstanten Angebot. Sollte die tatsächliche Nachfrage höher sein als die gleichgewichtige, wird dieses zu einer Preissteigerung führen, da die tatsächliche Nachfrage das Angebot übersteigt. Somit wird der Ausweitung des gesamtwirtschaftlichen Einkommens durch das Angebot eine Grenze gesetzt. Eine Veränderung kann nur durch die Veränderung exogener Größen erfolgen:

- **technischer Fortschritt**: Durch den technischen Fortschritt, der durch eine Produktivitätserhöhung bei gleichem Input den Output erhöht, folgen sinkende Preise, die den Wohlstand – bei gleichen Löhnen – erhöhen;
- **Veränderung des Freizeitverhaltens der Haushalte**: Sollten die Haushalte ihre Präferenzen so ändern, dass sie weniger Freizeit vorziehen, erhöht dieses das Arbeitsangebot, die Löhne sinken und die gleichgewichtige Arbeitsmenge steigt, wodurch sich bei gleicher Produktionsfunktion der Output erhöht.

Bei Akzeptanz vollkommen flexibler Preise und Löhne lässt sich die Forderung nach einer angebotsorientierten Wirtschaftspolitik rechtfertigen. Die Erhöhung der nominalen Geldmenge führt bei flexiblen Löhnen und Preisen nur zu einem Preisanstieg, nicht jedoch zu einer höheren Nachfrage. D.h. eine Veränderung der nominalen Variable „nominale Geldmenge" führt nur zu einer Veränderung einer anderen nominalen Variablen, nämlich des Preises. Eine Veränderung realer Variablen – realer Konsum, realer gesamtwirtschaftlicher Output – ist nicht festzustellen.

6.7 Vertiefende Analyse

6.7.1 Vertiefende Analyse der gesamtwirtschaftlichen Angebotskurve, der Beschäftigung und des Preisniveau

In den vorigen Überlegungen wurde von einem konstanten Preisniveau ausgegangen.

Ausgangspunkt der Überlegungen war

- eine linear-homogene Produktionsfunktion,
- ein gegebener Nominallohn.

Abb. Teil I	Produktionsfunktion Y = f (A)
Abb. Teil II	Spiegelung der Ordinate von Teil I auf die Abszisse von Teil IV
Abb. Teil III	Arbeitsangebot und -nachfrage bei alternativen Preisniveaus
Abb. Teil V	Spiegelung der Ordinate von Teil III auf die Abszisse von Teil VI
Abb. Teil IV	konstanter Nominallohn bei unterschiedlichem Preisniveau und Reallohn
Abb. Teil VI	Preisniveau und Volkseinkommen

Beschreibung der Abbildung 6.37:

Im Teil I ist die gegebene bzw. gewählte Produktionsfunktion abgebildet. Die Situation auf dem Arbeitsmarkt ist im Teil III dargestellt (vgl. dazu auch die Ausführungen im Kapitel 6.5.3 und zur Abbildung 6.31).

Die Arbeitsnachfrage A^D ist gegeben bzw. gewählt, gleichfalls die Nominallohnkurve w in Teil VI.

Die Arbeitsangebotskurve wird durch den konstanten Nominallohn w (Teil VI) und die unterschiedlichen Reallöhne (w/P_1 – w/P_4) bei unterschiedlichen Preisniveaus veranschaulicht.

Der Nominallohn w führt bei einem niedrigen Preisniveau P_1 zu dem hohen Reallohn w/P_1 (vgl. Teil III und VI) und ermöglicht die Beschäftigungsmenge A1.

Dieses (Unterbeschäftigungs-) Gleichgewicht A1 führt

in Verbindung mit der Produktionsfunktion (Teil I), der Spiegelung (Teil II)

und dem Reallohn w/P_1 und der Spiegelung (Teil V)

in Verbindung mit dem Nominallohn (Teil VI)

zu einem Punkt auf der gesamtwirtschaftlichen Güterangebotskurve (Teil IV).

Bei einem höheren Preisniveau (P_2 bzw. P_3) führt der Nominallohn w zu niedrigen Reallöhnen (w/P_2 bzw. w/P_3) und einem höheren Beschäftigungsniveau (A2 bzw. A3). Hinsichtlich der gesamtwirtschaftlichen Güternachfragekurve gelten für A2 und A3 bzw. w/P_2 und w/P_3 die Ausführungen zu A1 und w/P_1 analog.

Beim – hohen – Preisniveau P_4 führt der Nominallohn zum – niedrigen – Reallohn w/P_4 und der Beschäftigungsmenge A4, die gleichzeitig Vollbeschäftigung repräsentieren soll.

Im Teil IV ist das zu den unterschiedlichen Preisniveaus bzw. Reallöhnen gehörende reale gesamtwirtschaftliche Güterangebot abzulesen.

Reallohn bzw. Reallohn-Niveau		Nominallohn bzw. Nominallohn-Niveau	Preisniveau		Arbeitslosigkeit	Volkseinkommen
w/P_1	1,0	100	P1	100	A1-A4	Y1
w/P_2	0,98	100	P2	102	A2-A4	Y2
w/P_3	0,96	100	P3	104	A3-A4	Y3
w/P_4	0,94	100	P4	106	Keine	Y4

Tabelle 6.12: Arbeitslosigkeit und Volkseinkommen bei alternativen Reallöhnen

Die Arbeitsnachfragekurve w/P5 wird von der Arbeitsangebotskurve im elastischen Teil geschnitten.

In diesem Bereich gelten unterschiedliche Nominallohnkurven, da die Bedingung des gegebenen Nominallohns aufgegeben werden muss. Jeder Schnittpunkt der Arbeitsnachfrage- und Arbeitsangebotskurve in diesem Bereich repräsentiert eine andere Nominallohnkurve. Dieser Schnittpunkt bedeutet zweierlei: **der Nominallohn muss erhöht werden, sodass der Nominallohn w im Teil VI keine Gültigkeit mehr hat; zur Senkung des Reallohns muss die Erhöhung des Preisniveaus relativ höher als die des Nominallohns sein.**

Für die gesamtwirtschaftliche Güterangebotskurve bedeutet dieses einen steileren Verlauf (für alle Y > Y4), da die Nominallohnerhöhung c.P. zu einer Verlangsamung des Beschäftigungsanstiegs und des Volkseinkommens führt.

> Vergleich mit dem klassischen Modell:
> Nicht alle Punkte auf der gesamtwirtschaftlichen Angebotskurve sind Vollbeschäftigungssituationen.

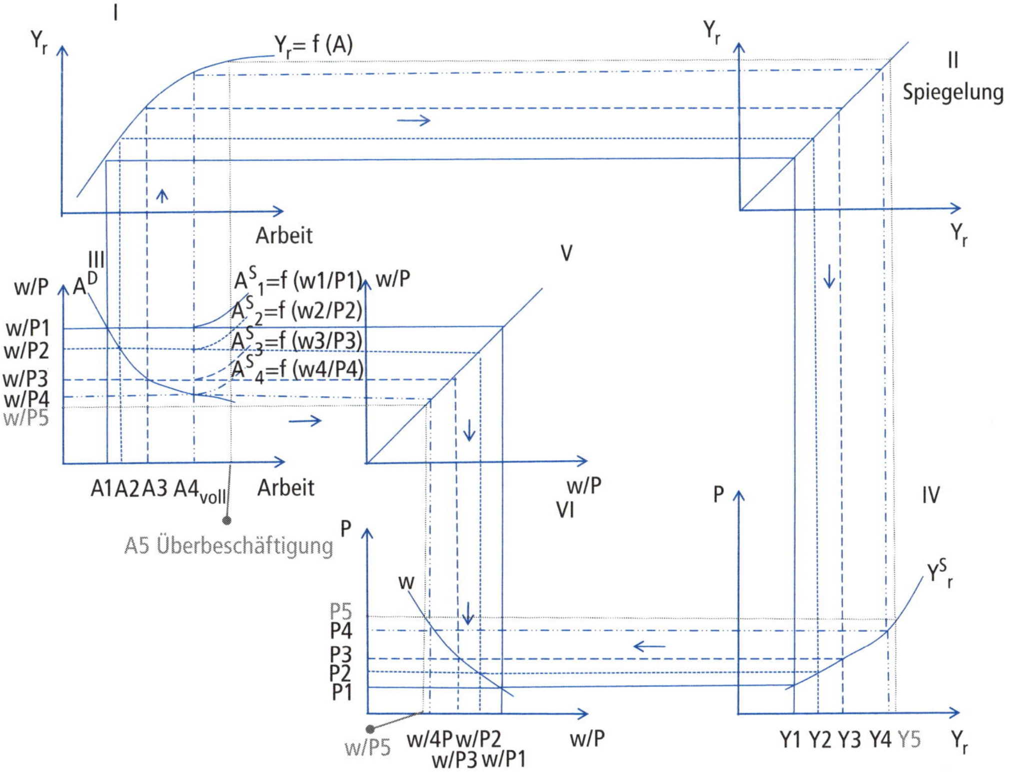

Abbildung 6.37: Gesamtwirtschaftliche Angebotskurve, Beschäftigung und Preisniveau[24]

6.7.2 Vertiefende Analyse der Gesamtnachfrage

Das Gütermarktgleichgewicht, repräsentiert durch die IS-Kurve steht in keiner Beziehung zum Preisniveau, d.h. das Preisniveau hat keinen Einfluss auf die Lage der IS Kurve.

Dagegen entspricht die Lage der LM-Kurve unterschiedlichen Zins-Einkommens-Kombinationen, die bei konstanter realer Geldmenge und konstantem Preisniveau ermittelt werden.

24 in Anlehnung an Paraskewopoulos, S. 258)

Wird die Prämisse des konstanten Preisniveaus aufgehoben, führt eine Preisniveauerhöhung zur Senkung der realen Geldmenge und umgekehrt (vgl. dazu auch die Quantitätstheorie des Geldes).

Diese Erhöhung/Senkung der realen Geldmenge hat ihrerseits Wirkungen auf die Liquiditätspräferenz und damit auf die Lage der LM-Kurve.

Eine Linksverschiebung der LM-Kurve kann durch die Erhöhung des Preisniveaus und damit Reduzierung der realen Geldmenge ausgelöst werden. Werden die Schnittpunkte in ein Preis-Einkommens-Diagramm übertragen, führen diese zu einer normal verlaufenden Nachfragekurve. Diese Kurve ist der geometrische Ort unterschiedlicher Gleichgewichtspunkte auf dem Güter- und Geldmarkt bei alternativen Preisniveaus.

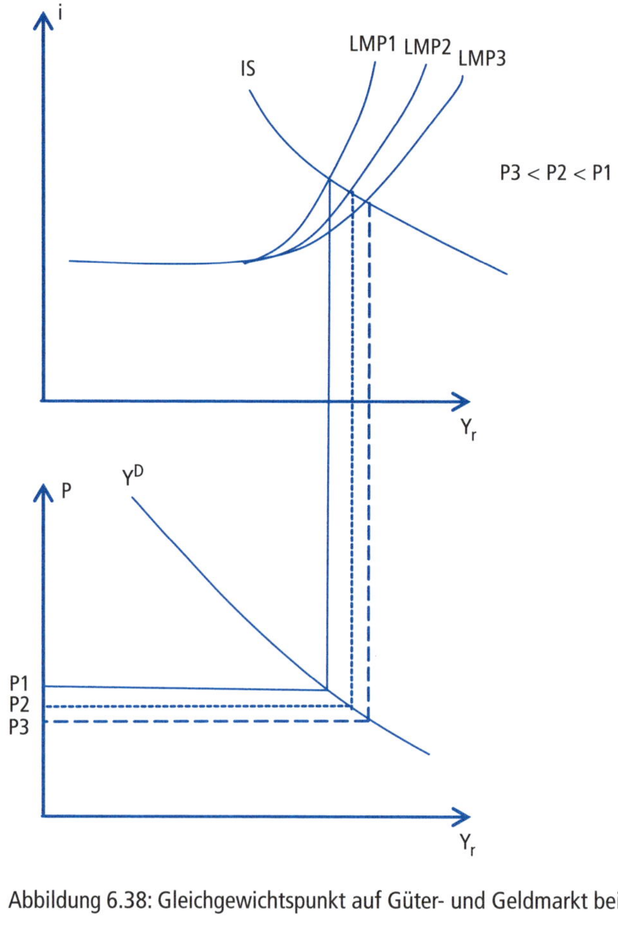

Abbildung 6.38: Gleichgewichtspunkt auf Güter- und Geldmarkt bei alternativen Preisniveaus

Schneidet die IS-Kurve die LM Kurve im keynesianischen Bereich bzw. im zinsunelastischen Bereich, führt dieses zu anderen Konsequenzen.

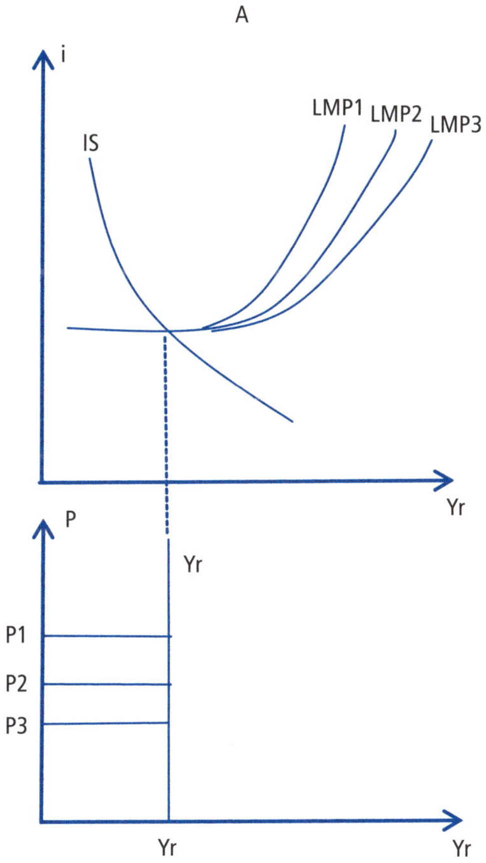

Abbildung 6.39: Liquiditätsfalle

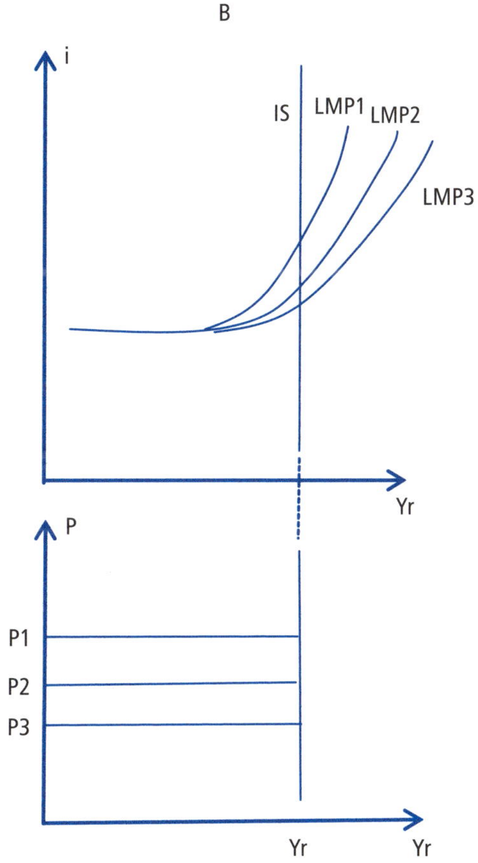

Abbildung 6.40: Investitionsfalle

Wird die LM-Kurve im keynesianischen Bereich geschnitten, werden die simultanen Gleichgewichtszustände nicht verändert, obwohl eine Veränderung des Preisniveaus eine Verschiebung der LM-Kurve hervorgerufen hat. Ein Zusammenhang zwischen Preisniveau und nachgefragtem Volkseinkommen besteht nicht (**Liquiditätsfalle**).

Ist die IS-Kurve zinsunelastisch, so tritt die **Investitionsfalle** auf. Auch hier hat die Veränderung des Preisniveaus und somit eine Lageverschiebung der LM-Kurve keine Auswirkungen auf die bestehende Gleichgewichtssituation.

6.8 Störungen und wirtschaftliche Anpassungsprozesse

Wie bereits bei der Analyse der klassich-neoklassischen Theorie sollen im folgenden Störungen näher betrachtet werden, sowie die Anpassungsprozesse zu einer neuen – evtl. gleichgewichtigen – Situation.

6.8.1 Der güterwirtschaftlicher Bereich

Aus dem güterwirtschaftlichen Bereich, d.h. aus dem Bereich der Haushalte und dem der Unternehmen können Störungen kommen, die bestimmte Anpassungsprozesse induzieren.

6.8.1.1 Der Bereich der Haushalte

Im Folgenden wird

- eine veränderte Konsumneigung bzw. Sparneigung

und

- ein veränderter autonomer Konsum bzw. verändertes autonomes Sparen

der Haushalte analysiert.

Abb. Teil I	Investitionsfunktion I = f (i)	Sie stellt die Zinsabhängigkeit der Investitionen dar.
Abb. Teil II	Gleichgewichtsbedingung: S = I	Auf der 45° Linie herrscht Gleichgewicht zwischen Sparen und Investieren.
Abb. Teil III	Sparfunktion S = f (Y)	Sie stellt die Abhängigkeit der Höhe des Volkseinkommen vom Sparen dar.
Abb. Teil IV	IS Kurve Investment - Savings - Kurve	Sie gibt die geometrischen Orte an, bei denen unterschiedliche i und Y_r ein Gleichgewicht herrscht.

Beschreibung der Abbildung 6.41:

Zur allgemeinen Erstellung einer IS-Kurve vergleiche Abbildung 6.14.

Die Ausgangslage ist durch die Sparfunktion S = –100 + 0,5 Y (Teil III) gekennzeichnet. Diese führt zur IS-Kurve (Teil IV).

Es findet folgende Veränderung statt.

Variation A

Eine Möglichkeit ist, dass die privaten Haushalte ihren autonomen Konsum erhöhen (Ca = 200) d.h. auch Sa ändert sich. Die neue Sparfunktion a) lautet: S= –200 + 0,5 Y (siehe durchgezogene graue Linien).

Aufgrund der veränderten Sparfunktion ergibt sich nun die ISa-Kurve.

Bei einem unveränderten Zinssatz i_1 (bzw. i_2, i_3) ergeben sich unterschiedliche Y.

Y_{1a} statt Y_1, Y_{2a} statt Y_2, Y_{3a} statt Y_3.

Die unterschiedlichen Schnittpunkte führen zu einer Rechtsdrehung der IS-Kurve zur IS_a-Kurve.

Variation B

Die privaten Haushalte schätzen die wirtschaftliche Situation positiver ein, sie erhöhen ihre Konsumneigung. Dieses Veränderung bedeutet gleichzeitig eine Veränderung der Sparneigung, da weiterhin gilt c + s = 1. Die neue Sparfunktion b) lautet: S= –100 + 0,4 Y (siehe gestrichelte graue Linien).

Aufgrund der veränderten Sparfunktion ergibt sich nun die IS_b-Kurve.

Bei einem unveränderten Zinssatz i_1 (bzw. i_2, i_3) ergeben sich unterschiedliche Y.

Y_{1b} statt Y_1, Y_{2b} statt Y_2, Y_{2c} statt Y_3.

Die unterschiedlichen Schnittpunkte führen zu einer Rechtsdrehung der IS-Kurve zur IS_b-Kurve.

Die Auswirkungen dieser Rechtsdrehung der IS-Kurve hängen davon ab, wo die LM-Kurve geschnitten wird.

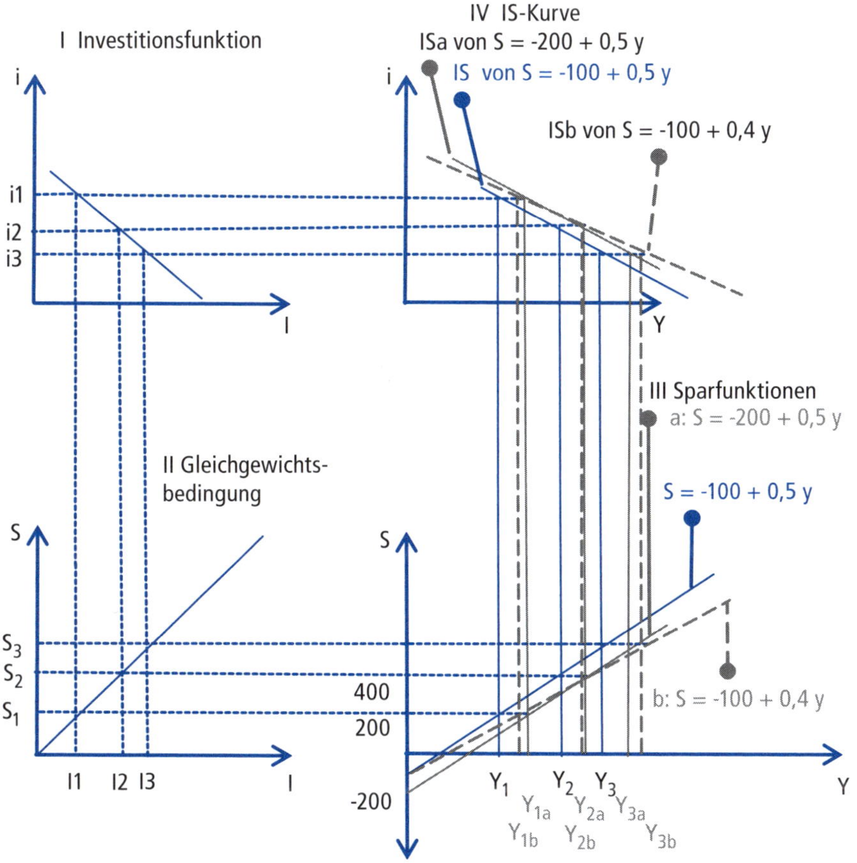

Abbildung 6.41: Verlagerung der IS-Kurve aufgrund einer veränderten Sparneigung bzw. eines veränderten autonomen Sparens

6.8.1.2 Der Bereich der Unternehmen

Nachdem die Haushalte betrachtet worden sind, sollen im Folgenden die Unternehmen hinsichtlich „Störungen aus dem güterwirtschaftlichen Bereich" näher analysiert werden.

Die Unternehmen schätzen die wirtschaftliche Lage optimistischer ein (sie erwarten bessere Absatzchancen und bessere Gewinnaussichten). Dieses führt zu einer „**Erhöhung der Investitionsneigung**".

Grafisch lässt sich dieses durch die Rechtsverschiebung der Investitionsfunktion darstellen.

Abbildung 6.42: eine bisher konstant gehaltene Größe (z.B. Einschätzung der Zukunft durch die Unternehmen) wird verändert.	Abbildung 6. 43: es werden bei konstantem i zwei unterschiedliche r miteinander vergleichen.

Die Auswirkungen auf die Höhe der Investitionen sind jedoch in beiden Fällen gleich.

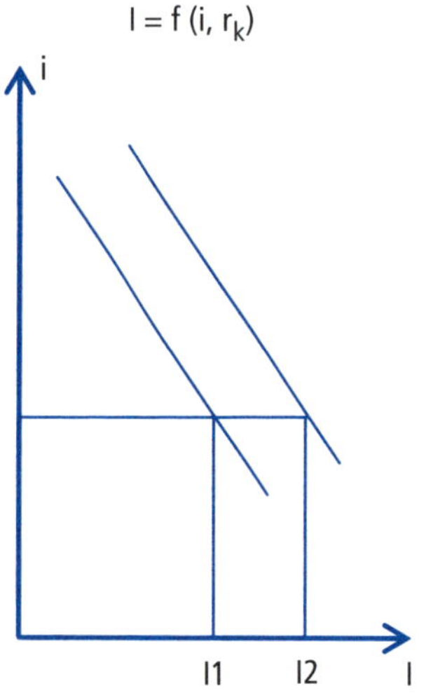

Abbildung 6.42: Investitionsfunktion $I = f(i, r_k)$

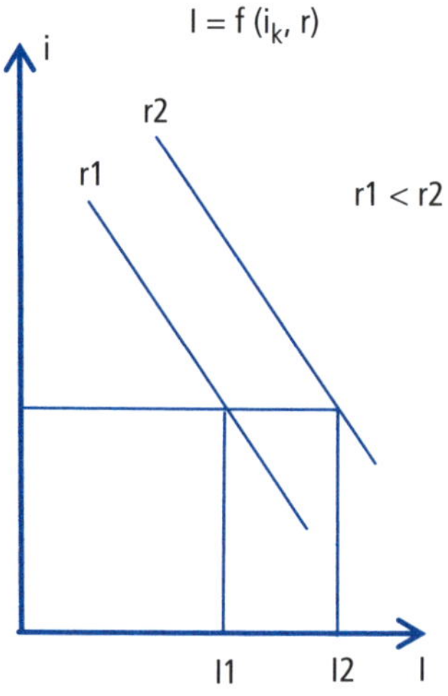

Abbildung 6.43: Investitionsfunktion $I = f(i_k, r)$

Wie wirkt sich diese Verschiebung auf die IS-Kurve aus?

> **Beschreibung der Abbildung 6.44:**
>
> Zur allgemeinen Erstellung einer IS-Kurve vergleiche Abbildung 6.14.
>
> Durch die Verschiebung der Investitionskurve von I1 nach I2 ergibt sich eine Rechtsverschiebung der IS-Kurve von IS_1 nach IS_2.

Die Ausgangslage (IS_1 - Kurve) ist gekennzeichnet durch
$i_1 - I_1 - S_1 - Y_1$ bzw.
$i_2 - I_2 - S_2 - Y_2$ bzw.
$i_3 - I_3 - S_3 - Y_3$ bzw.
Nach der Verschiebung ergibt sich folgende Situation
$i_1 - I_a - S_a - Y_a$ bzw.
$i_2 - I_b - S_b - Y_b$ bzw.
$i_3 - I_c - S_c - Y_c$ bzw.

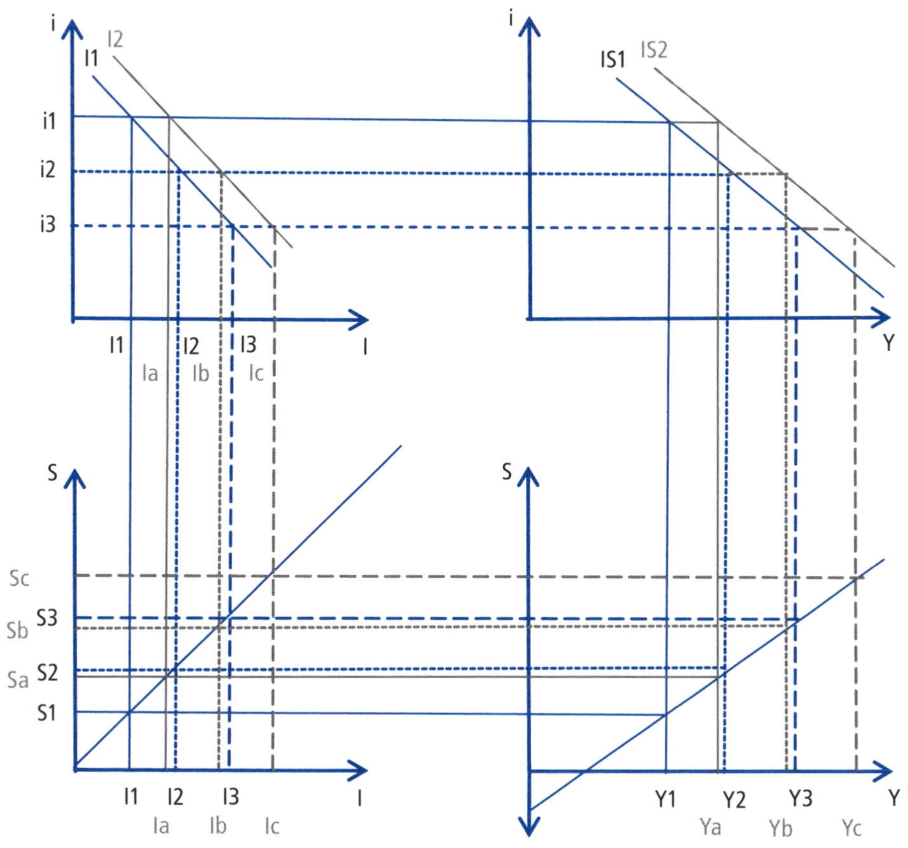

Abbildung 6.44: Rechtsverschiebung der IS-Kurve aufgrund einer Rechtsverschiebung der Investitionskurve

Die Auswirkungen dieser Rechtsverschiebung der IS-Kurve hängen davon ab, wo diese die LM Kurve scheidet.

6.8.1.3 Auswirkungen beim Schnittpunkt im keynesianischen Bereich

Die LM-Kurve wurde willkürlich gewählt (vgl. zur Konstruktion der LM-Kurve Abb. 6.24 und 6.25).

Beschreibung der Abbildung 6.45:

Die IS_1-Kurve ergibt sich aus der Ausgangssituation der Abbildungen 6.41 bzw. 6.44. Die „Störungen" durch das veränderte Verhalten der Haushalte.[25] führen zu einer Rechtsdrehung der IS1-Kurve zur IS2neu-Kurve. Die „Störungen" durch das veränderte Verhalten der Unternehmen[26] führen zu einer Rechtsverschiebung der IS1-Kurve zur IS3neu-Kurve.

Die Auswirkungen sind:

- keine Zinsänderung
- die Höhe der expansiven Wirkung (von Yr1 nach Yr2neu bzw. Yr3neu) hängt von der Höhe z.B. der Änderung der Sparneigung bzw. Investitionsänderung ab.

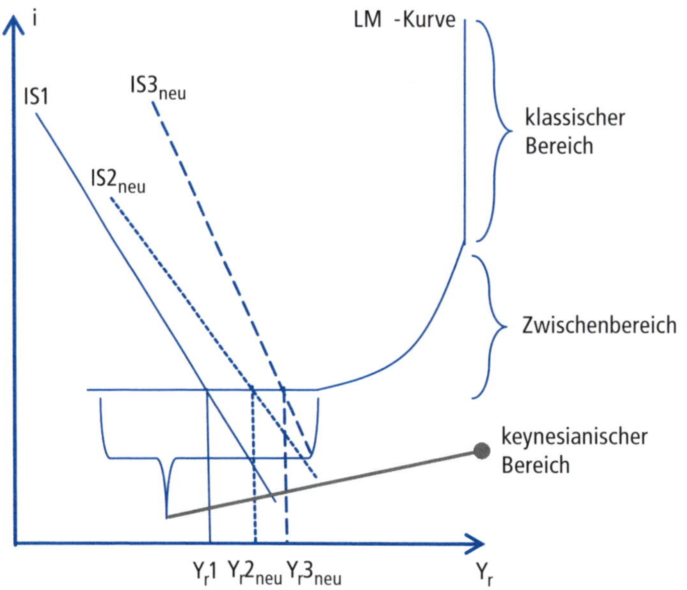

Abbildung 6.45: Verschiebung der IS-Kurve und Schnittpunkt mit der LM-Kurve im keynesianischen Bereich

Der Prozess, der durch die Verhaltensänderungen angestoßen wird, kann mit dem Einkommens- bzw. Investitionsmultiplikator verdeutlicht werden.

[25] vgl. Abb. 6.41

[26] vgl. Abb. 6.44

6.8.1.4 Auswirkungen im Zwischenbereich bzw. im klassischen Bereich

Ist der Schnittpunkt zwischen IS- und LM-Kurve im Zwischenbereich bzw. im klassischen Bereich, so ergeben sich andere Auswirkungen.

Die LM-Kurve ist ebenfalls willkürlich gewählt worden.[27]

Beschreibung der Abbildung 6.46:

Vergleiche zunächst die Beschreibung der Abb. 6.45.

Schnittpunkt im Zwischenbereich:

Ausgangslage ist die IS_1-Kurve

Die sich ergebende IS_{2neu} –Kurve führt zu einer Zinserhöhung von i_1 auf i_{2neu}. mit Y_{r2neu}

Die sich ergebende IS_{3neu} –Kurve führt zu einer Zinserhöhung von i_1 auf i_{3neu}. mit Y_{r3neu}

Schnittpunkt im klassischen Bereich:

Ausgangslage ist die IS_3-Kurve (graue Linie)

Die sich ergebende IS_{4neu} –Kurve führt zu einer Zinserhöhung von i_3 auf i_{4neu}. mit Y_{r4neu}

Die sich ergebende IS_{5neu} –Kurve führt zu einer Zinserhöhung von $i_3$auf i_{5neu}. mit Y_{r5neu}

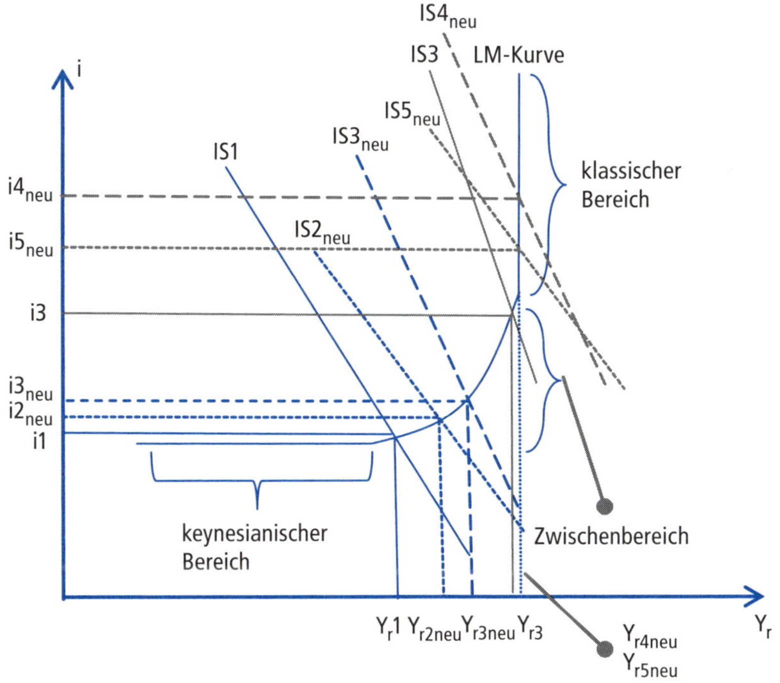

Abbildung 6.46: Drehung bzw. Verschiebung der IS-Kurve und Schnittpunkt mit der LM Kurve im Zwischenbereich bzw. klassischen Bereich

[27] vgl. zur Konstruktion die Abb. 6.24 und 6.25

Schnittpunkt mit der LM Kurve im Zwischenbereich bzw. klassischen Bereich

Hierbei werden Änderungen bei den Zinsen hervorgerufen, die ihrerseits die Geldnachfrage und das Preisniveau beeinflussen.

Sind Geldmenge und Preisniveau gegeben, kann der erhöhte Geldbedarf nur durch die Veränderung der Spekulationskasse erfolgen[28] und durch höhere Zinsen erreicht werden. Es werden Spekulationsgelder für Transaktionszwecke frei, da durch die Zinserhöhung die Opportunitätskosten der Kassenhaltung/Geldhaltung steigen; da es teuer wird, die Gelder nicht anzulegen.

Der Prozess, der durch die Verhaltensänderungen hervorgerufen wird[29] bewirkt zwar eine Erhöhung der Beschäftigung und des Volkseinkommens (Y_{r2neu} bzw. Y_{r3neu} im Zwischenbereich), die Wirkungen sind jedoch geringer als bei einem Schnittpunkt im keynesianischen Bereich.[30] Grund dafür ist die Zinserhöhung von i_1 nach i_2 bzw. i_3 , die zu einer Senkung der Investitionen und der Konsumgüternachfrage führen.

Bei einem neuen **Schnittpunkt im klassischen Bereich** erhöht sich einerseits das Volkseinkommen weniger stark, andererseits steigen die Zinsen stärker.

Das Ergebnis der Rechtsdrehung bzw. -verschiebung im Zwischenbereich bzw. klassischen Bereich

höheres Einkommen	höhere Beschäftigung	niedrigere Spekulationskasse	höhere Transaktionskasse	höhere Zinsen

mit einem simultanen Gleichgewicht auf dem Güter– und Geldmarkt

Bei Vollbeschäftigung der Kapazitäten ist eine Rechtsverschiebung der IS-Kurve im klassischen Bereich – aufgrund der Erhöhung der Investitionsgüternachfrage – mit einer Zinserhöhung verbunden.

Das Preisniveau – speziell im Investitionsgüterbereich – steigt, da kurzfristig die Nachfrage nicht befriedigt werden kann.

Dieses erhöhte Preisniveau kann jedoch mittel- und langfristig nicht bestehen bleiben, da die hohe Nachfrage nach Investitionsgütern langfristig nur durch einen entsprechenden Rückgang im Konsumgüterbereich kompensiert werden kann.[31]

---

28 vgl. Abb. 6.48

29 vgl. dazu auch die Multiplikatorwirkung, Kapitel 6.2.1.2 Exkurs

30 vgl. Abb. 6.45

31 vgl. dazu auch die Abb. 6.50

> Vergleich mit der klassischen Theorie:
>
> Im neoklassischen Gleichgewichtsparadigma erfolgt nur eine Veränderung der Nachfragestruktur – weniger Konsumgüter, mehr Investitionsgüter. Bei Keynes ergibt sich evtl. ein Nachfrageausfall.

6.8.1.5 Zusammenfassende Übersicht

Aktion, die die Verschiebungen auslöst		Verschiebungen der IS Kurve nach links	nach rechts		
Konsumfunktion					
Die marginale Konsumquote	**Sparquote**				
sinkt	steigt	X			vgl. Abb.6.41
steigt	sinkt		X		
Der autonome Konsum	**Das autonome Entsparen**				
sinkt	sinkt	X			vgl. Abb.6.41
steigt	steigt		X		
Investitionsfunktion					
Grenzproduktivität des Kapitals					
sinkt		X			vgl. Abb. 6.44
steigt			X		
aktueller Kapitalbestand					
sinkt			X		
steigt		X			

Tabelle: 6.13: Verschiebungen der IS-Kurve

> Exkurs: Akzelerator und Multiplikator-Akzelerator-Modelle

Im Rahmen dieses Exkurses sollen Aspekte der – autonomen – Investitionen und die damit in Verbindung stehenden Änderungen des Einkommens bzw. der Konsumnachfrage betrachtet werden.

Diese Modelle gehen u.a. auf Paul Samuelson und J.R. Hicks zurück. Unter bestimmten Bedingungen können sie einen Beitrag zur Erklärung für das Entstehen von Störungen und Schwingungen – z.B. konjunkturelle Auf- und Abschwungprozesse – und den Verlauf wirtschaftlicher Anpassungsprozesse leisten. Dabei wird das in der Makroökonomie bekannte Multiplikatorprinzip mit dem Akzeleratorprinzip verknüpft.

Das Akzeleratorprinzip

Die Akzeleratorwirkungen sind produktionstechnische Beschleunigungsprozesse.

> Definition Akzelerator:
>
> ➔ **Maß, das anzeigt wie viele Kapitalgütereinheiten (Netto-Investitionen) zusätzlich benötigt werden, um eine Konsumgütereinheit zu erstellen.**

Diesem Gedankengang liegt folgende Hypothese zugrunde:

Wenn Veränderungen der **Nachfrage nach Konsumgütern** oder der **Produktion von Konsumgütern** stattfinden, bedeutet dieses auch eine Veränderung der **Nachfrage nach Investitionsgütern** und der **Produktion von Investitionsgütern**. Doch die Veränderungen im Bereich der Investitionsgüter sind größer als die ursprünglichen Veränderungen im Bereich der Konsumgüter.

> akzelerieren: lat. accelerare: beschleunigen

Diese Überlegungen, die für Konsum- und Kapitalgüter gelten, lassen sich auch auf ein beliebiges Gut und seine Kapitalgüter übertragen, wie auch auf Sachverhalte, bei denen im Verhältnis zur Produktion ein bestimmter Lagerbestand vorgehalten werden muss. Werden dieses Überlegungen mit berücksichtigt, so kann folgende Hypothese formuliert werden:

Die Kapitalgüterproduktion und die Lagerhaltung unterliegen größeren Schwankungen als die mengenmäßigen Schwankungen der mit ihrer Hilfe produzierten oder mit ihnen in Beziehung stehenden Produkte.

Der Akzelerator Akz lässt sich definieren als Quotient aus der Nettoinvestition I und der (marginalen) Zunahme der Konsumgüternachfrage C. $AKZ = \frac{I}{\Delta C}$

Je größer die Kapazitätsauslastung und je niedriger der Lagerbestand an Fertigprodukten ist, je größer ist der Akzeleratoreffekt.

Dieser Ausdruck gibt an, wie viel – monetär bewertete – Kapitalgütereinheiten zusätzlich erforderlich sind, um eine weitere Einheit Konsumgüter zu produzieren. Bei einem im Zeitablauf konstanten Akzelerator kann auch geschrieben werden:

I = Akz * dC

Wird diese Gleichung als Verhaltensgleichung aufgefasst, so bedeutet sie: die Nettoinvestition reagiert proportional auf Veränderungen der Konsumgüternachfrage. Je größer Akz ist, desto stärker sind die Schwankungen im Investitionsgüterbereich. Eine Akzeleratorwirkung tritt nur ein, wenn Akz größer 1 ist. Sollen die Wirkungen des Akzelerators betrachtet werden, sind nicht nur die Nettoinvestitionen zu beachten, sondern die Gesamtinvestitionen (Ersatz- und Nettoinvestitionen).

Dieses Akzeleratorprinzip kann ansatzweise Erklärungen für die Beschleunigungswirkungen im Auf- und Abschwung geben, es ist jedoch bei isolierter Betrachtung zur Erklärung von Wendepunkten nicht geeignet.

Mulitplikator-Akzelerator-Modelle

Dabei ist auf Änderungsgrößen (Differenzen) abgestellt worden. Im Mittelpunkt der Fragestellung stehen Schwankungen des Volkseinkommens, die als Resultat zusätzlicher – autonomer – Ausgaben entstehen. Autonom werden sie deshalb genannt, weil sie nicht aus dem wirtschaftlichen Geschehen heraus erklärt werden, wie z.B. die "induzierten" Ausgaben.

Die autonomen Ausgaben sollen Investitionen darstellen (Ia), die in der Periode t−1 bei den Produktionsfaktoren ein Einkommen Y in gleicher Höhe entstehen lassen (ΔY_{t-1}).

Von diesem zusätzlichen Einkommen wird in der nächsten Periode t entsprechend der marginalen Konsumneigung ein entsprechender Teil für Konsumzwecke ausgegeben.

$\Delta C_t = c\ \Delta Y_{t-1}$ bzw. $\Delta C_{t-1} = c\ \Delta Y_{t-2}$

Nach dem oben beschriebenen Akzeleratorprinzip wird diese zusätzliche Konsumausgabe ΔC_t eine zusätzliche Investition induzieren. Daraus entsteht dann weiteres Einkommen. Dieser Vorgang wiederholt sich ständig.

Die induzierten Investitionen werden in der gleichen Periode, d.h. ohne zeitliche Verzögerung getätigt.

$I_t = Akz * dC_t$

Die Änderung der Nettoinvestition (ΔI_t) hängt somit von der Änderung der Konsumausgaben ab ($\Delta C_t - \Delta C_{t-1}$).

$\Delta I_t = Akz\ (\Delta C_t - \Delta C_{t-1})$

$\Delta I_t = Akz^* \Delta C_t - Akz^* \Delta C_{t-1}$

Da angenommen wird: $\Delta Y_t = \Delta I_a + \Delta C_t + \Delta I_t$

kann auch geschrieben werden:

$\Delta Y_t = \Delta Ia + c\ \Delta Y_{t-1} + Akz^*c\ \Delta Y_{t-1} - Akz^*c\ \Delta Y_{t-2}$

$\Delta Y_t = \Delta I_a + \Delta C_t + \Delta I_t$	für ΔC_t wird eingesetzt $c\ \Delta Y_{t-1}$ bzw. $c\ \Delta Y_{t-2}$
$\Delta Y_t = \Delta Ia + c\Delta Y_{t-1} + \Delta I_t$	für ΔI_t wird eingesetzt $Akz * \Delta C_t - Akz * \Delta C_{t-1}$
$\Delta Y_t = \Delta Ia + c\ \Delta Y_{t-1} + Akz\ \Delta C_t - Akz\ \Delta C_{t-1}$	für ΔC_t wird eingesetzt $c\ \Delta Y_{t-1}$
$\Delta Y_t = \Delta Ia + c\ \Delta Y_{t-1} + Akz * c\ \Delta Y_{t-1} - Akz\ \Delta C_{t-1}$	für ΔC_{t-1} wird eingesetzt $c\ \Delta Y_{t-2}$
$\Delta Y_t = \Delta Ia + c\ \Delta Y_{t-1} + Akz * c\ \Delta Y_{t-1} - Akz * c\ \Delta Y_{t-2}$	

Die marginale Konsumquote c ist eine Verhaltenskonstante, der Parameter Akz eine technische Relation.

Die Einkommensänderungen des Volkseinkommens (ΔY_t) weisen Schwingungen auf, deren Tendenz von der Wahl des Verhältnisses zwischen c und Akz abhängt.

In der Tabelle wird als marginale Konsumquote 0,5 und als Akz der Wert 2,1 eingesetzt.

Periode	autonome Investition ΔIa	Veränderung der Konumgüter-nachfrage $\Delta C_t = c\Delta Y_{t-1}$	Änderung der induzierten Investition $\Delta I_t = AKZ * \Delta C_t - AKZ * \Delta C_{t-1}$	Veränderung des Volkseinkommen $\Delta Y = \Delta C_t + \Delta Ia + \Delta I_t$
0	100			100
1		50	105	155
2		78	58	135
3		68	–21	47
4		23	–93	–69
5		–35	–122	–157
6		–78	–92	–170
7		–85	–14	–99
8		–50	75	25
9		12	130	143
10		71	124	195
11		98	55	152
12		76	–45	31
13		16	–127	–111

Tabelle 6.14: Änderung der induzierten Investition bei einer Konsumquote von 0,5 und einem Akzelerator von 2,1

Periode	autonome Investition ΔIa	Veränderung der Konumgüternachfrage $\Delta C_t = c\Delta Y_{t-1}$	Änderung der induzierten Investition $\Delta I_t = AKZ * \Delta C_t - AKZ * \Delta C_{t-1}$	Veränderung des Volkseinkommen $\Delta Y = \Delta C_t + \Delta Ia + \Delta I_t$
14		–56	–150	–206
15		–103	–99	–202
16		–101	4	–97
17		–48	110	62
18		31	166	197
19		99	142	241
20		121	46	166
21		83	–78	5
22		2	–170	–167
23		–84	–181	–264
24		–132	–102	–234
25		–117	32	–85
26		–43	156	114
27		57	209	266
28		133	160	292
29		146	28	174
30		87	–124	–37

Tabelle 6.14: (Fortsetzung) Änderung der induzierten Investition bei einer Konsumquote von 0,5 und einem Akzelerator von 2,1

Damit dieser Mechanismus startet, ist als Auslöser eine – zusätzliche und dauerhafte – autonome Investition erforderlich. Dadurch wird der bereits beschriebene Multiplikatorprozess in Gang gesetzt.[32] Zunächst entsteht in Höhe der autonomen Investition ein zusätzliches Einkommen (Periode 0). Dieses zusätzliche Einkommen wird dann unter Berücksichtigung der marginalen Konsumquote zu einer zusätzlichen Konsumnachfrage (c ΔY, in Periode 1 in Höhe von 50). Nach dem Akzeleratorprinzip führt nun diese zusätzliche Konsumnachfrage zu induzierten Investitionen ($I_t = Akz^* \Delta C_t$). Der Aufschwung – die Schwingungsintensität – verstärkt sich. Da – gemäß dem Multiplikatorprinzip – die zusätzliche Konsumnachfrage im Zeitablauf geringer wird (da $c < 1$) folgt daraus auch eine Reduzierung der induzierten Investitionen, die sogar negativ werden können (ab Periode 3). Folge daraus ist die Abschwächung des Einkommenszuwachses und bei Des-

[32] vgl. Kapitel 6.2.1.2 Exkurs

investitionen auch ein sinkendes Einkommen. Für die Beschleunigung der Auf- und Abschwungprozesse des Konjunkturverlaufs liefert das Akzeleratorprinzip eine Erklärung, nicht allerdings für das Zustandekommen der Wendepunkte. Wichtig ist somit die Erkenntnis, dass die Existenz dieser Effekte ein System in Schwingungen bringen kann.

Aufschwung: starke Nachfragebelebung — Einkommenseffekt
z.B.

Hoher Multiplikator- und Akzeleratoreffekt

Starke Investitionsbeschleunigung, versehen
aber mit der Notwenigkeit, die neuen Kapazitäten
auszulasten,

wodurch evtl. auch Überkapazitäten entstehen können,

die dann zur rückläufigen Investitionstätigkeit führen

mit negativen Multiplikator- und Akzeleratoreffekten,
wodurch ein Abbau von Kapazitäten einsetzt,
wirtschaftlicher Abschwung

wobei es jedoch unter Beachtung der noch bestehenden Nachfrage evtl.
zu einer Überbeanspruchung der noch verbleibenden Kapazitäten kommen
kann, die dann neue Investitionen erforderlich machen und zu einem neuen
Aufschwung führen können

Schaubild 6.8: Phasen des Akzelerator- und Multiplikatorprozesses

Die bisher behandelten „Störungen“ stammten aus dem güterwirtschaftlichen Bereich. Im Folgenden werden „Störungen“ aus dem monetären Bereich genauer analyiert.

6.8.2 Der monetäre Bereich

Ursachen für Störungen in diesem Bereich bzw. aus diesem Bereich können von einer **veränderten Liquiditätspräferenz** ($L_{T,V}$ oder L_S) und/oder einer **veränderten Geldmenge** herrühren.

6.8.2.1 Die Geldnachfrage

Änderungen der Transaktionskasse

Die Erhöhung oder Senkung der Geldnachfrage nach Transaktionskasse schlägt sich nieder in einer veränderten Umlaufgeschwindigkeit des Geldes (Vergleich zur Aufteilung der Abbildung auch die Abbildung 6.41).

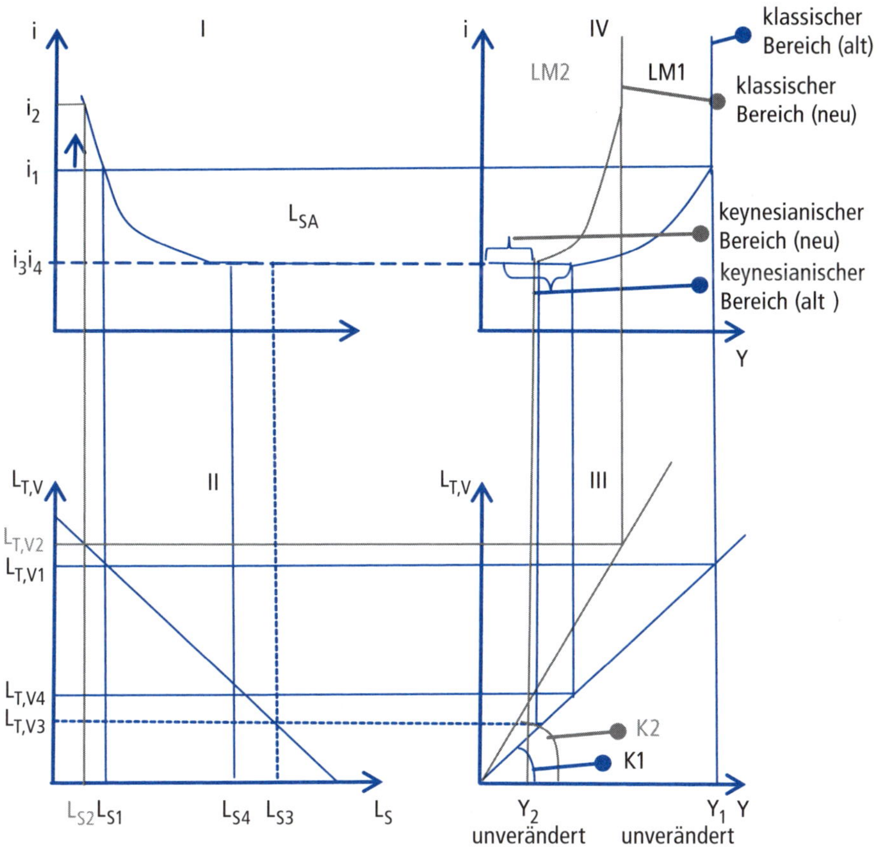

Abbildung 6.47: Auswirkungen von Störungen aus dem monetären Bereich: Änderung der Umlaufgeschwindigkeit

Beschreibung der Abbildung 6.47:

Vergleich zur Erstellung der LM-Kurve die Abbildung 6.24.

Situation A

Die Ausgangslage ist durch folgende Parameter determiniert:

v_1; $1/v_1 = k_1$ und L_{SA}, i_1; L_{S1};$L_{T,V1}$;Y_1. Daraus ergibt sich die LM_1-Kurve.

Es findet eine Erhöhung der Kassenhaltung statt ($k_1 < k_2$), da sich die Umlaufgeschwindigkeit von v_1 nach v_2 reduziert hat ($v_2 < v_1$). Zur Umlaufgeschwindigkeit und zum Kassenhaltungskoeffizienten vgl. Kap. 5.3.2.

Durch diese Veränderung ergibt sich eine Linksverschiebung der LM_1-Kurve zur LM_2-Kurve, der keynesianische Bereich verkürzt sich dadurch.

Auswirkungen im Zwischenbereich bzw. im klassischen Bereich:

Das zusätzliche Geld – bei gleichbleibendem Y_1 – kann nur durch Umschichten in der Kasse beschafft werden, d.h. die Spekulationskasse wird geringer $L_{S2} < L_{S1}$, entsprechend steigt die Transaktionskasse $L_{T,V2} > L_{T,V1}$.

Es gilt jedoch $L_{S1} + L_{T,V1} \quad = \quad L_{S2} + L_{T,V2}$

Daraus ergibt sich als Konsequenz die Erhöhung der Zinsen von i_1 nach i_2. Die Reduzierung der Spekulationskasse ist möglich und nötig, wenn die Opportunitätskosten der Spekulationskassenhaltung steigen, d.h. die Zinserträge steigen und somit die Nicht-Anlage der Gelder „teurer" wird. Die Zunahme der Geldnachfrage, die über Wertpapierverkäufe durchgeführt wird, hat eine Erhöhung der Zinsen zur Folge.

Dadurch wird – c.P. – eine Reduzierung der Investitionsgüternachfrage induziert, sodass ein negativer Multiplikatorprozess eintritt, der das Volkseinkommen reduziert. Ähnliche, jedoch verstärkte Wirkungen auf Zinssätze, Einkommen und Investitionen treten im klassischen Bereich auf.

Situation B

Die Ausgangslage ist durch folgende Parameter determiniert:

v_1; $1/v_1 = k_1$ und L_{SA}, i_3, L_{S3}; $L_{T,V3}$;Y_2.

Es findet eine Erhöhung der Kassenhaltung statt ($k_1 < k_2$), da sich die Umlaufgeschwindigkeit von v_1 nach v_2 reduziert hat ($v_2 < v_1$). Zur Umlaufgeschwindigkeit und zum Kassenhaltungskoeffizienten vgl. Kap. 5.3.2.

Durch diese Veränderung ergibt sich eine Linksverschiebung der LM_1-Kurve zur LM_2-Kurve, der keynesianische Bereich verkürzt sich dadurch.

Auswirkungen im keynesianischer Bereich:

In diesem Bereich sind sowohl der Zinssatz (i_3) als auch das Einkommen (Y_2) gering.

Das Umschichten in der Kasse führt zu einer Reduzierung der Spekulationskasse von L_{S3} auf L_{S4} und zu einer Erhöhung der Transaktionskasse von $L_{T,V3}$ auf $L_{T,V4}$.

Es gilt jedoch auch hier weiterhin: Es gilt jedoch $L_{S3} + L_{T,V3} \quad = \quad L_{S4} + L_{T,V4}$

Diese Umschichtung in der Kasse hat allerdings keine Konsequenzen auf das Zinsniveau i3 = i4.

Änderungen der Spekulationskasse

Eine weitere Störung kann die Spekulationskasse betreffen.

Nimmt die allgemeine Liquiditätsneigung der Wirtschaftssubjekte zu, führt dies zu einer veränderten Nachfrage nach der Spekulationskasse. Die Wirtschaftssubjekte halten in diesem Fall zu jedem Zinssatz eine höhere Spekulationskasse (Teil I, L_{SA} zu L_{SN}).

Beschreibung der Abbildung 6.48:

Die Ausgangslage (LS_{alt}) ist gekennzeichnet durch

i_1, L_{S1}, $L_{T,V1}$, Y_1

i_2, L_{S2}, $L_{T,V2}$, Y_2

i_3, L_{S3}, $L_{T,V3}$, Y_3

wodurch LM_{alt} determiniert ist.

Die erhöhte Spekulationskasse (LS_{neu}) ist gekennzeichnet durch

i_1, L_{S4}, $L_{T,V4}$, Y_4

i_2, L_{S5}, $L_{T,V5}$, Y_5

i_3, L_{S6}, $L_{T,V6}$, Y_6

wodurch LM_{neu} determiniert ist.

Dabei wird auch deutlich:

bei i_1 statt L_{S1} nunmehr L_{S4}

bei i_2 statt L_{S2} nunmehr L_{S5}

bei i_3 statt L_{S3} nunmehr L_{S6}

Die LM-Kurve verschiebt sich nach links, wodurch sich der klassische Bereich verkürzt und der Zwischenbereich wie auch der keynesianische nach links verschoben werden.

Vom Schnittpunkt der IS-Kurve mit der LM-Kurve hängen die Auswirkungen auf das simultane Gleichgewicht von Güter- und Geldmarkt ab.

Bei der IS1-Kurve bewirkt eine Verschiebung der Kurve LM_{alt} nach LM_{neu} aufgrund der veränderten Spekulationskasse eine Erhöhung der Zinsen von i_3 auf i_4.

Bei der IS2-Kurve liegt der Schnittpunkt vor und nach der Änderung jeweils im keynesianischen Bereich. Der Zinssatz bleibt unverändert, entsprechend sind keine Änderungen bei Investitionen und Beschäftigung zu erwarten (i2 vor und nach der Änderung).

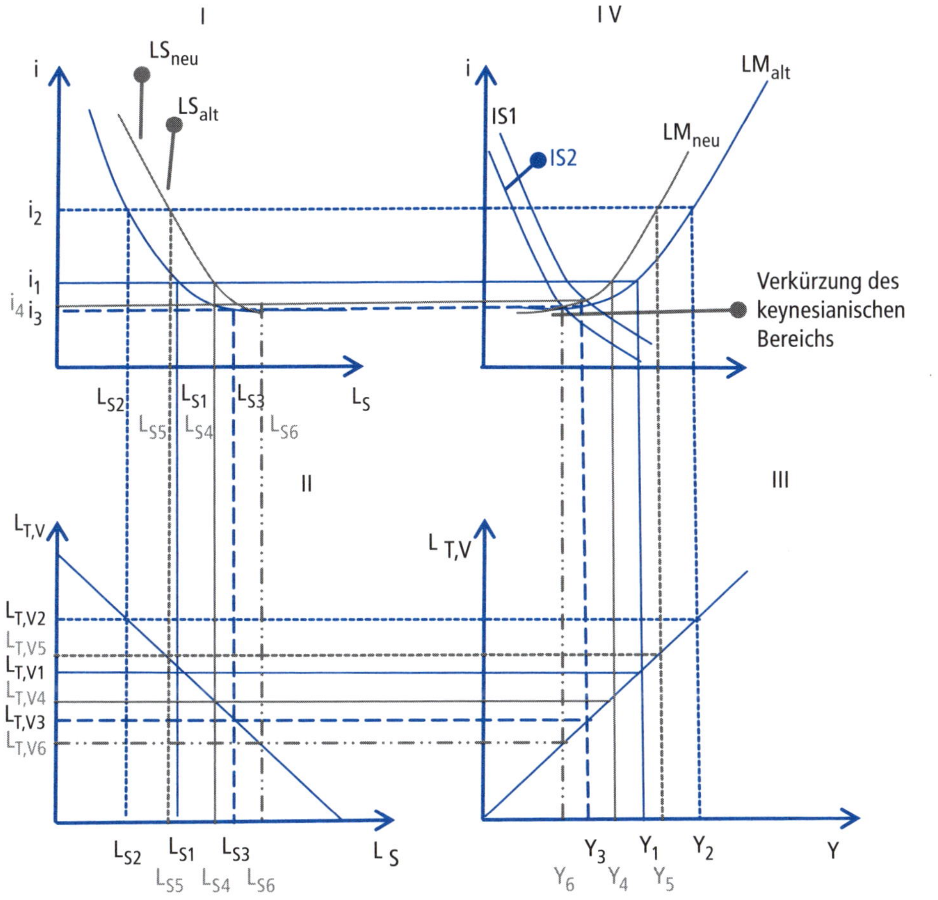

Abbildung 6.48: Auswirkungen von Änderungen in der Spekulationskasse

6.8.2.2 Das Geldangebot

Eine weitere Störung aus dem monetären Bereich kann das Geldangebot betreffen.

Die Erhöhung des Geldangebots findet autonom durch die Zentralbank statt. Aufgrund der Gleichgewichtsbedingung $L = L_{T,V} + L_S = M^D$ kann eine Erhöhung der Geldmenge durch eine Rechtsverschiebung im Teil II dargestellt werden (Vergleich zur Aufteilung der Abbildung auch die Abbildung 6.41).

Beschreibung der Abbildung 6.49:

Die Ausgangslage mit dem Geldangebot a ist gekennzeichnet durch:

L_{Sa1}/L_{Sa2}, $L_{T,Va1}/L_{T,Va2}$, Y_{a1}/Y_{a2}

Es findet eine Erhöhung der Geldmenge statt.

1. Erhöhung des Geldangebots nach b: L_{Sb1}/L_{Sb2}, $L_{T,Vb1}/L_{T,Vb2}$, Y_{b1}/Y_{b2}
2. Erhöhung des Geldangebots nach c: L_{Sc1}/L_{Sc2}, $L_{T,Vc1}/L_{T,Vc2}$, Y_{c1}/Y_{c2}

Durch die Erhöhung verschiebt sich die LM-Kurve nach rechts (LM_1, LM_2, LM_3).

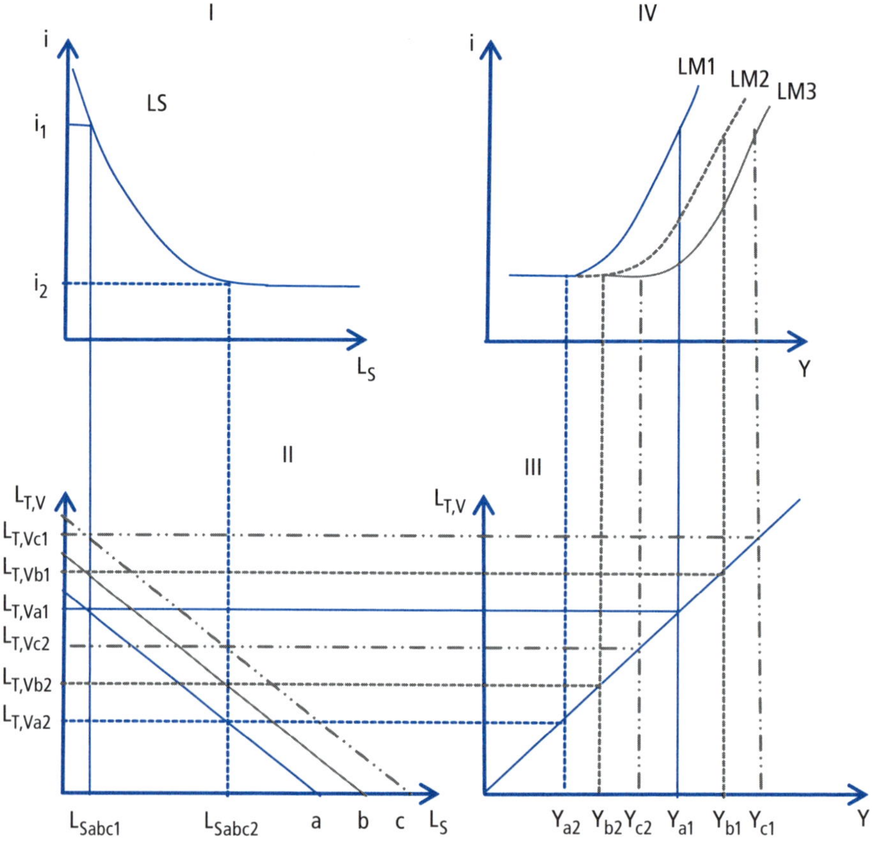

Abbildung 6.49: Erhöhung der Geldangebots und Verschiebung der LM-Kurve

Auch hier hängen die Auswirkungen vom Schnittpunkt der IS-Kurve mit der LM-Kurve ab.

Während bei den Abbildungen 6.47 und 6.48 nicht detailliert auf die Auswirkungen auf den Arbeitmarkt und die Löhne, das Preisniveau und den Gütermarkt eingegangen worden ist, wird in der Abbildung 6.50 eine detailliertere Darstellung und Analyse durchgeführt. Im Teil IV der Abb. 6.50 ist die Verschiebung der LM-Kurve aus der Abb. 6.49 zu sehen. Hier könnte prinzipiell auch die Verschiebung der LM-Kurve aus den Abb. 6.47 und 6.48 eingefügt werden, mit unterschiedlichen Schnittpunkten mit der IS-Kurve. Analoges gilt für eine Verschiebung der IS-Kurve aus den Abbildungen 6.41 und 6.44 mit dem Schnittpunkt der LM-Kurve. Dadurch ist es möglich, eine detaillierte Analyse des Arbeitmarktes und der Löhne, des Preisniveaus und des Gütermarkts durchzuführen. Ausgangspunkt müsste dann jeweils ein Gleichgewicht sein, analog zur Darstellung in Abb. 6.50:

Arbeitsmarkt (Teil III)	Preisniveau (Teil VI)	Gütermarkt (Teil IV)	Güter-, Geldmarktgleichgewicht (Teil VII)
w/P1, A1, A^S_1	P_1, w/P1	Y_{r1}^D, Y_{r1}^S	i1, Y_1

Auswirkungen beim Schnittpunkt im keynesianischen Bereich

In diesem Fall Bereich fließt das zusätzliche Geld in die Spekulationskasse, ohne dass Zinsänderungen auftreten; somit erfährt die Güternachfrage keinen zusätzlichen Impuls. Zinsen, Volkseinkommen und Beschäftigung bleiben konstant niedrig.

Auswirkungen beim Schnittpunkt im Zwischenbereich bzw. im klassischen Bereich

Abb. Teil I	Produktionsfunktion $Y_r = f(A)$
Abb. Teil II	Spiegelung der Ordinate von Teil I auf die Abszisse von Teil II
Abb. Teil III	Arbeitmarkt, Arbeitsangebots- und Arbeitsnachfragekurve bei variablen Reallöhnen
Abb. Teil IV	Gütermarkt: Nachfrage und Angebot an Gütern
Abb. Teil V	Spiegelung der Ordinate von Teil III auf die Abszisse von Teil V
Abb. Teil VI	Preisniveau: konstanter Nominallohn bei unterschiedlichen Preisniveaus
Abb. Teil VII	Geld- und Gütermarkt: IS-LM Kurven

Beschreibung der Abb. 6.50:

Die Ausgangslage ist gekennzeichnet durch:

Arbeitsmarkt	Preisniveau	Gütermarkt	Güter-, Geldmarkt-gleichgewicht
w/P1, A1, A^S_1	P_1, w/P1	Y_{r1}^D, Y_{r1}^S	i1, Y_1

Zwischenbereich

Es findet eine Verschiebung der LM-Kurve von LM_1 nach LM_2 nach rechts statt (siehe Teil VII), der Schnittpunkt mit der IS-Kurve liegt im Zwischenbereich.

Durch das zusätzliche Geld wird zunächst die gesamtwirtschaftliche Nachfrage erhöht ($Y^D_{r1} - Y^D_{r2}$), d.h. es findet eine Rechtsverschiebung der Nachfragekurve statt, wodurch ein Nachfrageüberschuss entsteht. Dieser Überschuss kann zunächst nur durch eine Preisniveauerhöhung abgebaut werden ($P_1 - P_2$). Auf dem Arbeitsmarkt resultiert durch die Erhöhung des Geldangebots eine Mehrnachfrage nach Arbeitskräften (A1 – A2). Die Preisniveauerhöhung bewirkt bei konstanten Nominallöhnen eine Reallohnsenkung von w/P1 auf w/P2 und damit eine Verschiebung der Arbeitsangebotskurve nach unten von A^S_1 nach A^S_2.

Das neue Gleichgewicht ist gekennzeichnet durch:

Arbeitsmarkt	Preisniveau	Gütermarkt	Güter-, Geldmarkt-gleichgewicht
w/P2, A2, A^S_2	P_2, w/P2	Y_2, P_2	i2, Y_2

Aber :

Die Preisniveauerhöhung führt zu einem Rückgang der realen Geldmenge und damit zu einer teilweisen Rückverlagerung der LM_2-Kurve nach "links" (LM_3-Kurve).

Aus dieser Entwicklung kann sich ein „weiteres/neues" Gleichgewicht einstellen:

Arbeitsmarkt (Teil III)	Preisniveau (Teil VI)	Gütermarkt (Teil IV)	Geld-, Gütermarktgleich-gewicht (Teil VII)
w/P3, A3 wobei: A3<A2, w/P2 < w/P3	P_3, w/P3 wobei: $P_3 < P_2$	Y_3, P_2 wobei: $Y_3 < Y_2$	Y_3, i3 wobei i3 > i2 und $Y_3 < Y_2$

klassischer Bereich

In diesem Bereich erfolgt – bedingt durch die erhöhte Geldmenge – eine erhöhte Nachfrage nach Wertpapieren.

Ursache ist, dass das Halten einer Spekulationskasse durch das hohe Zinsniveau völlig unrentabel ist. Folge dieser Entwicklung sind Kurssteigerungen bzw. Zinssenkungen.

Mit den sinkenden Zinsen geht eine zusätzliche Investitionsgüternachfrage einher. Diese erhöht über den Multiplikatoreffekt das Gleichgewichtseinkommen und die Beschäftigung.

Damit diese Entwicklung eintreten kann, sind in der Volkswirtschaft freie Kapazitäten erforderlich.

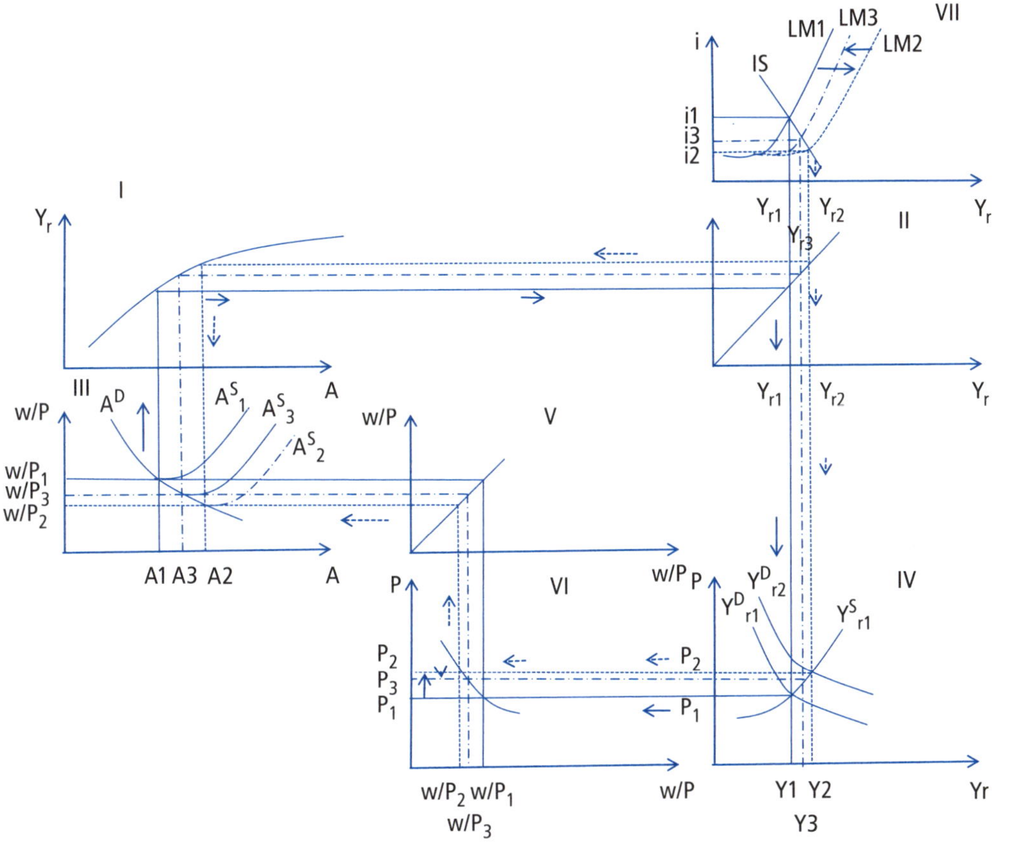

Abbildung 6.50: Geldmengenwachstum und seine Auswirkungen im Zwischenbereich

6.8.2.3 Zusammenfassende Übersicht

Aktion, die die Verschiebungen auslöst	Verschiebungen der LM kurve nach links	nach rechts		
Kassenhaltungskoeffizient (Umlaufgeschwindigkeit)				
wird kleiner (wird größer)	X			vgl. Abb. 6.47
wird größer (wird kleiner)		X		
Liquiditätspräferenz (Spekulation)				
verschiebt sich nach oben	X			vgl. Abb.6.48
verschiebt sich nach unten		X		
Geldangebot				
sinkt	X			vgl. Abb. 6.49
steigt		X		

Tabelle 6.15: Verschiebungen der LM-Kurve

6.9 Beurteilung zur inhärenten Stabilität

Hinsichtlich der inhärenten Stabilität kann festgestellt werden:

Durch die keynesianische Neuorientierung ist zwar kein Beitrag zur Konjunkturtheorie geliefert worden, es konnte jedoch dargelegt werden, dass ein marktwirtschaftliches System in einem Unterbeschäftigungsgleichgewicht verharren kann.

Die Antwort auf die im Kapitel 4.2 gestellte Frage 1 lautet: nein

Aus der dargestellten Analyse und Verarbeitung von Störungen resultieren Ungleichgewichtssituationen, die durch den Marktmechanismus nicht bzw. nicht immer in eine Gleichgewichtssituation überführt werden, d.h. Störungen können nicht endogen verarbeitet und bereinigt werden.

Die Antwort auf die im Kapitel 4.2 gestellte Frage 2 lautet: nein

Zu beachten ist allerdings, dass diese Position keine grundsätzliche Infragestellung der Funktionsweise und Leistungsfähigkeit des Marktes darstellt. Sie relativiert allerdings die Leistungsfähigkeit des Marktes – im Vergleich zur Auffassung der Klassik.

Werden in der Marktwirtschaft die volkswirtschaftlichen Prozesse allein dem Markt überlassen, ist nach Keynes Unterbeschäftigung der Produktionsfaktoren in Verbindung mit einem stabilen Gleichgewicht auf dem Güter- und Geldmarkt (Unterbeschäftigungsgleichgewicht) die Regel. Verdeutlicht wird dieses durch den Schnittpunkt der IS-Kurve mit der LM-Kurve im keynesianischen Bereich.

Die sich ergebenden Instabilitäten sind jedoch politisch korrigierbar. Konsequenz dieser Erkenntnis ist, dass ein neuer Akteur – der Staat – eine aktivere Rolle im Vergleich zur Klassik im wirtschaftlichen Geschehen übernehmen muss.

6.10 Konsequenzen

Keynes hat die Notwendigkeit aufgeführt, Fehlentwicklungen aktiv zu beseitigen. Gleichzeitig hat er verdeutlicht, dass dieses möglich ist, ohne das marktwirtschaftliche System grundsätzlich in Frage zu stellen.

Wird das IS-LM-Modell in kurzfristiger Betrachtung analysiert, so ist die Forderung nach einer nachfrageorientierten Wirtschafspolitik vertretbar. In diesem Zusammenhang kommt dem staatlichen Konsum eine besondere Rolle zu.

In langfristiger Betrachtung des IS-LM-Modells und bei Akzeptierung flexibler Löhne und Preise lässt sich dagegen die Forderung nach einer angebotsorientierten Wirtschaftspolitik rechtfertigen.

Aus diesen Erklärungsansatz ergibt sich für die Geld- und Fiskalpolitik:

- Geldpolitik: zusätzliche Versorgung der Volkswirtschaft mit Geld so lange dadurch Zinssenkungseffekte ausgelöst und zusätzliche Investitionen induziert werden.

Je offensichtlicher jedoch Liquiditäts- und Investitionsfalle werden, desto stärker und wichtiger wird die Rolle der Fiskalpolitik in der Volkswirtschaft.

- Fiskalpolitik: Ergreifung von Maßnahmen zur Nachfragestimulierung.

Grundsätzlich stehen der Fiskalpolitik zwei Möglichkeiten zur Verfügung:[33]

Redistributiver Ansatz der Fiskalpolitik:	**Defizitfinanzierte Steuerpolitik (Deficit spending)**
Niedrigere Einkommen mit hoher Konsumneigung werden zu Lasten hoher Einkommen mit niedriger Konsumneigung begünstigt und somit Initiierung eines multiplikativen Impulses. Hier aber besteht die Gefahr einer zu hohen Belastung der hohen Einkommen. Zu beachten ist darüber hinaus, dass entsprechend der Sparneigung ein Teil der Impulse versickert.	Steuersenkung und/oder Ausgabenerhöhung durch Kreditaufnahme (deficit spending) zur Initiierung eines multiplikativen Impulses. Zu beachten ist jedoch die Gefahr einer zu hohen Staatsverschuldung und dadurch einer Belastung zukünftiger Generationen mit Zinszahlungen.

6.11 Zusammenfassung

Exogene Schocks als Störungen des gesamtwirtschaftlichen Gleichgewicht und Verarbeitungsmechanismen	Realwirtschaftlicher Sektor Angebot und Nachfrage auf dem Gütermarkt, Gütermarkt im Gleichgewicht (IS Kurve)	Monetärer Sektor Angebot und Nachfrage auf dem Geldmarkt, Geldmarkt im Gleichgewicht (LM Kurve)	Beschäftigungssektor Angebot und Nachfrage auf dem Arbeitsmarkt, Arbeitsmarkt im Gleichgewicht	Exogene Schocks als Störungen des gesamtwirtschaftlichen Gleichgewicht und Verarbeitungsmechanismen
Gleichgewicht auf Güter- Geld und Arbeitsmarkt				

[33] vgl. Kapitel 8.2

Beurteilung hinsichtlich der Stabilitätshypothese

Realwirtschaftlicher Sektor Angebot Nachfrage: • der Haushalte: C = Ca +cY • und der Unternehmen: C = Ca +cY + Ia • und des Staates: $C = Ca + cY + Ia + C_{St}$ bzw. $C = Ca + c(Y-T) + Ia + C_{St}$ $C = Ca + c(Y-tY) + Ia + C_{St}$ • und des Auslands: $C = Ca + cY + Ia + C_{St} + Ex - Im$	Monetärer Sektor Geldangebot: Exogen und autonom Geldnachfrage: Volkseinkommen, Zins und Liquiditätspräferenz	Beschäftigungssektor Arbeitsnachfrage Arbeitsangebot (Nominallohn, Reallohn)
Multiplikativer Effekt und konsuminduzierte Einkommenssteigerung		
Gleichgewicht im realwirtschaftlichen Sektor Vertiefende Analyse der Investitionen	Gleichgewicht im monetären Sektor	Gleichgewicht im Beschäftigungssektor Beschäftigung und Preisniveauänderungen
Güterwirtschaftliches Gleichgewicht IS-Kurve	Geldwirtschaftliches Gleichgewicht LM-Kurve	
Gleichgewicht zwischen monetärem und güterwirtschaftlichem Sektor IS-LM Kurve		
	Gleichgewicht auf dem Güter-, Geld- und Arbeitsmarkt	
IS-LM Modell in kurz- und langfristiger Betrachtung		

Vertiefende Analyse	
gesamtwirtschaftliche Angebotskurve, der Beschäftigung und des Preisniveaus	der Gesamtnachfrage

Störungen und wirtschaftliche Anpassungsprozesse					
Güterwirtschaftlicher Bereich private Haushalte Unternehmen Akzelerator und Multiplikator-Akzelerator-Modelle			Monetärer Bereich Geldnachfrage: Transaktionskasse, Spekulationskasse Geldangebot: Geldmenge		
Auswirkungen im			Auswirkungen im		
keynesianischen Bereich	Zwischenbereich	klassischen Bereich	keynesianischen Bereich	Zwischenbereich	klassischen Bereich
Beurteilung hinsichtlich der Stabilitätshypothese: inhärente Stabilität I und II					

6.12 Kontrollaufgaben

Teil A[34]

1.
Als Bestimmungsgrößen für Beschäftigung, Produktion und Volkseinkommen betrachtet J.M. Keynes

a	die Größe und Ausbildung der Bevölkerung.
b	das technische Wissen und die Qualität und Quantität des Kapitalstocks.
c	alle zu a und b genannten Faktoren.
d	die Gesamtnachfrage.

2.
Der Konsumfunktion C= 75 + 0,75Y entspricht ein Gleichgewichtseinkommen in Höhe von:

a	100
b	300
c	500
d	350

3.
Es gilt die Konsumfunktion $C = Ca + c(Y-T) + Ia + C_{St}$ mit den folgenden Angaben:

$c = 0{,}4$, $Ca = 300$, $T = 75$, $Ia = 200$, $C_{St} = 75$. Wie hoch ist das Gleichgewichtseinkommen?

a	991,66
b	960,33
c	908,33
d	1008,33

4.
Die Privaten Haushalte schätzen ihre wirtschaftliche Situation positiver ein, dieses führt zu einer

a	Parallelverschiebung des IS-Kurve nach oben.

34 Es ist jeweils nur eine Lösung richtig.

b	Parallelverschiebung des IS-Kurve nach unten.
c	Drehung der IS-Kurve.
d	Verkürzung der IS-Kurve

5.
Die Erhöhung der Kassenhaltung führt c.P. zu einer

a	Verlängerung des keynesianischen Bereichs der LM-Kurve.
b	Verschiebung der LM-Kurve nach links.
c	Verschiebung der LM-Kurve nach rechts.
d	Verkürzung des keynesianischen Bereichs der LM-Kurve.

Teil B

1.
Zeichnen Sie eine gesamtwirtschaftliche Nachfragekurve (Typ: C = Ca + cY + Ia) wenn Ca = 150 GE und Ia = 100 GE betragen. Der Grenzhang zum Sparen beträgt 0,4.

Nehmen Sie anschließend an, dass die Nettoinvestition um 300 GE steigt. Zeichnen Sie die neue Nachfragekurve.

a) Wie hoch war das bisherige Gleichgewichtseinkommen?

b) Wie hoch ist das neue Gleichgewichtseinkommen (die Nettoinvestition soll mit berücksichtigt werden)?

c) Wie hoch ist die Nachfage- bzw. Angebotslücke bei Y = 900? Geben Sie bitte eine rechnerische und eine zeichnerische Lösung.

d) Wie hoch ist der Investitionsmultiplikator?

2.
Stellen Sie die folgenden Konsumfunktionen a-e in **einer Zeichnung** dar:

a) $C_1 = C_{a1} + c_1Y$

b) $C_2 = C_{a2} + c_2Y$ $\quad a_2 = a_1 \quad c_1 > c_2$

c) $C_3 = C_{a3} + c_3Y$ $\quad a_3 > a_1 \quad c_1 > c_3 > c_2$

d) $C_4 = C_{a4} + c_4Y$ $\quad a_4 = a_3 \quad c_1 < c_4 > c_2$

e) $C_5 = C_{a5} + c_5Y$ $\quad a_4 > a_5 > a_1 \quad c_5 = c_4$

3.
Gegeben sind: Y = 50 ; Ca = 70; die durchschnittliche Konsumquote bei Y = 50 ist 1,95

a) Erstellen Sie anhand der obigen Angaben die Konsum- und die Sparfunktion, erstellen Sie ggf. eine Wertetabelle: Y = 0; Y = 50; Y = 100; Y = 150; Y = 200.

b) Stellen Sie die Konsum- und Sparfunktion grafisch dar und verdeutlichen Sie innerhalb Ihrer Grafik

- den autonomen Konsum,
- das autonome Sparen,
- das Gleichgewichtseinkommen.

c) Ermitteln Sie rechnerisch das Gleichgewichtseinkommen. (Geben Sie den Rechenweg an.)

d) Verdeutlichen Sie innerhalb Ihrer Zeichungen – zweifach – die Höhe des Sparen bei einem Einkommen von Y = 300.

e) Ermitteln Sie rechnerisch die Höhe des Sparens bei Y = 300 auf zwei unterschiedlichen Wegen.

4.
Es gelten die folgenden Angaben:

Ca = 150	c = 0,75	T = 100	Ia = 50	C_{St} = 30

Ermitteln Sie rechnerisch das Gleichgewichtseinkommen

5.
Es gelten die Angaben der Aufgabe 4.

Statt eines festen Steuerbetrag T in Höhe von 100 führt der Staat eine einkommensabhängige Steuer in Höhe von t = 0,25 ein.

Ermitteln Sie rechnerisch das Gleichgewichtseinkommen.

6. Stellen Sie die unterschiedlichen Auffassungen hinsichtlich der Kassenhaltungsmotive zwischen der Klassik und der keynesianischen Neuorientierung heraus.

7.
Erläutern Sie mit eigenen Worten die folgenden Abbildungen.

a. Abb. 6.23	b. Abb. 6.32	c. Abb. 6.33	d. Abb. 6.41 und 6.46	e. Abb. 6.48

6.13 Literatur

6.13.1 Zitierte und grundlegende Literatur zum Kapitel 6

Braun, Sebastian; Paschke, Dennis Makroökonomie – anschaulich dargestellt, Heidenau 2005	Gute Überblicksdarstellung, phasenweise etwas zu mathematisch, einige Grafiken hätten ausführlicher erläutert werden können.
Hicks, John Richard Mr. Keynes and the Classics, A suggested Interpretation, Econometrica, 1937, Band 5, S. 147–159	In diesem Artikel setzt sich der Autor mit der Theorie von J.M.Keynes auseinander und entwickelt die Grundlagen des IS-LM-Modells.
Keynes, John Maynard The General Theory on Employment, Interest and Money, deutsch: Die Allgemeine Theorie der Beschäftigung, des Zinses und des Geldes, Berlin[10], 2006	Grundlegender Text, z.T. sind die Formulierungen etwas langatmig und ungewohnt.
Keynes, John Maynard Wirtschaftliche Möglichkeiten für unsere Kinder, in: Wachstumseuphorie und Verteilungsrealität, Hrsg. Norbert Reuter, Marburg 2007	Keynes geht in diesem Essay der Frage nach „Welchen Stand des wirtschaftlichen Lebens können wir vernünftigerweise von jetzt an in hundert Jahren erwarten?" Nach einem wirtschaftshistorischen Rückblick zur Kapitelakkumulation kommt er zu dem Ergebnis, dass nun die wirtschaftlichen Probeme, vor denen die Menschheit bisher gestanden hat, gelöst sind, aber eine technologische Arbeitslosigkeit entstanden ist. Da die Bedürfnisse aber unersättlich sind, wird (muss) immer mehr produziert werden, statt die sie daraus ergebenden Chancen – weniger zu arbeiten –, mehr zu genießen. Nach Keynes müssen die Menschen darauf noch hundert Jahre warten.
Müller, Anja Der Widersprecher, Handelsblatt, 23. März 2009, S. 9	Kurze, gut lesbare biografische Skizze über das berufliche Leben von Keynes.
Müller, Anja Im Rausch von Keynes, Handelsblatt 27. April 2009, S. 9	Beschreibung und Analyse der konjunkturpolitischen Maßnahmen der Bundesregierung zur Überwindung der Finanzkrise 2008 vor dem Hintergrund der Theorie von J.M. Keynes.
Paraskewopoulos, Spiridon (Hrsg.) Volkswirtschaftslehre, Herne/ Berlin 2004	Lehrbuch, in weiten Teilen gut verständlich, einige Zeichnungen hätten ausführlicher erläutert werden können.
Schmidt, Paul-Günther Keynesianismus, Artikel in Gablers Wirtschaftslexikon, S. 1673–1677	Sehr kompakt geschriebene Zusammenfassung des Keynesianismus, aber gut lesbar und verständlich.

Storbeck, Olaf Der neue Keynes, Handelsblatt, 20. April 2009, S. 9	Beschreibung der theoretischen Ansätze von Keynes und deren unterschiedliche Weiterentwicklungen und Verfeinerungen.
Storbeck, Olaf Der Kern von Keynes, Handelsblatt, 30. März 2009, S. 9	Kurze, gut lesbare Einführung in die die grundlegenden Aussagen von Keynes.
Theiler, Walter Grundlagen der VWL: Mikroökonomie, Konstanz 2011	Lehrbuch, zu diesem Kapitel siehe besonders das Kapitel 1.
Willke, Gerhard John Maynard Keynes, Frankfurt/New York, 2002	Gut lesbare Einführung in das Werk von John Maynard Keynes.
Zinn, Karl Georg Die Keynessche Alternative, Hamburg 2008	In diesem Sammelband wird vor den Hintergrund der Krise der Jahre 2008/09 radikal mit den Neo-Liberalismus abgerechnet und Keynes als Alternative vorgestellt.

6.13.2 Vertiefende Literatur zum Kapitel 6[35]

Bateman, Bradley u.a Hrsg. The Return to Keynes, Cambridge (Mass.) 2010	Sammelband unterschiedlicher Autoren, die sich intensiv mit den unterschiedlichen Aspekten der Lehre J.M. Keynes´ auseinandersetzen und interpretieren.
Cassel, Gustav Theoretische Sozialökonomie, Leipzig 1918	Lehrbuch, setzt sich mit den veralteten Lehrmeinungen auseinander und entwicklelt für die damalige Zeit neue Ansätze.
Cwik, Thomas; Weiland, Volker Keynesian Government Spending Multipliers and Spillovers in the Euro Area, Working Papers No 1267, November 2010, Hrsg. European Central Bank	Umfassende Analyse staatlicher Ausgaben, Konjunkturprogramme und ihrer Wirkungen und Berücksichtigung ihrer multiplikativen Wirkungen. Mit vielen Grafiken, Tabellen und Schaubildern.
de Sismondi, Sismonde Neue Grundsätze der Politischen Ökonomie, Hrsg. R. Prager, Berlin 1901	Er setzt sich hierin von den Standards der Klassiker ab, er sieht den Reichtum (Kapitalbestand und Vermögen) nicht mehr als eine abstrakte – vom Menschen abgelöste – Größe an, sondern setzt ihn in Beziehung zur Bevölkerung, die an seiner Schaffung mitgewirkt hat.
Erler, Kristina Die Sparquote der privaten Haushalte in der Bundesrepublik Deutschland, Diplomarbeit, Humbolt-Universität Berlin 1999	Faktenreiche Darstellung der Entwicklung der Sparquote von 1980 bis 1999 mit ihren makroökonomischen Konsequenzen.

35 siehe die Anmerkung zu Kapitel 1 (vertiefende Literatur)

Hagemann, Harald Zur frühen Rezeption der General Theory durch deutschsprachige Wirtschaftswissenschaftler, Überarbeitete Fassung des Eröffnungsvortrags auf der ersten Tagung der Keynes-Gesellschaft vom 17.–19. März 2006 im Haus Birkach in Stuttgart, als pdf. Datei bei der Keynes-Gesellschaft verfügbar	Im Artikel wird umfassend dargelegt, welche Reaktionen die „General Theory" im deutschsprachigen Raum – seit den 1930er Jahren – hervorgerufen hat. Die Rezeption der Aussagen von Keynes werden detailliert anhand zahlreicher Beispiele deutschsprachiger Wissenschaftler (z.B. von Hayek, Schumpeter) dargelegt.
Jarchow, Hans Joachin Der Keynesianismus, Wirtschaftswissenschaftliches Studium, Heft 9, 1983	Wenn auch schon älter, immer noch gut lesbar, sehr kompakt geschrieben, ermöglicht einen schnellen Einblick
Keynes, John Maynard Das Langfristproblem der Vollbeschäftigung. in: Hrsg, Reuter, Norbert, Wachstumseuphorie und Verteilungsrealität, wirtschaftspolitische Leitbilder zwischen Gestern und Morgen, Marburg 2007, S. 159–165	Keynes äußert sich in diesem Essay – verfaßt am 25. Mai 1943 – zum Problem des Verhältnisses von Sparen und Investieren, sodass ein Niveau der Vollbeschäftigung langfristig gesichert ist. Aspekte der Investitionskontrolle (-lenkung) und der Konsumbeeinflussung werden in einem Drei-Phasen-Plan ebenfalls thematisiert. Dieser Essay stellt quasi die Quintessenz langjähriger wirtschaftstheoretischer und -politischer Erkenntnisse von J.M. Keynes dar.
Keynes, John Maynard On Air. Der Weltökonom am Mikrofon der BBC, Hamburg 2008	19 Radiovorträge, die Keynes während der Jahre 1927 bis 1945 gehalten hat, sie ermöglichen einen gut verständlichen Einstieg in sein Denken.
Kolb, Gerhard Geschichte der Volkswirtschaftslehre, München 2004, S. 147–158	Umfassende Darstellung dogmengeschichtlicher Positionen des ökonomischen Denkens (hier: Keynesianismus).
Kromphart, Jürgen Wachstum und Konjunktur, 3. Aufl. Göttingen 1992	Lehrbuch, umfassende und gut verständliche Darstellung unterschiedlicher theoretischer Ansätze und ihrer Kritik
Lederer, Emil Konjunktur und Krisen, Tübingen 1925	Lehrbuch.
Marx, Karl Das Kapitel, Kritik der politischen Ökonomie, Frankfurt 1967	Klassiker, etwas mühsam zu lesen, aber gerade angesichts der aktuellen Finanzkrise durchaus erhellend.
o.V. „Jetzt muss der Staat Schulden Machen" in: Frankfurter Alllgemeine Sonntagszeitung, 24. August 2008, S. 37	Interview mit dem amerikansichen Wirtschaftsnobelpreisträger Robert Merton Solow. Er fordert und begründet darin Konjunkturprogramme zur Überwindung der Krise 2008/09. Das Gespräch führten P. Bernau und P. Plickert.
o.V. Was wir jetzt lernen müssen, in: Die Zeit, Nr. 33, 11. August 2011, S. 37	Interview mit dem Kulturwissenschaftler Joseph Vogl. Er äußert sich darin sehr kritisch über die Finanzmärkte und die neoliberale Markttheorie. „Jede Finanzkrise ist eine Verschiebung von Zeithorizonten". Das Interview wurde von Ijoma Mangold geführt.

Preiser, Erich Grundzüge einer Konjunkturlehre, Tübingen 1933	Lehrbuch.
Tugan-Baranowski, Michael von Periodische wirtschaftliche Krisen, Jena 1904	Marxistischer Krisentheoretiker, der sich zwar hinsichtlich des Wertproblems an der Grenznutzenlehre orientierte, aber den Versuch unternahm, eine Synthese zwischen beiden Werttheorien zu entwickeln.

7 Markt und Staat

Distributions-	Allokations-	Stabilisierungs-
	funktion	
unter Beachtung des Leistungs Bedürfnis Gleichheits prinzips	öffentliche meritorische Güter	• auf dem Arbeitsmarkt • für die Preis-entwicklung • für das Wachstum

Markt

Leitfrage:

- Wann kann oder muss der Staat in den Wirtschaftsprozess eingreifen? Ist es sinnvoll jeweils ad hoc einzugreifen oder ist es besser, stets anhand bestimmter Kriterien einzugreifen?

7.1 Staat und Marktprozesse

In den Kapiteln 5 und 6 wurde der Marktmechanismus dargestellt. Die Ergebnisse zeigen, wie leistungsstark der Markt ist. Gleichwohl wurden Beispiele aufgeführt, bei denen der Marktmechanismus keine oder nur suboptimale Ergebnisse ermöglicht. In diesem Zusammenhang wurde der Staat als Akteur bereits ins Spiel gebracht. Gleiches gilt für Konsequenzen aus dem Kapitel 6, in dem dem Staat eine Rolle im Marktprozess zugewiesen wurde. Er sollte bzw. musste die Marktergebnisse bzw. -prozesse korrigieren. Der Staat soll hierbei aufgefasst werden als Gesamtheit aller staatlichen Einrichtungen auf der Ebene des Bundes, der Länder und der Kommunen.

Die Rolle des Staates in der Marktwirtschaft wird sehr kontrovers diskutiert. Im Folgenden werden einige Einwände gegen staatliche Eingriffe in den Marktprozess aufgeführt:

Die von Politikern geleiteten Behörden verfügen nicht über mehr und bessere Informationen als die, die im Marktprozess dezentral verarbeitet werden können.	Die von Politikern initiierten Staatseingriffe – so zeigt die Erfahrung – führen zu Lösungen, die nicht zwangsläufig die gesamtwirtschaftliche Wohlfahrt erhöhen.	Die Motive der Politik für Staatseingriffe sind häufig außerökonomisch geprägt. Die Politiker sind an der Wiederwahl, dem Machterhalt bzw. dem Machtgewinn interessiert, sodass ökonomische Überlegungen an zweiter oder dritter Stelle stehen.	Die Politiker können aufgrund der Beeinflussung von Interessenvertretern Entscheidungen treffen, die zu Gunsten einer Minderheit ausfallen und sich auf die Mehrheit eher negativ auswirken.

Demgegenüber muss deutlich gemacht werden, dass die staatlichen Regelungen – trotz grundsätzlicher Überlegenheit des Marktes bzw. der Steuerung marktwirtschaftlicher Prozesse – in vielen Fällen unverzichtbar sind. Zu den unverzichtbaren staatlichen Regelungen gehören die Rechtsordnung und die Währungsordnung.

Rechtsordnung	Währungsordnung
Die mit den im Marktprozess getauschten Gütern verbundenen Eigentumsrechte müssen durch den Staat definiert und verteidigt werden. Der Marktmechanismus kann ohne eine vom Staat garantierte Rechtsordnung nicht auskommen.	Besondere Bedeutung hat in diesem Zusammenhang das Instrument des allgemein anerkannten Zahlungsmittels. Die Währungsordnung gehört zu den sog. „konstitutiven Prinzipien" (Walter Eucken), die vom Staat dem Wirtschaftsprozess zur Verfügung gestellt werden müssen.

Einerseits ist es unstrittig, dass der Markt ohne Staat nicht auskommt, andererseits ist es ebenso strittig, welche Funktionen der Staat konkret übernehmen soll bzw. muss.

Zur Systematisierung der unterschiedlichen Aufgaben ist die nachfolgend aufgeführte Dreiteilung in

- Distributionsfunktion,
- Allokationsfunktion,

- Stabilisierungsfunktion

weit verbreitet.

7.2 Die Rolle des Staates in der Marktwirtschaft

7.2.1 Distributionsfunktion

Die am Markt erzielten Einkommen werden ganz überwiegend nach dem Leistungsprinzip verteilt. Würde dieses Prinzip als alleiniges Prinzip Verwendung finden, würde eine Vielzahl von Personen gar kein Einkommen beziehen (z. B. Alte, Kranke, Behinderte).

> Definition Distributionsfunktion:
>
> ➔ **Der Staat übernimmt die Aufgabe der Umverteilung der am Markt entstehenden Einkommen zwischen Personen und Gruppen.**

Nach dem Leistungsprinzip soll die Höhe der Entlohnung dem Leistungsbeitrag entsprechen, wobei dieser nach der Marktleistung bewertet wird. Als Marktleistung gilt das Einkommen, welches auf Wettbewerbsmärkten (z. B. auf dem Arbeitsmarkt) erzielt werden kann.

Am Markt würde sich jedoch eine Ungleichheit der Einkommensverteilung ergeben, die den gesellschaftlichen Normen in mehr oder weniger großem Umfang widersprechen würde, da

- die Einzelnen unterschiedliche Fähigkeiten besitzen;
- das – ererbte – Produktionsvermögen unterschiedlich ausgestaltet ist;
- die Faktorpreise auch marktmachtbedingt sind.

Aus diesen Gründen besteht grundsätzlich Einigkeit darüber, dass der Staat die Aufgabe hat, für eine Umverteilung der Einkommen zu sorgen.

Für diese Umverteilungen der Einkommen durch den Staat werden vor allem Mittel der Steuer- und Sozialpolitik eingesetzt. In der Bundesrepublik Deutschland ist der Tarif für die Einkommensteuer so gestaltet, dass die Bezieher der mittleren und höheren Einkommen einen höheren Prozentsatz ihres Einkommens an Einkommensteuer zu entrichten haben als die Bezieher niedriger Einkommen. Die überproportionale Besteuerung höherer Einkommen wird als Steuerprogression bezeichnet. Damit wird eine Umverteilung der Einkommen erreicht. Die gleiche Wirkung wird erzielt, wenn in der Krankenversicherung die Beitragshöhe allein von der Höhe des Einkommens abhängig ist, nicht aber von der Anzahl der zu versichernden Personen. Ein Familienvater mit zwei Kindern zahlt damit nicht mehr Beitrag an die Krankenversicherung als ein Junggeselle mit gleichem Einkommen, obwohl mit dem Familienvater Frau und Kinder mitversichert sind.

Leitbilder der Einkommensverteilung		
Leistungsprinzip	**Bedürfnisprinzip**	**Gleichheitsprinzip**
Der einzelne Erwerbstätige soll den Anteil am BIP erhalten, der so groß ist, wie der Beitrag, den er dazu geleistet hat. Wird dieses Prinzip auf die Praxis übertragen, wird ein großer Nachteil deutlich. Da die Produktion aufgrund der umfangreichen Arbeitsteilung stets ein Gemeinschaftsprodukt ist, kann der Beitrag des Einzelnen so gut wie nie festgestellt werden. Darüber hinaus darf nicht der Fehler gemacht werden zu glauben, der Produktionsfaktor Arbeit leiste allein einen produktiven Beitrag. Die Produktion ist heute ohne Kapitaleinsatz genauso wenig denkbar wie ohne Arbeit. Auch die Aufteilung der Wertschöpfung auf den produktiven Beitrag der Arbeit und des Kapitals und anderer Faktoren ist nicht durchführbar. (vgl. hierzu das Kapitel 2.6) Beispiel: Akkordlohn	Hier treten an die Stelle der Leistung des Erwerbstätigen soziale Gesichtspunkte nach der Devise: Jedem nach seinen Bedürfnissen. Soll die Einkommensverteilung hiernach erfolgen, muss das Verteilungsergebnis zentral bestimmt werden. Die Probleme, die dann auftauchen sind: Wer • entscheidet über die Bedürfnisse in ihrer Menge • in ihrer Berechtigung und/oder • ihrer Dringlichkeit? Hierbei kommen dann Verteilungsverfahren der Zuteilung zum Einsatz, z.B. Sozialunterstützungen, Subventionen. Beispiel: Hartz IV	Hierbei handelt es sich im Grunde um einen besonderen Fall des Bedürfnisprinzips. Dieses Prinzip wird häufig damit begründet, dass alle Menschen gleich seien. Diese Aussage bezieht sich aber primär auf humanistische Wertvorstellungen: Vor Gott und dem Gesetz sind alle Menschen gleich. Jedoch sollte berücksichtigt werden, dass sich die Menschen nicht nur in ihren angeborenen Fähigkeiten und Veranlagungen unterscheiden, sondern auch in ihrem Leistungswillen. Darüber hinaus sind ihre Bedürfnisstrukturen sehr unterschiedlich. In der Praxis hat deshalb die Forderung nach völlig gleicher Verteilung keine praktische Bedeutung. Beispiel: Kindergeld

Schaubild 7.1: Leitbilder der Einkommensverteilung

Im Zusammenhang mit der Distributionsfunktion sind allerdings mindestens die beiden folgenden Fragen zu stellen und zu beantworten:

- Ab welcher Einkommensgrenze gelten Personen als arm, sodass der Staat Maßnahmen ergreifen sollte bzw. müsste, damit diese Grenze nicht unterschritten wird?
- Was ist eine gerechte Einkommensverteilung? [1]

Diese Fragen können hier nur in aller Kürze aufgegriffen werden.

Generell ist zu berücksichtigen, dass „Armut" immer ein relatives Konzept darstellt, sowohl im

- **Zeitablauf:** Armut in den Jahren 1945–1965 stellte sich anders dar als Armut in den Jahren 1995–2005

als auch

- **international:** Armut in Deutschland im Vergleich zu anderen europäischen Ländern bzw. zu Entwicklungsländern.

[1] vgl. Kapitel 2.6

Verbreitet wird die Armutsgrenze bei einem Einkommen festgelegt, das weniger als 60 % des Durchschnittseinkommens beträgt.[2]

Armutsrate in Deutschland Anteil der Haushalte mit weniger als 60 % des Durchschnittseinkommens	
1989	12,2
1998	12,6
1999	11,9
2000	13,6
2001	13,7
2002	15,1
2003	15,5
2004	16,4
2005	17,3

Tabelle 7.1: Armutsrate in Deutschland[3]

Inwieweit der Staat durch Steuergesetze, Transferzahlungen (z. B. Wohngeld, Kindergeld) für eine Umverteilung sorgt, wird in der Grafik „Einkommensverteilung: Der Staat sorgt für Ausgleich" deutlich.

Einkommensverteilung: Ausgleich durch den Staat. Bei der Einteilung der westdeutschen Beschäftigten in zehn gleich große Personengruppen lagen die im Jahre 1999 bei so viel Personen des Durchschnittseinkommens		
Dezil	Bruttomonatseinkommen	Äquivalenzeinkommen* (nach der Umverteilung)
1	19	46
2	50	61
3	67	70
4	78	79
5	88	87
6	99	97
7	110	109
8	123	121

2 vgl.dazu auch Kapitel 2.6.3

3 Quelle: DIW, abgedruckt in: Die Zeit, Nr. 30 , 20, Juli 2006 S. 24, vgl. in diesem Zusammenhang auch Kapitel 2.6.2

Einkommensverteilung: Ausgleich durch den Staat. Bei der Einteilung der westdeutschen Beschäftigten in zehn gleich große Personengruppen lagen die im Jahre 1999 bei so viel Personen des Durchschnittseinkommens		
Dezil	Bruttomonatseinkommen	Äquivalenzeinkommen* (nach der Umverteilung)
9	148	138
10	217	191
* Äquivalenzeinkommen: Netto-Pro-Kopf-Einkommen einschließlich Kindergeld, Wohngeld etc. das den unterschiedlichen Bedarf einzelner Haushaltsmitglieder und die Vorteile durch gemeinsames Wirtschaften berücksichtigt. Ursprungsdaten Sozio-ökonomisches Panel, vgl. auch: o.V. iwd, Nr. 38, 2002		

Tabelle 7.2: Staatliche Einkommensverteilung

7.2.2 Allokationsfunktion

Definition Allokation:

➔ **Verteilung bzw. Zuweisung der Produktionsfaktoren auf verschiedene Verwendungszwecke; da die Ressourcen knapp sind, ist eine effiziente Zuweisung bedeutsam.**

Da jedoch in bestimmten Fällen der Preis diese Zuweisung der Produktionsfaktoren auf verschiedene Verwendungszwecke nicht ausfüllt bzw. nicht zur Zufriedenheit optimal ausfüllt, greift der Staat ein. Im Rahmen dieser Funktion sorgt der Staat für ein Angebot solcher Güter, die der Markt nicht oder nicht in der ausreichender Menge zur Verfügung stellen kann.[4]

Definition Allokationsfunktion:

➔ **Direkte und indirekte Eingriffe des Staates in die Funktionsweise des Marktes zur Erzielung „besserer" Ergebnisse.**

In diesem Zusammenhang sind u. a. zu erwähnen:

Wettbewerbspolitik	**Bereitstellung öffentlicher Güter**	**Umweltpolitik**
Staatliches Handeln durch Gesetze, Gebote und Verbote, sodass der uneingeschränkte Leistungswettbewerb gesichert ist oder gefördert wird.	Der Staat sorgt für ein Angebot solcher Güter, die der Markt nicht oder nicht in der ausreichenden Menge zur Verfügung stellen kann, und verteilt somit die Produktionsfaktoren auf unterschiedliche Verwendungszwecke.	Staatliches Handeln mit Hilfe von Steuern und/oder Produktionsauflagen, sodass die Produzenten die Umwelt schonend behandeln, z. B. auch die Kosten der Güter berücksichtigen, für die sie keinen Marktpreis zahlen müssen (z. B. saubere Luft und sauberes Wasser).

4 vgl. Theiler, Kapitel 10

Die nachfolgenden Ausführungen konzentrieren sich nur auf die Bereitstellung öffentlicher Güter. Im Zusammenhang mit öffentlichen Gütern sind zwei Kriterien von großer Bedeutung:

- **das Prinzip der Ausschließbarkeit (Ausschließlichkeitsprinzip der Preise)**, diejenigen, die nicht bereit sind, den Marktpreis für ein Gut zu zahlen, können nicht von der Nutzung des Gutes ausgeschlossen werden (z. B. wie es bei privaten Gütern wie Lebensmitteln, Kleidung der Fall ist, bei denen derjenige, der nicht zahlen kann, das Produkt auch nicht nutzen darf.).
- **das Prinzip der Konkurrenz der Nutzung (Konkurrenzprinzip)**, diejenigen, die ein Gut nutzen, schließen dadurch andere von der Nutzung aus (z. B. eine Person kauft und isst – nutzt – einen Apfel, somit sind andere von der Nutzung dieses Gutes ausgeschlossen).

Werden diese beiden Prinzipien kombiniert, ergibt sich die folgende Matrix mit Beispielgütern:

Konkurrenzprinzip / Ausschlussprinzip	anwendbar	nicht anwendbar
anwendbar	Private Güter - Lebensmittel, Kleidung - mautpflichtige Straßen mit Stau	Natürliches Monopol - Feuerschutz - Kabelfernsehen - mautpflichtige Straßen ohne Stau
nicht anwendbar	Gesellschaftliche Ressourcen - Umwelt - Öffentliche Straßen mit Stau	Öffentliche Güter - Nationale Verteidigung - Straßenbeleuchtung

Schaubild 7.2: Konkurrenzprinzip und Ausschlussprinzip

Im Zusammenhang mit der Allokationsfunktion des Staates interessieren primär die öffentlichen Güter. Bei ihnen sind beide Prinzipien nicht anwendbar und werden deshalb von privaten Anbietern nicht am Markt angeboten (z. B. Hochwasserschutz am Meer oder an Flüssen, Landesverteidigung). Deshalb bietet der Staat diese Güter an, da keine Person vom Schutz (vor Hochwasser) ausgeschlossen werden kann, und keine Person, die den Schutz genießt, den Schutz anderer einschränkt.

Die Bereiche „öffentliche Güter und gesellschaftliche Ressourcen" sind eng mit dem Thema „Externalitäten" verbunden.[5] Bei beiden existieren externe Effekte, da hier etwas mit Nutzen und Wert keinen (Markt-) Preis hat. So wird die Nutzung der gesellschaftlichen Ressource „Arbeitszeit" durch Staus auf öffentlichen Straßen verschlechtert, ohne dass die betroffenen Autofahrer entschädigt würden. D. h. die Allokation der Produktionsfaktoren ist ineffizient, sodass der Staat geeignete Maßnahmen ergreifen soll bzw. muss, um die Allokation zu verbessern.

[5] vgl. Theiler, S. 219ff

Zur Verhinderung bzw. Reduzierung sog. negativer externer Effekte kann der Staat Gesetze erlassen bzw. Verbote erteilen. Zur Förderung sog. positiver externer Effekte sind finanzielle Fördermaßnahmen möglich und/oder gesetzliche Ausnahmeregelungen.

Daneben gibt es Güter, die grundsätzlich von privaten Anbietern angeboten werden könnten, bei denen die Nachfrage bzw. das Angebot hinter dem gesellschaftlich gewünschten Umfang zurückbleibt (z. B. Öffentliche/Städt. Theater). Die oben genannten Prinzipien sind anwendbar. Aber: aus übergeordneten politischen Gründen werden diese Güter – ggf. zusätzlich – vom Staat angeboten. Diese Güter werden **meritorische Güter** genannt.

Definition Meritorisches Gut:

→ **Gut, das von privaten Nachfrager weniger nachgefragt wird als „gesellschaftlich erwünscht" ist.**

Bei diesen Gütern spielen oft verteilungspolitische Motive eine Rolle. So sollen z. B. Bezieher niedriger Einkommen mit diesem Gut versorgt werden und/oder diese Güter werden zu nicht kostendeckenden Preisen abgegeben, um ihre Nutzung zu ermöglichen. Dieser Aspekt wird am Beispiel „Öffentliche Theater" verdeutlicht.

Theaterfinanzen: Großer Auftritt von Vater Staat (in der Spielzeit 2002/2003 in 1.000 EUR)			
Bundesland	Öffentliche Zuwendungen	Eigene Einnahmen der Theater	Eigene Einnahmen in Prozent des Gesamtbudgets
Berlin	184.600	64.700	26.2
Hamburg	86.808	22.990	22.5
Bayern	281.094	60.736	20.2
Baden-Württemberg	246.653	42.760	15.9
Sachsen	213.586	35.890	15.1
Nordrhein-Westfalen	352.039	61.682	15.0
Bremen	36.440	6.134	15.0
Niedersachsen	137.992	23.608	14.8
Rheinland-Pfalz	56.294	9.085	13.9
Saarland	24.434	3.539	13.1
Hessen	168.745	17.980	12.6
Meckl.-Vorpommern	53.838	7.645	12.4
Schleswig-Holstein	58.104	6.726	11.8

Theaterfinanzen: Großer Auftritt von Vater Staat (in der Spielzeit 2002/2003 in 1.000 EUR)			
Bundesland	Öffentliche Zuwendungen	Eigene Einnahmen der Theater	Eigene Einnahmen in Prozent des Gesamtbudgets
Thüringen	93.193	11.148	11.2
Sachsen-Anhalt	86.547	8.698	9.3
Brandenburg	47.133	4.415	9.2
Insgesamt	2.127.500	387.73616.4	

Tabelle 7.3: Theaterfinanzen: Großer Auftritt von Vater Staat [6]

Es gibt allerdings auch den umgekehrten Fall, dass ein Produkt angeboten wird, das allerdings aus übergeordneten Gründen nur in gewissem Umfang oder gar nicht angeboten werden soll. Diese Güter werden **demeritorische Güter** genannt.

Definition Demeritorisches Gut:

➔ **Gut, von dem aus gesellschaftlichen bzw. übergeordneten Gründen das Angebot reduziert wird oder das ggf. verboten wird.**

Als Beispiel für ein demeritorisches Gut kann Heroin dienen, dessen freier (legaler) Verkauf verboten ist.

7.2.3 Stabilisierungsfunktion

Da es in marktwirtschaftlich organisierten Volkswirtschaften immer wieder zu größeren konjunkturellen Schwankungen kommt, die in vielfältiger Weise negative Auswirkungen auf die Gesellschaft haben, ist der Staat zur „Glättung" aufgefordert. Hierbei „glättet" der Staat die durch die wirtschaftliche Entwicklung entstehenden Ungleichgewichte.[7]

Definition Stabilisierungsfunktion:

➔ **Der Staat übernimmt die Aufgabe der Stabilisierung der Wirtschaftsabläufe, sodass negative Begleiterscheinungen der wirtschaftlichen Entwicklung reduziert werden.**

Diese Ungleichgewichte können sich z. B. beziehen auf:

- den Arbeitsmarkt – hohe Arbeitslosigkeit;

[6] Quelle:o.V. iwd, Nr. 6, 10. Feb. 2005, S. 1, vgl. dazu auch Lange

[7] vgl. Kapitel 3 und den jeweiligen Zielerreichungsgrad bei den im Kapitel 2 beschriebenen Zielen

- die Preise – inflationäre Preissteigerungen;
- das Wachstum – zu geringe Wachstumsraten.

Zu den Ursachen der Ungleichgewichte wurden in den Kapiteln 5 und 6 Erläuterungen gegeben. Der Umfang dieser Stabilisierungsfunktion wird je nach theoretischer Überzeugung/ Ausrichtung unterschiedlich gesehen:

- geringe bzw. gar keine staatlichen Eingriffe werden von der Klassik/Neo-Klassik gefordert;
- stärkere staatliche Eingriffe werden dagegen von der keynesianischen Neuorientierung gefordert.

7.3 Zusammenfassung

Staat	Distributionsfunktion Allokationsfunktion Stabilisierungsfunktion	Markt	Distributionsfunktion Allokationsfunktion Stabilisierungsfunktion	Staat

Staat	
Rechtsordnung	Wettbewerbsordnung

Distributionsfunktion	**Allokationsfunktion**	**Stabilisierungsfunktion**
Staat übernimmt die Aufgabe der Umverteilung der am Markt entstehenden Einkommen • Leistungsprinzip • Bedürfnisprinzip • Gleichheitsprinzip	Staat sorgt für Wettbewerb (Wettbewerbspolitik), für ein Angebot solcher Güter, die der Markt nicht bereitstellen kann (Bereitstellung öffentlicher Güter), sorgt für den Schutz der Umwelt (Umweltpolitik).	Staat glättet die durch die wirtschaftliche Entwicklung entstehenden Ungleichgewichte • auf dem Arbeitsmarkt • bei den Preisen • für das Wachstum

7.4 Kontrollaufgaben

Teil A[8]

1.
Bei öffentlichen Gütern ist

a	das Konkurrenzprinzip anwendbar, das Ausschlussprinzip nicht anwendbar.
b	das Konkurrenzprinzip nicht anwendbar, das Ausschlussprinzip nicht anwendbar.
c	das Konkurrenzprinzip anwendbar, das Ausschlussprinzip anwendbar.
d	beide Prinzipien spielen keine Rolle.

2.
Das Kindergeld ist ein Beispiel für das Leitbild der Einkommensverteilung nach dem

a	Gleichheitsprinzip;
b	Bedürfnisprinzip;
c	Einkommensprinzip;
d	Leistungsprinzip.

3.
Der Anteil der Haushalte mit weniger als 60 % des Durchschnittseinkommens ist von 1989 bis 2005

a	gesunken
b	gleich geblieben
c	gestiegen
d	stark gesunken

[8] Es ist jeweils nur eine Lösung richtig.

Teil B

1.
a) Das wirtschaftliche Handeln des Staates lässt sich drei Aufgabenbereichen zuordnen.

Nennen und beschreiben Sie diese drei Aufgabenbereiche.

b. Welcher Aufgabenbereich ist Ihrer Auffassung nach in der gegenwärtigen wirtschaftlichen Situation (2011) in der Bundesrepublik der wichtigste? Geben Sie eine ausführliche Begründung Ihrer Auffassung.

2.
Finden Sie zwei Beispiele, durch die die Einwände gegen staatliche Eingriffe in den Marktprozess bestätigt werden bzw. scheinbar bestätigt werden.

3.
Im Rahmen der Distributionsfunktion nimmt der Staat eine Umverteilung der am Markt entstandenen Einkommen vor. In diesem Zusammenhang wird oft die folgende Aussage getroffen: **Der Staat führt eine Umverteilung von unten nach oben durch.** Analysieren Sie die nachfolgenden Tabellen[9] und beurteilen Sie die oben gemachte Aussage.

Umverteilungv

Das ... Zehntel der Haushalte mit diesem durchschnittlichen Markteinkommen erhielt im Jahre 2003 so viel staatliche Geldtransfers und zahlte so viel an Abgaben. (EUR im Monat)

Dezil	Markt-einkommen	Staatliche Geldtransfers	Abgaben	Saldo aus Geldtransfers und Abgaben
1	− 13	1.473	199	+ 1.275
2	250	1.736	270	+ 1 466
3	723	1.969	380	+ 1.589
4	1.685	1.167	635	+ 531
5	2.811	569	1.127	− 559
6	3.738	469	1.528	− 1.059
7	4.674	419	1.940	− 1.521
8	5.714	355	2.394	− 2.039
9	7.048	318	3.030	− 2.712
10	10.141	266	4.449	− 4.183

[9] Quelle: iwd, 15. Nov. 2007 S. 4–5

Haushalte: ohne Nettoeinkommen über 18.000 Euro pro Monat; Markteinkommen aus Erwerbstätigkeit, Vermögen, Vermietung und Verpachtung, einschließlich Arbeitgeberbeitrag zur Sozialversicherung, für Beamte unterstellte Beiträge, staatliche Geldtransfers, z.B. Arbeitslosengeld II, Sozialhilfe Kindergeld oder gesetzliche Renten einschließlich Zahlungen alternativer Versicherungseinrichtungen wie berufsständische Versorgungswerke, ohne Sachleistungen, z.B. der gesetzlichen Krankernversicherung; Abgaben: Einkommensteuer, Solidaritätszuschlag und Sozialversicherungsbeiträge, für Nichtmitglieder gesetzlicher Versicherungen unterstellte Beträge.

Quelle: Ursprungsdaten: Statistisches Bundesamt: in Anlehnung an iwd, 15. Nov. 2007, S. 4-5

Abgabenlast

Beitrag der Haushalte im Jahr 2003 in Prozent, wobei die Haushalte nach der Höhe ihres Markteinkommen, aufsteigend in zehn gleich große Gruppe unterteilt wurden.

Dezil	Einkommenssteueraufkommen	Aufkommen an Sozialversicherungsbeiträgen
1	0,4	1,6
2	0,6	2,2
3	1,4	2,96
4	2,3	4,8
5	5,0	8,0
6	7,5	10,5
7	10,5	12,9
8*	14,3	15,3
9	20,1	18,5
10	38,0	23,3

* Lesebeispiel: Das achte Zehntel alle Haushalte trug 14,3 % zum gesamten Einkommenssteueraufkommen und 15,3 % zum Aufkommen an Sozialversicherungsbeiträgen bei.

Haushalte: ohne Nettoeinkommen über 18.000 Euro pro Monat; Einkommenssteuer einschließlich Solidaritätszuschlag, Sozialversicherungsbeiträge; für Nichtmitglieder gesetzlicher Versicherungen unterstellte Beiträge: Ursprungsdaten:

Quelle: Statistisches Bundesamt, Anlehnung an iwd, 15. Nov. 2007, S. 4-5

4.

a. Was sind öffentliche Güter? Geben Sie eine Erläuterung.

b. Grenzen Sie öffentliche Güter von meritorischen Gütern ab.

c. Nennen Sie jeweils zwei

- c1. öffentliche Güter,
- c2. meritorische Güter,
- c3. demeritorische Güter.

d. Ordnen Sie die folgenden staatlichen Dienstleistungen öffentlichen oder meritorischen Gütern zu:

- d1. Jugendbetreuung in Form von Jugendhäusern, -treffs etc.
- d2. Schutzimpfungen für Kleinkinder gegen Röteln, Masern etc.

5.
Stellen Sie die Aussagen in einen Zusammenhang mit der Thematik „öffentliche Güter".

In einem Artikel der FAZ (Mit Tempo 105 am gestauten Berufsverkehr vorbei, von Horst Rademacher, FAZ vom 29. Jan. 1996, S. 7) wird von der Autobahn 91 im Großraum Los Angeles berichtet, auf der täglich 255 000 PKW fahren. Auf dieser wichtigen Verkehrsader hätten die Autofahrer die Möglichkeit, zwischen zwei „Arten von Straßen" zu wählen. Die sog. Mautobahn könnten sie gegen eine Mautgebühr benutzen und dann am Berufsverkehr, der im Stau steht, vorbei fahren und schneller ihr Ziel erreichen.

Auf dieser vollautomatisierte Maut-Autobahn - im Fahrzeug sei ein elektronisches Gerät zur Erfassung der Maut angebracht - variierten die Kosten entsprechend dem Verkehraufkommen. Die Streckenlänge sei unerheblich. In Spitzenzeiten zur morgendlichen und abendlichen Rush-Hour sei es am teuersten, aber der Zeitvorteil auch am höchsten. Entschieden sich zu viele Pendler, die Expressspur zu benutzen, werde die Maut kontinuierlich erhöht. Zur Mittagszeit und in den späten Abendstunden sei es wesentlich billiger, der Zeitvorteil aber auch am geringsten. Der Autofahrer könne also jederzeit entscheiden, wieviel ihm der Zeitvorteil durch das schnellere Fahren – maximal 105 Stundenkilometer, der offiziellen Höchstgeschwindigkeit – wert sei.

7.5 Literatur

7.5.1 Zitierte und grundlegende Literatur zum Kapitel 7

Baßler, Ulrich; Heinrich, Jürgen; Utecht, Burkhard, Grundlagen und Probleme der Volkswirtschaft, Stuttgart 2006	Lehrbuch, zu diesem Kapitel siehe besonders die Kapitel 12 und 14.
Bofinger, Peter Grundzüge der Volkswirtschaft, München 2011	Interessante Darstellung der Volkswirtschaft mit einer ungewöhnlichen Gliederung, die das Lesen aber erleichtert. Schwerpunkt ist allerdings die Lehre von John Maynard Keynes. Vergleiche zu diesem Kapitel Teil I, Kapitel 13, 14, 15.
Lange, Klaus, Ökonomie des subventionierten Öffentlichen Theater in Deutschland, Bestandsaufnahme und Entwicklungstendenzen, Diss. Univeristät Bremen 2006	Der Autor, langjähriger Schauspieler am Theater Bielefeld, belegt die fortschreitende Unterfinanzierung der Theater – belegt mit detaillierten statistischen Methoden – und macht die sich daraus ergebenden Konsequenzen deutlich.
Mankiw, Gregory; Taylor, Mark Volkswirtschaftlehre, Stuttgart, 2008	Umfangreiches Lehrbuch, leicht lesbar mit vielen Beispielen und Aufgaben, zu diesem Kapitel siehe besonders das Kapitel 10.
o.V Einkommensumverteilung iwd, Nr. 38, 2002	Darstellung der Einkommensverteilung nach Bruttomonatseinkommen und nach der Umverteilung (Äquivalenzeinkommen).
o.V Besserverdienende zahlen die Zeche, iwd, Nr. 46, 15. November 2007, S. 4–5	Beschreibung, dass die höheren Einkommen einen größen Anteil an der Finanzierung des Sozialstaates tragen.
o.V. Milliardeschwere Muse, iwd, Nr. 6, 10, Februar 2005	Beschreibung der Subventionspraxis am Beispiel deutscher Theater.
Theiler, Walter Grundlagen der VWL: Mikroökonomie, Konstanz 2011	Lehrbuch, zu diesem Kapitel siehe besonders das Kapitel 10.

7.5.2 Vertiefende Literatur zum Kapitel 7[10]

Feld, Lars; Köhler, Ekkehard Zwischen Anarchie und totalem Staat, Frankfurter Allgemeine Zeitung, 4. Juli 2011, S. 12	Im Artikel wird der Frage nachgegangen, ob ein negativer oder ein positiver Zusammenhang zwischen Wirtschaftswachstum und Staatstätigkeit besteht. Empirische Studien belegen sowohl ein Ja als auch ein Nein. Weiterhin wird gefragt, inwiefern die demokratische Mitbestimmung der Bürger bei Steuerfragen die Staatsverschuldung positiv beeinflussen kann.
Horn, Karen Diesseits von Angebot und Nachfrage, Frankfurter Allgemeine Zeitung, 18. März 2011, S. 14	Im Artikel werden die Ausführungen zu einer funktionieren Marktwirtschaft von Wilhelm Röpke referiert und kritisiert. Dabei findet auch ein Vergleich zwischen der deutschen und der angelsächsischen Denktradition statt, wobei u.a. auf die Ansprüche der Tugendethik und der Ordnungsethik eingegangen wird.
Liebig, Stefan; Schupp, Jürgen Gerechtigkeitsprobleme im Wohlfahrtsstaat: Besteuerung, wohlfahrtsstaatliche Transfers und die Gerechtigkeit des eigenen Erwerbseinkommens, Discussion Papers 690, Hrsg. DIW Berlin, Berlin April 2007	In diesem Beitrag werden in den verschiedenen wissenschaftlichen Disziplinen kontrovers diskutierte Zielkonflike zwischen Leistungs- und Bedarfsgerechtigkeit in moderen Wohlfahrtstaaten herausgearbeitet und dargestellt. Die Ergebnisse sind durchaus überraschend.
Rudzio, Kolja Der Armuts-Irrtum, Die Zeit, 20, 12. Mai 2011, S. 27	Bericht darüber, dass über eine lange Zeit hinweg die Zahlen zur Kinderarmut ungenau, d.h. zu hoch waren, warum es dazu kam, und wie damit umgegangen worden ist.

[10] siehe die Anmerkung zu Kapitel 1 (vertiefende Literatur)

8 Geldpolitik und Fiskalpolitik

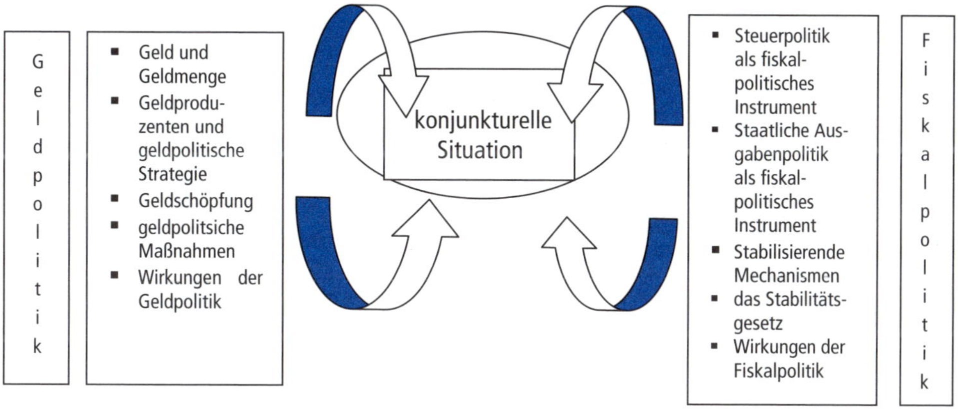

Leitfragen:

- Welche Eingriffsmöglichkeiten hat die Europäische Zentralbank im Rahmen der Geldpolitik? Ist es sinnvoll, primär einzelne Maßnahmen durchzuführen oder ein koordiniertes Maßnahmenbündel?
- Welche Eingriffsmöglichkeiten hat der Staat im Rahmen der Fiskalpolitik? Ist es sinnvoll, primär einzelne Maßnahmen durchzuführen oder ein koordiniertes Maßnahmenbündel?

Im Kapitel 5 und 6 wurde bereits häufig der Begriff „Geld“ erwähnt, ohne näher darauf einzugehen was Geld ist, wer es „produziert“ und wie es „produziert“ wird.

Im Folgenden werden zunächst die Geldproduzenten dargestellt, anschließend wie sie Geld schöpfen, d. h. produzieren.

8.1 Geldpolitik

8.1.1 Geld – Geldmenge – Geldfunktionen – Geld in der Volkswirtschaft

Zunächst soll ein Rückblick in die Geschichte der Menschheit zeigen, dass Geld in ganz unterschiedlichen Erscheinungsformen vorgekommen ist.

- Warengeld: bestimmte Güter (z. B. Vieh, Perlen) übernahmen die Funktion des Geldes;
- Metallgeld: Gold oder Silber als wertvolle Metalle übernahmen die Funktion des Geldes.

Während diese Erscheinungsformen sog. stoffwertiges Geld darstellten, vollzog sich allmählich eine Trennung zwischen dem Stoff(Güter)Wert, wie z. B. Vieh und dem Geldwert. Es entwickelte sich zunehmend stoffwertloses (unterwertiges) Geld.

- Banknoten: zunächst mit einer Golddeckungspflicht und einer Goldeinlösepflicht der Banken, ab dem 20. Jahrhundert jedoch nur noch als ungedeckte Banknoten;
- Buchgeld: Bankguthaben, über die der Eigentümer mittels Barauszahlung, Scheck, Überweisung, Kreditkarte verfügen kann;
- Geldkarte (e-money) als neue Geldform: hierbei wird der Geldbetrag auf einem elektronischen Datenträger gespeichert, sodass damit Zahlungen geleistet werden können.

Heute geht jede Person, die täglich am Wirtschaftsgeschehen teilnimmt, Waren und Dienstleistungen kauft oder verkauft, mit Geld in Form von Banknoten um. Das hier beschriebene Geld existiert in Form von Münzen und Scheinen, das sog. **Bargeld**.

Geld ist aber noch mehr.

> Definition Geld oder Zahlungsmittel:
>
> → **Aktiva, die von Gläubigern zur Abdeckung von Verbindlichkeiten angenommen werden. Zu dieser Annahme sind sie aufgrund gesetzlicher Regelungen verpflichtet oder sie tun es aufgrund von Marktkonventionen.**

In einer Volkswirtschaft erfüllt Geld unterschiedliche Funktionen:

Tausch- und Zahlungsmittel	Recheneinheit	Wertaufbewahrungsmittel	Wertübertragungsmittel
Geld ist allgemein anerkanntes Tauschmittel und wird von jedermann akzeptiert. Dadurch wird der direkte Tausch ermöglicht. Das Geld wird als gesetzliches Zahlungsmittel vom Staat proklamiert.	Geld ist der Maßstab, der verwendet wird, um Preise anzugeben, zu vergleichen und Schulden zu begleichen; alle Transaktionen werden auf ein und dasselbe Medium bezogen.	Geld behält seinen Wert für eine gewisse Zeit in der Zukunft, und muss nicht sofort ausgegeben werden, d.h. die Kaufkraft kann in die Zukunft verlagert werden.	Mit Hilfe des Geldes können Vermögenswerte übertragen werden, d.h. Geld kann verschenkt oder vererbt werden.
Beispiel: Frau Meier kauft im Schuhgeschäft ein Paar Schuhe und zahlt dafür den ausgezeichneten Preis.	**Beispiel:** Frau Lay schaut im Geschäft auf die einzelne Ware, die mit einem Preis ausgezeichnet ist.	**Beispiel:** Herr Huber spart auf seinem Sparbuch bei der Sparkasse.	**Beispiel:** Herr Wolter vererbt seinem Enkel Florian 10.000,00 EUR.

Schaubild 8.1: Funktionen des Geldes

Die Wertaufbewahrungsfunktion (z.B. auf einem Sparbuch) deutet bereits an, dass Geld nicht sofort zum Kauf von Gütern und Dienstleistungen verwendet werden muss, sondern der Kaufakt in die Zukunft verlagert werden kann. Das bedeutet gleichzeitig, dass Bargeld nicht die einzige Form von Aktiva sein muss. Das Geld auf einem Sparbuch stellt eine andere Form von Aktivum dar. Der Unterschied besteht nur im Liquiditätsgrad (Geldnähe).

Definition Liquidität:

➔ **Fähigkeit von Wirtschaftssubjekten, ihren Zahlungsverpflichtungen termingerecht nachkommen zu können, bzw.**

➔ **Eignung eines Vermögensobjektes, selbst als Zahlungsmittel akzeptiert zu werden oder in ein solches (Geld) umgewandelt zu werden.**

Wird der Gedankengang weiter fortgeführt, können weitere Aktiva identifiziert werden, z.B. Aktien, aber auch Immobilien.

Die Europäische Zentralbank hat unterschiedliche Begriffe der Geldmenge definiert, die von M1 bis M3 immer weniger liquide sind:

M1 = Bargeldumlauf
\+ täglich fällige Einlagen

M2 = M1
+ Einlagen mit vereinbarter Laufzeit bis zu zwei Jahren (kurzfristige Terminguthaben)
+ Einlagen mit vereinbarter Kündigungsfrist bis zu drei Monaten
M3 = M2
+ marktfähige Finanzinstrumente (Repogeschäfte[1], Geldmarktfondsanteile, Geldmarktpapiere und Schuldverschreibungen bis zu zwei Jahren)

8.1.2 Geldproduzenten und geldpolitische Strategie

Nachdem der Begriff Geld näher definiert worden ist, ist zu klären, wer dieses Geld „macht" bzw. „produziert".

Hier lassen sich drei Geldproduzenten unterscheiden:

- **der Staat:** die Regierung lässt Münzen prägen, die anschließend von der Zentralbank in Umlauf gebracht werden. Der Unterschiedsbetrag zwischen den Prägekosten und dem Nominalwert stellt den Münzgewinn dar. Dieser fließt dem Staat zu.
- **die Europäische Zentralbank:** sie schöpft Notengeld und Giralgeld durch den Erwerb von Aktiva (z. B. in Form von Forderungsrechten);
- **Geschäftsbanken/Kreditinstitute:** sie schöpfen Geld, da sie in der Lage sind, mehr Kredite zu gewähren als sie Einlagen besitzen.

8.1.2.1 Die Europäische Zentralbank (EZB) und das Europäische System der Zentralbanken (ESZB)

Das **Europäische System der Zentralbanken** (ESZB) setzt sich zusammen aus der **Europäischen Zentralbank** (EZB) und allen nationalen Zentralbanken der Mitgliedsländer der EU.[2] Unter dem Begriff Zentralbank[3] oder auch Notenbank sind Banken zu verstehen, denen das alleinige Recht zusteht, Banknoten in Umlauf zu bringen.

Definition Zentralbank:

➔ **zentrale geldpolitische Institution, deren Aufgabe es ist, die Geldwertstabilität und den Zahlungsverkehr sicherzustellen. Sie ist Hüterin der Währung und verrichtet die Aufgabe als lender of last resort, letztinstanzlicher Kreditgeber.**

[1] vgl. Kapitel 8.1.4.2.2
[2] vgl. Scheller, S. 45 ff
[3] im Folgenden wird die EZB aus Beispiel für eine Zentralbank verwendet

Beispiele für Zentralbanken sind:

- Federal Reserve Board („Fed“): für die USA;
- Bank of England: für Großbritannien;
- Europäische Zentralbank (EZB): für die Länder in der Wirtschafts- und Währungsunion (WWU).

Die nationalen Notenbanken in den Mitgliedsländer der Wirtschafts- und Währungsunion wie z.B. die Deutsche Bundesbank, sind in diesem Sinne keine Zentralbanken, sie sind Teil des Europäischen Systems der Zentralbanken (ESZB).

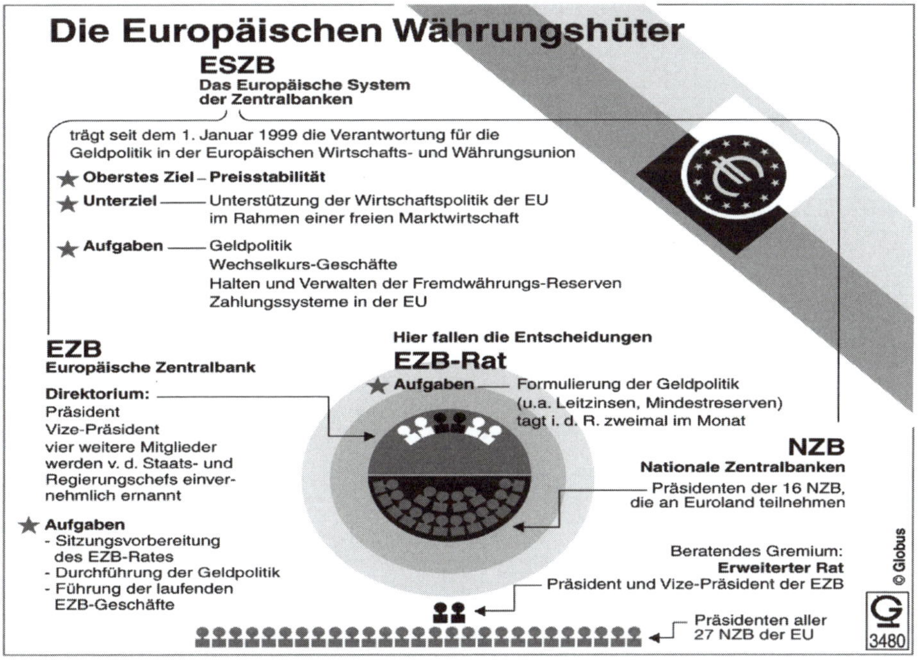

Schaubild 8.2: Die Europäischen Währungshüter

Die Tabelle 8.1 verdeutlicht die Kapitalstruktur des EZB

> Das Kapital der EZB stammt von den nationalen Zentralbanken (NZBen) aller EU-Mitgliedstaaten. Es beläuft sich auf 10.760.652.402,58 €. Der Anteil der NZBen an diesem Kapital wird mithilfe eines Schlüssels berechnet, der den Anteil des jeweiligen Landes an der Gesamtbevölkerung und am Bruttoinlandsprodukt der EU – zu gleichen Gewichtsanteilen – widerspiegelt. Die Anteile werden von der EZB alle fünf Jahre und immer dann, wenn ein neues Land der EU beitritt, angepasst. Die Anpassung erfolgt auf der Grundlage von Daten, welche die Europäische Kommission zur Verfügung stellt.
>
> Das eingezahlte Kapital[1] der NZBen des Euroraums beläuft sich auf 5.196 932 289,36 € und gliedert sich wie folgt auf:

NZBen des Euroraums (zum 1. Januar 2011)		
NZB	Kapitalschlüssel (in %)	Eingezahltes Kapital (in €)
Nationale Bank van België/Banque Nationale de Belgique	2,4256	180.157.051,35
Deutsche Bundesbank	18,9373	1.406.533.694,10
Eesti Pank	0,1790	13.294.901,14
Banc Ceannais na hÉireann/Central Bank of Ireland	1,1107	82.495.232,91
Bank von Griechenland	1,9649	145.939.392,39
Banco de España	8,3040	616.764.575,51
Banque de France	14,2212	1.056.253.899,48
Banca d'Italia	12,4966	928.162.354,81
Zentralbank von Zypern	0,1369	10.167.999,81
Banque centrale du Luxembourg	0,1747	12.975.526,42
Bank Ċentrali ta' Malta/Central Bank of Malta	0,0632	4.694.065,65
De Nederlandsche Bank	3,9882	296.216.339,12
Oesterreichische Nationalbank	1,9417	144.216.254,37
Banco de Portugal	1,7504	130.007.792,98
Banka Slovenije	0,3288	24.421.025,10
Národná banka Slovenska	0,6934	51.501.030,43
Suomen Pankki – Finlands Bank	1,2539	93.131.153,81
Insgesamt[2]	**69,9705**	**5.196.932.289,36**
1) Mit Wirkung vom 29. Dezember 2010 erhöhte die EZB ihr gezeichnetes Kapital um 5 Mrd EUR von 5,76 Mrd EUR auf 10,76 Mrd. EUR (die entsprechende Pressemitteilung wurde am 16. Dezember 2010 auf der EZB-Website veröffentlicht). Die nationalen Zentralbanken des Eurogebiets haben die erste Rate ihrer zusätzlichen Kapitalbeiträge am 29. Dezember 2010 gezahlt; die Zahlung der verbleibenden zwei Raten erfolgt Ende 2011 bzw. Ende 2012.		
2) Differenzen in den Summen durch Runden der Zahlen		

Tabelle 8.1: Kapitalschlüssel und eingezahltes Kapitel der EZB[4]

Unter dem Begriff **Eurosystem** werden die EZB und die nationalen Zentralbanken der Mitgliedsstaaten gefasst, die den EURO in der dritten Stufe der WWU eingeführt haben.

4 http://www.ecb.int/ecb/orga/capital/html/index.de.html

8.1.2.2 Die geldpolitische Strategie des Eurosystems

Im Art. 105, Abs. 1 EG-Vertrag ist das **zentrale Ziel des ESZB** formuliert:

„(1) Das vorrangige Ziel des ESZB ist es, die Preisstabilität zu gewährleisten. Soweit dies ohne Beeinträchtigung des Zieles der Preisstabilität möglich ist, unterstützt das ESZB die allgemeine Wirtschaftspolitik in der Gemeinschaft, um zur Verwirklichung der im Artikel 2 festgelegten Ziele der Gemeinschaft beizutragen. Das ESZB handelt im Einklang mit dem Grundssatz einer offenen Marktwirtschaft mit freiem Wettbewerb..."

Mit der dritten Stufe der WWU ist vom Rat der EZB eine geldpolitische Strategie entwickelt worden, die am 13.10.1998 veröffentlicht und im Jahr 2003 leicht modifiziert wurde, in ihrem Kern jedoch erhalten blieb.[5] Die zentralen Punkte sind:

- Ziel der Preisstabilität, definiert als Anstieg des Harmonisierten Verbraucherpreisindex (HVPI) für das Eurosystem von unter, aber nahe 2 Prozent;
- eine herausragende Rolle der Geldmengenpolitik mit der Verknüpfung eines Referenzwertes für das Wachstum vom M3;
- eine breit fundierte Beurteilung der Aussichten für die künftige Preisentwicklung und die Risiken für die Preisstabilität im Eurosystem insgesamt.

Der Harmonisierte Verbraucherpreisindex (HVPI) erfasst den Anstieg der Verbraucherpreise für alle beteiligten Ländern in vergleichbarer Weise.

Für die Aufarbeitung, Bewertung und Prüfung von Informationen, die für die Beurteilung der Preisentwicklung und deren Risiken bedeutungsvoll sind, ist eine 2-Säulen-Strategie entwickelt worden.[6]

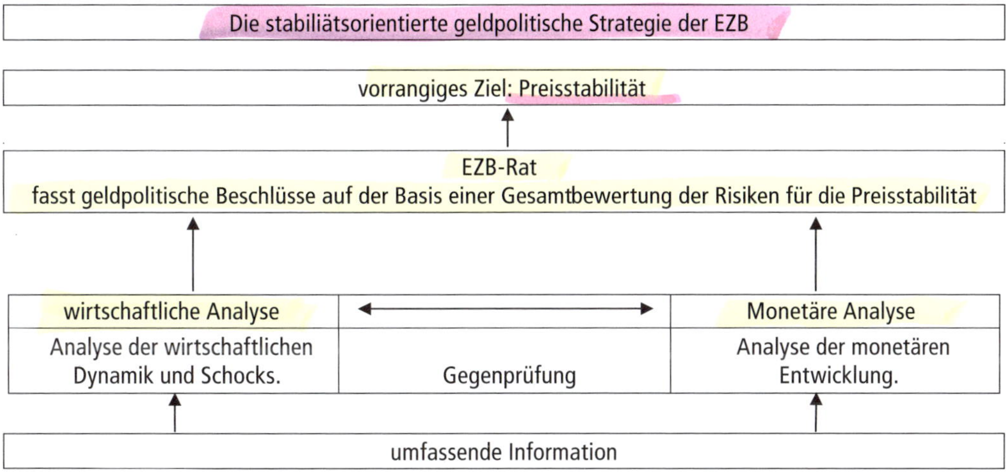

[5] vgl. dazu auch Kapitel 2.3.2

[6] vgl. Scheller, S. 90

8.1.3 Geldschöpfung

Im Folgenden werden die Möglichkeiten beschrieben, wie die Geldproduzenten Zentralbank (EZB) und Geschäftsbanken Geld schöpfen können.[7]

8.1.3.1 Geldschöpfung durch die Zentralbank

Zum Verständnis reicht es aus, sich den Prozess der Schöpfung von Zentralbankgeld am Beispiel von Wertpapieren zu verdeutlichen, indem die Bilanzen der beteiligten Wirtschaftseinheiten genauer betrachtet werden.

> Definition Zentralbankgeld:
>
> ➔ **Summe aus Bargeld und Sichtguthaben bei der Zentralbank.**

Beispiel:

Vom Industrieunternehmen Grafenberg AG kauft die Zentralbank Wertpapiere im Wert von 5 Mio. Euro gegen Barzahlung.

Veränderungen in der Bilanz der Zentralbank		Veränderungen in der Bilanz der Grafenberg AG		
Aktiva	Passiva	Aktiva		Passiva
Zunahme an Wertpapieren 5 Mio.	Zunahme des Banknotenumlaufs 5 Mio.	Zunahme der Banknoten 5 Mio.	Abnahme an Wertpapieren 5 Mio.	

Durch den Kauf von Wertpapieren sind Banknoten, d. h. Zentralbankgeld in Höhe von 5 Mio. EUR in den Nichtbankensektor geflossen. Würde die Zentralbank mit Sichtguthaben bezahlen, würde sich im Prinzip nichts ändern.

> Definition Geldschöpfung:
>
> ➔ **Kauf von Vermögensteilen (Aktiva) anderer Wirtschaftseinheiten durch die Zentralbank oder Gewährung von Krediten, die mit Banknoten oder Sichtguthaben bezahlt werden.**

> Definition Geldvernichtung:
>
> ➔ **Verkauf von Vermögensteilen an andere Wirtschaftseinheiten durch die Zentralbank oder Rücknahme von Krediten, wodurch ihre Verbindlichkeiten (Banknoten oder Sichtguthaben) reduziert werden.**

[7] vgl. Scheller, S. 86 ff

8.1.3.1.1 Wertpapierankauf und -verkauf

Werden von der EZB Wertpapiere (z. B. Schuldverschreibungen) gekauft, die von Industrie- und Handelsunternehmen oder von Kreditinstituten ausgegeben worden sind, so schöpft die Zentralbank Geld, d. h. Geld wird in den Wirtschaftskreislauf gegeben.[8] Bei der EZB findet eine Aktiv-Passiv-Mehrung (Wertpapiere gegen Geld) statt. Beim Industrieunternehmen findet ein Aktivtausch (Geld gegen Wertpapiere) statt. Verkauft die EZB diese Wertpapiere wieder, wird Geld vernichtet, d. h. Geld wird dem Wirtschaftskreislauf entzogen.

8.1.3.1.2 Ausgabe von Wertpapieren

Die EZB kann eigene Schuldverschreibungen emittieren; dadurch verringert sich die umlaufende Geldmenge. Durch diesen Prozess wird Liquidität abgeschöpft. Wird die Schulverschreibung getilgt oder vor Fälligkeit zurückgekauft, so erhöht sich die umlaufende Geldmenge; durch diesen Prozess wird Liquidität geschaffen.

> emittieren: ausgeben, in Umlauf bringen

8.1.3.1.3 Beleihung der Wertpapieren

Geschäftspartner der EZB sind i. d. R. Kreditinstitute. Diesen kann die EZB unterschiedliche Kreditmöglichkeiten (Fazilitäten) einräumen. Dafür müssen jedoch die Kreditinstitute refinanzierungsfähige Sicherheiten (z. B. Aktien, Schuldverschreibungen, aus Handelsgeschäften stammende Wechsel) der Zentralbank verpfänden. Werden die Fazilitäten von den Kreditinstituten in Anspruch genommen bzw. in größerem Umfang in Anspruch genommen, erhöht sich die umlaufende Geldmenge. Werden sie getilgt oder in geringerem Umfang in Anspruch genommen, verringert sich die umlaufende Geldmenge.

> Definition Fazilitäten:
>
> ➔ **Kurzbezeichnung für Kreditfazilität: Gesamtsumme an Kreditmöglichkeiten, die eine Bank ihren Kunden zur Deckung des Kreditbedarfs zur Verfügung stellt.**

8.1.3.1.4 An- und Verkauf von Gold und Devisen

Wird **Gold** von der EZB angekauft, erhöht sich die umlaufende Geldmenge bzw. sie verringert sich beim Verkauf von Gold.

Exporteure, die ihre Geschäfte in **ausländischer Währung (Devisen)** bezahlt bekommen (z. B. USD) tauschen diesen Betrag bei einer Geschäftsbank in EUR um. Die Geschäftsbank refinanziert sich dann bei der EZB. Dadurch erhöht sich die umlaufende Geldmenge.

[8] siehe Beispiel im Kapitel 8.1.3.2

Importeure, die ihre Lieferanten in ausländischer Währung bezahlen müssen (z. B. USD) tauschen bei der Geschäftsbank EUR gegen USD. Die Geschäftsbank refinanziert sich dann bei der EZB. Die umlaufende Geldmenge reduziert sich.

8.1.3.2 Geldschöpfung durch Kreditinstitute

Die Geldschöpfung der Kreditinstitute[9] unterscheidet sich von der einer Zentralbank dadurch, dass die Zentralbank Notengeld und Giralgeld produzieren kann, die Geschäftsbanken nur Giralgeld.

> Definition Kreditinstitute:
>
> → **Unternehmen, die Bankgeschäfte gewerbsmäßig oder in einem Umfang betreiben, der einen in kaufmännischer Weise eingerichteten Geschäftsbetrieb erfordert (§ 1 KWG).**

Der Prozess der Giralgeldschöpfung wird dadurch ermöglicht, dass die Geldeinlagen der Geschäftsbankenkunden (Sichteinlagen) nur zu einem kleinen Teil als Reserve in bar gehalten werden müssen.[10] Es ist nicht davon auszugehen, dass alle Bankkunden zu einem Zeitpunkt ihr gesamtes eingezahltes Geld ausbezahlt bekommen wollen. Der Rest, der nicht in bar als Reserve gehalten werden muss, steht der Geschäftsbank zur Kreditvergabe zur Verfügung.

Dieser Rest wird Überschussreserve genannt.

Das in Form von Krediten ausgeliehene Geld fließt wieder in das Geschäftsbankensystem zurück und steht dann als neue Einlage wieder zur Verfügung, sodass der Prozess wieder beginnen kann, d. h. neue Kredite ausgegeben werden können.

Dieser Prozess soll anhand eines Beispiels verdeutlicht werden. Für dieses Beispiel gelten die folgenden Prämissen:

- alle Banken unterhalten eine einheitliche Barreserve (Liquiditätsreserve) von 10 %;
- alle angebotenen Kredite werden von den Kreditnachfragern in Anspruch genommen;
- die aufgenommenen Kredite fließen vollständig in den Bankenbereich zurück (vollständiger Bargeldrückfluss).

Bank A (1. Periode) erhält eine Einzahlung in Höhe von 200.000,00 EUR. Die Bilanz sieht anschließend wie folgt aus:[11]

[9] Im Folgenden wird nicht zwischen Kreditinstitut und Geschäftsbank unterschieden.

[10] vgl. zu diesem Aspekt das Kap. 8.1.4.1

[11] Aus Gründen der Übersichtlichkeit werden keinerlei andere Transaktionen berücksichtigt.

Bank A

Aktiva	Bilanz	Bank A	Passiva
Kasse	200.000,00	Sichteinlagen	200.000,00
====	========		========

Entsprechend den oben formulierten Prämissen kann die Bank A einen Kredit von 180.000,00 Euro an einen Bankkunden vergeben. Wird dieser Kredit von einem Kunden tatsächlich in Anspruch genommen, stellt sich die Bilanz der Bank wie folgt dar:

Aktiva	Bilanz	Bank A	Passiva
Kasse	20.000,00	Sichteinlagen	200.000,00
Forderungen	180.000,00		
	200.000,00		200.000,00
====	========		========

Dieser Betrag von 180.000,00 EUR wird vereinbarungsgemäß von der Bank A abgehoben und bei der Bank B eingezahlt. Bei der Bank B ergibt sich die nachfolgende Bilanz:

Bank B

Aktiva	Bilanz	Bank B	Passiva
Kasse	180.000,00	Sichteinlagen	180.000,00
====	========		========

Von diesem Betrag kann die Bank B wiederum 80 % ausleihen:

Aktiva	Bilanz	Bank B	Passiva
Kasse	18.000,00	Sichteinlagen	180.000,00
Forderungen	162.000,00		
	180.000,00		180.000,00
====	========		========

Theoretisch könnte sich dieser Prozess der multiplen (fortschreitenden) Geldschöpfung unendlich viele Perioden lang fortsetzen. In der nachfolgenden Tabelle ist dieser Prozess für die Kreditinstitute 1–5 nochmals dargestellt (Zahlenangaben in EUR). Die Geldschöpfung setzt sich zusammen aus der passiven Geldschöpfung (erste Einzahlung) und der aktiven Giralgeldschöpfiung (Kreditschöpfung aus der jeweiligen Überschussreserve).

Kreditinstitut	Einzahlung	Liquiditätsreservezuwachs (10 %),	aktive Geldschöpfung, Kreditschöpfung in Höhe der Überschussreserve
A	200.000,00	20.000,00	180.000,00
B	180.000,00	18.000,00	162.000,00
C	162.000,00	16.200,00	145.800,00
D	145.800,00	14.580,00	131.220,00
E	131.220,00	13.122,00	118.098,00
.	.	.	.
	0,00 Grenzwert	200.000,00 Summe	1.800.000,00 Summe

Tabelle 8.2: Prozess der multiplen Geldschöpfung

Die Summe der aktiven Geldschöpfungsmöglichkeiten ergibt sich aus der folgenden unendlichen geometrischen Reihe:

$180.000{,}00 + 180.000{,}00 * 9/10 + 180.000{,}00 * (9/10)^2 + 180.000{,}00 * (9/10)^3 + ...$

Die Summe dieser unendlichen geometrischen Reihe ist:

$$180.000{,}00\ \text{EUR} * \frac{1}{1-\frac{9}{10}} = 180.000{,}00\ \text{EUR} * \frac{1}{\frac{1}{10}} = 180.000{,}00\ \text{EUR} * 10 = 1.800.000{,}00\ \text{EUR}$$

$\frac{1}{\frac{1}{10}}$	Im Nenner des Bruches steht nichts anderes als der Liquiditätsreservesatz von 10 % (bzw. 0,1, 1/10). Mit Hilfe dieser Größe kann der sog. **Giralgeldschöpfungsmultiplikator** ermittelt werden.

$$\frac{1}{\frac{1}{10}} = \frac{1}{10\%} = 10$$

Dieser Multiplikator ermöglicht es, den gesamten **Geldschöpfungspielraum** zu ermitteln, der aufgrund einer **Einzahlung (Giralgeldschöpfungsspielraum)** bzw. **Überschussreserve (Kreditschöpfungsspielraum)** möglich ist, d. h. wie viele Kredite vergeben werden können.

GrSP = Giralgeldschöpfungsspielraum KrSP = Kreditschöpfungsspielraum	eZ = erste Einzahlung Üb = Überschussreserve	R = Reservesatz

$$\text{GrSP} = \frac{\text{eZ}}{\text{R}} = \frac{200.000{,}00}{10\%} = 2.000.000{,}00$$

$$\text{KrSP} = \frac{\text{Üb}}{\text{R}} = \frac{180.000{,}00}{10\%} = 1.800.000{,}00$$

Dieser Reservesatz ist der Hebel, mit dessen Hilfe Geld geschöpft werden kann, d. h. der Giralgeldschöpfungsspielraum größer wird bzw. mit dessen Hilfe Geld vernichtet werden kann, d. h. der Giralgeldschöpfungsspielraum kleiner wird.

Wird der Reservesatz von 10 % auf 5 % gesenkt, so verändert sich der Giralgeldschöpfungsmultipikator von 10 auf 20, sodass insgesamt 200.000,00 EUR* 20 = 4.000.000,00 EUR an Giralgeldschöpfungspielraum zur Verfügung stehen. Wird der Reservesatz von 10 % auf 20 % erhöht, ist der Giralgeldschöpfungsmultiplikator 5, der Giralgeldschöpfungsspielraum beträgt dann 1.000.000,00 EUR.

Diese Variation der Reservesätze leitet über zu den Maßnahmen der EZB, die sie zur Steuerung der Geldmenge zur Verfügung hat.

8.1.4 Geldpolitische Maßnahmen

In Folgenden werden die Maßnahmen beschrieben, die die EZB im Rahmen ihres geldpolitischen Instrumentariums zur Erreichung des Ziels der Preisniveaustabilität einsetzen kann.

8.1.4.1 Mindestreservepolitik

Die im obigen Kapitel gemachten Überlegungen stellen die Grundlage für die sog. Mindestreservepolitik dar.[12]

Definition Mindestreservepolitik:

➔ **Teil der Geldpolitik zur Regulierung des Geldangebots, bei dem die Bestimmungen formuliert werden, nach denen Kreditinstitute einen bestimmten Mindestumfang ihrer Sichtguthaben bei der Zentralbank als Reserve halten müssen.**

Neben den in der Tabelle 8.2 aufgeführten – täglich fälligen – Einlagen (d.h. der Verbindlichkeiten gegenüber Bankkunden) haben die Kreditinstitute gegenüber Nichtbanken weitere Verbindlichkeiten:

- Einlagen mit vereinbarter Laufzeit;
- Einlagen mit vereinbarter Kündigungsfrist;
- Repogeschäfte;
- ausgegebene Schuldverschreibungen;
- ausgegebene Geldmarktpapiere.

An diesen Verbindlichkeiten orientiert sich der prozentuale Anteil der Mindestreserve. Im Kapitel 8.1.3.2 und der Tabelle 8.2 wurde nur die Barreserve der Banken berücksichtigt. Wird darüber hinaus eine Mindestreserve berücksichtigt, läuft der Prozess analog zum bereits Beschriebenen ab.

Im Folgenden wird eine 2 %ige Mindestreserve berücksichtigt, alle anderen Angaben der Aufgabe bleiben unverändert:

Einzahlung	Liquiditätsreserve 10 %	Mindestreserve 2 %	Überschussreserve	Giralgeldschöpfungsmultiplikator	Giralgeldschöpfungsspielraum
200.000,00 EUR	20.000,00 EUR	4.000,00 EUR	176.000,00 EUR	8,33	1.666.000,00 EUR

[12] vgl. Scheller, S. 98f

Diese Überlegungen machen deutlich:

Werden Mindestreserven eingeführt oder erhöht, so reduziert sich die Giralgeldschöpfungsmöglichkeit der Kreditinstitute. Werden Mindestreserven reduziert, so erhöht sich die Giralgeldschöpfungsmöglichkeit der Kreditinstitute. Im Beispielfall hat sich die Giralgeldschöpfungsmöglichkeit von 2.000.000,00 EUR auf 1.666.000,00 EUR reduziert, d. h. es wurden 334.000,00 EUR vernichtet.

Die EZB hat hiermit ein Instrument zur Steuerung der Geldmenge zur Verfügung.

In einer **konjunkturell schlechten Situation** mit niedrigen Wachstumsraten, einer hohen Arbeitslosigkeit und keinen Problemen bei der Preisniveaustabilität wird die EZB die Mindestreservesätze senken, sodass die Kreditinstitute mehr Giralgeld schöpfen können. Kreditwünsche – von Banken und Nichtbanken – können in größerem Umfang erfüllt werden und/ oder zu niedrigeren Zinsen. Daraus folgt eine Erhöhung der Nachfrage nach Sachgütern und Dienstleistungen und eine Verbesserung der konjunkturellen Situation mit evtl. mehr Arbeitsplätzen.

In einer **konjunkturell guten Situation** mit hohen Wachstumsraten und einer Inflationsgefahr wird die EZB die Mindestreservesätze erhöhen, sodass die Kreditinstitute weniger Giralgeld schöpfen können. Kreditwünsche – von Banken und Nichtbanken – können nur noch in geringerem Umfang erfüllt werden und/oder nur zu höheren Zinsen. Daraus folgt eine Reduzierung der Nachfrage nach Sachgütern und Dienstleistungen und eine Reduzierung der Inflationsgefahren.

8.1.4.2 Offenmarktpolitik

Ein weiteres Instrument der Geldpolitik der EZB ist die Offenmarktpolitik. Mit diesem Instrument wendet sich die EZB an einen offenen – anonymen – Markt, nicht an einzelne konkrete Banken. Wird die Offenmarktpolitik eingesetzt, sollen sowohl die Zinssätze als auch die Liquidität am Markt gesteuert und Signale gesetzt werden.

8.1.4.2.1 Definitive Käufe und Verkäufe von Wertpapieren

Die Käufe und Verkäufe werden von der EZB zu den „strukturellen Operationen" gerechnet, sie finden in unregelmäßigen Zeitabständen statt.[13]

Ziel ist es, durch den Kauf/Verkauf die Zinssätze und die Geldmenge zu beeinflussen. Die EZB legt einen vom Marktzins abweichenden Abgabesatz (bei Verkäufen) bzw. Annahmesatz (bei Käufen) fest. Die Kreditinstitute können dann entscheiden, in welchem Umfang sie Papiere an die EZB verkaufen bzw. von ihr kaufen. Die EZB wird einen über dem Marktzins liegenden Satz fixieren, wenn der Kreditmarkt liquide ist. In dieser Situation ist es für die Kreditinstitute vorteilhaft, überschüssige Mittel nicht am Markt

[13] vgl. Scheller, S. 97–98

sondern der EZB anzubieten. Die Geldmenge reduziert sich und dadurch können die Zinssätze steigen.

In einer **konjunkturell schlechten Situation** mit hoher Arbeitslosigkeit, niedrigen Wachstumsraten und keinen Problemen bei der Preisniveaustabilität kauft die EZB am offenen Markt Wertpapiere auf. Dadurch wird Liquidität in den Markt gegeben. Bei den Kreditinstituten erhöht sich die Überschussreserve, gleichzeitig erhöht sich das Kreditangebot, sodass zusätzliche Kreditnachfrage finanziert werden kann.

In **konjunkturell guten Zeiten** mit niedrigen Arbeitslosenzahlen und hohen Wachstumsraten, aber hohen Preissteigerungsraten besteht eine Inflationsgefahr. Die EZB verkauft dann Wertpapiere am offenen Markt, wodurch dem Markt Liquidität entzogen wird. Bei den Kreditinstituten reduziert sich die Überschussreserve, sodass das Kreditangebot reduziert wird und zusätzliche Kreditnachfrage nicht mehr finanziert werden kann. Es wird erwartet, dass dadurch die inflatorische Entwicklung zurückgedrängt wird.

8.1.4.2.2 Befristete Transaktionen

Hierbei ist das durchführende Organ das sog. Eurosystem, bestehend aus der EZB und den Zentralbanken der EU-Mitgliedsstaaten, die den EUR eingeführt haben.

Diese Transaktionen werden in Form von Pensionsgeschäften durchgeführt. Prinzipiell sind sie bereits im Kapitel 8.1.4.2.1 beschrieben. Es handelt sich hierbei jedoch um Geschäfte auf Zeit (in Pension geben). Die Kreditinstitute erhalten für eine befristete Zeit Sichtguthaben oder Bargeld zur Verfügung gestellt. Bei Abschluss des Geschäfts wird gleichzeitig die Rückabwicklung dieses Geschäfts zu einem bestimmten Zeitpunkt (z.B. eine Woche später) vereinbart. Dieses ist der entscheidende Unterschied zu den definitiven Käufen/Verkäufen. Diese Geschäfte werden auch Repogeschäfte genannt. In der Praxis läuft ein solches Geschäft wie folgt ab:

- am 3. Mai:
  - Kreditinstitut A verkauft dem Eurosystem (z.B. der Deutschen Bundesbank als nationaler Zentralbank) für 7 Tage zu 2 % Zinsen Wertpapiere im Wert von 5 Mio. EUR.
  - das Kreditinstitut übereignet die Wertpapiere der Deutschen Bundesbank, diese erteilt eine Gutschrift auf dem Konto des Instituts.
- vom 3. Mai bis zum 10. Mai hat das Institut liquide Mittel, mit denen es arbeiten kann
- am 9. Mai:
  - das Institut überweist der Deutschen Bundesbank die 5 Mio. EUR und 2 % Zinsen für 7 Tage
  - die verpfändeten Wertpapiere werden rückübereignet

Diese Kreditvergabe erfolgt in der Form sog. Standardtender und wird kontinuierlich durchgeführt, sodass sich die Kreditinstitute ständig refinanzieren können, wobei allerdings die Konditionen verändert werden können.[14]

1. Schritt	2. Schritt	3. Schritt			4. Schritt			5. Schritt	6. Schritt
2. Mai Tenderankündigung z. B. 2,5 % Zinsvorgabe, Mengentender 7 Tage	Die Kreditinsitute geben ihre Gebote ab.	Auflistung der Gebote durch die EZB, Gesamtsumme 50 Mio. EUR.	Kreditinstitut A B C D E F	Betrag in Mio EUR 5,5 6,5 7,0 8,0 10,0 13,0	Die EZB möchte 25 MIO EUR an Liquidität zuführen, d. h. eine Quotierung von 50 %	Kreditinstitut A B C D E F	Betrag in Mio EUR 2,75 3,25 3,50 4,00 5,00 6,50	Die Kreditinstitute erhalten die Beträge (3.Mai).	**10. Mai** Ablauf des Geschäfts, die Kreditinstute überweisen die Beträge an die EZB (inkl. Zinsen).
9. Mai Tenderankündigung z. B. 2,5 % Zinsvorgabe, Mengentender 7 Tage	Die Kreditinsitute geben ihre Gebote ab.	Auflistung der Gebote durch die EZB, Gesamtsumme 60 Mio. EUR.	Kreditinstitut A B C D E F	Betrag in Mio EUR 3,0 6,0 9,0 12,0 15,0 15,0	Die EZB möchte 20 MIO EUR an Liquidität zuführen, d. h. eine Quotierung von 33,33 %	Kreditinstitut A B C D E F	Betrag in Mio EUR 1,0 2,0 3,0 4,0 5,0 5,0	Die Kreditinstitute erhalten die Beträge (10 Mai).	**16. Mai** Ablauf des Geschäfts, die Kreditinstute überweisen die Beträge an die EZB (inkl. Zinsen).
Zum Verstehen des Gesamtzusammenhangs sind der Schritt 6 (Aktion vom 3. Mai) und der Schritt 5 (Aktion vom 9. Mai) wichtig. Das Kreditinstitut A hat aus der Aktion vom 3. Mai 2,75 Mio. EUR erhalten, die am 10. Mai wieder zurückgezahlt werden müssen (Rückabwicklung). Aufgrund der Teilnahme an der Aktion vom 9. Mai erhält das Kreditinstitut wiederum 1,00 Mio. EUR. Die Kreditinstitute können sich somit jederzeit refinanzieren, müssen allerdings stets damit rechnen, nicht den gesamten gewünschten Betrag zu erhalten. Per Saldo erhält somit Kreditinstitut A 1,75 Mio EUR weniger liquide Mittel.									

Tabelle 8.3: Ablauf eines Tenderverfahrens

Diese Standardtender können entweder in Form eines **Mengentender** oder als Zinstender (mit holländischem oder amerikanischem Zuteilungsverfahren) durchgeführt werden.

Beim **Mengentender** geben die Kreditinstitute nach Bekanntgabe der Modalitäten (z. B. Zinsvorgabe 3 %) ihre Kreditwünsche/Gebote an die EZB ab. Die EZB teilt den jeweiligen Betrag zu, der ihren liquiditätspolitischen Vorstellungen entspricht. Liegen z. B. Gebote in Höhe von 100 Mio. EUR vor, die EZB möchte jedoch nur 50 Mio. EUR zuteilen, so erfolgt eine Quotierung. Jedes Kreditinstitut erhält nur 50 % des von ihm gewünschten Betrages.

[14] dargestellt ist das Verfahren eines wöchentlichen Standarttenders

Mindestbietungssatz 4,4 %				Zuteilung nach dem holländischen Verfahren			Zuteilung nach dem amerikanischen Verfahren		
Kredit-institute	Zinssatz in %	Gebote Mio. EUR							
K1	4,5	3		Kredit institut	Betrag in Mio. EUR	Zinssatz in %	Kredit-institut	Betrag in Mio. EUR	Zinssatz in %
K2	4,4	2							
K3	4,6	5		K4	7	4,58	K4	7	4,65
K4	4,65	7		K7	7	4,58	K7	7	4,62
K5	4,55	8		K3	5	4,58	K3	5	4,60
K6	4,45	8		K8	5	4,58	K8	5	4,58
K7	4,62	7		Das Kreditinstitut K8 kommt gerade noch zum Zuge, der von ihm gebotenen Zinssatz gilt für alle anderen Institute.			Alle Kreditinstitut bekommen die Beträge zu dem von ihnen gebotenen Zinssatz.		
K8	4,58	4							
K9	4,49	5							
K10	4,51	6							

Tabelle 8.4: Tenderverfahren: Holländisches und amerikanisches Verfahren

Beim **Zinstender** geben die Kreditinstitute sowohl den von ihnen gewünschten Betrag als auch den Zinssatz an, den sie zu zahlen bereit sind. Die EZB setzt jedoch einen Mindestbietungssatz fest (z. B. 3 %)

Beim sog. **holländischen Verfahren** erfolgt die **Zuteilung nach einem Einheitszinssatz**. Dieser ist der Zins des Kreditinstituts, das gerade noch bei der Zuteilung zum Zuge gekommen ist. Beim **amerikanischen Verfahren** erhalten die zum Zuge gekommenen Kreditinstitute **ihre Zuteilung zu dem Zinssatz, den sie geboten hatten**.

Neben der – dargestellten – wöchentlichen Durchführung von Hauptrefinanzierungsgeschäften gibt es noch die **längerfristigen Refinanzierungsgeschäfte**. Diese werden mit einer Laufzeit von drei Monaten durchgeführt. Dem Bankensystem wird dadurch Liquidiät längerfristig zur Verfügung gestellt und verhindert, dass die gesamte Liquidiät am Geldmarkt jede Woche umgeschlagen werden muss.

Je nach konjunktureller Situation kann die EZB durch Anhebung oder Senkung der Pensionssätze ein Signal an das Bankensystem und die Gesamtwirtschaft geben.

In einer **konjunkturell schlechten Situation** mit hoher Arbeitslosigkeit, niedrigen Wachstumsraten und keinen Problemen bei der Preisniveaustabilität wird die EZB durch Senkung der Zinssätze anzeigen, dass sie die Geldwertstabilität für nicht gefährdet ansieht und die Konjunktur und das **Wachstum fördern** möchte:

- im Unternehmensbereich: durch die niedrigen Zinsen könnte die Kreditnachfrage steigen, da nunmehr die Investitionsvorhaben rentabel(er) werden;[15]

[15] vgl. Kapitel 6.2.2 interne Zinsfuss r

- im Bereich der Privaten Haushalte: durch die niedrigen Zinsen werden evtl. mehr kreditfinanzierte Käufe langlebiger Gebrauchsgüter getätigt.

In einer **konjunkturell guten Situation**, in der jedoch Inflationsgefahren vorhanden sind, wird die EZB die Pensionssätze anheben und dadurch ein Zeichen setzen, das sie die Geldwertstabilität für gefährdet hält und deshalb die **Konjunkturentwicklung dämpfen** möchte:

- im Unternehmensbereich: durch die höheren Zinsen könnte die Kreditnachfrage sinken, da nunmehr die Investitionsvorhaben weniger rentabel werden,[16]
- im Bereich der Privaten Haushalte: durch die höheren Zinsen werden evtl. weniger kreditfinanzierte Käufe langlebiger Gebrauchsgüter getätigt.

8.1.4.2.3 Emission von Schuldverschreibungen

Hierbei werden vom Eurosystem Schuldverschreibungen ausgegeben. Sie stellen eine Verbindlichkeit des Eurosystem gegenüber den Inhabern der Schuldverschreibungen dar.

In einer **konjunkturell schlechten Situation** mit hoher Arbeitslosigkeit, niedrigen Wachstumsraten und keinen Problemen bei der Preisniveaustabilität werden Schuldverschreibungen getilgt. Dem Markt wird dadurch Liquidität zugeführt. Die Kreditinstitute haben höhere Überschussreserven; infolgedessen erhöht sich das Geldangebot und zusätzliche Geldnachfrage kann befriedigt werden. Tendenziell sinkt dadurch das Zinsniveau.

In **konjunkturell guten Zeiten** mit hohen Wachstumsraten, niedriger Arbeitslosigkeit aber hohen Preissteigerungsraten werden Schuldverschreibungen verkauft. Dem Geldmarkt wird Liquidität entzogen. Die Kreditinstitute haben geringere Überschussreserven, somit reduziert sich das Geldangebot und zusätzliche Nachfrage kann nicht mehr finanziert werden. Tendenziell steigt das Zinsniveau.

8.1.4.2.4 Devisenswapgeschäfte

Hierbei handelt es sich um die Kombination von Devisen**kassa**geschäften und Devisen**termin**geschäften.[17]

Definition Kassageschäft:

➔ **Die Geschäfte werden per Kasse, d.h. sofort zum Zeitpunkt des Abschlusses abgewickelt.**

[16] vgl. Kapitel 6.2.2 interne Zinsfuss r

[17] Das Verpflichtungsgeschäft und das Erfüllungsgeschäft fallen somit auseinander.

Definition Termingeschäft:

➔ **Die Geschäfte werden per Termin, d.h. zu einem späteren Zeitpunkt abgewickelt.**

Wenn ein Kreditinstitut überschüssige Mittel hat und diese in Fremdwährung, z.B. USD, anlegen möchte, bietet das Eurosystem die Möglichkeit, z.B. USD, mit der Maßgabe zu verkaufen (Kassageschäfte), diese per Termin (z.B. in 3 Monaten) zum gleichen Kurs die Devisen zurückzutauschen, abzüglich eines Deports (Abschlags) oder zuzüglich eines Reports (Aufschlags).

In **konjunkturell schlechten Zeiten** wird der Geldexport verhindert bzw. eingeschränkt, sodass die Geldanlage in Inlandswährung erfolgt und das Zinsniveau keinem Druck ausgesetzt ist und die Konjunktur gefördert wird.

In **konjunkturell guten Zeiten** erfolgt eine Förderung des Geldexportes und der Geldanlage im fremden Währungsgebiet (z.B. in den USA). Dadurch verringert sich die Geldmenge und das Zinsniveau steigt. Dieses Instrument ist eine befristete Transaktion, erfolgt unregelmäßig und nicht standardisiert. Es dient der Feinsteuerung des Geldmarktes.

8.1.4.2.5 Hereinnahme von Termineinlagen

Ein weiteres Instrument ist die Hereinnahme verzinslicher Termineinlagen. Das Eurosystem bietet diese Hereinnahme den Kreditinstituten an. Dadurch wird Liquidität aus dem Markt genommen, das Geldangebot also verknappt. Wenn Termineinlagen fällig sind und nicht mehr verlängert werden, wird entsprechend Liquidität in den Markt gegeben, das Geldangebot folglich erhöht.

Wie Devisenswapgeschäfte ist auch dieses Instrument eine befristete Transaktion, erfolgt unregelmäßig und nicht standardisiert und dient der Feinsteuerung des Geldmarktes.

8.1.4.3 Ständige Faziliäten

Hierbei handelt es sich um Möglichkeiten für die Kreditinstitute, Liquidität bis zum nächsten Geschäftstag anzulegen bzw. zu erlangen.

8.1.4.3.1 Spitzenrefinanzierungsfaziliät

Es handelt sich bei dieser Kreditlinie um die Möglichkeit, einen vorübergehenden Liquiditätsbedarf (über Nacht, Übernachtliquidität) bei der Zentralbank zu decken. Dieser Übernachtkredit wird zu einem im voraus festgelegten Zinssatz verzinst.

Praktisch läuft diese Möglichkeit in der Weise ab, dass auf Antrag oder automatisch (am Tagesende sind noch ungedeckte Schuldnerpositionen auf dem Konto des Kreditinstituts) in Anspruch genommen wird (Sicherheiten sind jedoch zu stellen).

Dieser Zinssatz stellt die **Obergrenze für den allgemeinen Tagesgeldsatz** am Geldmarkt dar.

8.1.4.3.2 Einlagefazilität

Bei der Einlagefazilität kann überschüssige Liquidität bis zum nächsten Geschäftstag (über Nacht, Übernachtliquidität) bei der Zentralbank angelegt werden. Auch diese Einlage wird zu einem im voraus festgelegten Zinssatz verzinst. Im Allgemeinen stellt dieser Zinssatz die **Untergrenze des allgemeinen Tagesgeldsatzes** am Geldmarkt dar.

8.1.4.4 Zusammenfasssender Überblick

Neben der Mindestreservepolitik als eigenständigem Instrument lassen sich die **einzelnen Instrumente der Offenmarktpolitik und der ständigen Fazilitätern** hinsichtlich Rhythmus, Verfahren und Dauer der Aktion in verschiedene Kategorien einteilen.[18]

Geldpolitische Geschäfte	Transaktionsart		Laufzeit	Rhythmus	Verfahren
	Liquiditäts-bereitstellung	Liquiditäts-abschöpfung			
Offenmarktgeschäfte					
Hauptrefinanzie-rungsinstrument	Befristete Transaktionen	-	Eine Woche	Wöchentlich	Standard-tender
Längerfristige Refinanzierungs-geschäfte	Befristete Transaktionen	-	Drei Monate	Monatlich	Standard-tender
Feinsteuerungs-operationen	Befristete Transaktionen Devisenswaps Endgültige-Käufe	Befristete Transaktionen Hereinnahme von Termi-neinlagen Devisenswaps endgültige Verkäufe	Nicht standardisiert	Unregelmäßig	Schnell-tender Bilaterale Geschäfte Bilaterale Geschäfte
strukturelle Operationen	Befristete Transaktionen	Emission vom Schuldver-schreibungen	Standardisiert/ nichtstandardisiert	Regelmäßig und unregelmäßig	Standard-tender
	Endgültige Käufe	Endgültige Verkäufe		Unregelmäßig	Bilaterale Geschäfte
Ständige Fazilitäten					
Spitzenrefinan-zierungsfazilität	Befristete Transaktionen	–	Über Nacht	Inanspruchnahme auf Initiati-ve der Geschäftspartner	
Einlagenfazilität	–	Einlagen	Über Nacht	Inanspruchnahme auf Initiati-ve der Geschäftspartner	

Schaubild 8.3: Geldpolitische Geschäfte des Eurosystems[18]

[18] Scheller, S. 94

8.1.5 Wirkungen der Geldpolitik

In den Kapiteln 5 und 6 wurden die Wirkungen der Geldes/der Geldmenge beschrieben und in zahlreichen Abbildungen dargestellt. In diesem Kapitel wurde umfassend die Geldpolitik dargelegt. Bei der Analyse der Wirkungen der Geldpolitik muss auf den sog. Transmissionsmechanismus eingegangen werden. Hierbei handelt es sich um zwei grundlegende Prozesse der Übertragung (Transmission) monetärer Impulse in den realwirtschaftlichen Bereich:

- eine Veränderung der Geldmenge (Erhöhung oder Reduzierung) soll das Zinsniveau am Kapitalmarkt beeinflussen (senken oder erhöhen);
- Reaktionen der Nachfrage auf ein verändertes Zinsniveau (Zinselastizität der Nachfrage).

Im Folgenden sollen nun die Wirkungen einer – expansiven bzw. kontraktiven – Geldpolitik zusammenfassend dargestellt werden.

8.1.5.1 Die keynesianische Neuorientierung und die Geldpolitik

In **konjunkturell schlechten Zeiten** ist eine **expansive Geldpolitik** durch eine Erhöhung der Geldmenge erforderlich. Diese erhöhte Geldmenge kann z. B. durch eine erhöhte Zuteilung beim Mengentender durchgeführt werden und führt normalerweise zu sinkenden Zinsen und zu mehr Investitionen. Eine erhöhte Geldmenge kann durch eine „Rechtsverschiebung“[19] deutlich gemacht werden. Die Wirtschaftssubjekte können die – nun erhöhte – Geldmenge der Spekulationskasse (Spekulationsmotiv) oder der Transaktions- und Vorsichtskasse (Transaktions- und Vorsichtsmotiv) zuführen.

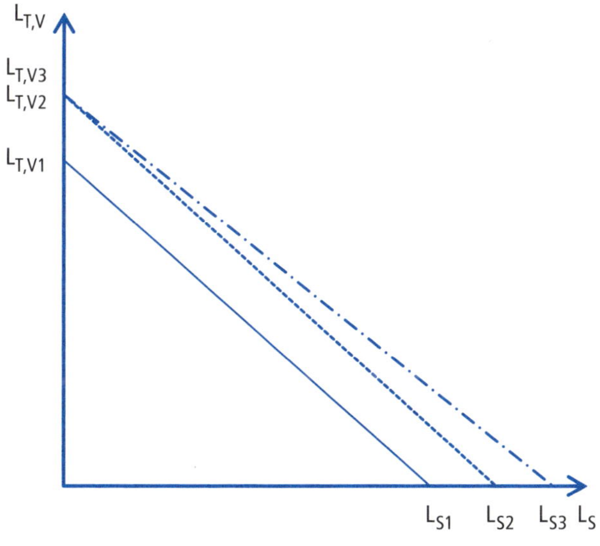

Abbildung 8.1: Veränderte Spekulations-, Transaktions- und Vorsichtskasse

[19] vgl. Abbildung 6.49 Teil II

Eine solche Reaktion ist anzunehmen, wenn die Wirtschaftssubjekte bei einem gegebenen niedrigen Zinsniveau keine positive Rendite bei Wertpapieren erwarten, sodass Verkäufe nur mit Kursverlusten möglich sind.

Bei einer expansiven Offenmarktpolitik (Kauf von Wertpapieren) erhält die Zentralbank jede gewünschte Menge. Das zusätzliche Zentralbankgeld wird jedoch von den Wirtschaftssubjekten nicht zum Wertpapierkauf (Investieren) verwendet (Liquiditätsfalle). Eine Wirkung auf das Zinsniveau – in Form gesunkener Zinsen – ergibt sich nicht. Aufgrund der im Kapitel. 6 gewonnenen Erkenntnisse kann diese Entwicklung auch grafisch dargestellt werden. Die Abb. 8.2 verdeutlicht einen Teilaspekt der Abbildung 6.49.

Schneidet die IS-Kurve (vgl. IS_1) die LM_1-LM_2-LM_3 Kurve im klassischen Bereich, kommt es zu eine Zinssenkung von i_1 über i_2 zu i_3. Liegt die IS-Kurve (vgl. IS_2) vor, werden die LM_1-LM_2-LM_3 Kurven im Zwischenbereich geschnitten und es erfolgt eine Zinssenkung von i_4, über i_5 zu i_6. Liegt eine IS-Kurve (vgl. IS_3) vor, kommt es zu **keiner Zinssenkung** (Schnittpunkt im keynesianischen Bereich). Es handelt sich hierbei es sich um die sog. **Liquiditätsfalle**.

Beim zweiten Aspekt, der Zinselastizität der Nachfrage, handelt es sich um die sog. **Investitionsfalle**. Hierbei ist die aggregierte Nachfrage vom Zinsniveau unabhängig.

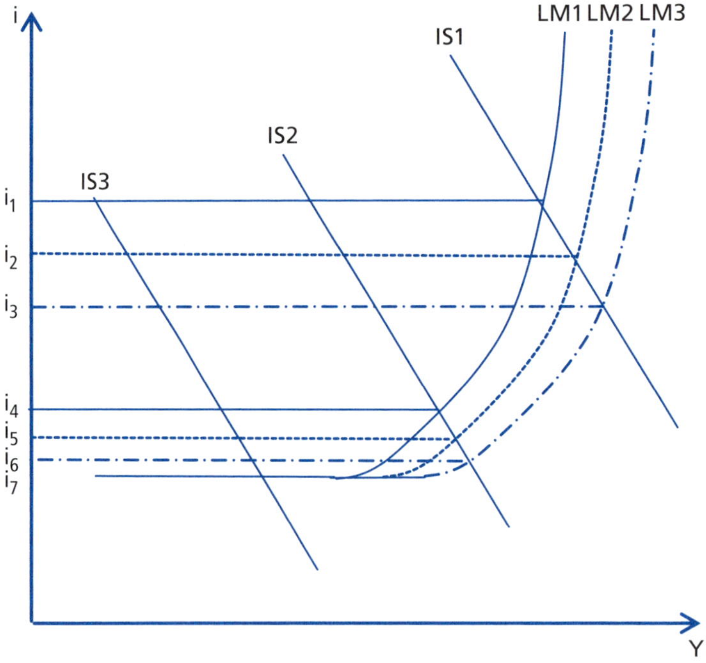

Abbildung 8.2: Auswirkungen von veränderter Spekulations-, Transaktions- und Vorsichtskasse bei unterschiedlichen LM- und IS-Kurven

Die Höhe des Zinsniveaus ist nicht der allein bestimmende Maßstab bei Investitionsentscheidungen. Weitere Faktoren können z. B. sein:

- Einschätzung der zukünftigen wirtschaftlichen Entwicklung (national oder international);
- Einschätzung der Ergebnisse von Tarifverhandlungen.

Sind diese Faktoren dominierend, verliert das Zinsniveau an Einfluss.

> **Beispiel:**
> Die Uekert GmbH ist ein mittelständisches Unternehmen im Bereich der Robotik. Die Nachfrage nach den Produkten ist während der letzten 10 Monate stark gesunken, eine Trendwende ist nicht in Sicht. Aus diesem Grund hat die GmbH Investitionen in eine neue Fertigungshalle in Höhe von 5 Mio. EUR storniert. Obwohl das Zinsniveau gesunken ist, werden die Investitionsvorhaben nicht durchgeführt, da die Renditeerwartung für diese Investition gesunken ist bzw.(zu) niedrig ist.

In diesem Zusammenhang wird häufig auf zwei bekannte Aussprüche zur keynesianischen Wirtschaftspolitik verwiesen:

- „Man kann an einem Strick ziehen, aber nicht mit einem Strick schieben";
- „Man kann die Pferde zur Tränke führen, aber man kann sie nicht zwingen zu saufen."

Im IS-LM-Modell wird diese Situation durch eine senkrechte IS-Kurve dargestellt. Durch die Erhöhung der Geldmenge ergibt sich lediglich eine Reduzierung des Zinsniveaus, nicht jedoch eine Ausweitung des Einkommens/der Produktion.

Im Prinzip ist eine expansive Geldpolitik wirksam, es sind allerdings zwei Wirkungsunsicherheiten vorhanden: die Liquiditätsfalle und zinsunelastische Investitionen.

Aus keynesianischer Sicht wirkt eine **kontraktive Geldpolitik** genau umgekehrt, weist weniger Unsicherheiten auf. Eine Reduzierung der Geldmenge führt zu steigenden Zinsen und einem Rückgang der Konsum- und Investitionsgüternachfrage.

8.1.5.2 Die klassisch-neoklassische Vorstellung und die Geldpolitik

Die klassisch-neoklassischen (monetaristischen) Vorstellungen des Transmissionsmechanismus geldlicher Impulse auf den güterwirtschaftlichen Bereich ist eher eine Erweiterung bzw. Verfeinerung der keynesianischen Vorstellungen als ein Gegensatz zu ihr.

Ausgangspunkt für eine genauere Untersuchung des Mechanismus ist die optimale Vermögensstruktur (Portfoliostruktur). Diese Vermögensstruktur sollte die Aspekte Ertrag, Risiko und Liquidität beachten und in ein individuelles Gleichgewicht bringen, d. h. jede Wirtschaftseinheit muss es für sich selbst kalkulieren.

Das individuelle Vermögen (die individuellen Schulden) sollten auf unterschiedliche Anlageformen (Schuldenformen) verteilt werden, sodass als Ergebnis eine bestmögliche Mischung aus Ertrag, Risiko und Liquidität entsteht.

Beispiel:

Anlageform	Ertrag	Risiko	Liquidität
Aktien	hoch	hoch	hoch
Staatsanleihen	niedrig	gering	hoch
Immobilien	mittel	hoch/mittel	niedrig

Für die Überlegungen ist es wichtig und nötig, von einer gegebenen Risiko- und Ertragsstruktur – im Gleichgewicht – auszugehen. Auf dieses Gleichgewicht wirkt nun der geldliche Impuls der Zentralbank. Dadurch wird z. B. die Geschäftsbank gezwungen, neue Überlegungen hinsichtlich Risiko, Ertrag und Liquidität anzustellen.

Bei einer expansiven Geldpolitik kauft die Zentralbank von den Geschäftsbanken z. B. Wertpapiere. Für die Geschäftsbanken ist dieses dann lukrativ, wenn die Zentralbank einen höheren Preis (Zins) für die Papiere bietet (im Vergleich zu den am Markt existierenden).

Beispiel:

Ausgangslage: Eine Geschäftsbank hat Papiere für 100 EUR (Kurs 100 %), die mit 10 % (d.h. 10 EUR) verzinst werden

Die Zentralbank bietet für die Papiere 105 EUR (105 %), die Verzinsung bleibt bei nominal 10 % (10 EUR), die tatsächliche Verzinsung beträgt nunmehr 9,5 %.

Die Geschäftsbank verkauft die Papiere, weil der Kurs gestiegen bzw. die tatsächliche Verzinsung gesunken ist.

Die liquiden Mittel – das zusätzliche Zentralbankgeld – erbringt allerdings gar keine Verzinsung. Die Vermögensstruktur der Geschäftsbank muss also angepasst werden. Sie wird solche Anlageformen wählen, die noch nicht im Preis gestiegen sind, z. B. Aktien. Darüber hinaus können zusätzliche Kredite an Kunden gewährt werden, dies allerdings zu einem geringeren Zinssatz.

Beispiel (vereinfachte Darstellung)

- Vor der Aktion der Zentralbank waren die Alternativen der Geldanlage für die Geschäftsbank:

  Anlage in Geldmarktpapiere zu 10 % Verzinsung oder Vergabe von Krediten an Kunden mit mind. 10,1 % Verzinsung;

- Nach der Aktion bzw bei Aktion der Zentralbank sind die Alternativen der Geldanlage für die Geschäftsbank:

  Verkauf an die Zentralbank zu 105 % und Kreditvergabe an Kunden zu mind. 9,6 % oder kein Verkauf an die Zentralbank und eine reduzierte Verzinsung von 9,5 %.

Auch im Nichtbankensektor (Unternehmen, private Haushalte, öffentliche Haushalte) wird zunächst angenommen, dass sie ihre Vermögen optimal – im Gleichgewicht – angelegt haben. Das bedeutet, sie werden nun zusätzliche Kredite aufnehmen, wenn deren

Verzinsung gesunken ist. Dieses ist jedoch durch die obigen Überlegungen der Geschäftsbanken der Fall: d. h. die Summe der gewährten Kredite bei den Geschäftsbanken erhöht sich, wie auch die Geldmenge im Nichtbankensektor .

Allgemein hat sich dadurch eine Reduzierung der Verzinsung finanzieller Vermögensanlagen ergeben, da sie entweder im Preis gestiegen sind und/oder bei denen sich eine Zinssenkung ergeben hat (d. h.: Sparen ist weniger attraktiv).

Die geringer gewordene Attraktivität dieser Form der Geldanlage zwingt die Nichtbanken zu neuen Anlageüberlegungen. Sie werden einen Teil ihrer neuen Geldbestände in **vorhandene Realvermögen** (Grundstücke, Fabriken) anlegen wollen, deren Preise noch stabil ist. Aber: die erhöhte Nachfrage nach diesen Vermögensgegenständen lässt auch hier die Preise steigen. Konsequenz dieser Überlegungen ist, dass die Nichtbanken nun verstärkt **neu produziertes Realvermögen** (Maschinen, langlebige Konsumgüter) kaufen, da diese jetzt höhere Erträge erbringen.

Diese – zusätzliche – Nachfrage führt zu einem erhöhten Sozialprodukt. Bei der Betrachtung der Folgen dieser Entwicklung müssen zwei unterschiedliche Situationen analysiert werden:

- das Produktionspotenzial ist nicht ausgelastet:

  daraus ergeben sich eine Zunahme der Produktion und evtl. der Beschäftigung;
- das Produktionspotenzial ist voll ausgelastet:

  da nunmehr (kurzfristig) nicht mehr produziert werden kann, die Geldmenge sich erhöht hat, steigt das Preisniveau. Der prozentuale Anstieg des Preisniveaus wird dabei dem prozentualen Anstieg der Geldmenge entsprechen.

In diesem letzten Fall hat die – erhöhte – Geldmenge nur einen Einfluss auf das Preisniveau, nicht auf die reale Produktion, deren Umfang hängt allein vom technischen Fortschritt und dem realen Lohnniveau ab.

Hier wird ein Unterschied zwischen den beiden analysierten Sichtweisen deutlich. Der Transmissionsmechanismus wird von beiden im Prinzip gleich gesehen, die Betrachtung der Auswirkungen auf die Produktion und die Beschäftigung ist jedoch verschieden. Für die Monetaristen beeinflusst die Geldmenge nur das Preisniveau – Neutralität des Geldes –, für die Keynesianer gibt es Auswirkungen auf Produktion und Beschäftigung, wobei jedoch Wirkungsunsicherheiten zu beachten sind.

8.2 Fiskalpolitik

Nachdem im Kapitel 8.1 die Geldpolitik dargelegt wurde, wird im Folgenden die Stabilisierung durch die Fiskalpolitik beschrieben.

Die im Kapitel 6 beschriebene keynesianische Neuorientierung hat u. a. zu dem Ergebnis geführt, dass der Staat eine aktive(-re) Rolle im marktwirtschaftlichen Geschehen übernehmen sollte.[20] Nur mit Hilfe staatlicher Maßnahmen lässt sich Arbeitslosigkeit reduzieren und Konjunkturkrisen überwinden helfen. Ansatzpunkt war die **gesamt**wirtschaftliche Nachfrage. Es wird deshalb von einer nachfrageorientierten antizyklischen Politik gesprochen. Der Aspekt **gesamt**wirtschaftliche Nachfrage verdeutlicht bereits, dass globale ökonomische Aggregate der Ansatzpunkt der Steuerung sind, d. h.: bei der Fiskalpolitik handelt es sich somit um die Umsetzung der keynesianischen Wirtschaftstheorie.

Zur Stabilisierung des Konjunkturverlaufs soll der Staat – im Konjunkturabschwung – die Nachfrage ausweiten bzw. – im Konjunkturaufschwung – die Nachfrage einschränken. Diese Fiskalpolitik wirkt der konjunkturellen Entwicklung entgegen, sie wird deshalb als **antizyklisch** bezeichnet. Werden für die Stabilisierung der Konjunktur Haushaltsdefizite (Budgetdefizite) in Kauf genommen, wird von **deficit spending** gesprochen. Dieses erfolgt, um zu vermeiden, dass die erforderliche Finanzierung dieser Ausgaben zu Lasten der Nachfrage des privaten Sektors geschieht.

Definition Fiskalpolitik:

→ **Einsatz finanzpolitischer Maßnahmen (Ausgaben und -einnahmen) des Staates im Rahmen der Konjunktur- und Wachstumspolitik.**

Definition Deficit spending:

→ **Teilaspekt der Fiskalpolitik, bei dem zur Ankurbelung der Wirtschaft zusätzliche Ausgaben (spending) getätigt werden, für die öffentliche Kredite (deficit) aufgenommen werden.**

8.2.1 Steuerpolitik als fiskalpolitisches Instrument

Der Grundgedanke dieses fiskalpolitischen Instrument ist einfach. Das verfügbare Einkommen der privaten Haushalte bzw. der Unternehmen soll durch einen höheren bzw. niedrigeren Steuersatz reduziert bzw. erhöht werden.

Die privaten Haushalte werden z. B. durch einen erhöhten Steuersatz weniger konsumieren, sodass dadurch die gesamtwirtschaftliche Nachfrage sinken wird. Im Kapitel 6.2.1.2 wurde ein Steuersatz bei verschiedenen Konsumfunktionen umfassend dargestellt. Bei den Unternehmen verändert sich durch erhöhte Steuern der Gewinn, sodass sich Veränderungen in ihrem Investitionsverhalten ergeben werden. Eine antizyklische Steuerpolitik beinhaltet somit:

in einer guten konjunkturellen Situation mit hohen Wachstumsraten und Inflationsgefahr	in einer schlechten konjunkturellen Situation mit niedrigen Wachstumsraten und hoher Arbeitslosigkeit
Erhöhung der Steuersätze zur Dämpfung der Konjunktur	Senkung der Steuersätze zur Ankurbelung der Konjunktur

[20] Unter Staat sollen im Folgenden Bund, Länder und Gemeinden verstanden werden.

Im Kapitel 6.2.1 wurde verschieden Konsumfunktionen dargestellt und beschrieben, dabei wurde auch eine einkommensabhängige Steuer (t) eingeführt. Mit den Zahlen des dort aufgeführten Beispiels ergab sich ein Gleichgewicht bei Y = 666,67.[21] Wird die Steuer von 20 % auf 30 % erhöht, reduziert sich das Gleichgewicht auf 615,38. Eine Dämpfung der Konjunktur ist wie gewünscht eingetreten.

Voraussetzung für die Entfaltung der Wirkung ist allerdings:

- der Staat darf die zur Konjunkturförderung reduzierten Steuern – und damit auch reduzierten Steuereinnahmen – nicht in anderen Bereichen wieder einsparen bzw.
- die zur konjunkturellen Dämpfung erhöhten Steuern – und damit erhöhten Steuereinnahmen – nicht in Form von Mehrausgaben wieder ausgeben.

Die hier formulierte Forderung an die staatlichen Instanzen erhöhte Steuereinnahmen nicht – sofort – auszugeben, wird in der Praxis jedoch selten – nie – eingehalten. Die ökonomische Theorie der Politik begründet dieses damit, dass eine Steuersenkung zur Ankurbelung der Wirtschaft für die gesamte Bevölkerung (d. h. auch Wählerschaft) populär ist. Die zur Dämpfung der Konjunktur erforderlichen Steuererhöhungen werden von allen als ausgesprochen negativ empfunden und unterbleiben in der Regel aus – wahltaktischen – Gründen, da keine Wählergruppe negativ getroffen werden soll.

Bei der Beurteilung der Wirkungen dieser Maßnahmen muss darüber hinaus beachtet werden, dass den privaten Haushalten Entscheidungsspielräume verbleiben, die den Umfang der Wirkungen beeinträchtigen können.

Eine Steuersenkung erhöht bei den privaten Haushalten das verfügbare Einkommen. Dieses erhöhte Einkommen können sie jedoch zur Reduzierung von Krediten einsetzen oder es sparen. Die gesamtwirtschaftliche Nachfrage steigt dann nicht im gewünschten Umfang.

Bei den Unternehmen erhöht sich bei der Steuersenkung der Gewinn, den sie jedoch auch zur Bildung bzw. Aufstockung ihrer finanziellen Reserven verwenden können und damit nicht für zusätzliche Investitionsvorhaben verwenden. Hier steigt die gesamtwirtschaftliche Nachfrage nicht im gewünschten Umfang.

Ähnliches gilt für eine Steuererhöhung. Sie reduziert das verfügbare Einkommen der privaten Haushalte. Diese können jedoch – zumindest zeitweise – ihren bisherigen Konsum aufrecht erhalten indem sie auf Erspartes zurückgreifen. Die gesamtwirtschaftliche Nachfrage sinkt deshalb nicht – zumindest nicht so schnell – wie gewünscht.

Bei den Unternehmen führen Steuererhöhungen zu Gewinneinbußen. Sie können allerdings, wenn sie ihre Gewinnaussichten gut einschätzen, die Investitionen im geplanten Umfang weiterführen. Hier gilt ebenfalls, dass die gesamtwirtschaftliche Nachfrage nicht im gewünschten Umfang sinkt.

21 vgl. Tab. 6.9

Diese Überlegungen zeigen, dass der Staat durch Steuererhöhungen bzw.- senkungen nur Anreize zu Verhaltensänderungen geben kann. Den Wirtschaftseinheiten bleibt stets noch ein Entscheidungsspielraum. Ein zusätzliches Problem sind die zeitlichen Verzögerungen zwischen dem Beschluss zu einer Steueränderung und den Wirkungen auf die gesamtwirtschaftliche Nachfrage.[22]

8.2.2 Staatliche Ausgabenpolitik als fiskalpolitisches Instrument

Auch bei diesem Instrument ist der Grundgedanke relativ einfach. Zur Ankurbelung der Wirtschaft werden die Ausgaben erhöht, zur Dämpfung werden sie reduziert.

Voraussetzung für die Wirksamkeit ist aber auch hier, dass die Ausgabenerhöhung nicht mit Steuererhöhungen finanziert wird bzw. eine Ausgabenreduzierung mit Steuersenkungen einhergeht.

Die Mehrausgaben müssen durch Kredite finanziert werden oder aus früher angesammelten Steuereinnahmen (Konjunkturausgleichsrücklage). Dieses ist aber in der Geschichte der Bundesrepublik äußerst selten – gar nicht – der Fall gewesen. Die durch reduzierte Ausgaben eingesparten Mittel sind ebenfalls stillzulegen.

Im Kapitel 6.2.1 wurde dieses fiskalpolitische Instrument durch Veränderung bzw. Einführung von C_{St} (staatlicher Konsum) dargestellt. Hierbei sind auch die Multiplikator- und Akzeleratorwirkungen zu beachten.

Hinsichtlich der Wirkungen sind allerdings folgende Aspekte zu beachten:

- Crowding out

  die kreditfinanzierten Mehrausgaben führen zu einer erhöhten Nachfrage nach Geld (Kredit) auf dem Markt, sodass die Gefahr besteht, dass dadurch die private Kreditnachfrage (der priv. Haushalte und Unternehmen) verdrängt wird bzw. deren Zinsbelastung steigt. Dieses hat negative Folgen für den geplanten Konsum bzw. die Investitionsvorhaben. Es ist jedoch nicht von einer vollständigen Verdrängung auszugehen, sodass konjunkturelle Impulse zweifellos verbleiben.

- Manövriermasse

  Ein Grossteil der staatlichen Ausgaben ist durch gesetzliche Verpflichtungen festgelegt, aus diesem Grund kann nur über ca. 10–20 % der Gesamtausgaben „relativ frei" entscheiden werden.

Die antizyklische Ausgabenpolitik hatte in den letzten Jahren an Bedeutung verloren. In der letzten Krise 2007–2009 erlebte sie jedoch eine Renaissance in Form der Konjunkturpakete I und II.

[22] vgl. Schaubild 8.4

8.2.3 Stabilisierende Mechanismen

In den vorigen Kapiteln wurden jeweils Instrumente vorgestellt, die aufgrund einer Aktion des Staates (z. B. Steueränderungen) bestimmte Wirkungen hervorrufen sollten. Darüber hinaus gibt es allerdings auch noch **Automatismen**, die zu einer gewissen Stabilisierung konjunktureller Schwankungen beitragen.

Auch ohne Veränderung der Steuersätze (Steuertarif) verändern sich die Steuererträge bei einem progressiven Steuertarif, d. h. hohe Einkommen werden mit einem höheren Steuersatz belegt. Am Beispiel der Einkommensteuer wird dieses deutlich. Hier ist der Nettozuwachs beim Einkommen weniger hoch als der Bruttozuwachs. In **Phasen guter Konjunktur** ergibt sich dadurch eine wünschenswerte positive Wirkung.[23] Die Nettoeinkommen (d. h. auch die Konsumausgaben) steigen nicht so stark.

In **Phasen schlechter Konjunktur**, in denen die Einnahmen des Staates sinken, ist die Nettoabnahme des Einkommens geringer als die Bruttoabnahme, auch hier gibt es positive Wirkungen. Die Nettoeinkommenen (d. h. auch die Konsumausgaben) sinken nicht so stark.[24]

Teil A				Teil B			
Bruttoeinkommen in EUR	Steuersatz in %	Steuer (absolute EUR Beträge)	Nettoeinkomen in EUR	Bruttoeinkommen in EUR	Steuersatz in %	Steuer (absolute EUR Beträge)	Nettoeinkommen in EUR
50.000,00	23 %	11.500,00	38.500,00	50.000,00	23 %	11.500,00	38.500,00
55.000,00	25 %	13.750,00	41.250,00	48.000,00	22 %	10.500,00	37.440,00
Veränderung + 10 %			Veränderung + 7,1 %	Veränderung − 4 %			Veränderung −2,8 %

Tabelle 8.5: Auswirkungen von Steueränderungen

Die zyklischen Schwankungen der Konjunktur werden durch diese Automatismen ein wenig geglättet.

Werden Preissteigerungen in die Berechnungen mit einbezogen, so ergibt sich evtl. sogar trotz Einkommenserhöhung ein Kaufkraftverlust.[25] Die nachfolgende Tabelle zeigt eine mögliche - die wahrscheinliche (?) – Entwicklung der Jahre 2011/2012.

[23] siehe Tabelle Teil A

[24] siehe Tabelle Teil B

[25] o. V. iwd, Nr. 24, 16.6.2011, S. 6

Einkommenssteuer: Kalte Progression frisst Lohnzuwachs*			
	2011 in EUR	2012 in EUR	Prozentuale Veränderung**
Bruttoeinkommen	43.000,00	44.075,00	+2,5 %
Einkommenssteuer insgesamt	4.644,00	4.902,00	
Einkommen nach Steuern			
nominal	38.356,00	39.173,00	+ 2,1 %
in Preisen von 2011	38.356,00	38.218,00	
Sozialbeiträge*	8.976,00	9.201,00	
Nettoeinkommen			
nominal	29.380,00	29.973,00	+ 2,0 %
in Preisen von 2011	29.380,00	29.242,00	– 0,5 %
Realer Einkommensverlust – 138			

Tabelle 8.6: Einkommenssteuer: Kalte Progression frisst Lohnzuwachs
*Beispielrechnung für einen verheirateten Facharbeiter, dessen Bruttolohn 2012 um 2,5 Prozent angehoben wird, um die Inflation des Jahres 2011 auszugleichen.
2012: unter der Annahme, dass die steuerlich abzugsfähigen Vorsorgeaufwendungen und Freibeträge sowie die Beitragssätze und Beitragsbemessungsgrenzen in der Sozialversicherung gegenüber 2011 konstant bleiben
**eigene Ergänzungen

Bei Steuerausgaben lassen sich diese Automatismen ebenfalls feststellen. In **Phasen guter Konjunktur** sinken die Ausgaben für die Unterstützungsleistungen für Arbeitslose, darüber hinaus zahlen sie in die Sozialversicherungskassen ein.

In **Phasen schlechter Konjunktur** steigen die Ausgaben für die Unterstützungsleistungen für Arbeitslose, die jedoch gleichzeitig – und fast vollständig – kaufkräftige Nachfrage darstellen.

Der Umfang der Wirkungen dieser stabilisierenden Mechanismen darf jedoch nicht überschätzt werden. Nach keynesianischer Auffassung reichen sie auf gar keinen Fall aus.

8.2.4 Das Stabilitätsgesetz

Die Überzeugung, dass mit Hilfe staatlicher Maßnahmen wirtschaftspolitische Ziele beeinflusst werden können, hat im Jahre 1967 zur Verabschiedung des Stabilitätsgesetzes (Gesetz zur Förderung der Stabilität und des Wachstums der Wirtschaft, StaG) geführt. Es stellt einen verbindlichen Handlungsrahmen für die Politik dar.

„Bund und Länder haben bei ihren wirtschafts- und finanzpolitischen Maßnahmen die Erfordernisse des gesamtwirtschaftlichen Gleichgewichts zu beachten. Die Maßnahmen sind so zu treffen, daß sie im Rahmen der marktwirtschaftlichen Ordnung gleichzeitig zur Stabilität des Preisniveaus, zu einem hohen Beschäftigungsstand und außenwirtschaftlichem Gleichgewicht bei stetigem und angemessenem Wirtschaftswachstum beitragen." § 1 StaG

Die Bedeutung dieses Gesetzes war während der 1970/80er wesentlich höher als während der späteren Jahre. Das monetaristisch geprägte Gedankengut drang während dieser Jahre in viel stärkerem Maße in den Vordergrund. Mit den während der Krise 2007/09 ergriffenen Maßnahmen (Konjunkturpaket I und II, „Abwrackprämie") gewannen allerdings staatliche Fördermaßnahmen wieder an Bedeutung.

8.2.5 Beurteilung der Wirkungen

Insgesamt sind fünf Aspekte zu erwähnen:

- Wird die **Stabilitätshypothese** der Klassik/Neoklassik (vgl. Kap.5) **akzeptiert**, ergibt sich daraus eine grundsätzliche Ablehnung der Fiskalpolitik;
- Liegt die **Ursache** einer konjunkturellen Schwäche – z. B. hohe Arbeitslosigkeit- nicht in einer zu geringen Nachfrage sondern **in ungünstigen Angebotsbedingungen**, erscheint die Fiskalpolitik mit ihren Instrumenten nicht erfolgversprechend zu sein. Wird ein zu hohes Reallohnniveau und daraus sich ergebende zu geringe internationale Wettbewerbsfähigkeit der Volkswirtschaft als Hauptursache erkannt, ist eine expansive Fiskalpolitik nicht sinnvoll. Sie wird allenfalls die Staatsverschuldung erhöhen und die Effizienz der Wirtschaft beeinträchtigen;
- Wird die **Crowding-Out-Hypothese akzeptiert**, ist die Fiskalpolitik ebenfalls wenig erfolgversprechend;
- Eine antizyklische Fiskalpolitik ist dann problematisch. wenn die erforderlichen Instrumente
  - kreditfinanzierte Staatsausgabenerhöhung (z. B. Reduzierung der Steuersätze) in der Rezession
  - Schuldentilgung des Staates (bzw. Erhöhung der Steuersätze) in einer Hochkonjunktur

  aus **politischen Gründen nicht durchsetzbar** sind, da: Steuersenkungen und Staatsausgabenerhöhungen in einer Demokratie leichter durchsetzbar sind als Steuererhöhungen und Staatsausgabenreduzierung.
- **Time Lags**: Antizyklisch geplante und durchgeführte Maßnahmen können aufgrund von Zeitverzögerungen – bis zu den Wirkungen – prozyklisch wirken (vgl. dazu das nachfolgende Schaubild).

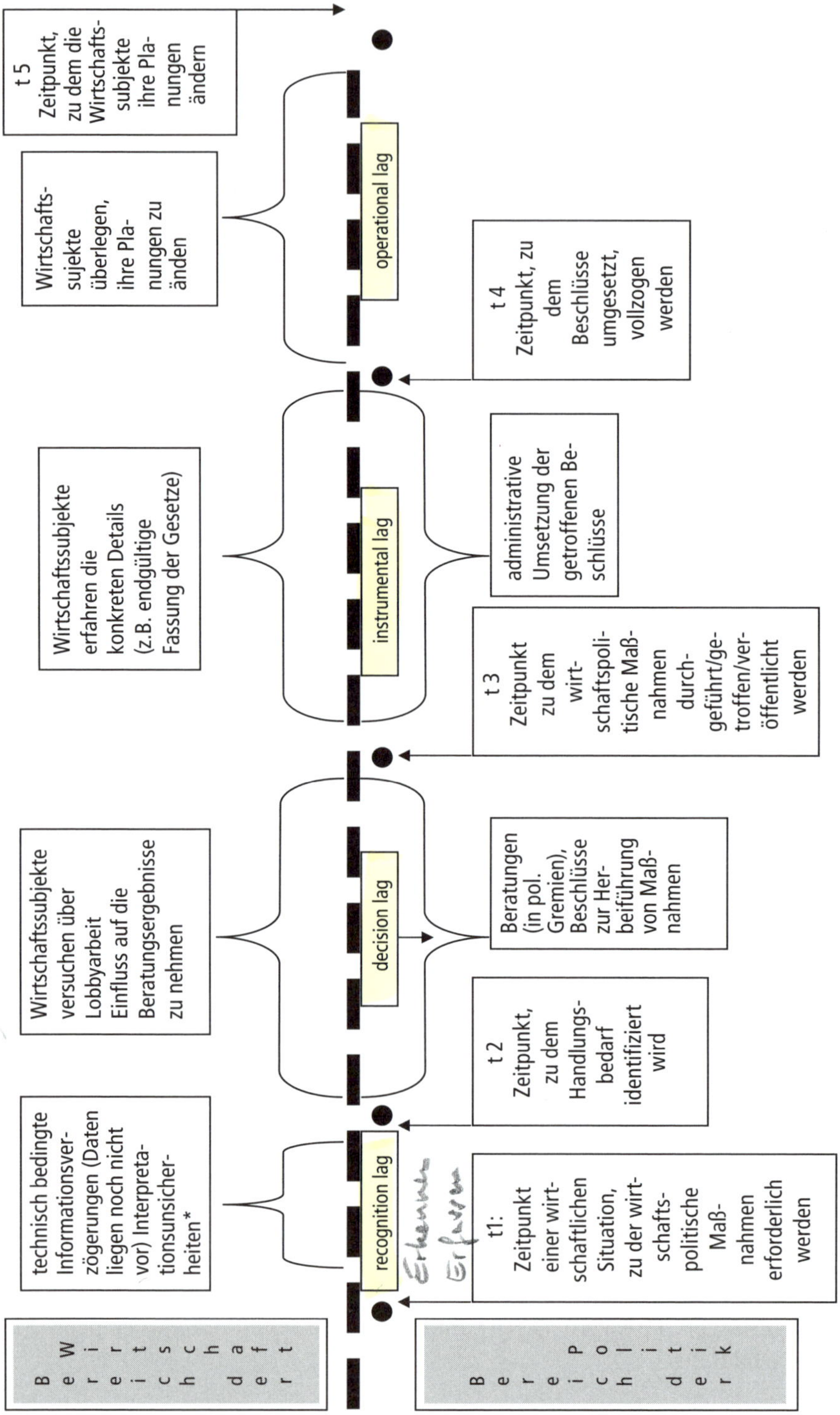

Schaubild 8.4: Time lags

* diese Interpretationsschwierigkeiten sind auch dem Bereich der Politik zuzuordnen

Das erste Problem, das bewältigt werden muss, besteht darin, eine wirtschaftliche Störung als eine solche zu erkennen, die geld- oder fiskalpolitische Aktivitäten erforderlich macht. D. h.:

- handelt es sich bei einer Störung (z. B. ein umfangreicher Nachfrageausfall) um ein temporäres Problem, sodass der Markt in absehbarer Zeit diese Störung beheben wird, sind keine wirtschaftspolitischen Aktivitäten erforderlich

oder

- handelt es sich um eine umfassende längerfristige Störung, die eine wirtschaftspolitische Aktion erforderlich macht.

Wird eine wirtschaftliche Aktion für notwendig erkannt, sind Maßnahmen zu treffen. Im Rahmen der **Geldpolitik** kann dieses relativ schnell und kurzfistig durch die EZB erfolgen.

Im Rahmen der **Fiskalpolitik** ist dieser Prozess langwieriger. Gesetzesänderungen (z. B. Einkommensteueränderungen) sind im Bundestag und Bundesrat zu debattieren. Ist eine Änderung beschlossen, dauert es nochmals eine gewisse Zeit, bis sich die Einkommen der privaten Haushalte verändern, d. h. die Durchführung der Maßnahmen dauert eine relativ lange Zeit. Die im Kapitel 8.2.3 beschriebenen automatischen Stabilisatoren werden dagegen sehr schnell wirksam. Einerseits ist keine gesonderte Entscheidung politischer Gremien zu treffen, andererseits bewirken erhöhte Arbeitslosenzahlen während einer Rezession erhöhte Transferzahlungen und reduzierte Zahlungen in die Sozialversicherungskassen.

Nachdem die wirtschaftspolitischen Maßnahmen durchgeführt wurden, dauert es noch eine gewisse Zeit, bis die Wirtschaftssubjekte tatsächlich ihr Verhalten ändern und sich die Wirkung entfalten kann.

Im Rahmen **geldpolitischer Entscheidungen** ist dieses Wirkungslag **relativ lang**, da z. B. eine Zinsänderung nicht sofort Änderungen im Investitionsverhalten der Unternehmen bewirkt.[26] Das ist auch verständlich, da diese Vorhaben langfrisitig geplant worden sind und nicht kurzfristig gestoppt bzw. angestoßen werden können.

Bei **fiskalpolitischen Maßnahmen** ist dieser Wirkungslag **kürzer**. Das Einkommen der privaten Haushalte steigt, wenn sie nach einer Einkommensteuersenkung ihre Lohn- und Gehaltsabrechnung bekommen. Das dann erhöhte Einkommen wird i. d. R. schnell für Konsumzwecke ausgegeben.

Darüber hinaus kann der Staat durch Ausgabenprogramme (z. B. das Konjunkturpaket I und II) die Investitionen relativ kurzfristig anregen.

---

[26] Forschungen der beiden Nobelpreisträger für Wirtschaft des Jahres 2011, Christopher A. Sims und Thomas J. Sargent haben ergeben, dass die angestrebten Änderungen bis zu zwei Jahre dauern können.

8.3 Zusammenfassung

Geldpolitik				
Geldmenge M1 M2 M3	Geldproduzenten und geldpolitische Strategie • EZB und ESZB • geldpolitische Strategie des Eurosystems	• Geldschöpfung durch die Zentralbank • Wertpapieran- und verkauf • Ausgabe von Wertpapieren • Beleihung von Wertpapieren • An- und Verkauf von Gold und Devisen • Geldschöpfung durch Kreditinstitute	Geldpolitische Maßnahmen • Mindestreservepolitik • Offenmarktpolitik • Definitive Käufe und Verkäufe von Wertpapieren • Befristete Transaktionen • Mengentender • Zinstender • Emission von Schuldverschreibungen • Devisenswapgeschäfte • Hereinnahme von Termineinlagen • Überblick • Ständige Fazilitäten • Spitzenrefinanzierungsfazilität • Einlagenfazilität	Wirkungen der Geldpoltik • Die keynesianische Neuorientierung und die Geldpolitik • Klassisch/Neoklassische Vorstellungen und die Geldpolitik

Fiskalpolitik				
Steuerpolitik als fiskalpolitisches Instrument	Staatliche Ausgabenpolitik als fiskalpolitisches Instrument	Stabilisierende Mechanismen	Das Stabilitätgesetz	Wirkung der Fiskalpolitik

8.4 Kontrollaufgaben

Teil A[27]

1.
Katrin Hamel zahlt 500 EUR auf ihr Sparbuch ein. Diese Transaktion ist ein Beispiel für die Funktion des Geldes als

a	Wertübertragungsmittel.
b	Tausch- und Zahlungsmittel.
c	Recheneinheit,
d	Wertaufbewahrungsmittel.

2.
Durch eine Erhöhung des Reservesatze von 8 % auf 10 % verändert sich der Multiplikator von

a	12,5 auf 10
b	10 auf 12,5
c	8 auf 10
d	10 auf 8

3.
Wird beim Standarttender die Zuteilung nach dem holländischen Verfahren durchgeführt, so erhalten die Kreditinstitute, die zum Zuge kommen die Beträge

a	zu dem von ihnen gebotenen Zinssatz.
b	zu dem Zinssatz des Kreditinstituts, das gerade noch zum Zuge gekommen ist.
c	zu dem Zinssatz des Kreditinstituts, das den höchsten Zinssatz geboten hat.
d	zu einem Durchschnittszinssatz aller zum Zuge gekommenen Kreditinstitute.

4.
Der Instumental lag umfasst den Zeitraum zwischen

a	Zeitpunkt, zu dem wirtschaftspolitische Maßnahmen durchgeführt/getroffen/veröffentlicht werden, und dem Zeitpunkt, zu dem Beschlüsse umgesetzt, vollzogen werden.
b	Zeitpunkt einer wirtschaftlichen Situation, zu der wirtschaftspolitische Maßnahmen erforderlich werden, und dem Zeitpunkt, zu dem Handlungsbedarf identifiziert wird.

[27] Es ist jeweils nur eine Lösung richtig.

c	Zeitpunkt, zu dem Beschlüsse umgesetzt, vollzogen werden, und dem Zeitpunkt, zu dem die Wirtschaftssubjekte ihre Planungen ändern.
d	Zeitpunkt, zu dem Handlungsbedarf identifiziert wird, und dem Zeitpunkt, zu dem die Wirtschaftssubjekte ihre Planungen ändern

Teil B

1.
Ein Kreditinstitut hat nach einer Einzahlung eine Überschussreserve in Höhe von 400.000,00 EUR. Sämtliche Kreditinstitute des Bankensystems halten eine Barreserve von 20 %. Die Kreditnachfrage ist vollkommen elastisch (d. h. jeder angebotene Kredit wird in Anspruch genommen). Eine Einflussnahme der Zentralbank findet nicht statt.

a) Ermitteln Sie die Höhe der Einzahlung.

b) Stellen Sie den Vorgang der Giralgeldschöpfung tabellarisch dar (1. bis 5. Schritt).

c) Berechnen Sie den Giralgeldschöpfungsmultiplikator.

d) Wie hoch ist die gesamte Liquiditätsreserve der Kreditinstitute 1–5?

2.
Es gelten die Angaben bzw. Ergebnisse der Aufgabe 1 (gleiche Einzahlung). Die Kreditinstitute erhöhen nun (z. B. aufgrund einer Vorschrift der Zentralbank) ihre Barreserve auf einheitlich 25 %.

a) Stellen Sie den Vorgang der Giralgeldschöpfung tabellarisch dar (1. bis 5. Schritt).

b) Wie hoch ist die gesamte Liquiditätsreserve der Kreditinstitute 1–5?

c) Wie viel Giralgeld wird vernichtet?

3.
Es erfolgt eine Einzahlung in das Bankensystem in Höhe von 800.000,00 EUR. Der Mindestreservesatz beträgt 15 %, der Barreservesatz 10 %. Die Kreditnachfrage ist vollkommen elastisch (d. h. jeder angebotene Kredit wird in Anspruch genommen).

a) Wie hoch ist der Giralgeldschöpfungsmultiplikator?

b) Wie hoch ist der Giralgeldschöpfungsspielraum?

c) Die EZB erhöht den Mindestreservesatz auf 18 %. Wie hoch ist nach dieser Änderung der Giralgeldschöpfungsspielraum? Runden Sie auf zwei Stellen hinter dem Komma auf bzw. ab.

4.
Im Rahmen eines Zinstenders bietet die EZB den Kreditinstituten 23 Mio. EUR an. Aufgrund der eingegangenen Gebote ergeben sich folgende Daten (Mindestbietungssatz 4,4 %).

Kreditinstitute	Zinssatz in %	Gebote Mio. EUR
K1	4,5	3
K2	4,4	2
K3	4,6	5
K4	4,65	7
K5	4,55	8
K6	4,45	8
K7	4,62	7
K8	4,58	4
K9	4,49	5
K10	4,51	6

Zu welchem Zinssatz (Zuteilungssatz) erhalten die Kreditinstitute ihre Gebote zugeteilt?

a) Nach dem amerikanischen Zuteilungsverfahren

b) Nach dem holländischen Zuteilungsverfahren

c) Beschreiben Sie den sog. Mengentender. Konstruieren Sie ein Beispiel (mit selbstgewählten Zahlenangaben), sodass dieses Zuteilungsverfahren verdeutlicht wird (inkl. evtl. vorkommender Besonderheiten).

5.
Analysieren Sie die Übersicht (Seite 323) zur Geldpolitik. Stellen Sie ggf. Fehler fest, korrigieren Sie diese auf dem Aufgabenblatt. Schreiben Sie den richtigen Begriff deutlich daneben/darüber.

Die kursiv gedruckte Zeile (eingesetztes Instrument) ist vollständig korrekt. Sollte Ihrer Meinung nach kein Fehler vorliegen, so machen Sie hier ein Kreuz: ☐

6.
Ordnen Sie die nachfolgend aufgeführten Erläuterungen 1–14 zur Fiskalpolitik in das Schaubild.

1	Das Preisniveau sinkt, bzw. steigt weniger stark, „der Boom kühlt sich ab".
2	Gewährung oder Erhöhung von Sparprämien.
3	Heraufsetzung der Einkommen- und Körperschaftsteuer; Abbau von Steuervergünstigungen; Erhebung eines Stabilitäts- oder (rückzahlungspflichtigen) Konjunkturzuschlags.
4	erste Überlegungen zu Beginn einer kontraktiven Fiskalpolitik und deren Fortsetzung (Dämpfung der Nachfrage).

5	Abbau oder Reduzierung von Investitionen.
6	Kürzung oder zeitliche Streckung von Staatsausgaben (z. B. Investitionen in die Infrastruktur), Stilllegung frei werdender Mittel durch Bildung einer Konjunkturausgleichsrücklage.
7	Auf dem Gütermarkt sinkt die Nachfrage nach Investitionsgütern und nach Konsumgütern.
8	erste Überlegungen zu Beginn einer expansiven Fiskalpolitik und deren Fortsetzung (Erhöhung der Nachfrage).
9	Herabsetzung der Einkommen- und Körperschaftsteuer; Rückzahlung des Konjunkturzuschlags.
10	Abbau oder Reduzierung von Sparprämien.
11	Durchführung oder Erhöhung von Investitionen.
12	Erhöhung oder zeitliches Vorziehen von Staatsausgaben (z. B. Investitionen in die Infrastruktur), Finanzierung der Ausgaben durch Kreditaufnahme bzw. Auflösung der Konjunkturausgleichsrücklage.
13	Das Wachstum erhöht sich, der Beschäftigungsabbau kommt zu einem Ende bzw. die Beschäftigung beginnt langsam zu steigen.
14	Auf dem Gütermarkt steigt die Nachfrage nach Investitionsgütern und nach Konsumgütern.

Konjunkturphase / Überlegungen / Maßnahme	Hochkonjunktur	Übergangsphase *	Rezession bzw. Depression	Übergangsphase*
eingesetztes Instrument				
Steuern/Einnahmenpolitik				
Sparanreize				
Investitionen				
Staatsausgaben, Ausgabenpolitik				
Wirkungen (die erwartet/ erhofft werden)				
Ergebnis				

*Die Übergangsphase soll verdeutlichen, dass nicht sofort von einer expansiven zu einer restriktiven Politik gewechselt werden kann. Bei den zuständigen Entscheidungsträgern wird die gegenwärtige konjunkturelle Lage oft unterschiedlich interpretiert. Daraus ergeben sich verschiedene Auffassungen über die Änderung/ Beibehaltung der gegenwärtigen Politik.

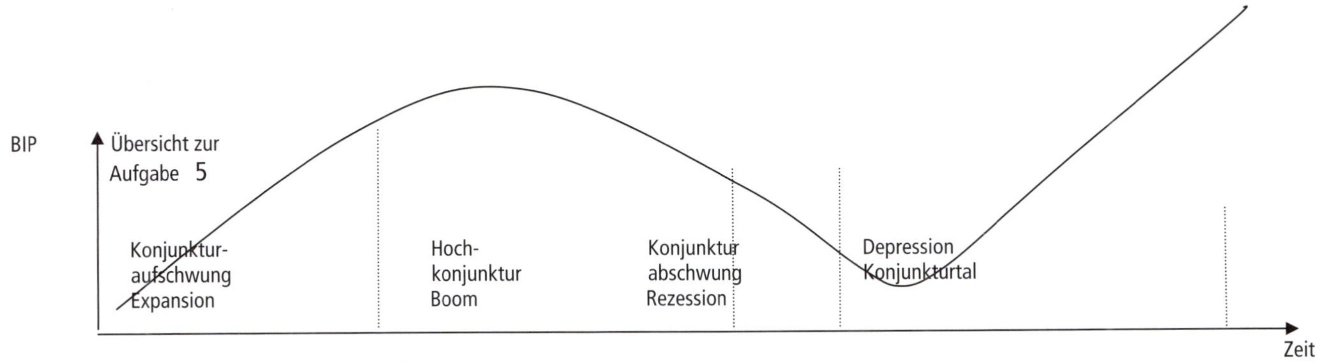

Überblick und Einsatz der Instrumente der Geldpolitik

eingesetztes Instrument		„Politik des knappen Geldes" Restriktive Geldpolitik	**Übergangsphase***	„Politik des billigen Geldes" Expansive Geldpolitik	**Übergangsphase***
Offenmarktpolitik		Betrags-(Volumen)mäßige Einschränkung der Pensionsgeschäfte und/oder Senkung der Zinsen für die Liquiditätsbeschaffung.		Betrags- (Volumen)mäßige Ausweitung der Pensionsgeschäfte und/oder Senkung der Zinsen für die Liquiditätsbeschaffung.	
Ständige Fazilitäten		• Spitzenrefinanzierungsfazilität: Zinssatz für die Ausleihung „über Nacht" wird erhöht". • Einlagenfazilität: Zinssatz für die Anlage „über Nacht" wird erhöht.		• Spitzenrefinanzierungsfazilität: Zinssatz für die Ausleihung „über Nacht" wird gesenkt". • Einlagenfazilität: Zinssatz für die Anlage „über Nacht" wird gesenkt.	
Mindestreservepolitik		Der Mindestreservesatz wird erhöht		Der Mindestreservesatz wird gesenkt.	
Wirkungen	Geldmarkt	Die Banken haben weniger Geld für die Kreditvergabe zur Verfügung, die Kreditzinsen sinken (d.h. das allgemeine Zinsniveau sinkt). Die Nachfrage nach Krediten sinkt.		Die Banken haben weniger Geld für die Kreditvergabe zur Verfügung, die Kreditzinsen sinken (d.h. das allgemeine Zinsniveau sinkt). Die Nachfrage nach Krediten steigt.	
	Gütermarkt	Aufgrund der höheren Zinsen werden weniger (fremdfinanzierte) Investitionen durchgeführt, die Konsumnachfrage sinkt, ggf. sinkt auch die Nachfrage aus dem Ausland.		Aufgrund der niedrigeren Zinsen werden mehr (fremdfinanzierte) Investitionen durchgeführt, die Konsumnachfrage sinkt, ggf. steigt auch die Nachfrage aus dem Ausland.	
Ergebnis		Das Preisniveau steigt, bzw. steigt weniger stark, „der Boom kühlt sich ab"		Das Wachstum erhöht sich, der Beschäftigungsaufbau kommt zu einem Ende bzw. die Beschäftigung beginnt langsam zu steigen	

*Die Übergangsphase soll verdeutlichen, dass nicht sofort von einer expansiven zu einer restriktiven Politik (Geldpolitik) gewechselt werden kann. Bei den zuständigen Entscheidungsträgern wird die gegenwärtige konjunkturelle Lage oft unterschiedlich interpretiert. Daraus ergeben sich verschiedene Auffassungen über die Änderung/Beibehaltung der gegenwärtigen Politik.

7.
Analysieren Sie den nachfolgenden Text vor dem Hintergrund der Ausführungen der Kapitel 6, 7 und 8

Mit dem Geld aus Berlin. Was hat das Konjunkturprogramm bewirkt? Eine Erkundung in Neumünster von Philip Faigle.

Elke Jönsson ist Rektorin der Immanuel-Kant-Schule in Neumünster. Im April hat sie ihr neues Schulgebäude eingeweiht, einen lang gestreckten Backsteinbau. Früher, sagt Jönsson, habe sie sich geschämt, so heruntergekommen sei alles gewesen. Aber nun habe die Wirtschaftskrise ihrem Gymnasium diesen schönen, neuen Bau beschert: viel Farbe, große Fenster, viel Licht. Sie freue sich, dass der Staat diesmal in „Qualität investiert und etwas mehr ausgegeben" habe, sagt Jönsson. „Ich bin wirklich glücklich." 2,4 Millionen Euro hat der Neubau den Staat gekostet. Das Geld kam zu einem großen Teil aus Berlin, bezahlt wurde es aus dem zweiten Konjunkturpaket. (...)

Im Januar 2009 tritt Angela Merkel in Berlin vor die Presse. „Die Welt hat sich in den letzten Monaten dramatisch verändert", sagt sie. Die Prognosen der Konjunkturforscher zeigen zu diesem Zeitpunkt bereits nach unten. (...)

Erst jetzt legt die Große Koalition das größte Konjunkturpaket in der Geschichte der Bundesrepublik auf. Und zahlt dafür einen hohen Preis: die höchste Neuverschuldung seit Jahrzehnten. Eine Garantie, dass das Programm wirkt, gibt es nicht. (...)

Heute, rund zwei Jahre später, haben die Kommunen fast alle Aufträge aus dem Zehn-Milliarden-Programm vergeben. Abgeflossen aber waren bis April nur 64 Prozent der Gelder, die restlichen 36 Prozent stehen noch aus. Das Geld fließe nur „zögerlich", mahnt der Rechnungshof, das Ziel, im Krisenjahr schnell die Nachfrage zu stärken, sei „nicht in dem größtmöglichen Umfang erreicht". Es fließt also Krisengeld, obwohl die Krise längst vorbei ist. Mitten im Boom kurbelt der Staat die Konjunktur an. In diesem Jahr wird die Wirtschaft um 2,6 Prozent wachsen, schätzt die Regierung. Es ging alles viel zu langsam. (...)

Man kann in Neumünster Geschichten finden, die zeigen, dass das Konjunkturpaket ein Erfolg war. Zum Beispiel die von Holger Buhr. Der Tischlermeister sitzt in seinem Büro, vor ihm liegen Rechnungen. Als die Krise losgegangen sei, habe der Staat die Milliarden wie mit einer Gießkanne über dem Land verteilt, sagt er, „da habe auch ich eine Tasse untergehalten". Im Herbst 2009 erfährt Buhr, dass er etwas abbekommt. Er erhält Aufträge in Höhe von 200.000 Euro, darunter auch kleinere, die die Stadt freihändig vergeben kann und bevorzugt Unternehmen aus der Stadt zukommen lässt. Schnell ist klar, dass es zu viel Arbeit geben wird für die neun Mitarbeiter der Firma. Buhr beschließt, neue Leute einzustellen. (...)

Drei Leute stellt der Tischler ein, darunter einen Arbeitslosen. Ihn und einen weiteren Mitarbeiter beschäftigt er bis heute, obwohl die Aufträge für die Stadt längst erledigt sind. „Das Konjunkturpaket hat was angestoßen", sagt er. „Mein Handy klingelt laufend."

Buhr hat zwei neue Firmenwagen gekauft, Marke Opel, und neue Maschinen. Sich und seiner Lebensgefährtin gönnt er eine Reise nach Sansibar. Einer seiner neuen Mitarbeiter baue gerade ein Haus, sagt Buhr. Der neue Job mit dem festen Gehalt habe ihn mit dazu ermutigt. Irgendwo gibt es also vielleicht noch weitere Handwerker, die mehr Arbeit haben. (...)

Über die Jahre seien viele Investitionen liegen geblieben, ..., auf 40 Millionen Euro schätzt er den Investitionsstau. Mit dem Geld aus Berlin – rund sieben Millionen Euro – konnte die Kommune plötzlich wieder etwas tun. Eine Kindertagesstätte mit schimmligen Wänden wird saniert. Die Gesamtschule IGS Brachenfeld hat eine neue Fassade bekommen und moderne Chemieräume. Und Rektorin Jönsson freut sich über den Neubau. (...) Durch Schulfassaden bläst nicht mehr der Wind, durch die Dächer von Kitas regnet es nicht mehr herein. Das hält länger als all die Autos, die wegen der Abwrackprämie angeschafft wurden. (...)

Quelle: Philip Faigle, Mit dem Geld aus Berlin, Die Zeit, 5. Mai 2011, Nr. 19 S. 29

8.5 Literatur

8.5.1 Zitierte und grundlegende Literatur zum Kapitel 8

Baßler, Ulrich; Heinrich, Jürgen; Utecht, Burkhard, Grundlagen und Probleme der Volkswirtschaft, Stuttgart 2006	Lehrbuch, zu diesem Kapitel siehe besonders die Kapitel 16, 17, 18
Bofinger, Peter Grundzüge der Volkswirtschaftslehre, München 2011	Interessante Darstellung der Volkswirtschaft mit einer ungewöhnlichen Gliederung, die das Lesen aber erleichtert. Schwerpunkt ist allerdings die Lehre von John Maynard Keynes. Vergleiche zu diesem Kapitel Teil II, Kapitel 20, 21, 22
Mankiw, Gregory; Taylor, Mark Volkswirtschaftlehre, Stuttgart 2008	umfangreiches Lehrbuch, leicht lesbar mit vielen Beispielen und Aufgaben, zu diesem Kapitel siehe besonders die Kapitel 27 und 32
o.V. Weniger Kaufkraft trotz höherer Löhne, iwd, Nr. 24, 16. Juni 2011, S. 6	Kurze Beschriebung der kalten Progression.
Scheller, Hanspeter, Die Europäische Zentralbank, Geschichte, Rolle und Aufgaben, Hrsg. Europäische Zentralbank, 2006, als pdf unter www. bundesbank.de/download/ezb verfügbar	Umfassende und ins Detail gehende Darstellung der Europäischen Zentralbank.

8.5.2 Vertiefende Literatur zum Kapitel 8[28]

Borio, Claudio Central bank postcrisis; What compass for uncharted waters? BIS Working Papers No 353, September 2011, Hrsg. Bank for International Settlements	Im Aufsatz werden die Auswirkungen der Finanzkrise auf die Zentralbanken dargestellt und die drei Herausforderugen – die wirtschaftliche, die geistige, die institutionelle – beschrieben und ein Weg aufgezeigt, diese zu bewältigen.
Braunberger, Gerald Die Renaissance der montären Analyse, Frankfurter Allgemeine Zeitung, 11. April 2011, S. 12	Der Autor gibt einen Überblick über die Rolle der monetären Analyse während der letzten 15–20 Jahre. Aufgrund der aktuellen Situation auf den Weltfinanzmärkten rückt diese Art der Analyse aber wieder in den Vordergrund. Es werden auch aktuelle Forschungsergebnisse aus diesem Bereich kurz referiert, mit Literaturhinweisen.
Braunberger, Gerald Baustellen in der monderne Ökonomik, Frankfurter Allgemeine Zeitung, 10. Okt. 2010, S, 12	Im Artikel wird ein Überblick über die Rolle der Zentralbanken in Theorie und Praxis gegeben. Dabei wird auf die Strategien eingegangen, die nach der Finanzkrise 2007/2009 von den Zentralbanken durchgeführt wurden, anschließend wird ihre Wirkung beurteilt. Darüber hinaus werden einige neue Strategieansätze referiert.
Görgens, Egon; Ruckriegel, Karlheinz; Seitz, Franz Europäische Geldpolitik, Stuttgart 2008	Das Buch informiert gut veständlich über die Entstehung der Europäischen Währungsunion. Die theoretischen Ausführungen – phasenweise etwas schwerer verständlich – setzten sich kritisch mit unterschiedlichen Ansätzen der Geldpolitik auseinander.
Holtemöller, Oliver, Geldtheorie und Geldpolitik, Tübingen 2008	Eher mathematisch angelegtes Buch über die Theorie der Makroökonomie und der Finanzmärkte. Die geldpolitischen Strategien werden leider nur recht knapp dargestellt.
Plickert, Philip Eine marktwirtschaftsliche Geldordnung, Frankfurter Allgemeine Zeitung, 26. September 2011, S. 12	Kurze Überblicksdarstellung der Kritik am Monopol der staatlichen Zentralbanken und der Suche nach Alternativen.
Starbatty, Joachin Warum die Ökonomen versagt haben, Frankfurter Allgemeine Zeitung, 4. November 2008, S. 12	Im Artikel formuliert der Autor – Vorsitzende der Aktionsgemeinschaft Soziale Marktwirtschaft – harsche Kritik am Versagen der Fed und des – amerikanischen – Bankenwesen, das zur Finanzkrise 2008/09 geführt hat.
Vogl, Josef Das Gespenst des Kapitals, Zürich 2010/2011	Das überaus lesenswertes Buch des Berliner Kulurwissenschaftlers ist eine brilliante Studie über den Kapitalismus. Es setzt sich mit den zentralen Mythen das Kapitalismus und den Grundfesten der Wirtschaftswissenschaft auseinander.

[28] siehe die Anmerkung zu Kapitel 1 (vertiefende Literatur)

9 Lösungshinweise

9.1 Lösungshinweise zu Kapitel 1: Makroökonomische Grundlagen

Teil A

Aufgabe	1	2	3
Lösung	c	b	a

Teil B

Aufgabe 1:

- Zahlung von Wohngeld an einen dazu berechtigten Haushalt.
- Zahlung von Gehalt an eine Beamtin.
- Zahlung der Einkommenssteuer an das Finanzamt.
- Zahlung der Hundesteuer.

Aufgabe 2:

a)

Frau Huber kauft und bezahlt für ihre Familie die Badezimmerfließen bei der Berenburg GmbH.	c
Herr Waldhausen arbeitet bei der Berenburg GmbH und erhält am 31. des Monats sein Gehalt überwiesen.	b
Familie Drapper erhält von der Gemeinde Wohngeld in Höhe von 300,00 EUR.	a
Das Land NRW erhält aus dem Strukturförderungsfonds der EU aus Brüssel 25 Mio. EUR überwiesen.	c
Herr Brauner arbeitet als Lehrer an einer Gesamtschule und erhält am Beginn des Monats sein Gehalt überwiesen.	b
Das Unternehmen Kuntenhagen liefert an das Hanse-Berufskolleg Lemgo 25 Tische und Stühle.	c

b)

Die Baustoffgroßhandlung Berenburg GmbH liefert die bereits bezahlten Badezimmerfließen an Frau Huber.	b

Das Hanse-Berufskolleg Lemgo bezahlt die neu angeschafften Tische und Stühle an die Firma Kuntenhagen.	a
Herr Marcel Ritter kauft auf dem Wochenmarkt frisches Gemüse ein.	c
Herr Lars Grote ärgert sich über die aufmerksame Politesse, die ihm wieder einmal ein „Knöllchen" wegen Falschparkens verpasst hat.	b
Das Ehepaar Moser hat zwei Kinder: Sebastian (10 Jahre) und Cathrin (18 Jahre), Sebastian besucht die Gesamtschule, Klasse 5, Cathrin das Gymnasium, Klasse 13.	b
Die Volkswagen AG zahlt Dividende und überweist dem Land Niedersachsen als Anteilseigner den entsprechenden Betrag.	a
Die Bundesrepublik zahlt 20 Mio. EUR Entwicklungshilfe an das afrikanische Land Togo.	c

Aufgabe 3:

Im Bruttonationaleinkommen sind die Einkommen, die Ausländer im Inland erzielen nicht enthalten. Im Bruttoinlandsprodukt sind die Entgelte, die Inländer für Leistungen im Ausland erhalten nicht berücksichtigt.

Aufgabe 4:

Das Beispiel ist im Bruttonationaleinkommen berücksichtigt.

Aufgabe 5:

Modell einer stationären Wirtschaft	Modell einer evolutorischen Wirtschaft
$I_{br} = Ab$	$I_n = Y - C$ (oder S)
$C = Y$	$C = Y - S$
$Y = C$	$I = S$ (oder $Y - C$)
$S = 0$	$S = Y - C$ frei gewählt
	$Y = C + S$

9.2 Lösungshinweise zu Kapitel 2: Wirtschaftspolitische Ziele: Das magische Sechseck

Teil A

Aufgabe	1	2	3	4	5
Lösung	a	d	a	b	a

Teil B

Aufgabe 1:

a) Autoreparatur nach einem Unfall, Beseitigung von Umweltschäden nach eine Umweltkatastrophe.

b) Betreuung von Kranken/Behinderten, die tägliche Verpflegung aller Haushaltsmitglieder, das Einkaufen, handwerkliche Tätigkeiten/Reparieren im Haushalt, Kinderbetreuung, Putzen, Waschen, Bügeln, ggf. Nachhilfe für die Kind.

c) Generell ist hier der Aspekt der Dringlichkeit von Gütern angesprochen, aber auch die Allokationsfunktion des Staates (vgl. Kapitel 8).

- Argumente pro Straße könnten sein: viele Bewohner sind evtl. sogar täglich von den schlechten Straßenverhältnissen betroffen, die Stadt tut nichts, ihre PKW „leiden".
- Argumente pro Kindergarten könnten sein: Bildungsauftrag im Kindergarten, Investitionen in die Kinderbetreuung, ggf. Ausgleich familiärer Defizite bei Kindern.

Aufgabe 2:

a)

2005–2006	3,3 %		
2006–2007	0,97 %	$\frac{100 * 104,3}{103,3}$	100,968 d. h. Steigerung um 0,97 %
2007–2008	1,73 %	$\frac{100 * 106,1}{104,3}$	101,73 d. h. Steigerung um 1,73 %
2008–2009	1,98 %	$\frac{100 * 108,2}{106,1}$	101,98 d. h. Steigerung um 1,98 %

b1)

Gut	Preis je kg in EUR im Basisjahr	Preise je kg in EUR im Berichtsjahr	Wägungsanteile	gewichtete Preise je kg in EUR im Basisjahr	gewichtete Preise je kg in EUR im Berichtsjahr
A	3,20	3,50	2	6,40	7,00
B	4,90	5,10	4	19,60	20,40
C	39,40	40,60	0,5	19,70	20,30

Gut	Preis je kg in EUR im Basisjahr	Preise je kg in EUR im Berichtsjahr	Wägungsanteile	gewichtete Preise je kg in EUR im Basisjahr	gewichtete Preise je kg in EUR im Berichtsjahr
D	120,80	140,80	0,5	60,40	70,40
E	92,20	89,10	3	276,60	267,30
Gesamtwert des Warenkorbes				382,70	385,40

Formel für die Veränderung des Preisniveaus:

$$\frac{\text{Neuer Indexstand} \times 100}{\text{Alter Indexstand}} - 100$$

Preissteigerungsrate 0,78 %

b2) Der Wägungsanteil des Gutes A müsste reduziert werden, z. B. auf 1,5.

Aufgabe 3:

a) Arbeitslosenquote: $\frac{3.200.000 * 100}{41.100.000} = 7,79\%$

b) Erwerbslosenquote: $\frac{5.300.000 * 100}{35.800.000 + 5.300.000} = 12,9\%$

c) Individuelle Antwort

Aufgabe 4:

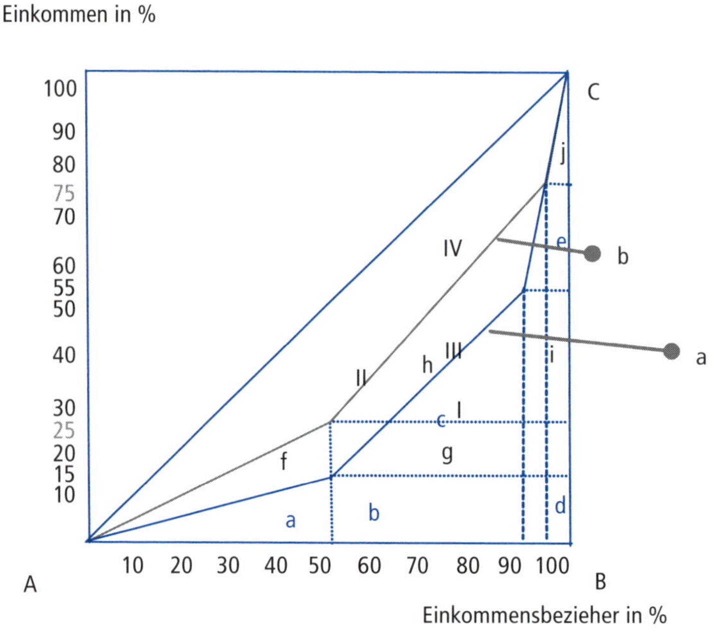

Gini-Koeffizient a) 0,4900

Nebenrechnung: Fläche ABC = Diagonale = 5000

Lorenzkurve a			Lorenzkurve b		
Fläche a	50 * 15/ 2	375	Fläche f	50 * 25/ 2	625
Fläche b	40 * 15	600	Fläche g	40 * 25	1000
Fläche c	40 * 40 / 2	800	Fläche h	40 * 50/ 2	1000
Fläche d	10 * 55	550	Fläche i	5 * 75	375
Fläche e	10 * 45/ 2	225	Fläche j	5 * 25/ 2	62,5
= Fläche I	Summe	2550	= Fläche III		3062,50
Fläche ABC – Fläche I = Fläche II 5000 2550 = 2450 Gini-Koeffizient $\frac{2450}{5000} = 0{,}4900$			Fläche ABC – Fläche III = Fläche IV 5000–3062,50 = 1937,50 Gini-Koeffizient $\frac{1937{,}50}{5000} = 0{,}3875$		

Aufgabe 5:

Aufgrund einer guten Konjunkturlage (stetiges und angemessenes Wirtschaftswachstum) werden sowohl Arbeitslose eingestellt (hoher Beschäftigungsstand) als auch von vielen Arbeitnehmern Überstunden verlangt. Diese Personen haben dadurch zwar ein höheres Einkommen, jedoch auch weniger Freizeit.

Aufgabe 6:

Im Artikel wird deutlich, dass ein und dieselbe Tätigkeit unterschiedlich bezahlt wird, je nachdem welcher Arbeitgeber für die Arbeitnehmer zuständig ist. Ebenso wird deutlich, dass sowohl die Arbeitsintensität als auch der Urlaubsanspruch sehr unterschiedlich sind. Diese unterschiedliche Behandlung steht im Widerspruch zum Gerechtigkeitsaspekt.

Aber:

Es sollte auch bedacht werden, dass die Mitarbeiter der Entsorgungs- und Logistik-GmbH möglicherweise vorher arbeitslos waren. Dadurch, dass sie mit diesem Arbeitsplatz aus der Arbeitslosigkeit heraus gefunden haben, eröffnen sich neue Lebens- und Einkommensperspektiven.

Aufgabe 7:

In den folgenden Zitaten aus dem Artikel finden sich die Argumente.

„Ob die Leute optimistisch sind, ob sie einkaufen gehen oder lieber sparen, hängt vom Gefühl für den Wert des Geldes ab. Und dieses, sagt der Inflationsforscher Hans Wolfgang Brachinger von der Universität Fribourg, stütze sich kaum auf die trockenen Zahlen aus den statistischen Ämtern. „Viel stärker geht in diese Wahrnehmung ein, welche Güter man tagtäglich im Supermarkt einkauft“, sagt er und nennt dieses Phänomen die „gefühlte Inflation“. Der Preis des täglich eingekauften Brötchens oder des Liters Milch macht demnach einen viel größeren Eindruck auf die Verbraucher als die Entwicklung bei anderen Gütern, deren Preise vielleicht stagnieren oder gar fallen. Die gab es ja auch: Zigaretten, Schuhe, Mieten, Wasser, Haushaltsgeräte, Arztbesuche, das Telefonieren, Pauschalreisen – all das blieb in den vergangenen zwölf Monaten fast gleich im Preis. Manche Dinge wie Computer, Fernseher und Kameras wurden sogar deutlich billiger.“ (...)

„Die Sache ist sogar noch komplizierter: „Die Menschen empfinden wirtschaftliche Zugewinne weniger stark als Verluste“, erläutert Friedrich Heinemann vom Mannheimer Wirtschaftsforschungsinstitut ZEW. „Wer 100 Euro auf der Straße findet, ist davon genauso erregt wie ein anderer Mensch, der 50 Euro verliert.“ Daher würden sinkende Preise weniger auffallen als steigende Preise.“

Aufgabe 8:

Individuelle Beantwortung.

Aufgabe 9:

Für den privaten Haushalt sind wassersparende Geräte (Waschmaschine, Geschirrspüler) entwickelt worden, die zunehmend gekauft werden. In der Produktion wird einerseits vielfach weniger Wasser verbraucht, andererseits das Wasser aufgefangen und wieder verwendet.

9.3 Lösungshinweise zu Kapitel 3: Konjunktur

Teil A

Aufgabe	1	2	3
Lösung	b	a	d

Teil B

Aufgabe 1:

- Frühindikatoren: Sie zeigen die zukünftige konjunkturelle Entwicklung mit einem gewissen zeitlichen Vorlauf an, durch sie wird eine Konjunkturprognose ermöglicht. Beispiele für diese Indikatorengruppe sind: Baugenehmigungen, Geldmenge.
- Präsenzindikatoren: Durch sie wird der gegenwärtige Zustand der wirtschaftlichen Aktivität gekennzeichnet. Beispiele für diese Indikatorengruppe sind: Reales BIP, Produktion der Konsum- und Investitionsgüterindustrie, Investitionsvolumen, Kreditnachfrage.
- Spätindikatoren: Sie zeichnen mit einem gewissen zeitlichen Nachlauf die konjunkturelle Entwicklung nach bzw. an. Beispiele für diese Indikatorengruppe sind: Zahl der Insolvenzen, Preise, Beschäftigung (Arbeitslosenquote, offene Stellen, Lohnstückkosen).

Aufgabe 2:

a) Beide Indikatoren sind sog. Frühindikatoren, sie zeigen die zukünftige Entwicklung an. Die Lagerbestände nehmen kontinuierlich zu, die Auftragsbestände nehmen kontinuierlich ab, somit ist damit zu rechnen, dass die Konjunktur sich verschlechtern wird. Die Produktion kann nicht mehr vollständig abgesetzt werden, langfristig ist deshalb mit Produktionseinschränkungen, ggf. mit Entlassungen zu rechnen.

b) Die Spartätigkeit der privaten Haushalte ist ebenfalls ein Frühindikator. Die Haushalte sparen immer weniger, d. h., es wird mehr konsumiert, sodass sich die Konjunktur positiv entwickeln wird. Da den Banken jedoch weniger Geld zur Verfügung steht, müssen sie evtl. die Habenzinsen und die Kreditzinsen erhöhen, sodass sich die Finanzierungskosten für Investitionen erhöhen (vgl. Ausführungen im Kapitel 5 und 6). Dieses würde sich negativ auf die Konjunktur auswirken.

Sollten die Haushalte jedoch entsparen müssen, da sie nur so – aufgrund der erhöhten Preise – ihren gegenwärtigen Lebensstandard halten können, sind keine positiven Impulse für die Konjunktur zu erwarten.

Insgesamt ist dieser Indikator unterschiedlich zu interpretieren, d. h., ergänzende Zahlen/ Indikatoren sind heranzuziehen.

Aufgabe 3:

Bei der Darstellung der Saisonschwankungen ist darauf zu achten, dass sie nicht „rückwärts"verlaufend dargestellt werden, d.h. in der Zeit zurückgehend. In einem solchen Fall gäbe es zwei Schnittpunkte zu einem Zeitpunkt, dieses ist jedoch nicht möglich.
Zum Zeitpunkt t1: a und b
Zum Zeitpunkt t2: c und d

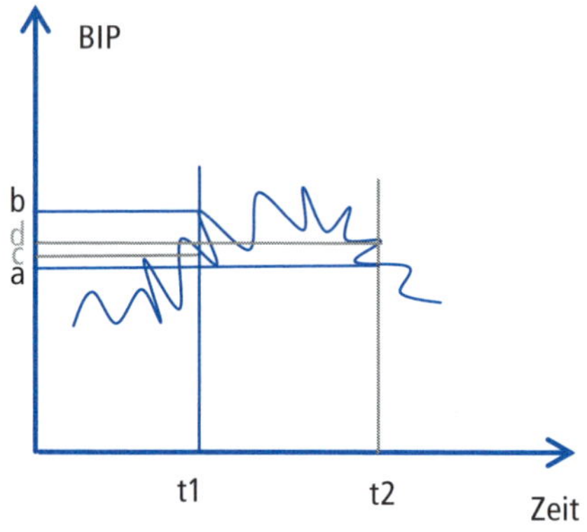

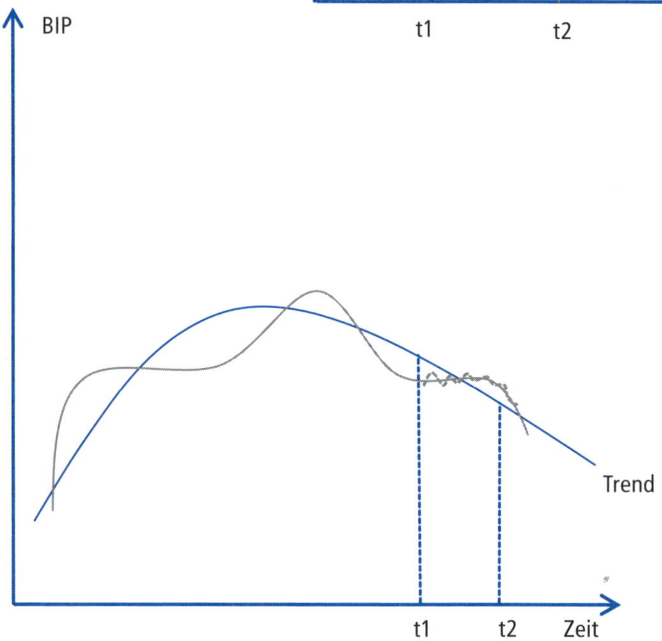

Da es sich zunächst um einen steigenden, dann fallenden Trend handelt, müssen die drei Boomphase des Konjunkturzyklus diese Entwicklung berücksichtigen. D. h.: Boomphase des ersten Konjunkturzyklus ist niedriger als die der zweiten Phase, Boomphase des zweiten Konjunkturzyklus höher als die der dritten Phase.

Aufgabe 4:

Individuelle Beantwortung.

9.4 Lösungshinweise zu Kapitel 4: Theoretische Erklärung: Problemstellung

Teil A

Aufgabe	1	2	3
Lösung	a	c	a

Teil B

Aufgabe 1:

siehe Schaubild im Kapitel 4.2

Aufgabe 2:

Da das marktwirtschaftliche System nicht stabil ist und keine Mechanismen zu einem Ausgleich führen, sind konjunkturpolitische Maßnahmen des Staates erforderlich.

Aufgabe 3:

Beide Effekte sollen anhand des Baus und der Aufstellung einer Produktionsmaschine für Matratzen der Zulley AG verdeutlicht werden. Das Unternehmen Grofmeier GmbH erhält den Auftrag. Damit dieser termingerecht abgeschlossen werden kann, werden drei neue Mitarbeiter eingestellt, die vorher arbeitslos waren. Während der Bauphase von drei Monaten erhalten sie ihren Lohn (Einkommenseffekt). Nach Abschluss dieser Investition verfügt der Auftraggeber, die Zulley AG, über eine höhere Kapazität (Kapazitätseffekt).

Aufgabe 4:

Das Zitat wurde falsch zitiert, richtig heißt es:

> „Wenn also aus einer gestrigen Investition heute ein zusätzliches Angebot kommt, dann muß durch eine heutige Investition eine zusätzliche Nachfrage geschaffen werden, mit deren Hilfe das Angebot der gestrigen Investition abgesetzt wird. Mit anderen Worten: Es bedarf, damit die Volkswirtschaft wächst, **einer Investition in der Vergangenheit, die die zusätzliche Kapazität schafft, und einer Investition in der Gegenwart, die die Nachfrage entsprechend wachsen läßt.**"
>
> Quelle: Preiser, E., Wirtschaftspolitik heute, München 1969, S. 27ff.

9.5 Lösungshinweise zu Kapitel 5: Die Klassik-Neoklassik als theoretische Erklärung

Teil A

Aufgabe	1	2	3
Lösung	d	c	a

Teil B

Aufgabe 1:

Im Transaktionsmotiv werden das Umsatzmotiv und das Einkommensmotiv zusammengefaßt. Entscheidend beim Umsatzmotiv der Unternehmen ist die Notwendigkeit, die Zeit zwischen dem Einkauf von Rohstoffen und der Bezahlung der Arbeitnehmer (d.h. den Ausgaben) und den Verkauf der produzierten Güter (d.h. den Einnahmen) zu überbrücken.

Die Überbrückung der Zeit zwischen den Einnahmen der privaten Haushalte (z.B. in Form von Lohn/Gehalt) und den täglichen Ausgaben zur Finanzierung der Lebensunterhaltes steht beim Einkommensmotiv im Vordergrund.

Aufgabe 2:

Beide Aspekte stehen in einem reziproken Verhältnis zueinander. Der reziproke Wert $1/v = k$ wird Kassenhaltungskoeffizient genannt.

Aufgabe 3:

Individuelle Beantwortung.

Aufgabe 4:

a)
Ein erhöhtes Sparvolumen führt zu einem erhöhten Angebot an Sparkapitel. Diese Veränderung führt dazu, dass sich der Nominalzins reduziert, da sich nur so ein Gleichgewicht zwischen Sparen und Investieren ergibt. Das gesamte Volkseinkommen hat sich nicht verändert, wohl aber seine Zusammensetzung.

b)
Ein reduziertes Sparvolumen führt zu einem geringeren Angebot an Sparkapitel. Diese Veränderung führt dazu, dass sich der Nominalzins erhöht, da sich nur so ein Gleichgewicht zwischen Sparen und Investieren ergibt. Das gesamte Volkseinkommen hat sich nicht verändert, wohl aber seine Zusammensetzung.

9.6 Lösungshinweise zu Kapitel 6: Die keynesianische Neuorientierung als theoretische Erklärung

Teil A

Aufgabe	1	2	3	4	5
Lösung	d	b	c	a	d

Teil B

Aufgabe 1:

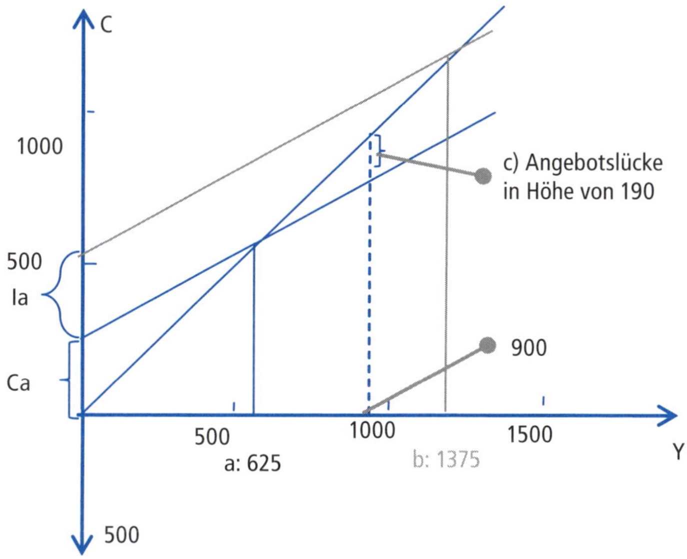

a) Ausgangspunkt der Überlegungen ist die Konsumfunktion vom Typ C = Ca + cY + Ia und Y = C als Gleichgewicht

$C = 150 + 0{,}6Y + 150 + 100$

$Y = 150 + 0{,}6Y + 150 + 100$

$Y - 0{,}6Y = 250$

$Y = 625$

b)
C = 150 + 0,6Y + 150 + 100 + 300

Y = 1375

c)
Das Angebot beträgt 900 (Gleichgewicht zwischen Angebot und Nachfrage auf der Winkelhalbierenden).

Die Nachfrage bei Y = 900 beträgt 1090, C = 150 + 0,6*900 + 400, somit ergibt sich eine Angebotslücke in Höhe von 190.

d) Der Investitionsmultiplikator beträgt 2,5.

$$\frac{1}{1-c} = \frac{1}{1-0,6} = \frac{1}{0,4}$$

Aufgabe 2:

C_1 ist frei wählbar

C_2 muss steiler verlaufen und weiter entfernt vom Ursprung beginnen

C_3 bis C_5 sind abhängig von C_1 bzw. C_2

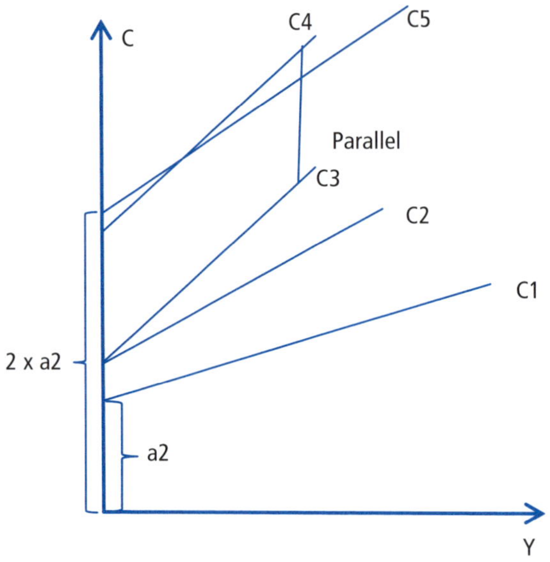

Aufgabe 3:

a)

Y	C	C/Y	DC/DY	S	S/Y	DS/DY
0	70			–70		0,45
50	97,5	1,95	0,55	–47,5	–0,95	0,45
100	125	1,25	0,55	–25	–0,25	0,45
150	152,5	1,02	0,55	–2,5	–0,02	0,45
200	180,0	0,9	0,55	+20	+0,1	0,45
250	207,5	0,83	0,55	+42,5	+0,17	0,45

Die Konsumfunktion lautet: C = 70 + 0,55 Y

Die Sparfunktion lautet: S = –70 + 0,45 Y

b)

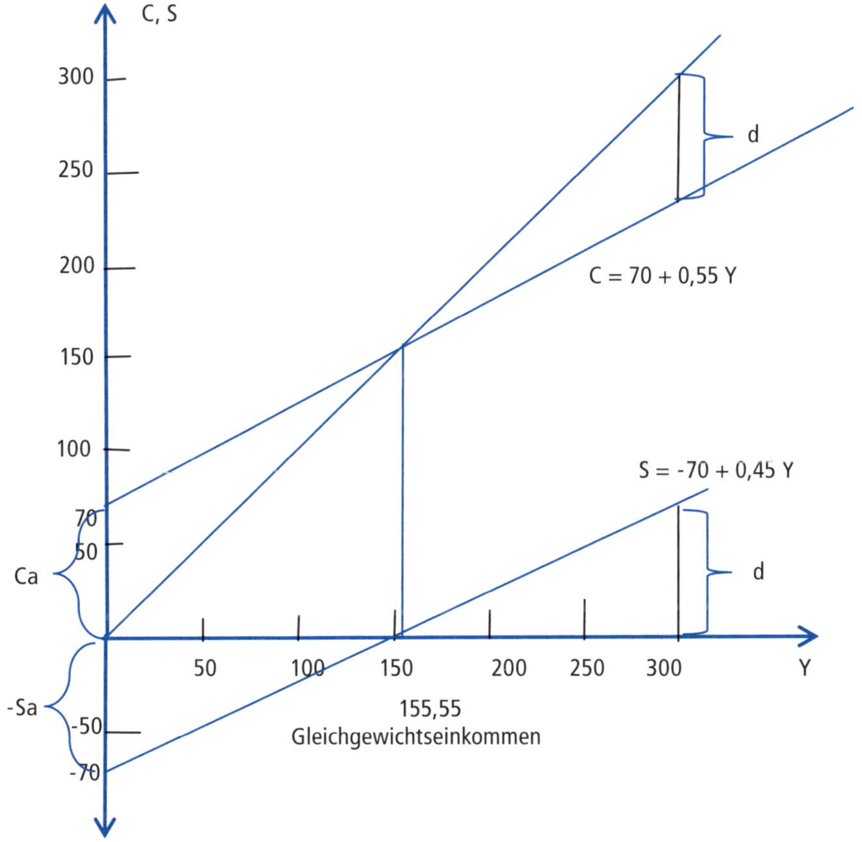

c) Ermittlung der Gleichgewichtseinkommens:

Y = Ca + cY

Y = 70 + 0,55 Y

Y − 0,55 Y = 70

0,45 Y = 70

Y = 155,55

d) siehe Zeichnung

e)

S = -Sa + sY	C = Ca + cY
S = −70 +0,45 × 300 = 65	C = 70 + 0,55 *300 = 235
	Y = C+ S und deshalb auch S = Y − C
	S = 300 − 235
	S = 65

Aufgabe 4:

$$Y = Ca + c(Y - T) + Ia + C_{St}$$

$$Y = \frac{Ca + cT * Ia + C_{St}}{1 - c}$$

$$Y = \frac{150 - 0,75 * 100 + 50 + 30}{1 - 0,75}$$

$$Y = \frac{150 - 75 + 80}{0,25}$$

$$Y = 620$$

Aufgabe 5:

$$Y = Ca + c(Y - tY) + Ia + C_{St}$$

$$Y = \frac{Ca + Ia + C_{St}}{1 - c + ct}$$

$$Y = \frac{150 + 50 + 30}{1 - 0,75 + 0,75 * 0,25}$$

$$Y = \frac{230}{0,25 + 0,1875}$$

$$Y = 524,71$$

Aufgabe 6:

In der Klassik-Neoklassik wurde nur das Umsatz- und das Einkommensmotiv berücksichtigt. In der keynesianischen Neurorientierung wurde zusätzlich das Spekulationsmotiv betrachtet.

Aufgabe 7:

a bis e: individuelle Lösungen

9.7 Lösungshinweise zu Kapitel 7: Markt und Staat

Teil A

Aufgabe	1	2	3
Lösung	b	a	c

Teil B

Aufgabe 1:

a) Die drei Aufgabenbereiche sind: Allokationsfunktion, Distributionsfunktion, Stabilisierungsfunktion.

b) Individuelle Beantwortung. Zu beachtende Aspekte/Probleme könnten/sollten sein: Distributionsfunktion und Steuersenkung wobei zu beachten ist: Staatsverschuldung/ Abbau der Staatsverschuldung

Allokationsfunktion: Staat zieht sich aus vielen Bereichen zurück (Privatisierung aufgrund von Sparzwängen), bestimmte Bereiche sollten jedoch in staatlicher Verantwortung bleiben.

Welche, ist Gegenstand politischer Diskussionen und Kompromisse.

Stabilisierungsfunktion: Aufgrund des starken Anstiegs der Staatsveschuldung ist eine Durchführung von Konjunkturprogrammen kaum noch möglich.

Aufgabe 2:

Als ein Beispiel könnte erwähnt werden: Reduzierung der Mehrwertsteuer für Hotels

Aufgabe 3:

Individuelle Beantwortung.

Aufgabe 4:

a) Öffentliche Güter sind solche Güter, bei denen das Ausschlussprinzip der Preise nicht gilt, deren Nutzung nicht auf einzelne Nachfrager gestückelt werden kann.

b) Meritorische Güter könn(t)en grundsätzliche von privaten Anbieten angeboten werden. Aus bestimmten – politischen – Gründen werden sie jedoch vom Staat angeboten.

„(Merit Good) Gut, bei dem die Nachfrage der Privaten hinter dem „gesellschaftlich gewünschten „Ausmaß zurückbleibt. Ein meritorisches Gut könnte wegen seiner Eigenschaften grundsätzlich über den Markt angeboten werden, da Rivalität im Konsum und Ausschließbarkeit (zumindest für Teile der Nutzen) gegeben sind. Bei privatem Angebot entsprechend den individuellen Präferenzen kommt es aber zu einem im Urteil der politischen Entscheidungsträger unerwünschten Ausmaß des Güterangebots. Zur Korrektur werden staatliche Eingriffe in die individuellen Präferenzen erforderlich. Sofern ein Mehrangebot geschaffen werden soll, spricht man von meritorischen Gütern; soll das Angebot dagegen reduziert werden, liegen demeritorische Güter vor."

aus: Vahlens großes Wirtschaftslexikon Band 3, München 1987

c1) Beispiele für öffentliche Güter:

Innere und äußere Sicherheit, Deichbau an der Küste. Kein Privatanbieter würde – flächendeckend – diese Dienstleistung anbieten, da niemand bereit ist, dafür zu zahlen, auch diejenigen, die nicht zahlen, können von dieser Dienstleistung nicht ausgeschlossen werden. Aus diesem Grund bietet der Staat diese Dienstleistung an.

c2) Beispiel: meritorische Güter/Dienstleistungen:

Kommunaler Stadtbus, kommunale Kindergärten

c3) Beispiel Demeritorische Güter/Dienstleistungen:

Drogenverkauf z. B. Heroin (Angebot aufgrund staatlicher Maßnahmen = 0)

d1) Hierbei handelt es sich um ein meritorisches Gut

d2) Hierbei handelt es sich um ein öffentliches Gut

Aufgabe 5:

Hierbei handelt es sich quasi um eine „Preisdiskriminierung im öffentlichen Bereich". Ziel ist es, den Verkehrsfluss zu optimieren.

Der Nutzen des **öffentlichen Gutes Straße** reduziert sich, da beim morgendlichen Stau die Autofahrer für die Strecke mehr Zeit benötigen (Arbeitszeit, quasi ein externer Effekt). Darüber hinaus werden unbeteiligte Dritte durch die Luftverschmutzung beeinträchtigt. Eine Trennung in Beteiligte und unbeteiligte Dritte ist nicht exakt möglich.

Das **private Gut der mautpflichtigen Autobahn** bietet den Autofahrern die Möglichkeit, den Zeitvorteil in Geld zu messen und zu entscheiden, wie hoch für sie der – in Geld bewertete – Nutzen des individuellen Zeitvorteils ist. Das Ausschlussprinzip der Preise kommt somit zum Tragen. Wer für die Benutzung der „Mautobahn“ nicht zahlen will, kann dann von der Nutzung – und damit von den Vorteilen – ausgeschlossen werden.

Darüber hinaus ist es sowohl ein gutes Beispiel für „Dynamic Pricing“, da sich eine veränderte Nachfrage „sofort“ in einem veränderten Preis niederschlägt, als auch für den Zwang der Konsumenten (Autofahrer) Entscheidungen in Bereichen zu treffen, die vorher nicht erforderlich waren. Dieser letzte Aspekt kann jedoch gleichzeitig auch als eine Zunahme an Freiheit interpretiert werden („Fahren“ im Stau“ oder „Freie Fahrt“).

9.8 Lösungshinweise zu Kapitel 8: Geldpolitik und Fiskalpolitik

Teil A

Aufgabe	1	2	3	4
Lösung	d	b	b	a

Teil B

Aufgabe 1:

a)
500.000,00 EUR, die 400.00,00 EUR entsprechen 80 % der Einzahlung-

b)

Kreditinstitut	Einzahlung	Liquiditätsreserve	aktive Giralgeldschöpfung, Kreditschöpfungsspielraum in Höhe der Überschussreserve
1	500.000	100.000	400.000
2	400.000	80.000	320.000
3	320.000	64.000	256.000
4	256.000	51.200	204.800
5	204.800	40.960	163.840

c) Der Giralgeldschöpfungsmultiplikator beträgt 5.

d) Die gesamte Liquiditätsreserve der ersten fünf Perioden beträgt 336.160 EUR.

Aufgabe 2:

Die Überschussreserve beträgt nunmehr 375.000 EUR (75 % der Einzahlung von 500.000 EUR, statt wie in Aufgabe 1 80 % von 500.000 EUR.)

Kreditinstitut	Überschussreserve	Liquiditätsreserve	Giralgeldschöpfungs-spielraum
1	500.000,00	125.000,00	375.000,00
2	375.000,00	93.750,00	281.250,00
3	281.250,00	70.312,50	210.937,50
4	210.937,50	52.734,38	158.203,12
5	158.203,12	39.550,78	118.652,34

b) Die gesamte Liquiditätsreserve der ersten fünf Kreditinstitute beträgt: 381.347,66 EUR

c) Der Giralgeldschöpfungsmultiplikator beträgt nunmehr 4.

Maximale Giralgeldschöpfungsmöglichkeit von Aufgabe 1 beträgt 5 * 500.000,00 = 2.500.000,00 EUR. Maximale Giralgeldschöpfungsmöglichkeit von Aufgabe 2 beträgt 4 * 500.000,00 = 2.000.000,00 EUR., das bedeutet: es wurden 500.000,00 EUR Giralgeld vernichtet.

Aufgabe 3:

a) Giralgeldschöpfungsmultiplikator $4\left(\frac{1}{25\%}\right)$

b) Die Überschussreserve der ersten Bank beträgt 600.000,00 EUR (75 % von 800.000,00 EUR Einzahlung); 800.000,00 * 4 = 3.200.000,00 EUR.

c) Die Überschussreserve der ersten Bank beträgt nunmehr 576.000 EUR (72 % von 800.000 EUR). Der Giralgeldschöpfungsmultiplikator beträgt 3,57 (1/28 %). Die gesamte Giralgeldschöpfung beträgt 800.000,00 * 3,57 = 2.856.000,00 EUR. Es wurden somit 344.000,00 EUR vernichtet.

Aufgabe 4:

a) Nach dem **amerikanischen Zuteilungsverfahren** erhält jede zum Zuge kommende Bank zum jeweiligen Bietungssatz die gewünschte Summe. Somit sind die Institute nach der Höhe ihrer Bietungssätze zu ordnen. Das Institut mit dem höchsten Satz erhält die gewünschte Summe, anschließend das Institut mit dem zweithöchsten Bietungssatz usw., bis die gesamte Zuteilungssumme aufgeteilt ist.

Kreditinstitut	Bietungssatz	Betrag in Mio. EUR
K4	4,65	7
K7	4,62	7

Kreditinstitut	Bietungssatz	Betrag in Mio. EUR
K3	4,60	5
K8	4,58	4

Nach dem **holländischen Zuteilungsverfahren** erhält jedes Institut die gewünschte Summe zu dem Bietungssatz des Instituts, das gerade noch zum Zuge gekommen ist, d. h. vom Institut K8

Kreditinstitut	Bietungssatz	Betrag in Mio. EUR
K4	4,58	7
K7	4,58	7
K3	4,58	5
K8	4,58	4

c) Selbstgewähltes Beispiel

Die EZB möchte den Kreditinstituten insgesamt 100 Mio. EUR zur Verfügung stellen. Der Mindestbietungssatz beträgt 4,6 %. Es gehen insgesamt an Gebote 200 Mio. EUR ein. Jedes Kreditinstitut erhält somit 50 % der von ihm gewünschten Summe zugeteilt.

Aufgabe 5:

Siehe die Übersicht. Die in blau gedruckten Begriffe waren falsch und sind in dieser Übersicht korrekt.

Aufgabe 6:

Konjunkturphase / Überlegungen Maßnahmen	Hochkonjunktur	Übergangsphase *	Rezession bzw. Depression	Übergangsphase*
eingesetztes Instrument	4		8	
Steuern /Einnahmenpolitik	3		9	
Sparanreize	2		10	
Investitionen	5		11	
Staatsausgaben/Ausgabenpolitik	6		12	
Wirkungen (die erwartet/ erhofft werden)	7		14	
Ergebnis	1		13	

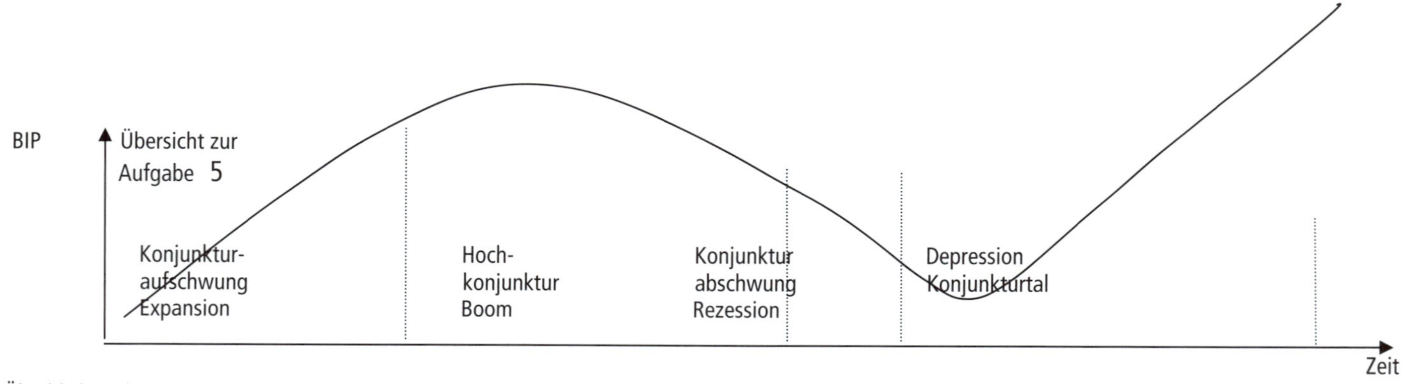

Überblick und Einsatz der Instrumente der Geldpolitik

eingesetztes Instrument	„Politik des knappen Geldes" Restriktive Geldpolitik	**Übergangs-phase***	„Politik des billigen Geldes" Expansive Geldpolitik	**Übergangs-phase***
Offenmarktpolitik	Betrags-(Volumenmäßige) Einschränkung der Pensionsgeschäfte und/oder Erhöhung der Zinsen für die Liquiditätsbeschaffung.		Betrags- (Volumenmäßige) Ausweitung der Pensionsgeschäfte und/oder Senkung der Zinsen für die Liquiditätsbeschaffung.	
Ständige Fazilitäten	• Spitzenrefinanzierungsfazilität: Zinssatz für die Ausleihung „über Nacht" wird erhöht"; • Einlagenfazilität: Zinssatz für die Anlage „über Nacht" wird gesenkt.		• Spitzenrefinanzierungsfazilität: Zinssatz für die Ausleihung „über Nacht" wird gesenkt"; • Einlagenfazilität: Zinssatz für die Anlage „über Nacht" wird erhöht.	
Mindestreservepolitik	Der Mindestreservesatz wird erhöht.		Der Mindestreservesatz wird gesenkt.	
Wirkungen – Geldmarkt	Die Banken haben weniger Geld für die Kreditvergabe zur Verfügung, die Kreditzinsen steigen (d.h. das allgemeine Zinsniveau steigt). Die Nachfrage nach Krediten sinkt.		Die Banken haben mehr Geld für die Kreditvergabe zur Verfügung, die Kreditzinsen sinken (d.h. das allgemeine Zinsniveau sinkt). Die Nachfrage nach Krediten steigt.	
Wirkungen – Gütermarkt	Aufgrund der höheren Zinsen werden weniger (fremdfinanzierte) Investitionen durchgeführt, die Konsumnachfrage sinkt, ggf. sinkt auch die Nachfrage aus dem Ausland.		Aufgrund der niedrigeren Zinsen werden mehr (fremdfinanzierte) Investitionen durchgeführt, die Konsumnachfrage steigt, ggf. steigt auch die Nachfrage aus dem Ausland.	
Ergebnis	Das Preisniveau sinkt, bzw. steigt weniger stark, „der Boom kühlt sich ab".		Das Wachstum erhöht sich, der Beschäftigungs-abbau kommt zu einem Ende bzw. die Beschäftigung beginnt langsam zu steigen.	

* Die Übergangsphase soll verdeutlichen, dass nicht sofort von einer expansiven zu einer restriktiven Politik (Geldpolitik) gewechselt werden kann. Bei den zuständigen Entscheidungsträgern wird die gegenwärtige konjunkturelle Lage oft unterschiedlich interpretiert. Daraus ergeben sich verschiedene Auffassungen über die Änderung/Beibehaltung der gegenwärtigen Politik.

Aufgabe 7:

Bei der Beantwortung der Frage sollte auf die folgenden Stichworte eingegangen werden:

- Kapazitätseffekt und Einkommenseffekt einer Investition,
- Multiplikatoreffekt,
- Akzeleratorprozess,
- Time lag,
- Teil der Stabilisierungsfunktion des Staates.

Der Einkommens- und Kapazitätseffekt einer Investition wird in den Zeilen 25 ff deutlich. Der Tischlermeister Buhr hat drei neue Leute eingestellt und seine Kapazitäten ausgeweitet. Der Multiplikator- und Akzeleratorprozess wird durch die Tatsache verdeutlicht, dass der Tischlermeister zwei neue Firmenwagen und eine neue Maschine gekauft hat, da dadurch andere Unternehmen von seiner guten Auftragslage profitieren.

Die zeitlichen Verzögerungen, die ja kaum zu vermeiden sind, werden in den Zeilen 16 ff angedeutet. Insgesamt ist zum Aspekt der Time lags aber zu bemerken, dass die Politik in dieser Krise relativ schnell reagiert hat, die Umsetzung in den Gemeinden dauerte zwar etwas länger, war aber doch noch relativ zügig. In den Zeilen 19–21 wird auch die Gefahr einer prozyklischen Wirkung ergriffener Maßnahmen deutlich.

Das gesamte beschriebene Maßnahmenpakt ist auch ein Beispiel für die Durchführung der Stabilisierungsfunktion des Staates.

Glossar

Aggregieren
hier zusammenfassen

akzelerieren
lat. accelerare: beschleunigen

Allokation
Verteilung bzw. Zuweisung der Produktionsfaktoren auf verschiedene Verwendungszwecke; da die Ressourcen knapp sind, ist eine effiziente Zuweisung bedeutsam.

Allokationsfunktion
Direkte und indirekte Eingriffe des Staates in die Funktionsweise des Marktes zur Erzielung „besserer" Ergebnisse.

Anlagevermögen
Stellt den Wert aller reproduzierbaren und dauerhaften Produktionsmittel (Bestandsgröße) dar, die sich im Eigentum der Unternehmen bzw. des Staates befinden.

Äquivalenzeinkommen
Einkommenswert, der sich unter Berücksichtigung der Aspekte Gesamteinkommen des Haushalts, Anzahl und Alter der im Haushalt lebenden Personen ergibt, wobei bezüglich des Alters eine Gewichtung vorgenommen wird.

Ausländer
Alle Wirtschaftssubjekte, auch inländische Staatsangehörige, die ihren Wohnort oder Sitz im Ausland haben.

Autonom
Eine Veränderung, die nicht im Modell erklärt wird, sondern von außerhalb des Modells (exogen) eingefügt wird.

Autonome Investition
Investition, die unabhängig vom Volkseinkommen getätigt wird.

Autonomer Konsum
Der Teil des Konsums, der unabhängig vom Einkommen durchgeführt wird, sog. Mindestkonsum. Er ist der absolut notwendige Konsum, der von einer Gesellschaft als Lebensgrundlage getätigt werden muss.

Bruttoinlandsprodukt
Summe aller Güter und Dienstleistungen, die während eines bestimmten Zeitraums – i. d. R. ein Jahr – innerhalb eines Landes hergestellt wurden.

Bruttoproduktionswert
Summe aller während eines Zeitraums – i. d. R. eines Jahres – erstellten Waren und Dienstleistungen.

Bruttowertschöpfung
Bruttoproduktionswert abzüglich Vorleistungen.

Budgetgerade
Geometrischer Ort der Kombination zweier Alternativen (Güter/-bündel), die mit gleichen Einkommen (und bei gegebenen Preisen) realisiert werden kann.

Deficit spending
Teilaspekt der Fiskalpolitik, bei dem zur Ankurbelung der Wirtschaft zusätzliche Ausgaben (spending) getätigt werden, für die öffentliche Kredite (deficit) aufgenommen werden.

Demeritorisches Gut
Gut, von dem aus gesellschaftlichen bzw. übergeordneten Gründen das Angebot reduziert wird oder das ggf. verboten wird.

Dezil/Dezile (engl. decile)
Teil einer mathematischen Einteilung der Häufigkeit; wird dann verwendet, wenn eine der Größe nach geordnete Datenmenge/-reihe in 10 gleich große Teile geordnet werden soll. So gibt das 1. Dezil (2. Dezil) an, welcher Wert die unteren 10 % (20 %) von den oberen 90 % (80 %) trennt.

Dichotomie
In der traditionellen Logik die zweigliedrige Bestimmung eines Begriffes. Hier: keine gegenseitige Beeinflussung von Größen, realer und monetärer Sektor sind unabhängig voneinander.

Distributionsfunktion
Der Staat übernimmt die Aufgabe der Umverteilung der am Markt entstehenden Einkommen zwischen Personen und Gruppen.

Durchschnittliche Konsumquote
Verhältnis der jeweiligen Konsumausgaben zum jeweiligen Volkseinkommen.

Durchschnittliche Sparquote
Verhältnis des jeweiligen Sparens zum jeweiligen Volkseinkommen.

E

Einkommen
Hierunter werden Arbeitsentgelt, Zinsen, Gewinne, Mieteinnahmen erfasst, die den Bevölkerungsgruppen während eines Jahres zufließen.

endogen
Von innen wirkend, im Inneren entstehend/befindlich.

Entsparen (-Sa)
Situation, in der die Konsumausgaben höher als das (Volks-)Einkommen sind, sodass auf vorher gebildetes Sparkapital zurückgegriffen bzw. ein Kredit aufgenommen werden muss.

Ersatzinvestition
Ersatz vorhandener Investitionsobjekte (z. B. Maschinen), die aus technischen und/ oder wirtschaftlichen Gründen veraltet und abgeschrieben sind.

Evolutorische Wirtschaft
Wirtschaft, in der Sparen und Nettoinvestitionen durchgeführt werden, sodass sie wächst und sich entwickelt.

ex-post Analyse
lat.: nach geschehener Tat (das Objekt wird im Nachhinein betrachtet)

ex-ante Analyse
lat.: im Vorhinein (hier wird auf Plangrößen in der Zukunft abgestellt).

exogen
Von außen wirkend, von außen stammend.

Exogene Schocks
Von außerhalb des marktwirtschaftlichen Systems auf dieses einwirkende starke Erschütterungen.

exogene Variable
Variable außerhalb eines betrachteten System (z. B. dem System der Politik).

Extrapolation (lat.)
Die Fortsetzung einer mathematischen oder statistischen Beziehung zur näherungsweisen Bestimmung unbekannter Werte.

F

Fazilitäten
Kurzbezeichnung für Kreditfazilität: Gesamtsumme an Kreditmöglichkeiten, die eine Bank ihren Kunden zur Deckung des Kreditbedarfs zur Verfügung stellt.

Finanzserviceleistung, indirekte Messung (FISIM)
Financial Intermediation Services, Indirectly Measured: Umfasst die den Banken aus dem Kredit- und Einlagengeschäft zufließenden indirekten Entgelte. Diese werden modellhaft ermittelt.

Fiskalpolitik
Einsatz finanzpolitischer Maßnahmen (Staatsausgaben und -einnahmen) des Staates im Rahmen der Konjunktur- und Wachstumspolitik.

funktionelle Einkommensverteilung
Einkommensverteilung auf die Produktionsfaktoren Arbeit, Boden/Natur und Kapital.

G

Geld
Aktiva, die von Gläubigern zur Abdeckung von Verbindlichkeiten angenommen werden. Zu dieser Annahme sind sie aufgrund gesetzlicher Regelungen verpflichtet oder sie tun es aufgrund von Marktkonventionen.

Geldangebot
Das autonom von der Zentralbank bereitgestellte Geldvolumen.

Geldschöpfung
Kauf von Vermögensteilen (Aktiva) anderer Wirtschaftseinheiten durch die Zentralbank oder Gewährung von Krediten, die mit Banknoten oder Sichtguthaben bezahlt werden.

Geldvernichtung
Verkauf von Vermögensteilen an andere Wirtschaftseinheiten durch die Zentralbank oder Rücknahme von Krediten, wodurch ihre Verbindlichkeiten (Banknoten oder Sichtguthaben) reduziert werden.

Gewinnquote
Anteil des Gewinns am Volkseinkommen

Gini-Koeffizient
Erklärt das Verhältnis der Fläche, die von der Lorenzkurve und der Linie der vollkommenen Gleichverteilung (Diagonale) umschlossen wird zur Gesamtfläche unterhalb der Diagonalen.

Hedonische Preise

Mit Hilfe einer Regressionsanalyse wird bei der hedonischen Qualitätsbereinigung von Preisindizes festgestellt, wie groß der Einfluss von Qualitätsänderungen des Produktes auf dessen Verkaufspreis ist.

Indifferenzkurve

Sie zeigt die möglichen (Mengen-)kombinationen zweier Alternativen (Güter/-bündel) an, die für den Konsumenten gleich hohen Nutzen stiften, d.h. sie ist der geometrische Ort indifferenter Versorgungslagen/-niveaus.

Indikator

Variable, mit deren Hilfe wirtschaftliche Vorgänge diagnostiziert und/oder prognostiziert werden können.

induzieren

lat.: inducere: hineinleiten, hineinführen.

Inländer

Alle Wirtschaftssubjekte – Menschen, Unternehmen – , die ihren Wohnort oder Sitz im Inland haben, unabhängig von der Staatsangehörigkeit.

Kassageschäft

Die Geschäfte werden per Kasse, d.h. sofort zum Zeitpunkt des Abschlusses abgewickelt.

Kassenhaltungskoeffizient

Höhe der durchschnittlichen Kassenhaltung der Wirtschaftssubjekte während einer Periode.

Kompatibilität

Vereinbarkeit

Konjunktur

Wirtschaftliche Aktivität einer Volkswirtschaft im Verhältnis zur Aktivität im längerfristigen Gleichgewicht.

Konjunkturschwankungen

Mit einer gewissen Regelmäßigkeit auftretende Änderungen der wirtschaftlichen Aktivität im Zeitablauf, wobei die Aktivitäten anhand unterschiedlicher Größen gemessen werden können (z.B. Volkseinkommen, Beschäftigung, Produktion).

Kreditinstitute
Unternehmen, die Bankgeschäfte gewerbsmäßig oder in einem Umfang betreiben, der einen in kaufmännischer Weise eingerichteten Geschäftsbetrieb erfordert (§ 1 KWG).

Liquidität
Fähigkeit von Wirtschaftssubjekten, ihren Zahlungsverpflichtungen termingerecht nachkommen zu können, bzw. Eignung eines Vermögensobjektes, selbst als Zahlungsmittel akzeptiert zu werden oder in ein solches (Geld) umgewandelt zu werden.

Lohnquote
Anteil des Lohnes am Volkseinkommen.

Lorenz-Kurve
Wiedergabe einer Häufigkeit in Form einer Kurve/Grafik, sodass ein anschauliches Bild der betrachteten Verteilung hinsichtlich der Konzentration ermöglicht wird.

Marginale Importneigung
Veränderung des Importe während einer Periode bezogen auf die Veränderung des Einkommens einer Periode.

Marginale Konsumquote
Veränderung des Konsums C einer Periode im Vergleich zur Veränderung des Einkommens Y dieser Periode.

Marginale Sparquote
Veränderung des Sparens S in einer Periode bezogen auf die Veränderung des Einkommens Y dieser Periode.

Median
Zentralwert: Zur Ermittlung des mittleren Einkommens verwendete Meßgröße. Die Personen werden ihrem Äquivalenzeinkommen entsprechend aufsteigend sortiert. Der Einkommenswert der Person, die die Bevölkerung in genau zwei Hälften teilt ist der Median, das bedeutet, dass eine Hälfte mehr, die andere Hälfte weniger Einkommen zur Verfügung hat.

Meritorisches Gut
Gut, das von privaten Nachfrager weniger nachgefragt wird als „gesellschaftlich erwünscht" ist.

Mindestreservepolitik
Teil der Geldpolitik zur Regulierung des Geldangebots, bei dem die Bestimmungen formuliert werden, nach denen Kreditinstitute einen bestimmten Mindestumfang ihrer Sichtguthaben bei der Zentralbank als Reserve halten müssen.

Multiplikator
Maß, das die verstärkte Wirkung einer exogenen Größe auf eine modellendogene Variable unter Einbeziehung von Rückwirkungen im Gesamtmodell anzeigt.

N

Nettoinvestition
Bruttoinvestitionen abzüglich der Ersatzinvestitionen.

nominales Bruttoinlandsprodukt
Misst die im Inland entstandene Produktion in laufenden Preisen einer Berichtsperiode.

P

Paradigma
Bezeichnet die Gesamtheit von grundlegenden Auffassungen, die in einer wissenschaftlichen Disziplin während einer bestimmten Zeitperiode vorherrschen und dadurch festlegen, was als eine wissenschaftlich befriedigende Lösung angesehen werden kann.

personelle Einkommensverteilung
Einkommensverteilung auf die Eigentümer der Produktionsfaktoren.

Prämisse
Voraussetzung(-en), Sätze eines logischen Schlusses; sie sind die Menge aller vorausgesetzten, d. h. unbewiesenen Sätze.

Produktionsfunktion
Darunter wird der produktionstechnische Zusammenhang zwischen Faktoreinsatz und potenziellem Faktorertrag verstanden.

Produktionspotenzial
Das bei Voll- bzw. Normalauslastung ohne Herbeiführung inflationärer Tendenzen mit dem vorhandenen Bestand an Produktionsfaktoren erzielbare Produktionsergebnis einer Volkswirtschaft.

Q

Quintil
Teil einer mathematischen Einteilung der Häufigkeit; wird dann verwendet, wenn eine der Größe nach geordnete Datenmenge/-reihe in 5 gleich große Teile geordnet werden soll. So gibt das 1. Quintil (2. Quintil) an, welcher Wert die unteren 20 % (40 %) von den oberen 80 % (60 %) trennt.

R

Rentabilität
Verhältnis von Erfolg (Gewinn) und eingesetztem Kapital (Investition).

Rigidität (lat: Starrheit)
Feste bzw. starre Fixierung auf bestimmte Vorstellungen, Denk- und Handlungsweisen.

Say'sches Theorem

Das Angebot auf einem Markt schafft sich seine eigene Nachfrage.

Sektor „Finanzielle Kapitalgesellschaften"

Unternehmen aus den Wirtschaftsbereichen Kredit- und Versicherungsgewerbe (Banken und Versicherungen) und Grundstückswesen, sonstige Finanzinstitute (z. B. Pensionskassen, Wertpapierhändler) und dem Hilfsgewerbe der Kredit- und Versicherungswirtschaft.

Sektor „Nicht-Finanzielle Unternehmen"

Alle Kapital-, Personengesellschaften (z. B. AG, KG, OHG), u. a. aus den Wirtschaftsbereichen Land-, Forstwirtschaft, Fischerei, Produzierendes Gewerbe, Handel, Verkehr, rechtlich selbstständige Eigenbetriebe des Staates, Wirtschaftsverbände.

Sektor Ausland/Übrige Welt

Hier wird der grenzüberschreitende Warenverkehr betrachtet. Seit Vollendung des Europäischen Binnenmarkt (1.1.1993) und dem Wegfall aller zollamtlichen Warenkontrollen an den Binnengrenzen der Mitgliedstaaten werden zwei unterschiedliche Erhebungskonzepte verwendet: Intrahandelsstatistik: Erfassung des Warenverkehrs mit Mitgliedsstaaten der EU. Extrahandelsstatistik: Erfassung des grenzüberschreitenden Warenverkehrs zwischen Deutschland und den Staaten außerhalb der EU (Drittländer).

Sektor Private Haushalte

Alle Ein- und Mehrpersonenhaushalte, die auf Märkten als Nachfrager von Gütern (Ge- und Verbrauchsgüter) und Dienstleistungen zu Konsumzwecken und/oder als Anbieter von Arbeitskraft auftreten. Weiterhin treten sie als Anleger von Ersparnissen und/oder als Aktionäre auf. Ihre Einnahmen resultieren neben dem Einkommen aus Erwerbstätigkeit und Vermögen auch aus Übertragungen (Renten, Pensionen, Unterstützungen etc.). Darüber hinaus werden in diesem Sektor z. B. zusammengefasst: Selbstständige, Landwirte, Einzelunternehmen, Händler, Gastwirte, selbstständige Versicherungsvertreter.

Sektor Staat

Alle Gebietskörperschaften (Bund, Länder, Gemeinden) und die Sozialversicherungen (u. a. Rentenversicherungen, gesetzliche Krankenversicherungen, Arbeitslosenversicherung), darüber hinaus Gemeindeverbände, kommunale Zweckverbände und Sondervermögen des Staates.

Stabilisierungsfunktion

Der Staat übernimmt die Aufgabe der Stabilisierung der Wirtschaftsabläufe, sodass negative Begleiterscheinungen der wirtschaftlichen Entwicklung reduziert werden.

Stationäre Wirtschaft
Wirtschaft, in der es kein Sparen und keine Nettoinvestition gibt.

Stromgrößen
In monetären Einheiten (Geldeinheiten, Geldstrom) oder in physischen Einheiten (Stück, Kilogramm, Arbeitsstunden etc., Güterstrom) gemessene Größen.

Tautologie
Fügung, Formulierung, die einen Sachverhalt doppelt wiedergibt.

Termingeschäft
Die Geschäfte werden per Termin, d. h. zu einem späteren Zeitpunkt abgewickelt.

Transaktion
Der Übergang eines Wirtschaftsobjekts (z. B. ein Gut) von einem Wirtschaftssubjekt (privater Haushalt, Unternehmen) auf ein anderes.

Umweltökonomische Gesamtrechnungen
Sie beschreiben die Wechselwirkungen zwischen Umwelt und Wirtschaft. Hierbei wird der in Geldwert gemessene Begriff des Kapitelvermögens erweitert um das Naturvermögen, dieser wird allerdings nur in physischen Größen gemessen.

Verbraucherpreisindex für Deutschland (VPI)
Wichtiger Indikator für die Entwicklung der Lebenshaltung der privaten Haushalte aufgrund von Preisänderungen, unabhängig von der Änderung des Konsumverhaltens.

Volkswirtschaftliche Gesamtrechnung
Für die Erfassung des Wirtschaftsgeschehens der Bundesrepublik verwendete Berechnungs- und Darstellungsform.

Vorleistung
Produktionsmittel und Dienstleistungen, die nicht dauerhaft sind und von anderen Unternehmen bezogen und in der gleichen Periode verbraucht werden.

Wägungsschema
Quantifizierungsmuster: Gewichtungsanteile, durch die die Preisentwicklung einzelner Güter/Dienstleistungen des Warenkorbes bei der Berechnung des Preisindex (speziell des VPI) berücksichtigt werden.

Warenkorb
Instrument/Güterbündel zur Messung des VPI, in das die Gesamtheit aller Güter und Dienstleistungen nach Qualität und Quantität eingehen, die in einem (hypothetischen) Durchschnittshaushalt nachgefragt werden.

Wertschöpfung
Wert, der in einem Wirtschaftszweig durch die Verarbeitung und Veredelung der Produkte entstanden ist.

Wirtschaftliches Wachstum
Fortdauernde Zunahme des gesamtwirtschaftlichen Produktionspotenzials bzw. dessen Nutzung/Auslastung.

Zahlungsmittel
siehe Geld

Zentralbank
zentrale geldpolitische Institution, deren Aufgabe es ist, die Geldwertstabilität und den Zahlungsverkehr sicherzustellen. Sie ist Hüterin der Währung und verrichtet die Aufgabe als lender of last resort, letztinstanzlicher Kreditgeber.

Zentralbankgeld
Summe aus Bargeld und Sichtguthaben bei der Zentralbank.

Stichwortverzeichnis